电子商务技术基础

主　编　孙　静　芦亚柯
副主编　卫　莉　龙　平　曾　霞

北京理工大学出版社
BEIJING INSTITUTE OF TECHNOLOGY PRESS

内 容 简 介

本书是编者在长期从事电子商务技术课程教学及科研实践的基础上，对多年教学成果进行的整理、归纳和总结。主要内容包括电子商务技术概论、电子商务与 Internet 技术、电子商务网站技术、电子商务服务器平台搭建与维护、电子商务安全技术、电子商务与新技术应用、商务智能与决策支持等。

本书的特点是既方便教师教，又让学生实实在在地学到知识和技能。本书的内容较为务实，突出实际技术和最新应用，让学生学以致用。书中提供了一套完整的电子商务实施方案及相关的源代码，以便学生参考学习。

本书可作为普通高等院校经济类、信息类及计算机类等电子商务专业的教材，也可以作为电子商务相关的培训班的参考教材及对电子商务技术感兴趣的读者的学习指南。

图书在版编目（CIP）数据

电子商务技术基础/孙静，芦亚柯主编 . —北京：北京理工大学出版社，2017.8
ISBN 978 – 7 – 5682 – 4629 – 3

Ⅰ . ①电… 　Ⅱ . ①孙… 　②芦… 　Ⅲ . ①电子商务 – 高等学校 – 教材 　Ⅳ . ①F713.36

中国版本图书馆 CIP 数据核字（2017）第 199439 号

出版发行 / 北京理工大学出版社有限责任公司
社　　址 / 北京市海淀区中关村南大街 5 号
邮　　编 / 100081
电　　话 / （010）68914775（总编室）
　　　　　（010）82562903（教材售后服务热线）
　　　　　（010）68948351（其他图书服务热线）
网　　址 / http：//www. bitpress. com. cn
经　　销 / 全国各地新华书店
印　　刷 / 北京紫瑞利印刷有限公司
开　　本 / 787 毫米 × 1092 毫米　1/16
印　　张 / 17　　　　　　　　　　　　　　　　　　　　　责任编辑 / 赵　岩
字　　数 / 410 千字　　　　　　　　　　　　　　　　　　文案编辑 / 赵　轩
版　　次 / 2017 年 8 月第 1 版　2017 年 8 月第 1 次印刷　　责任校对 / 孟祥敬
定　　价 / 63. 80 元　　　　　　　　　　　　　　　　　　责任印制 / 施胜娟

前　言

本书作为电子商务应用与技术课程的教材，力求通过专业与通识结合、理论与实践结合、应用与技术结合的方式，使读者对电子商务基本的应用与技术有一个比较全面系统的了解和掌握，从而为相关专业课程的学习奠定较为坚实的基础。

本书根据理论知识的相关性和实践过程的需求来设计流程，是一部关于电子商务技术基础的教程。全书主要介绍了电子商务技术概论、电子商务与 Internet 技术、电子商务网站技术、电子商务服务器平台搭建与维护、电子商务安全技术、电子商务与新技术应用、商务智能与决策支持等。本书旨在使学生掌握电子商务技术理论知识和服务器搭建、网页设计知识，利用电子商务技术进行实践锻炼，从而激发学生的学习兴趣，让学生尽快掌握电子商务技术，适应互联网时代的快速发展，提高学生自主学习、自主研究、组织管理、产品开发的综合能力。

本书内容较为务实，贴近行业发展的现实，突出理论与实际操作应用相结合，注重专业技能的培养，学以致用。书中提供了较多的电子商务案例的实现及相关源码，以便学习参考。

本书具体编写工作由重庆工程学院从事电子商务的教学团队完成，孙静负责组织实施。第1章、第2章由芦亚柯编写，第3章由卫莉编写，第4章、第6章、第7章由孙静编写，第5章由龙平编写。第5章的案例及图片由曾霞测试、整理。孙静承担全书内容的设计及审定工作。

本书编写过程中，参考了国内外大量的文献资料，主要参考书籍已经在参考文献中列出，在此一并对相关作者表示感谢。由于编写人员水平有限，加之电子商务技术发展日新月异，书中难免有不妥之处，敬请广大读者批评指正。

编　者

目 录

第1章

电子商务技术概论

★学习目标

1. 掌握电子商务与电子商务技术的概念；
2. 了解电子商务的技术内涵与电子商务的系统架构；
3. 理解电子商务的相关技术；
4. 理解电子商务新技术的应用与发展。

1.1 电子商务与电子商务技术的概念

1.1.1 电子商务的定义

电子商务源于英文 Electronic Commerce，简写为 EC。其内容包含两方面，一是电子方式，二是商贸活动。

广义的电子商务是指在网络上进行商务贸易和交易。

狭义的电子商务通常是指在全球各地广泛的商业贸易活动中，在互联网开放的网络环境下，基于浏览器/服务器应用方式，买卖双方不谋面地进行各种商贸活动，实现消费者的网上购物、商户之间的网上交易和在线电子支付以及各种商务活动、交易活动、金融活动和相关的综合服务活动的一种新型的商业运营模式。

综上所述，电子商务指的是利用简单、快捷、低成本的电子通信方式，买卖双方不谋面地进行各种商贸活动。电子商务可以通过多种电子通信方式来完成。比如你通过打电话或发传真的方式与客户进行商贸活动，似乎也可以称作电子商务；但是，现在人们所探讨的电子商务主要是以 EDI（电子数据交换）和 Internet（互联网）来完成的。尤其是随着 Internet 技术的日益成熟，电子商务真正的发展将是建立在 Internet 技术上的，所以也有人把电子商务简称为 IC（Internet Commerce）。

从贸易活动的角度分析，电子商务可以在多个环节实现，由此可以将电子商务分为两个层次，较低层次的电子商务有电子商情、电子贸易、电子合同等；最完整也是最高级的电子商务应该是利用 Internet 网络进行全部的贸易活动，即在网上将信息流、商流、资金流和部分的物流完整地实现，也就是说，从寻找客户开始，一直到洽谈、订货、在线付（收）款、开具电子发票以及电子报关、电子纳税等都可以通过 Internet 连贯完成。

要实现完整的电子商务还会涉及很多方面，除了买家、卖家外，还有银行或金融机构、政府机构、认证机构、配送中心等加入才行。由于参与电子商务的各方在物理上是互不谋面的，因此整个电子商务过程并不是物理世界商务活动的翻版，网上银行、在线电子支付等条件和数据加密、电子签名等技术在电子商务中发挥着重要的作用。

1.1.2 电子商务的发展现状

互联网技术的不断发展不仅改变了人们的商务模式，也改变了人们的生活，电子商务逐渐成为人们必须适应的商务交易模式。电子商务从 20 世纪后期出现后，在短短几十年的时间就成为信息化时代的标志性事物。从本质上来说，电子商务是人类追求高的工作效率，促使商务活动信息化不断发展的结果，也是一种经济形态，在企业、市场甚至是国家经济运行中扮演着越来越重要的角色。

自 1997 年欧洲联盟发布欧洲电子商务协议、美国随后发布《全球电子商务纲要》以后，世界各国政府对电子商务的重视程度日益提升，积极提供相应的支持与推动。

随着我国网络技术普及率的日益提高，通过网络进行购物、交易、支付等的电子商务新模式发展迅速。电子商务凭借其低成本、高效率的优势，不但受到普通消费者的青睐，还有效促进了中小企业寻找商机、赢得市场，已成为我国转变发展方式、优化产业结构的重要动力。

2014 年，"鼓励电子商务创新发展"被写入《政府工作报告》。在 2015 年 3 月 5 日举行的"两会"中，李克强总理在《政府工作报告》中提到，要制订"互联网＋"行动计划，推动移动互联网、云计算、大数据、物联网等与现代制造业结合，促进电子商务、工业互联网和互联网金融健康发展，引导互联网企业拓展国际市场。2015 年 3 月 12 日，中国（杭州）跨境电子商务综合试验区获批，对我国电子商务发展具有重要意义。

近年来，我国相关部门围绕促进发展网络购物、网上交易和支付服务出台了一系列政策、规章与标准规范，为构建适合我国国情和发展规律的电子商务政策法制环境做出了积极探索。2015 年 3 月，银监会普惠金融部召集会议，公布了较为完整的 P2P 监管文件，其中不仅对 P2P 提出了 3 000 万元的注册资本门槛限制，更提出了对 P2P 必须实行杠杆管理的要求。

2016 年 5 月由中国商务部等六部门印发的《全国电子商务物流发展专项规划（2016—2020 年）》提出，到 2020 年，基本形成"布局完善、结构优化、功能强大、运作高效、服务优质"的电商物流体系，信息化、标准化、集约化发展取得重大进展。电商物流创新能力进一步提升，先进物流装备、技术在行业内得到广泛应用。一体化运作、网络化经营能力进一步增强，运输、仓储、配送等各环节协调发展，紧密衔接。对外开放程度进一步提高，逐步形成服务于全球贸易和营销的电商物流网络。绿色发展水平进一步提高，包装循环利用水平有较大提升。电商物流企业竞争力显著加强，拥有一批具备国际竞争力、服务网络覆盖境内外的高水平企业。电商物流成本显著降低，效率明显提高，供应链服务能力大大增强。

近年来，我国电子商务行业发展迅猛，产业规模迅速扩大，电子商务信息、交易和技术等服务企业不断涌现。2016 年上半年中国电子商务交易规模达 10.5 万亿元，同比增长 37.6%。其中，B2B 市场交易规模达 7.9 万亿元，同比增长 36.2%。网络零售市场交易规模 2.3 万亿元，同比增长 43.4%。截至 2016 年 6 月，中国电子商务服务企业直接从业人员超过 285 万人，由电子商务间接带动就业人数已超过 2 100 万人。

由于 Internet 的普及和成熟，全球网民数量呈上升趋势。据中商情报网 2017 年 2 月 15 日报道，中国互联网络信息中心（CNNIC）已完成第 39 次《中国互联网络发展状况统计报告》，报告中详细分析了中国网民规模情况，截至 2016 年 12 月，中国网民规模达 7.31 亿人，全年共计新增网民 4 299 万人。互联网普及率为 53.2%，较 2015 年年底提升了 2.9 个百分点。

2017 年 3 月 20 日央行发布了 2016 年支付业务统计数据，数据显示，2016 年全国共办理非现金支付业务 1 251.11 亿笔，金额达 3 687.24 万亿元。其中，移动支付保持了快速增长势头，网上支付也稳步增长，电话支付则出现回落。

央行数据显示，网上支付业务 461.78 亿笔，金额 2 084.95 万亿元，同比分别增长 26.96% 和 3.31%；电话支付业务 2.79 亿笔，金额 17.06 万亿元，笔数同比下降 6.61%，金额同比增长 13.84%；移动支付业务 257.10 亿笔，金额 157.55 万亿元，同比分别增长 85.82% 和 45.59%。随着支付宝、微信支付、百度钱包等第三方支付机构对日常消费场景的不断覆盖，2016 年非银行支付机构累计发生网络支付业务 1 639.02 亿笔，金额 99.27 万亿元，同比分别增长 99.53% 和 100.65%。

1.1.3 电子商务技术的内涵

电子商务经常被误解为仅仅是通过互联网来进行商品和服务的买卖。实际上，电子商务远不只是一些网上的交易和资金的转账，它定义了新的商务形式，除了提供买卖服务以外，一个电子商务技术解决方案还能够提供一整套服务。该服务系统是建立在一个组织内部的数据系统之上的，能够支持销售过程和提供完整的账户管理。一个成功的电子商务技术解决方案应该包括以下基本的服务（见图 1-1）。

客户服务：向商务系统的用户提供介绍、途径和确认服务。

申请服务：基于商务和数据规则处理用户提供的信息。提供 Web 服务，保证申请的安全性。同时作为存储服务和数据服务的一个结合点，提供相应的功能。

存储服务：进行用户管理、订单处理、信息交流、促销和广告发布，根据商务规则处理数据以及其他相关的商务服务。

数据服务：提供针对数据存储的服务、简化的程序途径以及遗留数据连通。

操作系统服务：包括目录、安全性管理和通信服务。

开发服务：提供开发组件、开发企业数据库等必需的工具，以及提供开发周期内的技术支持。

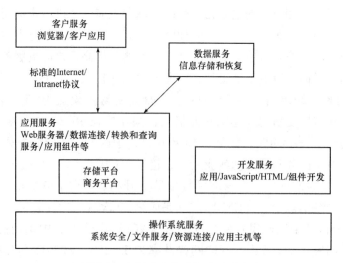

图 1-1　电子商务技术解决方案框架

1.1.4　电子商务技术的发展

电子商务的发展历程也是电子商务技术不断取得进展的过程。尤其是近年来依托互联网和移动通信网络平台，电子商务急剧发展。其演变可以简单地分为四个阶段。

1. 基于 EDI 的电子商务

电子商务数据交换（Electronic Data Interchange，EDI）是将业务文件按一个公认的标准从一台计算机传输到另一台计算机的电子传输方法。EDI 为政府或企业的采购、企业商业文件的处理提供了快捷、方便的条件。EDI 是电子商务的先驱。

EDI 的工作流程：发送方计算机应用系统生成原始用户数据；发送报文的数据影射与翻译。影射程序将用户格式的原始数据报文展开为平面文件，以便使翻译程序能够识别。翻译程序将平面文件翻译为标准的 EDI 格式文件。平面文件是用户格式文件和 EDI 标准格式文件之间的中间接口文件；发送标准的 EDI 文件；贸易伙伴获取标准的 EDI 文件；接收方应用系统处理翻译后的文件。

从技术上讲，EDI 包括硬件和软件两部分。硬件主要是指计算机网络。20 世纪 90 年代之前的大多数 EDI 都是通过租用的电话线，在专用网络上实现的。这类专用的网络被称为VAN。这样做主要是出于当时技术和安全的考虑。软件包括转换软件、翻译软件和通信软件，主要是将用户数据库系统中的信息翻译成 EDI 的标准格式以供传输交换。此外，有关组织还制定了专门的 EDI 标准。

EDI 涵盖工业、商业、外贸、金融、医疗保险、运输、政府机关等。在全球前 1 000 家大型跨国企业中，有 95% 的企业应用 EDI 与客户和供应商联系。

2. 基于互联网的电子商务

EDI 的运用极大地推动了国际贸易的发展，显示了巨大的优势和强大的生命力。但由于EDI 通信系统的建立需要较大的投资，使用 VAN 的费用很高，仅大型企业才会使用，因此限制了基于 EDI 的电子商务的应用，而且 EDI 对于信息共享的考虑也较少，比较适合具有大量单证和文件传输的大型跨国公司。随着大型跨国公司对信息共享需求的增加和中小企业对 EDI 的渴望，人们迫切需要建立一种新的成本低廉、能够实现信息共享的电子信息交换系统。1991年，美国政府宣布互联网向社会公众开放。1993 年，万维网 WWW 在互联网上出现，使互联网具备了支持多媒体应用的功能。1995 年，互联网上的商业业务信息量首次超过科教业务信息量，这既是互联网产生爆炸性发展的标志，也是电子商务大规模起步发展的标志。

电子商务的迅猛发展给企业带来了无限商机。同以往的 EDI 相比，利用互联网发展电子商务的优点包括：技术标准统一、各种系统之间互联简单；范围广泛，不只是局限在系统内部，可以深入千家万户。随着互联网安全性的日益提高，作为一个费用更低、覆盖面更大、服务更好的系统，其已表现出替代 VAN 而成为 EDI 的硬件载体的趋势。

3. "E" 概念电子商务拓展阶段

自 2000 年以来，人们对于电子商务的认识逐渐扩展到 "E" 概念高度，人们认识到电子商务实际上就是电子信息技术同商务应用的结合。电子信息技术不但可以和商务活动结合，而且可以和医疗、教育、卫生、军事、政府等有关的应用领域结合，从而形成有关领域的 "E" 概念；电子信息技术同军务结合，孵化出电子军务（远程指挥）；电子信息技术与金融结合，产生了在线银行；电子信息技术与政务结合，产生了电子政务；电子信息技术与企业组织形式结合，形成了虚拟企业等。随着电子信息技术的发展和社会需要的不断提高，人们会不断地为电子信息技术找到新的应用，产生越来越多的新的 "E" 概念。进入 21 世纪，世界已经进入 "E" 时代。

4. 面向服务—协同式商务阶段

随着信息技术和电子商务的迅速发展，电子商务的重点从单纯关注交易这一环节向关注网络环境下的商务主体（企业）和商务活动的全过程转移，而商务活动的全过程涉及诸多方面的协同运作，因此服务—协同式电子商务必将成为电子商务发展的新趋势。服务—协同式电子商务是指以市场和客户需求为导向，以品牌企业为核心，以协同竞争和多赢原则为商业运作模式，通过运用现代企业管理技术、信息技术和集成技术，对整个供应链的信息流、物流、资金流、业务流和价值链进行有效规划和控制，实现资源的充分利用，最终达到提高竞争力、市场占有率、客户满意度以获取最大利润的目标。服务—协同式电子商务将客户、研发中心、供应商、制造商、销售商、服务商等合作伙伴联成一个完整的、无缝化程度较高的网链结构，形成极具竞争力的战略联盟，其核心是一体化、协作和授权。

服务—协同式电子商务是需求链与供应链之间复杂的工作流的一种更为完整的反映，Web3.0、SOA（Service - Oriente Architecture，面向服务）技术、虚拟技术以及云计算、物联网技术、移动通信技术等，为面向服务—协同式商务提供了大力的支持。新时期的电子商务正在向着商务智能化前进。

1.2　电子商务的相关技术综述

电子商务的相关技术几乎囊括了网络和信息技术的全部，为了保障以电子方式进行的交易顺利实现，对电子商务技术提出下列四方面的要求。

（1）数据传输的安全性。保证在互联网上传递的数据信息不被第三方监视和窃取。对数据信息安全性的保护是通过数据加密技术实现的。

（2）数据的完整性。保证在互联网上传送的数据信息不被篡改。在电子商务应用环境中，保证数据信息完整是通过采用安全散列函数（Hash）和数字签名技术实现的。

（3）身份的认证性。在电子商务活动中，交易的双方或多方常常需要交换一些敏感信息（如银行卡号、密码等），这时就需要确认对方的真实身份。如果涉及支付性电子商务，则需要确认对方账户的真实有效。电子商务中的身份认证通常是采用公开密钥加密技术、数字签名技术、数字证书技术以及口令技术实现的。

（4）交易的不可抵赖性。电子商务交易的各方在进行数据信息传输时，必须带有自身特有的、无法被别人复制的信息，以防发送方否认和抵赖发送过信息，确保交易发生纠纷时有所对证。交易的不可抵赖性是通过数字签名技术和数字证书技术实现的。

根据电子商务的发展对电子商务技术的要求，可将电子商务技术划分为以下九类。

1. Internet 网络技术

电子商务迅猛发展的关键是 Internet 的发展。虽然 Internet 技术并非电子商务独有的技术，但 Internet 的发展直接影响到电子商务的发展，因而该技术也是电子商务相关的关键技术之一。在电子商务的应用中，Internet 网络技术作为基础设施，将分散在各地的计算机系统连接起来，在商务活动中发挥了重要的作用。网络技术是电子商务技术中处于最底层、最基础的技术。

2. Web 技术

Web 技术已经广泛地应用于 Internet 并被广大用户接受和使用。Web 技术是随着 HTTP 和 HTML 一起出现的。Web 服务器利用 HTTP 传递 HTML 文件，Web 浏览器使用 HTTP 检索 HTML 文件。Web 服务器一检索到信息，Web 就会以静态和交互（如文本、图像）方式显示各种对象。

最早的美国网景公司提供了 Netscape 网络浏览器软件，为通过 Internet 交互浏览信息提供了方便的工具。后来微软公司看到了网络的巨大潜在商机，毅然将自己的 IE 浏览器免费捆绑式销售，取得了浏览器市场占有量的胜利。浏览器将网络上的信息以美观的形式显示给网络冲浪者，为网民浏览网上的信息提供了有力的工具支持。现在的网页浏览功能已经非常强大，不仅可以显示比较简单的网页静态文件，而且可以提供对动态网页的强大支持，为 Java/EJB、ASP/ASP. NET/Com、多媒体等技术表现和处理更加复杂的网络数据提供强大的技术支持。这些技术的应用使得电子商务平台可以在很短的时间内提供新的信息，从而为电子商务平台的内容更新提供了有力的技术支持，也使得今天的网页信息更加丰富，适应了人们不断追求新境界的心愿。

在电子商务业务进行过程中，需要在各种贸易角色之间浏览和交换各种信息，此时要使用 Web 技术。随着电子商务的发展，Web2.0 已经不能满足需要，Web3.0 时代已经来临。

3. 数据库技术

在电子商务业务中，需要使用储存在数据库中的大量信息，如商家为用户提供的商品信息、认证中心储存的交易角色的信息、配送中心需要使用的配送信息、商家用户管理中的用户购买信息等。这些信息的存储和使用均需要有强大的数据库技术作为支持。

数据库技术发展非常快速，已经从简单的数据存储发展成为具有数据智能化的数据库处理系统。当前数据库管理系统已发展到相当成熟的阶段，能高效、高质、安全地管理数据。数据库技术是企业管理信息系统的核心技术。该技术包括数据模型、数据库系统（DB2、Oracle、Sybase、SQL Server 和 FoxPro 等）、数据库系统建设和数据仓库、联机分析处理和数据挖掘技术等。

数据库技术的发展前沿仍然在美国，美国的 IBM、Oracle、微软、Sybase 目前处于领先地位。我国的电子商务网站也多半在这些数据库厂商提供的数据库平台上建立。这些数据库都是关系型数据库，主要通过二维表格将现实中事务的数据属性记录下来。同时，这些数据库也有强大的数据处理功能，如检索查询、事件触发、数据相关性检测等，甚至有些数据库还提供数据挖掘和数据职能等功能，为网站系统提供了坚强的技术支持。

目前，IBM 的 DB2 是世界上存储数据量最大的数据库，在许多大型计算机应用中，包括电子商务应用，它都占有非常大的份额。而 Oracle 也当仁不让。值得一提的是，微软的 SQL Server 后来居上，已经占据了世界第三的位置，将原来的合作伙伴 Sybase 抛在了后边。在全世界最成功的电子商务网站 Dell 上，微软的数据库独领风骚，为 Dell 成为世界上最好的电子商务网站提供了巨大支持。

越来越多的第三方软件开发商帮助这些数据库生产商开发了更多、更好的数据处理软件，更多功能的数据挖掘和分析统计软件，为更好的数据库应用提供了发展的土壤。

目前，大多数成功的数据库开发商都把数据挖掘和数据智能化作为自己的发展目标和发展方向，为了更好地造福人类，软件公司不断开发新产品，电子商务的技术平台不断完善和壮大，为更多的电子商务经营提供了技术后盾。

4. EDI 技术

联合国标准化组织将 EDI 描述成，按照统一标准，将商业或行政事务处理转换成结构化的事务处理或报文数据格式，并借助计算机网络实现的一种数据电子传输方法。构成 EDI 技术的基本要素主要有三个，即通信、标准和软件。

（1）通信。运用 EDI 技术使得我们在商务活动中能够用电子的手段来生成、处理和传递各类贸易单证。电子通信网络是 EDI 系统必不可少的组成部分之一。

从 EDI 所依托的计算机网络通信技术的发展演变看，最初是点到点方式，随后是增值网络（VAN）的方式，进而是电子邮件（E-mail）方式，当今则演变为 Internet 模式。这一变化趋势使得 EDI 的推广应用范围变得更加广阔。

传统的 EDI 系统是基于 VAN 技术的 EDI。在这一模式下，通常需要建立一个区域性的 EDI 中心，同时建立一个 VAN 网络。用户首先以会员方式加入 EDI 中心，并按通用标准格式编制报文传送信息。由此可见，传统的 EDI 对用户的要求较高，推广应用较难。为此，逐步改变传统的 EDI 系统单纯依靠增值专用网的封闭式传输模式，向基于 Internet 和 Web 技术的开放式 EDI 应用模式发展，这是 EDI 发展信息增值服务的关键。

Internet 模式的 EDI 是指利用先进的国际互联网、服务器等电子系统和电子商业软件运作的全部商业活动，包括利用电子邮件提供的通信手段在网上进行的交易。Internet 模式的 EDI 大大方便了中小型企业，它们不用购买和维护 EDI 软件，不用进行 EDI 单证和应用程序接口 API（Application Programming Interface）开发，只需利用浏览软件即可应用。有关表格制作和单证翻译等工作则由 EDI 中心或商业伙伴完成。

（2）标准。在 EDI 技术构成中，标准起着核心作用。EDI 技术标准可分成两大类：一类是表示信息含义的语言，称为 EDI 语言标准，主要用于描述结构化信息；另一类是载运信息语言的规则，称为通信标准。它的作用是将数据从一台计算机传输到另一台计算机。一般来说，EDI 语言对其载体所使用的通信标准并无限制，但对语言标准有严格的限定。

EDI 语言标准目前广泛应用的有两大系列：国际标准的 EDIFACT 和美国的 ANSIX. R。目前，EDIFACT 标准作为联合国与国际标准化组织联合制定的国际标准正被越来越多的国家接受。

（3）软件。EDI 系统通常由"报文生成处理""格式转换""联系"和"通信"四个模块构成。

为实现 EDI 系统的上述功能，必须设计和开发相应的 EDI 软件。EDI 软件的作用是将组织内部的非结构化格式的信息（数据）翻译成结构化的 EDI 格式，然后传送 EDI 报文。这是针对"信息发送方"而言的。对"信息接收方"来说，则需要把所接收到的标准 EDI 报文翻译成在该部门内部使用的非结构化格式的信息。根据这样的要求，EDI 软件应具有三方面的基本功能：数据转换、数据格式化和报文通信。

5. 电子商务安全技术

电子商务的安全问题解决得好坏直接影响到电子商务是否可以迅速发展。

最近的一些调查表明，很多网民不愿意在网上进行购物活动，最大的原因是担心网上购物的安全性。因为常常传出这样的消息：某某在银行的 ATM 机器上取款账号和密码被小偷窃取，从而遭遇财物失窃。这主要是由于在网上进行购物时，没有面对面的确认过程。因此，若在网络上进行商务活动，需要有一个商务活动所涉及的各方均信任的第三方机构来完成商务活动各方的身份认证。

电子商务为了解决网上交易不安全的问题，采取了诸多的措施和方法。

目前普遍使用的身份认证方式是证书认证。具体操作过程是，由第三方建立起由相关部门授权的认证体系，负责对申请证书的网上用户发放有效的证书，在网上的其他机构或个人需要对该用户进行身份确认时，该用户出示其手中的证书给需要对其进行认证的一方认证，认证方也可以到签发该证书的认证中心对该证书进行认证。每一个证书与一个密钥相对应。

6. 电子支付技术

电子商务系统的电子支付技术非常重要，许多电子商务系统之所以不能很好地经营下去，往往就在于其电子支付系统不完善。电子支付是为所购商品在网上付款的技术。严格意义上讲，电子支付是一个过程而不是一种技术，但在该过程中涉及很多的技术，而且这些技术是该业务能够顺利实现的保证。

电子商务系统的网上支付是非常重要的过程，如果处理得不好，可能会使信息丢失或者被窃取，致使整个电子商务系统处于岌岌可危的境地。因为随着网络技术的快速发展，网上犯罪行为也有了其发展的土壤，电子商务技术必须加强措施防范网络犯罪。所以，数据加密、防火墙、数字签名等高科技数据安全保障系统也是非常重要的任务和环节。

目前，我国主要采用以上两种协议进行电子支付。使用 SSL 协议的好处是简便、省时，但其安全性不如 SET。SET 的安全等级高，但过程复杂、费时。

7. 移动电子商务技术

移动电子商务（M – Commerce）是通过可信任的移动终端进行商品买卖和交易服务过

程，狭义地讲，是通过手机、PDA（个人数字助理）等移动通信设备与互联网有机结合进行电子商务活动。移动终端是可以接入无线网络的设备，包括移动电话、无线固定电话、PDA 和带有无线 Modem 的笔记本电脑等。移动电子支付包括移动支付、无线 CRM、移动股市、移动银行、移动办公等，能提供以下服务：PIM（个人信息服务）、银行业务、交易、购物、基于位置的服务（Location based service）、娱乐等。

随着科学的发展，实现移动电子商务的技术有无线应用协议（WAP）、移动（IP）、蓝牙（Bluetooth）、通用分组无线业务（GPRS）、移动定位系统。其中无线应用协议（WAP）是开展移动电子商务的核心技术之一，通过 WAP，手机可以随时随地、方便快捷地接入互联网，真正实现不受时间和地域约束的移动电子商务。WAP 是一种通信协议，它的提出和发展是基于在移动中接入 Internet 的需要。移动 IP 通过在网络层改变 IP 协议，从而实现在 Internet 中的无缝漫游。蓝牙旨在取代有线连接、实现数字设备间的无线互联，确保大多数常见的计算机和通信设备之间可以方便地进行通信。GPRS（通用分组无线业务）突破 GSM 网只能提供电路交换的思维定式，将分组交换模式引入 GSM 网络中，通过仅仅增加相应的功能实体和对现有的基站系统进行部分改造来实现分组交换，从而提高资源的利用率。GPRS 能快速建立能信，适用于频繁传送小数据量业务和非频繁传送大数据量业务。移动定位系统是基于位置的业务。

8. 物联网及相关技术

物联网是一个基于互联网、传统电信网络等信息承载体，让所有能够被独立寻址的普通物理对象实现互联互通的网络。换句话说，在物联网世界，每一个物体均可寻址，每一个物体均可通信，每一个物体均可控制。物联网继计算机、互联网和移动通信后引领信息产业革命的新浪潮。由于物联网所倡导的物物互联规模要远大于现阶段的人与人通信业务，因此物联网的预期市场前景远大于之前的计算机、互联网和移动通信等。

物联网的相关技术在逻辑上可以分为认知层、网络层、管理层和应用层。与传统的信息系统构架相比，其多了一个认知层。

认知层，即遍布在人们周边的各类传感器、条形码、摄像头等组成的传感器网络。它的作用是实现对物体的感知、识别、检测及数据采集、反应和控制等。这些作用改变了传统信息系统内部运算能力强但对外部感知能力弱的状况，因此认知层是物联网的基础，也是物联网与传统信息系统的最大区别所在。

网络层，即由各种有线及无线节点、固定与移动网关组成的通信网络与互联网的融合体。其主要作用是把认知层的数据接入网络以供上层使用。它的核心是互联网（包括下一代互联网），而各种无线网络则提供随时随地的网络接入服务。使用的技术包括互联网、移动通信网络、Wi-Fi 等无线宽带网络技术和蓝牙等无线低速网络技术。

管理层，其作用是在高性能计算机和海量存储技术的支撑下，将大规模数据高效可靠地组织起来，为上层服务层提供智能支撑平台，包括能储存大量数据的数据中心、以搜索引擎为代表的网络信息查询技术、智能处理系统以及保护信息与隐私的安全系统等。

应用层，即物联网技术与各类行业应用相结合，通过物联网的"物物互联"实现无所不在的智能化应用，如智能物流、智能电网、智能交通、环境监测等。

9. 电子商务系统开发技术

现代电子商务系统是建立在互联网之上的，建立一个组织（企业）的电子商务平台所必需的系统开发技术，尤其是开发大型的电子商务网站，目前主流的开发语言有 3 种：PHP、ASP. NET 和 JSP。建立大型的电子商务系统平台，需要页面的 HTML 静态化、图片服务器分离、图片压缩技术、数据库服务器分离、服务器的集群和库表散列、读写服务器分离、页面的缓存、数据库的缓存等技术。这些内容将在后续章节中介绍，以满足电子商务技术应用开发人员的学习需要。

1.3 电子商务系统功能

1.3.1 电子商务系统的一般框架

为了更好地理解电子商务环境下的技术结构，图 1-2 给出了一个简单的电子商务系统的一般技术框架，简洁地描绘了这个环境中的主要因素。

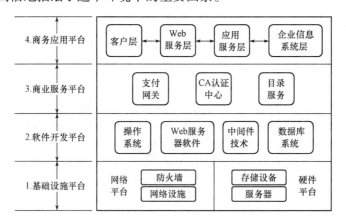

图 1-2 电子商务系统的一般技术框架

1. 基础设施平台

电子商务活动是在网络环境下开展商务活动的先进的交易方式，参与交易的各方，如买卖双方、银行或金融机构以及其他合作伙伴，都必须通过互联网、企业内部网以及外部网紧密结合起来。网络基础设施平台是实现电子商务的最底层的基础设施，由网络平台和硬件平台组成，其中网络平台由防火墙和网络设施组成，硬件平台由存储设备和服务器组成。

2. 软件开发平台

软件开发平台由操作系统、Web 服务器软件、中间件、数据库系统等组成。其中操作系统是使网络上的计算机能方便而有效地共享资源，为网络用户提供所需的各种服务的软件和有关规程的集合。Web 服务器软件的主要功能涉及与后端服务器的集成、管理、信息的开发、平台可靠性和安全性等方面。中间件是作为前端客户机和后端服务器之间的一个中间层，为应用程序处理提供帮助。数据库系统由关系数据库和多媒体数据库组成。

3. 商业服务平台

商业服务平台由支付网关、CA 认证中心和目录服务组成，支付网关在整个电子商务活动中起着非常关键的作用：它一方面支持业务单位和商家通过互联网进行安全的网上交易，另一方面又通过安全通道保证与维护金融网络的工作安全，是连接商家和金融网络的通信和交易桥梁。CA 认证中心是电子商务交易中受法律承认的第三方权威机构，负责发放和管理电子证书，使得网上交易的双方能够相互确认身份。目录服务对于网络的作用就像黄页对电话系统的作用一样。目录服务将有关现实世界中的事务的信息存储为具有描述性属性的对象。人们可以使用该服务按名称查找对象，或者像使用黄页一样，可使用它们查找服务。

4. 商务应用平台

商务应用平台由客户层、Web 服务层、应用服务层和企业信息系统层组成，如图 1-3 所示。

图 1-3　电子商务系统商务应用平台的多层体系结构

★知识拓展

某大型 B2C 的电子商务系统总体架构剖析

电子商务系统总体架构由基础层、数据服务层、基础框架层、应用支撑层、核心业务层、接入层组成，通过统一的标准规范及统一的安全管理对整个系统架构进行标准化安全管理，如图 1-4 所示。

基础层由基本的网络设备组成，主要是网络设备、服务器设备、存储设备等硬件设备。其中配以备份设备、安全设备及 USB Key 等安全备份硬件设备，提供整个系统的安全访问管理。

数据服务层由数据业务库及数据仓库组成。数据业务库的主要功能是存储客户数据、电子商务数据、订单数据、物流数据等；数据仓库的主要功能是对营销数据、销售数据、客户行为数据进行存储，为 ECRM 客户关系管理、订单管理、PSI 进销存管理提供有效的数据支持。

基础框架层有工作流引擎、数据库访问中间件、数字证书、短信服务、日志系统、站内引擎、数据接入引擎、数据采集引擎等功能。其中工作流引擎、数据库访问中间件为系统提供了有效的数据访问；数字证书、日志系统为系统的访问安全性提供了有利的条件；站内引擎、短信服务为用户提供了良好的用户体验；数据接入引擎及数据采集引擎为 CRM 客户关系管理、PSI 进销存管理提供了有效的数据采集及数据接入支持。

应用支撑层主要为用户访问提供了有效的功能支持。通过单点登录、订单管理、客户服务为消费人群提供了良好的应用环境；通过报表服务、监督管理、数据备份、决策系统、市场机会管理为系统管理人员提供了数据管理、数据分析、行为分析等应用。

核心业务层由 B2C 商城、淘宝商城及网络分销系统组成，是用户提供数据访问、用户体验的直接入口。

接入层的主要功能是通过定制本系统接口，对多渠道的系统应用可扩展性提供了有效的环境。

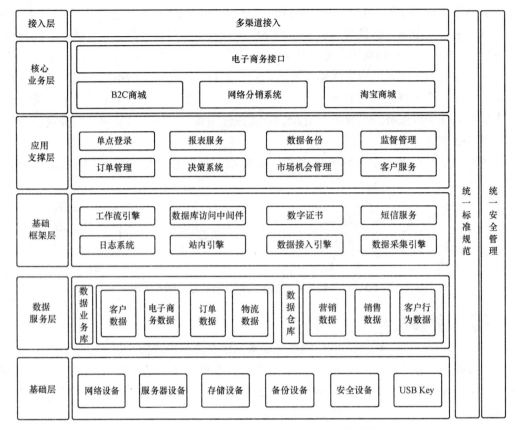

图 1- 4　某大型 B2C 的电子商务系统总体架构

1.3.2　电子商务应用系统体系结构

电子商务应用系统的体系结构是按照电子商务系统的商务应用平台由人机交互层、Web 服务层分布式处理、应用服务层、中间组件、数据及环境等组成，如图 1-5 所示。

网络环境中对于资源均衡、有效应用的需求，推动了信息系统结构及相关技术的发展。互联网技术的发展和普及，电子商务应用中对于更大范围商务活动的跟踪和控制需求，又促进了信息系统体系结构的发展。

1. 信息系统体系结构的发展

（1）C/S 结构。20 世纪 80 年代，随着局域网技术的发展，以客户机/服务器（Client/ Server，C/S）为核心的软件体系结构逐渐成熟起来。在 C/S 结构中，客户机负责信息系统的图形显示、数据录入、业务处理等，服务器主要负责对数据的存储和管理。C/S 结构实现了分布式计算，降低了服务器端的负载，有助于在企业范围内实现对业务数据的集中式管理。其主要缺点是开发的中心主要在客户端（即所谓的"胖客户端"），造成软件维护和管理的困难。

（2）B/W/S 三层结构。进入 20 世纪 90 年代以后，随着互联网的快速发展，一种基于 Web 的软件体系结构逐渐发展起来，即 B/W/S（Browser/Web Server /Database Server）三层结构。B/W/S 结构的主要特点是"瘦客户端"，即客户端（典型情况下是一个浏览器）只负担很少一部分处理功能，主要负责与用户的交互，而信息系统的绝大部分处理功能都放在

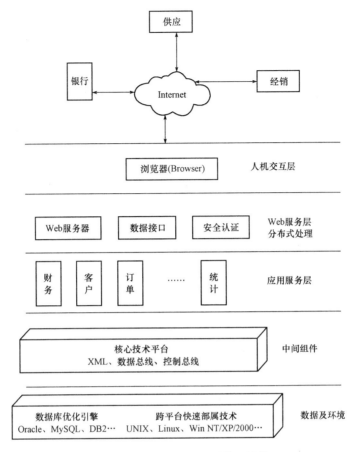

图 1-5 电子商务应用系统体系结构

中间层（即 Web 层）上。

（3）多层结构。随着越来越多的信息系统向 Web 架构转变，B/W/S 结构的中间层所承担的功能也不断增加，软件复杂度不断提高，很有必要再对它进行分层处理。通常情况下，将传统的中间层细分成 Web 服务层和应用服务层，前者负责信息系统的表示逻辑（Presentation Logic），后者负责信息系统的业务逻辑（Business Logic）。此外，在客户层与 Web 服务层之间、应用服务层与数据库层之间都可以插入一个中间组件（Middle Ware），以优化整个系统的性能，提高系统的并发处理能力。电子商务系统多层体系结构的优点：可实现高度的可扩展性；可提高系统的灵活性；便于分配适合的开发人员以完成相应的开发任务；可实现高度的代码重用。

2. 客户层

客户层设计应考虑的因素：客户端平台；网络服务的质量；通信协议的选择。

客户层程序的类型如图 1-6 所示。

（1）Web 浏览器。Web 浏览器是一个最简单的客户层程序，它用于显示由 Web 层传送过来的 HTML 内容。随着越来越多的浏览器支持 JavaScript 和 DHTML，我们已经能使用 Web 浏览器创造出越来越强大的用户界面。网页浏览器也基本上成为上网服务的最基础的支撑，

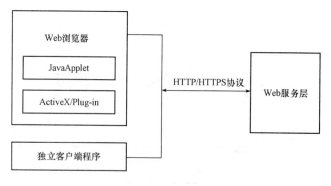

图1-6　客户层程序的类型

微软的 IE，Google 的 Chrome 系列，苹果的 Opera 都是使用非常广泛的浏览器，网络上的各种网站及网络服务也基本上是基于浏览器的。

（2）JavaApplet。JavaApplet 是采用 Java 语言开发的，具有较好的跨平台兼容性，同时 JavaApplet 编程模型的安全性也很好，所有下载下来的代码都被看作不可信任的，并对其施加了很多限制措施。但由于 JavaApplet 在用户每次与服务器端建立会话时都要被下载一次，因而下载的工作必须在可以接受的时间内完成。

（3）插件（Plug－in）和 ActiveX 组件。除了 Applet 以外，Web 浏览器通常还支持其他的内置组件，如 Netscape 浏览器中的插件（Plug－in）以及 IE 浏览器中的 ActiveX 组件，它们的作用和 Applet 基本一致。当准备使用这些组件时，人们应当考虑到，插件通常是为特定的体系结构和操作系统而编写的。在 Internet 上，每一种客户端都需要编写相应版本的插件程序。微软的 ActiveX 组件只能在微软的 Windows 平台上运行，尽管 Windows 平台是当前最为流行的客户端平台，但是使用这种技术仍然限制了其他类型平台的用户对企业电子商务系统的访问。

（4）独立客户端程序。在有些情况下，如当要求客户端程序能提供更多的交互功能和更加个性化的图形用户界面时，企业电子商务系统可能需要自己开发独立的客户端程序。这些客户端程序一般通过 HTTP 协议与 Web 服务器进行数据交换，并将数据在其自己的图形界面中显示出来。如人们日常使用的 QQ 电脑版、迅雷电脑版，电脑上装的 Photoshop、Word 2007、Excel 2007、PowerPoint 2007、搜狗拼音输入法等都是比较优秀的客户端程序。

3. Web 服务层

Web 服务层包括静态内容和动态内容。

（1）静态内容。静态内容指 Web 服务器中以静态的形式存在的 HTML 网页以及声音、图像等其他资源。

（2）动态内容。动态内容指 Web 服务器在收到客户端的 HTTP 请求时，根据用户的具体需要而自动生成的 HTML 页面或 XML 页面，如图 1-7 所示。

动态网页是与静态网页相对应的，也就是说，网页 URL 不固定，能通过后台与用户交互，完成用户查询、提交等动作。

所谓"动态"，并不是指放在网页上的 GIF 图片。动态网页技术有以下几个特点：交互性，即网页会根据用户的要求和选择而动态改变和响应，将浏览器作为客户端界面，这将是

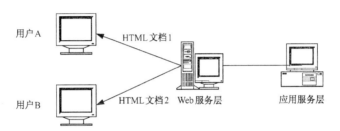

图 1-7　Web 服务层为不同的用户提供不同的动态内容

今后 Web 发展的趋势；自动更新，即无须手动更新 HTML 文档便会自动生成新的页面，可以大大节省工作量；因时因人而变，即当不同的时间不同的人访问同一网址时会产生不同的页面。常用的语言有 ASP、PHP、JSP 等。

4. 应用服务层

中间层（Middle Tier）也称作"应用程序服务器层或应用服务层"，是用户接口或 Web 客户端与数据库之间的逻辑层。典型情况下，Web 服务器位于该层，业务对象在此实例化。中间层是生成并操作接收信息的业务规则和函数的集合。它们通过业务规则（可以频繁更改）完成该任务，并由此被封装到在物理上与应用程序逻辑本身相独立的组件中，如图 1-8 所示。

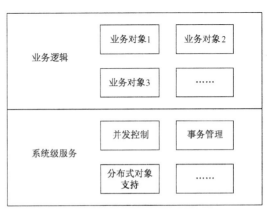

图 1-8　应用服务层的业务逻辑和系统级服务

（1）业务逻辑和业务对象。业务逻辑是指处理一个特定业务功能时应遵循的规则的集合。利用面向对象的开发方法，开发人员可以将系统的业务功能分解成一系列组件或元素的集合，它们叫作业务对象（Business Objects）。电子商务系统的业务对象可以分成实体类（Entity）对象和会话类（Session）对象两种。

（2）应用服务层的系统级服务。应用服务层应当提供的系统级服务主要包括：并发控制、事务管理、分布式对象支持。

5. 企业信息系统层

在电子商务环境下，企业信息系统与企业的电子商务系统集成在一起，极大地扩展了企业信息系统所能达到的范围。企业的合作伙伴、供应商、客户等，都能够通过互联网来访问他们所需要的企业信息系统中的有关信息。随着与企业相关的供应商、合作伙伴以及潜在客户的增加，电子商务系统的价值越来越能得到充分发挥，企业也越来越能在电子商务环境中把握先机，提高竞争力。企业信息系统集成的种类由以下三部分组成：

（1）与数据库系统集成，如图 1-9 所示。

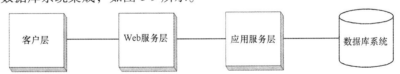

图 1-9　电子商务系统与数据库系统集成

（2）与多个后端信息系统集成，如图 1-10 所示。

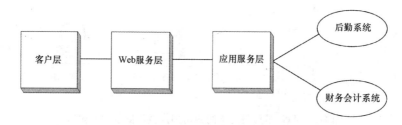

图 1-10　电子商务系统与多个后端信息系统集成

（3）与 ERP 系统集成，如图 1-11 所示。

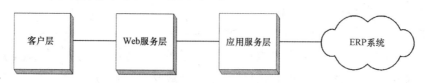

图 1-11　电子商务系统与 ERP 系统集成

1.4　电子商务新技术的应用与发展

1.4.1　人工智能

近年来，大规模并行计算、大数据、深度学习算法和人脑芯片四大技术的发展，使得人工智能（AI）技术突飞猛进，在时代需求的变革下，AI 已经逐渐建立起自己的生态格局，并成功引爆各个领域。

人工智能的定义可以分为两部分，即"人工"和"智能"。"人工"比较好理解，争议也不大。有时我们会考虑什么是人力所能及的，或者人自身的智能程度有没有高到可以创造人工智能的地步，但总的来说，"人工系统"就是通常意义下的人工系统。

关于"智能"，涉及意识（Consciousness）、自我（Self）、思维（Mind）等问题。人唯一了解的智能是人本身的智能，这是人们普遍认同的观点。但是人们对自身智能的理解都非常有限，对构成人的智能的必要元素也了解有限，所以就很难定义什么是"人工"制造的"智能"了。因此，人工智能的研究往往涉及对人的智能本身的研究。关于动物或其他人造系统的智能也被普遍认为是人工智能的研究课题。

人工智能是研究、开发用于模拟、延伸和扩展人的智能的理论、方法、技术及应用系统的一门新的科学。人工智能是计算机科学的一个分支，它企图了解智能的实质，并生产出一种新的能与人类智能相似的方式作出反应的智能机器。该领域的研究包括机器人、语言识别、图像识别、自然语言处理和专家系统等。人工智能诞生以来，理论和技术日益成熟，应用领域也不断扩大，可以设想，未来人工智能带来的科技产品，将会是人类智慧的"容器"。

人工智能是对人的意识、思维过程的模拟。人工智能不是人的智能，但能像人那样思考，也可能超过人的智能。

　　人工智能是一门极富挑战性的科学，从事这项工作的人必须懂得计算机知识、心理学和哲学。人工智能是内涵十分广泛的科学，它由不同的领域组成，如机器学习、计算机视觉等。总地说来，人工智能研究的一个主要目标是使机器能够胜任一些通常需要人类智能才能完成的复杂工作，但不同的时代、不同的人对这种"复杂工作"的理解是不同的。

　　人工智能离不开大数据，基于云计算平台完成深度学习进化。科技巨头跟随这股 AI 潮流，纷纷投入重金研发 AI。Google 开源了 TensorFlow；IBM 则宣布通过 Apache 软件基金会免费为外部程序员提供 System ML 人工智能工具的源代码；微软新推出了 Malmo 项目，用于人工智能的研发。

　　人工智能在计算机领域内得到了愈加广泛的重视，并在机器人、经济政治决策、控制系统、仿真系统中得到应用。

　　尼尔逊教授对人工智能下了这样一个定义："人工智能是关于知识的学科——怎样表示知识以及怎样获得知识并使用知识的科学。"而美国麻省理工学院的温斯顿教授认为："人工智能就是研究如何使计算机去做过去只有人才能做的智能工作。"这些说法反映了人工智能学科的基本思想和基本内容。即人工智能是研究人类智能活动的规律，构造具有一定智能的人工系统，研究如何让计算机去完成以往需要人的智力才能胜任的工作，如何应用计算机的软硬件来模拟人类某些智能行为的基本理论、方法和技术。

　　人工智能是计算机学科的一个分支，20 世纪 70 年代以来，被称为世界三大尖端技术（空间技术、能源技术、人工智能）之一，也被认为是 21 世纪三大尖端技术（基因工程、纳米科学、人工智能）之一。这是因为近 30 年来它获得了迅速的发展，在很多学科领域都获得了广泛应用，并取得了丰硕的成果。人工智能已逐步成为一个独立的分支，无论在理论和实践上都已自成系统。

　　人工智能是研究计算机模拟人的某些思维过程和智能行为（如学习、推理、思考、规划等）的学科，主要包括计算机实现智能的原理、制造类似于人脑智能的计算机，使计算机能实现更高层次的应用。人工智能将涉及计算机科学、心理学、哲学和语言学等学科，其范围已远远超出计算机科学的范畴。人工智能与思维科学的关系是实践和理论的关系，人工智能是处于思维科学的技术应用层次，是它的一个应用分支。从思维观点看，人工智能不仅限于逻辑思维，还要考虑形象思维、灵感思维才能促进人工智能的突破性的发展。数学常被认为是多种学科的基础科学，数学也进入语言、思维领域，人工智能学科必须借用数学工具，以便更快地发展。

1.4.2　物联网

　　物联网（Internet of Things，IoT）是互联网的应用拓展，与其说物联网是网络，不如说物联网是业务和应用。因此，应用创新是物联网发展的核心，以用户体验为核心的创新是物联网发展的灵魂。

　　物联网的概念最初在 1999 年提出，即通过射频识别（RFID + 互联网）、红外感应器、全球定位系统、激光扫描器、气体感应器等信息传感设备，按约定的协议，把一切物品与互联网连接起来，进行信息交换和通信，以实现智能化识别、定位、跟踪、监控和管理的一种网络。简而言之，物联网就是"物物相连的互联网"。

中国物联网校企联盟将物联网定义为当下几乎所有技术与计算机、互联网技术的结合，实现物体与物体之间环境以及状态信息实时共享以及智能化的收集、传递、处理、执行。广义上说，当下涉及信息技术的应用，都可以纳入物联网的范畴。物联网是当下最接近科技融合体模型顶端的科技概念和应用。物联网是一个基于互联网、传统电信网等的信息承载体，让所有能够被独立寻址的普通物理对象实现互联互通的网络。其具有智能、先进、互联三个重要特征。

根据国际电信联盟（ITU）的定义，物联网主要解决物品与物品（Thing to Thing，T2T）、人与物品（Human to Thing，H2T）、人与人（Human to Human，H2H）的互联。但是与传统互联网不同的是，H2T 是指人利用通用装置与物品之间的连接，从而使得物品连接更加简化，而 H2H 是指人之间不依赖于 PC 而进行的互联。因为互联网并没有考虑到对于任何物品连接的问题，故我们使用物联网来解决这个传统意义上的问题。许多学者讨论物联网时，经常会引入一个 M2M 的概念，可以解释成为人到人（Man to Man）、人到机器（Man to Machine）、机器到机器（Machine to Machine）。从本质上而言，人与机器、机器与机器的交互，大部分是为了实现人与人之间的信息交互。

物联网是指通过各种信息传感设备，实时采集任何需要监控、连接、互动的物体或过程等各种需要的信息，与互联网结合形成的一个巨大网络，如图 1-12 所示。其目的是实现物与物、物与人，物与网络的连接，方便识别、管理和控制。其在 2011 年的产业规模超过 2 600 亿元，构成物联网产业五个层级的支撑层、感知层、传输层、平台层和应用层分别占物联网产业规模的 2.7%、22.0%、33.1%、37.5% 和 4.7%。而物联网感知层、传输层参与厂商众多，成为产业中竞争最为激烈的领域。

在产业分布上，国内物联网产业已初步形成环渤海、长三角、珠三角以及中西部地区四大区域集聚发展的总体产业空间格局。其中，长三角地区产业规模位列四大区域之首。以图 1-12 为例，物联网大致分为以下几个层级：感知层、网络层、应用层。其中感知层相当于人的感官和神经末梢，用来感知和采集应用环境中的各种数据，包括温度、湿度、速度、位置、震动、压力、流量、气体等各种传感器。灵敏度和精度高，功耗低，可以无线传输是对感知层的要求。网络层相当于人的神经系统，用来传输数据，包括各种无线通信技术和标准，比如 Zigbee、BLE、Wi-Fi、NFC、RFID、LTE 等。低功耗，广域覆盖，更多连接，是无线网络的发展方向。目前新的通信技术和标准 NB-IoT、LoRa、eLTE-IoT 都在往这个方向努力。未来的 5G 会取代目前很多的无线通信技术。应用层相当于人的大脑指示和反应，通过指令控制输出，如设备管理、环境监测、工业控制等。

1.4.3 大数据

大数据（big data）指无法在一定时间范围内用常规软件工具进行捕捉、管理和处理的数据集合，是需要新处理模式才能具有更强的决策力、洞察发现力和流程优化能力的海量、高增长率、多样化的信息资产。

在维克托·迈尔－舍恩伯格及肯尼斯·库克耶编写的《大数据时代》中，大数据指不用随机分析法（抽样调查），而对所有数据进行分析处理。大数据具有 "5V" 特点：Volume（大量）、Velocity（高速）、Variety（多样）、Value（低价值密度）、Veracity（真实性）。

麦肯锡全球研究所给出的大数据的定义是：一种规模大到在获取、存储、管理、分析方

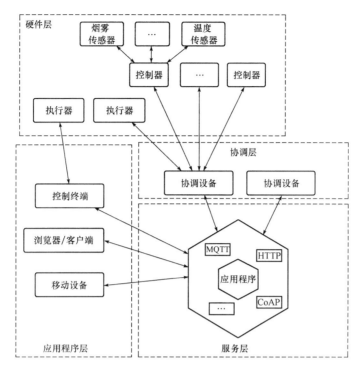

图 1-12　物联网的层级结构

面大大超出了传统数据库软件工具能力范围的数据集合，具有海量的数据规模、快速的数据流转、多样的数据类型和价值密度低四大特征。

大数据技术的战略意义不在于掌握庞大的数据信息，而在于对这些有意义的数据进行专业化处理。换言之，如果把大数据比作一种产业，那么这种产业实现盈利的关键在于提高对数据的"加工能力"，通过"加工"实现数据的"增值"。

从技术上看，大数据与云计算的关系就像一枚硬币的正反面一样密不可分。大数据必然无法用单台的计算机进行处理，它的特色在于对海量数据进行分布式数据挖掘。但它必须依托云计算的分布式处理、分布式数据库和云存储、虚拟化技术。

随着云时代的来临，大数据也受到了越来越多的关注。分析师团队认为，大数据通常用来形容一个公司创造的大量非结构化数据和半结构化数据，这些数据在下载到关系型数据库用于分析时会花费过多的时间和金钱。大数据分析常和云计算联系在一起，因为实时的大型数据集分析需要像 MapReduce 这样的框架来向数十、数百甚至数千的电脑分配工作。

大数据需要特殊的技术，以有效地处理大量数据，适用于大数据的技术，包括大规模并行处理（MPP）数据库、数据挖掘、分布式文件系统、分布式数据库、云计算平台、互联网和可扩展的存储系统。

有人把数据比喻为蕴藏能量的煤矿。煤炭按照性质有焦煤、无烟煤、肥煤、贫煤等分类，而露天煤矿、深山煤矿的挖掘成本又不一样。与此类似，大数据并不在于"大"，而在于"有用"。价值含量、挖掘成本比数量更为重要。对于很多行业而言，合理利用这些大规模数据是赢得竞争的关键。

电子商务与 Internet 技术

1. 掌握计算机网络的基本概念；
2. 掌握 Internet 的概述及功能；
3. 掌握 TCP/IP 协议及域名；
4. 掌握 Internet 的接入技术；
5. 掌握 Internet 的主要服务。

2.1　计算机网络基础

计算机网络就是将在地理上分散的、具有独立功能的多台计算机，通过通信线路和通信设备连接起来，在通信协议和网络软件的支持下，实现彼此之间的数据通信和资源共享的系统。

2.1.1　计算机网络的基本结构

从逻辑上讲，计算机网络是由"通信子网"和"资源子网"两部分组成的。计算机网络的主要功能是数据通信和数据处理。因此，它在结构上必然分为两大部分，一是数据通信系统（通信子网），二是数据处理系统（资源子网）。

通信子网由通信控制处理机、通信线路与其他通信设备组成；资源子网由主计算机系统、终端控制器、联网外部设备、各种软件资源与信息资源组成。通信子网负担全网数据传输、通信处理工作，而资源子网代表网络的数据处理资源和数据存储资源，负责全网数据处理以及向网络用户提供网络资源和网络服务工作。

从硬件上讲，计算机网络由网络硬件和网络软件组成。网络硬件是计算机网络系统的物理实现，网络软件是网络系统中的技术支持。两者相互作用，共同完成网络功能。网络硬件一般指网络的计算机、传输介质和网络连接设备等。网络软件一般指网络操作系统、网络通信协议等。

1. 计算机网络硬件系统

计算机网络硬件系统由计算机（主机、客户机、终端）、通信处理机（集线器、交换机、路由器）、通信线路（同轴电缆、双绞线、光纤）、信息变换设备（Modem，编码解码器）等构成。

（1）主计算机。在一般的局域网中，主机通常被称为服务器，是为客户提供各种服务的计算机，因此对其有一定的技术指标要求，特别是主、辅存储容量及其处理速度要求较高。根据服务器在网络中所提供的服务不同，可将其划分为文件服务器、打印服务器、通信服务器、域名服务器、数据库服务器等。

（2）网络工作站。除服务器外，网络上的其余计算机主要是通过执行应用程序来完成工作任务的，这种计算机称为网络工作站或网络客户机，它是网络数据主要的发生场所和使用场所，用户主要是通过使用工作站来利用网络资源，并完成自己的作业。

（3）网络终端。网络终端是用户访问网络的界面，它可以通过主机连入网内，也可以通过通信控制处理机连入网内。

（4）通信处理机。一方面作为资源子网的主机、终端连接的接口，将主机和终端连入网内；另一方面又作为通信子网中分组存储转发节点，完成分组的接收、校验、存储和转发等功能。

（5）通信线路。通信线路（链路）为通信处理机与通信处理机、通信处理机与主机之间提供通信信道。

（6）信息变换设备。对信号进行变换，包括调制解调器、无线通信接收和发送器、用于光纤通信的编码解码器等。

2. 网络软件的组成

在计算机网络系统中，除了各种网络硬件设备外，还必须具有网络软件。

（1）网络操作系统。网络操作系统是网络软件中最主要的软件，用于实现不同主机之间的用户通信，以及全网硬件和软件资源的共享，并向用户提供统一的、方便的网络接口，便于用户使用网络。目前网络操作系统有三大阵营：UNIX、NetWare 和 Windows。我国广泛使用的是 Windows 网络操作系统。

（2）网络协议软件。网络协议是网络通信的数据传输规范，网络协议软件是用于实现网络协议功能的软件。

典型的网络协议软件有 TCP/IP 协议、IPX/SPX 协议、IEEE 802 标准协议系列等。其中，TCP/IP 是当前异种网络互连应用最为广泛的网络协议软件。

（3）网络管理软件。网络管理软件是用来对网络资源进行管理以及对网络进行维护的软件，如性能管理、配置管理、故障管理、计费管理、安全管理、网络运行状态监视与统计等。

（4）网络通信软件。网络通信软件用于实现网络中各种设备之间通信的软件，使用户能够在不必详细了解通信控制规程的情况下，控制应用程序与多个站进行通信，并对大量的通信数据进行加工和管理。

（5）网络应用软件。网络应用软件是为网络用户提供服务，其最重要的特征是不考虑网络中各个独立的计算机本身的功能，而是如何实现网络特有的功能。

2.1.2 计算机网络的拓扑结构

当组建计算机网络时，要考虑网络的布线方式，这就涉及网络拓扑结构的内容。网络拓扑结构指网络中计算机线缆以及其他组件的物理布局。

局域网常用的拓扑结构有总线型结构、星型结构、环型结构、树型结构。拓扑结构影响着整个网络的设计、功能、可靠性和通信费用等，是决定局域网性能优劣的重要因素之一。

1. 总线型拓扑结构

总线型拓扑结构是指网络上的所有计算机都通过一条电缆相互连接起来，如图2-1所示。

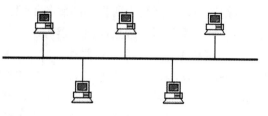

图 2-1　总线型拓扑结构

在总线上，任何一台计算机在发送信息时，其他计算机必须等待。而且，计算机发送的信息会沿着总线向两端扩散，从而使网络中所有计算机都会收到这个信息，但是否接收，还取决于信息的目标地址是否与网络主机地址一致：若一致，则接收；若不一致，则不接收。

在总线型网络中，信号会沿着网线发送到整个网络。当信号到达线缆的端点时，将产生反射信号，这种发射信号会与后续信号发送冲突，从而使通信中断。为了防止通信中断，必须在线缆的两端安装终结器，以吸收端点信号，防止信号反弹。

总线型拓扑结构的特点是不需要插入任何其他的连接设备。网络中任何一台计算机发送的信号都沿一条共同的总线传播，而且能被其他所有计算机接收。其优点是连接简单、易于安装、成本费用低。其缺点是：①传送数据的速度缓慢，因为共享一条电缆，只能是其中一台计算机发送信息，其他计算机接收信息；②维护困难，网络一旦出现断点，整个网络将瘫痪，而且故障点很难查找。

2. 星型拓扑结构

每个节点都由一个单独的通信线路连接到中心节点上。中心节点控制全网的通信，任何两台计算机之间的通信都要通过中心节点来转接。因此中心节点是网络的瓶颈。这种拓扑结构又称为集中控制式网络结构，是目前使用最普遍的拓扑结构，如图2-2所示。

其集线器（Hub）也可以是交换机。其优点是结构简单、便于维护和管理，因为其中某台计算机或头条线缆出现问题时，不会影响其他计算机的正常通信，维护

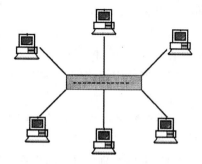

图 2-2　星型拓扑结构

比较容易。其缺点是：①通信线路专用，电缆成本高；②中心节点是全网络的瓶颈，一旦出现故障，则会导致网络的瘫痪。

3. 环型拓扑结构

环型拓扑结构是以一个共享的环型信道连接所有设备，如图 2-3 所示。在环型拓扑网络中，信号会沿着环型信道按一个方向传播，并通过每台计算机。而且，每台计算机会对信号进行放大，然后传给下一台计算机。同时，在网络中有一种特殊的信号称为令牌，令牌按顺时针方向传输。当某台计算机要发送信息时，必须先捕获令牌，发送信息后再释放令牌。

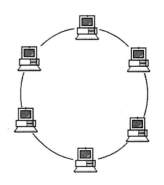

图 2-3　环型拓扑结构

环型结构有两种类型，即单环结构和双环结构。令牌环（Token Ring）是单环结构的典型代表，光纤分布式数据接口（FDDI）是双环结构的典型代表。环型结构的显著特点是每个节点用户都与两个相邻节点用户相连。

网络结构的优点是：①电缆长度短，环型拓扑网络所需的电缆长度和总线型拓扑网络相似，但比星型拓扑结构要短得多，增加或减少工作站时，仅需简单地连接；②可使用光纤，传输速度很快，适用环型拓扑的单向传输；③传输信息的时间是固定的，从而便于实时控制。其缺点是：①节点过多时，影响传输效率；②环的某处断开会导致整个系统的失效，节点的加入和撤出过程复杂；③因为不是集中控制，故障检测需在各个节点进行，故障检测困难。

4. 树型拓扑结构

树型结构是星型结构的扩展，它由根节点和分支节点构成，如图 2-4 所示。其优点是：①结构比较简单，成本低；②扩充节点方便灵活。其缺点是：①对根节点的依赖性大，一旦根节点出现故障，将导致全网不能工作；②电缆成本高。

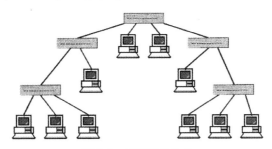

图 2-4　树型拓扑结构

5. 网状结构与混合型结构

网状结构是指将各网络节点与通信线路连接成不规则的形状，每个节点至少与其他两个节点相连，或者每个节点至少有两条链路与其他节点相连。大型互联网一般都采用这种结构，如我国的教育科研网 CERNET、Internet 的主干网。

网状结构的优点是可靠性高，因为有多条路径，所以可选择最佳路径，减少时延，改善流量分配，提高网络性能，但路径选择比较复杂。其缺点是：①结构复杂，不易管理和维护；②线路成本高。

混合型结构是由以上几种拓扑结构混合而成的，如环星型结构，它是令牌环网和 FDDI 网常用的结构。此外，还有总线型和星型的混合结构等。

2.1.3　计算机网络的分类

由于计算机网络自身的特点，其分类方法有多种。根据不同的分类原则，可以得到不同类型的计算机网络。

1. 按覆盖范围分类

按网络所覆盖地理的范围，计算机网络可分为局域网（LAN）、城域网（MAN）、广域网（WAN）。

（1）局域网（Local Area Network，LAN）。局域网是将较小地理区域内的计算机或数据终端设备连接在一起的通信网络。局域网覆盖的地理范围比较小，一般在几十米到几千米之间。它常用于组建一个办公室、一栋楼、一个楼群、一个校园或一个企业的计算机网络。局域网主要用于实现短距离的资源共享。图2-5就是一个由几台计算机和常用设备组成的典型局域网。局域网的特点是分布距离近、传输速率高、数据传输可靠等。

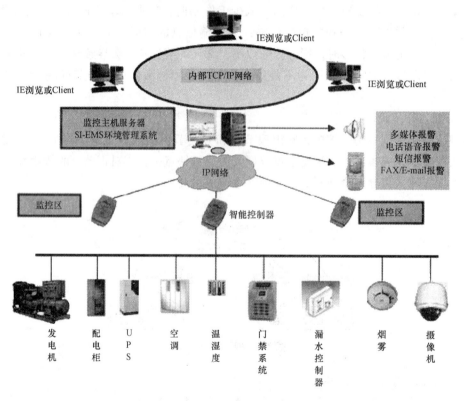

图2-5　局域网连接

（2）城域网（Metropolitan Area Network，MAN）。城域网是一种大型的LAN，它的覆盖范围一般为几千米至几万米，城域网的覆盖范围在一个城市内，它将位于一个城市之内不同地点的多个计算机局域网连接起来，实现资源共享。城域网所使用的通信设备和网络设备的功能要求比局域网高，可以有效地覆盖整个城市的地理范围。一般在一个大型城市中，城域网可以将多个学校、企事业单位、公司和医院的局域网连接以共享资源。图2-6就是不同建筑物内的局域网组成的城域网。

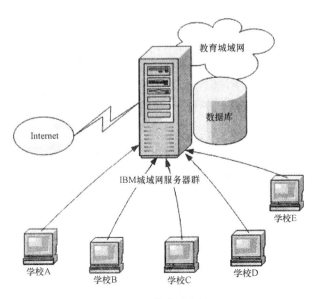

图 2-6　城域网连接

（3）广域网（Wide Area Network，WAN）。广域网是在一个广阔的地理区域内进行数据、语音、图像信息传输的计算机网络。由于远距离数据传输的带宽有限，因此广域网的数据传输速率比局域网要慢得多。广域网可以覆盖一个城市、一个国家甚至全球。互联网（Internet）是广域网的一种，但它不是一种具体独立的网络，它将同类或不同类的物理网络（局域网、城域网与广域网）互联，并通过高层协议实现不同类网络间的通信。图 2-7 就是一个简单的广域网。

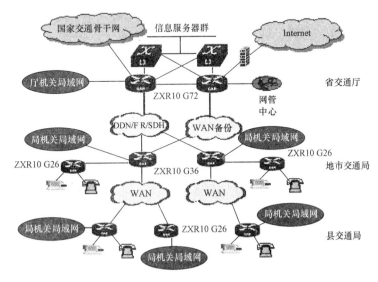

图 2-7　广域网连接

按照网络中计算机所处的地位，可以将计算机网络分为对等网和基于客户机/服务器模式的网络。

在对等网中，所有的计算机的地位是平等的，没有专用的服务器。每台计算机既作为服务器，又作为客户机；既为别人提供服务，也从别人那里获得服务。由于对等网没有专用的服务器，所以在管理对等网时，只能分别管理，不能统一管理，管理起来很不方便。对等网一般应用于计算机较少、安全性不高的小型局域网。

在基于客户机/服务器模式的网络中，有两种计算机，一种是服务器，一种是客户机。服务器一方面负责保存网络的配置信息，另一方面为客户机提供各种各样的服务。因为整个网络的关键配置都保存在服务器中，所以管理员在管理网络时只需要修改服务器的配置，就可以实现对整个网络的管理了。同时，客户机需要获得某种服务时，会向服务器发送请求，服务器接收到请求后，会向客户机提供相应服务。服务器的种类很多，有邮件服务器、Web服务器、目录服务器等，不同的服务器可以为客户提供不同的服务。在构建网络时，一般选择配置较好的计算机，在其上安装相关服务，它就成了服务器。客户机主要用于向服务器发送请求，获得相关服务，如客户机向打印服务器请求打印服务、向 Web 服务器请求 Web 页面等。

2. 按传播方式分类

按照传播方式，可将计算机网络分为广播式网络和点—点式网络两大类。

（1）广播式网络。广播式网络是指网络中的计算机或者设备使用一个共享的通信介质进行数据传播，网络中的所有节点都能收到任一节点发出的数据信息。

目前，广播式网络中的传输方式有 3 种：①单播。采用一对一的发送形式，将数据发送给网络任一目的节点。②组播。采用一对一组的发送形式，将数据发送给网络中的某一组主机。③广播。采用一对所有的发送形式，将数据发送给网络中所有目的节点。

（2）点—点式网络（Point‒to‒point Network）。点—点式网络是指两个节点之间的通信方式是点对点的。如果两台计算机之间没有直接连接的线路，那么它们之间的分组传输就要通过中间节点的接收、存储、转发，直至目的节点。点—点传播方式主要应用于 WAN 中，通常采用的拓扑结构有星型、环型、树型、网型。

3. 按传输介质分类

按照传输介质，可将计算机网络分为有线网和无线网两大类。

（1）有线网（Wired Network）。①双绞线，其特点是比较经济、安装方便、传输效率和抗干扰能力一般，广泛应用于局域网中。②同轴电缆，俗称细缆，现逐渐被淘汰。③光纤电缆，特点是传输距离长、传输效率高、抗干扰性强，是高安全性网络的理想选择。

（2）无线网（Wireless Network）。①无线电话网，是一种很有发展前途的联网方式。②语音广播网，价格低廉、使用方便，但安全性差。③无线电视网，普及率高，但无法在一个频道上和用户进行实时交互。④微波通信网，通信保密性和安全性较好。⑤卫星通信网，能进行远距离通信，但价格昂贵。

4. 按传输技术分类

计算机网络数据依靠各种通信技术进行传输，根据网络传输技术分类，计算机网络可分为以下 5 种类型：

（1）普通电信网。包括普通电话线网、综合数字电话网、综合业务数字网。

（2）数字数据网。其是利用数字信道提供的永久或半永久性电路，以传输数据信号为主的数字传输网络。

（3）虚拟专用网。其是指客户基于 DDN 智能化的特点，利用 DDN 的部分网络资源所形成的一种虚拟网络。

（4）微波扩频通信网。其是电视传播和企事业单位组建企业内部网和接入 Internet 的一种方法，在移动通信中十分重要。

（5）卫星通信网。其是近年发展起来的空中通信网络。与地面通信网络相比，卫星通信网具有许多独特的优点。

事实上，网络类型的划分在实际组网中并不重要，重要的是组建的网络系统能否在功能、速度、操作系统、应用软件等方面满足实际工作的需要，能否在较长时间内保持相对的先进性，能否为该部门（系统）带来全新的管理理念、管理方法、社会效益和经济效益等。

2.2 Internet 概述

什么是 Internet？在英语中"Inter"的含义是"交互的"，"net"是指"网络"。简单而言，Internet 是指一个由计算机构成的交互网络。它是一个世界范围内的巨大的计算机网络体系，把全球数万个计算机网络、数千万台主机连接起来，包含了难以计数的信息资源，向全世界提供信息服务。它的出现，是世界由工业化走向信息化的必然和象征，但这并不是对 Internet 的一种定义，而仅仅是对它的一种解释。从网络通信的角度来看，Internet 是一个以 TCP/IP 网络协议连接各个国家、各个地区、各个机构的计算机网络的数据通信网。从信息资源的角度来看，Internet 是一个集各个部门、各个领域的各种信息资源于一体，供网上用户共享的信息资源网。现在的 Internet 已经远远超过一个网络应有的内涵，它成为信息社会的缩影。虽然至今还没有一个准确的定义来概括 Internet，但是我们应从通信协议、物理连接、资源共享、相互联系、相互通信等角度来综合加以考虑。

2.2.1 Internet 的起源与发展

Internet 即通常所说的互联网或网际网，是指全球最大的、开放的、基于 TCP/IP 协议的众多网络相互连接而成的计算机网络。

1. Internet 的起源

Internet 的雏形是由美国国防部高级计划资助建成的 ARPAnet，它是冷战时期由于军事需要而产生的高科技成果。

ARPA 是美国"国防高级研究计划署"的英文缩写，是为了与苏联展开军备竞赛，于 1958 年年初成立的国防科学研究机构。那个时期冷战双方所拥有的原子弹都足以把对方的军队毁灭多次，因此美国国防部最担心的莫过于战争突发时美国军队的通信联络能力。而当时美国军队采用的是中央控制网络，这种网络的弊病在于，只要摧毁网络的控制中心，就可以摧毁整个网络。

1968 年 6 月 21 日，美国国防高级研究计划署正式批准了名为"资源共享的计算机网络"的研究计划，以使连入网络的计算机和军队都能从中受益。这个计划的目标实质上是研究用于军事目的的分布式计算机系统，通过这个名为 ARPAnet 的网络把美国的几个军事及研究用的计算机主机连接起来，形成一个新的军事指挥系统。这个系统由一个个分散的指挥点组成，当部分指挥点被摧毁后，其他点仍能正常工作，而这些分散的点又能通过某种形式的通信网取得联系。在 Internet 面世之初，由于建网是出于军事目的，参加试验的人又全是熟练的计算机操作人员，个个都熟悉复杂的计算机命令，因此没有人考虑过对 Internet 的界面及操作方面加以改进。

2. Internet 的第一次快速发展

Internet 的第一次快速发展是在 20 世纪 80 年代中期。1981 年，另一个美国政府机构——全国科学基金会开发了由五个超级中心相连的网络。当时美国许多大学和学术机构建成的一批地区性网络与五个超级计算机中心相连，形成了一个新的大网络——NSFnet，该网络上的成员之间可以互相进行通信，从而开始了 Internet 的真正快速发展阶段。

最初，NSF 曾试图用 ARPAnet 作为 NSFnet 的通信干线，但这个决策没有取得成功。由于 ARPAnet 属于军用性质，并且受控于政府机构，所以要从 ARPAnet 起步，把它作为 Internet 的基础并不是一件容易的事情。20 世纪 80 年代是网络技术取得巨大进展的年代，不仅涌现出大量用以太网电缆和工作站组成的局域网，而且奠定了建立大规模广域网的技术基础，正是在那时提出了发展 NSFnet 的计划。1982 年，在 ARPA 的资助下，加州大学伯克利分校将 TCP/IP 协议嵌入 UNIXBSD 4.1 版，极大地推动了 TCP/IP 的应用进程。1983 年 TCP/IP 成为 ARPAnet 上标准的通信协议，这标志着真正意义上的 Internet 出现了。1988 年年底，NSF 把全国建立的五大超级计算机中心用通信干线连接起来，组成全国科学技术网 NSFnet，并以此作为 Internet 的基础，实现同其他网络的连接。

采用 Internet 的名称是在 MILnet（系由 ARPAnet 分出）实现和 NSFnet 连接后开始的。随后，其他联邦部门的计算机网络相继并入 Internet，如能源科学网 ESnet、航天技术网 NASAnet、商业网 COMnet 等。NSF 巨型计算机中心则一直肩负着扩展 Internet 的使命。

Internet 在 20 世纪 80 年代的扩张不但带来了量的改变，也带来了某些质的变化。由于多种学术团体、企业研究机构甚至个人用户的进入，Internet 的使用者不再限于"纯粹"的计算机专业人员。新的使用者发现，加入 Internet 除了可共享 NSF 的巨型计算机外，还能进行相互间的通信，而这种相互间的通信对他们来讲更有吸引力。于是，他们逐步把 Internet 当作一种交流与通信的工具，而不仅仅只是共享 NSF 巨型计算机的运算能力。

3. Internet 的第二次飞跃

Internet 的第二次飞跃应当归功于 Internet 的商业化。在 20 世纪 90 年代以前，Internet 的使用一直仅限于研究领域和学术领域，商业性机构进入 Internet 一直受到这样或那样的法规的困扰。美国国家科学基金颁发的 Internet 使用指南（Acceptable Use Policies）说："NSFnet 主干线仅限于美国国内科研及教育机构把它用于公开的科研及教育目的，以及美国企业的研究部门把它用于公开学术交流，任何其他使用均不允许。"其实，这类指南有许多模糊不清的地方。例如，企业研究人员向大学的研究伙伴通过 Internet 发出一份新产品的介绍，以帮助该伙伴掌握该领域的最新动向，这一行为属于学术交流还是商业广告？到了 20 世纪 90 年代初，Internet 已不是全部由政府机构出钱，也出现了一些私人投资。这些私人老板的加入，使得在 Internet 上进行商业活动成为可能。

1991 年，General Atomics、Performance Systems International、UUnet Technologies 三家公司组成了"商用 Internet 协会"（Commercial Internet Exchange Association），宣布用户可以把他们的 Internet 子网用于任何的商业用途。因为这三家公司分别经营着自己的 CERFnet、PSInet 及 ALTERnet 网络，可以在一定程度上绕开由美国国家科学基金控制的 Internet 主干网络 NSFnet，而向客户提供 Internet 联网服务。真可谓一石激起千层浪，其他 Internet 的商业子网也看到了 Internet 用于商业用途的巨大潜力，纷纷作出类似的承诺，到 1991 年年底，连专门为 NSFnet 建立高速通信线路的 Advanced Network and Service Inc. 也宣布了自己的名为 CO＋RE 的商业化 Internet 骨干通道。Internet 商业化服务提供商的接连出现，使工商企业终于可以堂堂正正地从正门进入 Internet。

4. Internet 的完全商业化

商业机构一踏入 Internet 这一陌生的世界，很快就发现了它在通信、资料检索、客户服务等方面的巨大潜力。于是世界各地无数的企业及个人纷纷涌入 Internet，带来了 Internet 发展史上一次质的飞跃。到 1994 年年底，Internet 已通往全世界 150 个国家和地区，连接着 30 000 多个子网，320 多万台计算机主机，直接用户超过 3 500 万，成为世界上最大的计算机网络。

看到 Internet 羽翼已丰，NSFnet 意识到已经完成了自己的历史使命，1995 年 4 月 30 日，NSFnet 正式宣布停止运作。至此，Internet 的商业化彻底完成。

2.2.2　Internet 的特点

Internet 丰富的联机信息几乎覆盖了人们想象的所有领域，一旦与 Internet 连接，你会感到进入了一个全新的虚拟世界。这个虚拟世界有以下特点。

1. 全球信息传播

Internet 连入了分布在世界各地的计算机，并且按照"全球统一"的规则为每台计算机命名，制定了"全球统一"的协议来约束计算机之间的交往。从技术的角度来看，Internet 从一开始就打破了中央控制的网络结构，让全世界都能拥有 Internet，而不必担心谁控制谁的问题。加入 Internet，你就可以与世界各地的人们交换信息，及时获得最新信息，还可以实现远程讨论。Internet 使世界变成了一个"地球村"，而我们每一个人则变成了地球村的"村民"。

2. 信息容量大、时效长

由于现代计算机存储技术的发展提供了近乎无限的信息存储空间，国际 Internet 已成为一个涉及政治、经济、科研、文化、教育、体育、娱乐、企业产品广告、招商引资信息等各个方面内容的信息资源库。信息一旦进入发布平台，即可长期存储，长效发布。

3. 检索使用便捷

与一般媒体相比，Internet 上的信息检索更为方便，传输过程也极为迅速。如通过网络搜索引擎，可以很容易地检索出全球大部分生产销售某种产品的厂商，实现与厂商的直接接触。光纤技术的运用使得信息的发送与检索瞬间即可完成。由于电脑空间是把全球信息"一网打尽"，我们可以很容易地从一个国家到另一个国家，或者同时从不同国家的不同厂商订购不同的产品，而这一切只需几分钟时间，足不出户即可完成。

4. 灵活多样的入网方式

灵活多样的入网方式是 Internet 获得高速发展的重要原因。任何计算机只要采用 TCP/IP 协议与 Internet 中的任何一台主机通信，就可以成为 Internet 的一部分。Internet 所采用的 TCP/IP 协议簇成功地解决了不同硬件平台、不同网络产品和不同操作系统之间的兼容性问题，标志着网络技术的一个重大进步。因此，无论是大型主机、小型机、微机、工作站都可以运行 TCP/IP 协议，并与 Internet 进行通信。正因为如此，目前 TCP/IP 已经成为事实上的国际标准。

加入 Internet 也是自愿的，可以笼统地说，Internet 是由它的所有成员自愿组成的。几年前，Internet 还处在形成期的时候，一些美国联邦部门的网络通过协商，以相同的连接方式加入 Internet，各个网络都采用 TCP/IP 协议。一些不执行 TCP/IP 协议的网络，诸如 BITnet、USEnet、DECnet，通过开发异型网络的连接技术，也都同 Internet 连接起来。起初，将这些连接设施称为"网关"（Gateway），只用于在两个网络之间转换与传输电子邮件。后来，有的网关不断扩充功能，直到成为在两个网络之间的完全服务转换器。

2.2.3　Internet 管理机构

Internet 的发展和正常运转需要一些管理机构的管理，如 IP 地址的分配需要有 IP 地址资源的管理机构，各种标准的形成需要有专门的技术管理机构。本节将介绍 Internet 各个管理机构的职能及它们之间的关系。

Internet 工作委员会（Internet Activities Board，IAB）成立于 1980 年，属于非营利机构，负责技术的方针和策略的拟定，以及管理工作的导引协调，例如有关 TCP/IP 的发展、决定哪些协议能成为 TCP/IP 的一员、在何时可以成为标准，以及互联网的演进、网络系统与通信技术的研发等工作。在 IAB 之下，有研究小组及工作小组两个主要单位，并有一些小型指导群，共同进行设定标准及决定策略的工作。

2.2.4　Internet 域名与地址管理机构

Internet 域名与地址管理机构（ICANN）是为承担域名系统管理、IP 地址分配、协议参数配置以及主服务器系统管理等职能而设立的非营利机构。现由 IANA 和其他实体与美国政府约定进行管理。ICANN 理事会是 ICANN 的核心权力机构，共由 19 位理事组成：9 位 At-Large 理事，9 位来自 ICANN 3 家支持组织提名的理事（每家 3 位）和 1 位总裁。根据 ICANN 的章程，它设立 3 家支持组织，从 3 个不同方面对 Internet 政策和构造进行协助、检查以及提出建议。这些支持组织帮助促进了 Internet 政策的发展，并且在 Internet 技术管理上鼓励多样化和国际参与。每家支持组织向 ICANN 董事会委派 3 位董事。这 3 家支持组织是：

（1）地址支持组织（ASO）。其负责 IP 地址系统的管理。

（2）域名支持组织（DNSO）。其负责互联网上的域名系统（DNS）的管理。

（3）协议支持组织（PSO）。其负责涉及 Internet 协议的唯一参数的分配。此协议是允许计算机在互联网上相互交换信息、管理通信的技术标准。

2.2.5　IP 地址管理机构

全世界国际性的 IP 地址管理机构有 4 个，即 ARIN、RIPE、APNIC 和 LACNIC，它们负责 IP 地址的地理区域。其中美国 Internet 号码注册中心 ARIN（American Registry for Internet Numbers）提供的查询内容包括全世界早期网络及现在的美国、加拿大、撒哈拉沙漠以南非洲的 IP 地址信息；欧洲 IP 地址注册中心 RIPE（Reséaux IP Européens）包括欧洲、北非、西亚地区的 IP 地址信息；亚太地区网络信息中心 APNIC（Asia Pacific Network Information Center）包括东亚、南亚、大洋洲的 IP 地址信息；拉丁美洲及加勒比互联网络信息中心 LAC-NIC（Lation American and Caribbean Network Information Center）包括拉丁美洲及加勒比海诸岛的 IP 地址信息。

中国的 IP 地址管理机构称为中国互联网络信息中心（China Internet Network Information Center，CNNIC），它是成立于 1997 年 6 月的非营利管理与服务机构，行使国家互联网络信息中心的职责。中国科学院计算机网络信息中心承担 CNNIC 的运行和管理工作。它的主要职责包括域名注册管理，IP 地址、AS 号分配与管理，目录数据库服务，互联网寻址技术研发，互联网调查与相关信息服务，国际交流与政策调研，承担中国互联网协会政策与资源工作委员会秘书处的工作。

2.2.6　Internet 协议与标准

Internet 的实质是实现异种网络的互联，它充分利用各种通信子网的数据传输能力，通过在依赖于通信子网的通信模块和应用程序之间插入新的协议软件来保证应用程序之间的互操作性。互联网的协议簇称为 TCP/IP 协议簇。其中包含为数众多的协议，如应用层的 Telnet、FTP、HTTP、SMTP、DNS 等协议，传输层的 TCP、UDP 协议，网络层的 IP、ARP、RARP、ICMP、IGMP 等协议。

Internet 的一个公认标准是 RFC（Request for Comment），RFC 可以说是 TCP/IP 和 Internet 发展及成长的基石，所有关于 TCP/IP 和互联网的规格、协议内容、会议记录、发展历史等文件数据都以 RFC 数字编号的方式，由美国网络信息中心（Network Information Center，NIC）收集。例如 RFC 1000 介绍了一些 RFC 的历史，以及各种 RFC 的分类。若有人对于改进 TCP/IP 现有能力有新的想法时，可以写一个计划方案发表在 Internet 上，这个计划方案即所谓的 RFC。RFC 的作者都是自愿的，其创作得不到任何报酬。每个 RFC 会被赋予一个号码，此号码为一递增的数字，绝不会被重新指定。更新的 RFC 有更高的数字编号，并使得旧的 RFC 失效，因此若发现在不同的文件中讨论的是相同的主题，应以编号较高的 RFC 为依据。另外，也可能有自愿的评论者对 RFC 作建设性的批评与建议，原作者可根据其校订原先的设计，使之更加完美。若一切无问题，该项 RFC 便成为起草标准（Draft Standard），程序设计人员就可依该份标准来设计软件，实现其所描述的功能。在真正的程序代码出现之前，RFC 都不被认定是正式标准。

2.2.7　Internet 应用现状与发展趋势

从目前的情况来看，Internet 市场仍具有巨大的发展潜力，未来其应用将涵盖从办公室共享信息到市场营销、服务的广泛领域。另外，Internet 带来的电子贸易正改变着现今商业活动的传统模式，其提供的方便而广泛的互联必将对未来社会生活的各个方面带来影响。

然而，Internet 也有其固有的缺点，如接入网络缺乏整体规划和设计，网络拓扑结构不清晰以及容错及可靠性低，而这些缺点对于商业领域的不少应用都有重大影响。安全性问题是困扰 Internet 用户发展的另一主要因素。虽然现在已有不少的方案和协议确保 Internet 上的联机商业交易的进行，但真正适用并将主宰市场的技术和产品目前尚不明确。另外，Internet 是一个中心的网络。所有这些问题都在一定程度上阻碍了 Internet 的发展，只有解决了这些问题，Internet 才能更好地发展。

随着世界各国信息高速公路计划的实施，Internet 主干网的通信速度将大幅度提高。有线、无线等多种通信方式将更加广泛、有效地融为一体。Internet 的商业化应用将大量增加，商业应用的范围也将不断扩大。Internet 的覆盖范围、用户入网数以令人难以置信的速度发展。Internet 的管理与技术将进一步规范化，其使用规范和相应的法律规范正逐步健全和完善。网络技术不断发展，用户界面更加友好。各种令人耳目一新的使用方法不断推出，网络资源急剧膨胀。总之，人类社会必将更加依赖 Internet，人们的生活方式将因此而发生根本的改变。

2.3 企业内部网概述

随着现代企业越来越集团化，企业的分布也越来越广，遍布全国各地甚至跨越国界的公司越来越多，以后的公司将是集团化的大规模、专业性强的公司。这些集团化的公司需要及时了解各地的经营管理状况、制定符合各地不同的经营方向，公司内部人员更需要及时了解公司的策略性变化、公司人事情况、公司业务发展情况以及一些简单但又关键的文档，如通讯录、产品技术规格和价格、公司规章制度等。通常，公司使用员工手册、报价单、办公指南、销售指南一类的印刷品发放，这类印刷品的生产既昂贵又耗时，而且不能直接送到员工手中。另外，这些资料无法经常更新，很多公司在规章制度已经变动的情况下也无法及时准确地通知下属员工执行新的规章。如何保证每个人都拥有最新最正确的版本？如何保证公司成员及时了解公司的策略和其他信息？利用过去的技术，这些问题都难以解决。市场竞争激烈、变化快，企业必须经常进行调整，而一些内部印发的资料甚至还未到员工手中就已过时了。这浪费的不只是人力和物力，还浪费非常宝贵的时间。

解决这些问题的方法就是联网，建立企业的信息系统。已有的方法可以解决一些问题，如利用 E-mail 在公司内部发送邮件，建立信息管理系统。Internet 技术正是解决这些问题的有效方法，利用 Internet 各个方面的技术解决企业的不同问题。这样，企业内部网 Intranet 就诞生了。

2.3.1 Intranet 的定义

Intranet 又称为企业内部网，是 Internet 技术在企业内部的应用。它实际上是采用 Internet 技术建立的企业内部网络，它的核心技术是基于 Web 的计算。Intranet 的基本思想是：在内部网络上采用 TCP/IP 作为通信协议，利用 Internet 的 Web 模型作为标准信息平台，同时建立防火墙把内部网和 Internet 分开。当然，Intranet 并非一定要和 Internet 连接在一起，它完全可以自成一体，作为一个独立的网络。

Intranet 是 Internet 的延伸和发展，正是由于利用了 Internet 的先进技术，特别是 TCP/IP 协议，保留了 Internet 允许不同计算平台互通及易于上网的特性，Intranet 才得以迅速发展。但 Intranet 在网络组织和管理上更胜一筹，它有效地避免了 Internet 所固有的可靠性差、无整体设计、网络结构不清晰以及缺乏统一管理和维护等缺点，使企业内部的秘密或敏感信息受到网络防火墙的安全保护。因此，同 Internet 相比，Intranet 更安全、更可靠，更适合企业或组织机构加强信息管理与提高工作效率，被形象地称为"建在企业防火墙里面的 Internet"。

Intranet 提供的是一个相对封闭的网络环境。这个网络在企业内部是分层次开放的，内部有使用权限的人员访问 Intranet 可以不加限制，但对于外来人员进入网络，则有着严格的授权。因此，网络完全是根据企业的需要来控制的。在网络内部，所有信息和人员实行分类管理，通过设定访问权限来保证安全。比如，对普通员工访问受保护的文件（如人事、财务、销售信息等）进行授权及鉴别，保证只有经过授权的人员才能接触某些信息；对受限制的敏感信息进行加密和接入管理等。同时，Intranet 又不是完全自我封闭的，它一方面要帮助企业内部人员有效地获取交流信息；另一方面也对某些必要的外部人员，如合伙人、重要客户等部分开放，通过设立安全网关，允许某些类型的信息在 Intranet 与外界之间往来，而对于企业不希望公开的信息，则建立安全地带，避免此类信息被侵害。

与 Internet 相比，Intranet 不仅是内部信息发布系统，而且是该机构内部业务运转系统。Intranet 的解决方案应当具有严格的网络资源管理机制、网络安全保障机制，同时具有良好的开放性；它和数据库技术、多媒体技术以及开放式群件系统相互融合连接，形成一个能有效地解决信息系统内部信息的采集、共享、发布和交流，易于维护管理的信息运作平台。

Intranet 带来了企业信息化新的发展契机。它革命性地解决了传统企业信息网络开发中不可避免的缺陷，打破了信息共享障碍，实现了大范围的协作。同时，其以易开发、投资少、图文并茂、应用简便、安全开放的特点，形成了新一代企业信息化的基本模式。

2.3.2　Intranet 与 Internet 的区别

Intranet 与 Internet 相比，可以说，Internet 是面向全球的网络，Intranet 则是 Internet 技术在企业机构内部的实现，它能够以极少的成本和时间将一个企业内部的大量信息资源高效合理地传递到每个人。Intranet 为企业提供了一种能充分利用通信线路、经济而有效地建立企业内联网的方案，应用 Intranet，企业可以有效地进行财务管理、供应链管理、进销存管理、客户关系管理等。

过去，只有少数大公司才拥有自己的企业专用网，而现在不同了，借助 Intranet 技术，各个中小型企业都有机会建立起适合自己规模的内联网。企业关注 Intranet 的原因是，它只为一个企业内部专有，外部用户不能通过 Internet 对它进行访问。

2.3.3　Intranet 的结构

Intranet 通常是指一组沿用 Intranet 协议、采用客户/服务器结构的内部网络，如图 2-8 所示。服务器端是一组 Web 服务器，用以存放 Intranet 上共享的 HTML 标准格式信息以及应用。客户端则为配置浏览器的工作站，用户通过浏览器以 HTTP 协议提出存取请求，Web 服务器则将结果回送到原始客户。

Intranet 通常包含多个 Web 服务器，一个大型国际企业集团的 Intranet 常常会有数百个 Web 服务器及数千个客户工作站。这些服务器有的与机构组织的全局信息及应用有关，有的仅与某个具体部门有关，这些分布组织方式不仅有利于降低系统的复杂度，也便于开发和维护管理。由于 Intranet 采用标准的 Intranet 协议，某些内部使用的信息能随时方便地发布到公共的 Intranet 上。

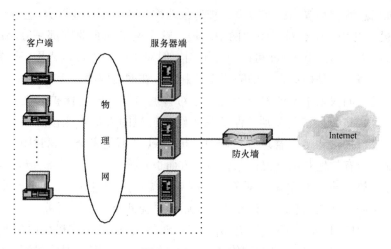

图 2-8 Intranet 结构

考虑到安全性，可以使用防火墙将 Intranet 与 Internet 隔离开。这样，既可提供对公共 Internet 的访问，又可防止机构内部机密的泄露，如图 2-9 所示。

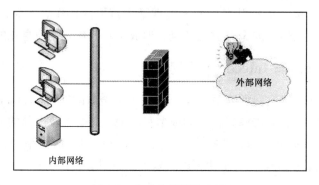

图 2-9 企业内部网防火墙

2.3.4 Intranet 的特点

1. 开放性和可扩展性

由于采用了 Internet 的 TCP/IP、FTP、HTML、Java 等一系列标准，Intranet 具有良好的开放性，可以支持不同计算机、不同操作系统、不同数据库、不同网络的互联。在这些相异的平台上，各类应用可以相互移植、相互操作，使它们有机地集成为一个整体。在此基础上，应用的规模也可以增量式扩展，先从关键的小的应用着手，在小范围内实施取得效益和经验后，再加以推广和扩展。

Intranet 的开放性和可扩展性使之成为构筑机构组织级信息公路的主流。对内方面，Intranet 可将机构内部各自封闭的局域网信息孤岛联成一体，实现机构组织的信息交流、资源共享和业务运作；对外方面，Intranet 可方便地接入 Internet，成为全球信息网的成员，实现世界级的信息交流和电子商务。

2. 通用性

Intranet 的通用性表现在它的多媒体集成和多应用集成两方面。

在 Intranet 上，用户可以利用图、文、声、像等各类信息，实现机构组织所需的各种业务管理和信息交流。

Intranet 从客户终端、应用逻辑和信息存储三个层次上支持多媒体集成。在客户终端，Web 浏览器允许在一个程序里展现文本、声音、图像、视频等多媒体信息；在应用逻辑层，Java 提供交互的、三维的虚拟现实界面；在信息存储层，面向对象数据库为多媒体的存储和管理提供了有效的手段。

利用 TCP/IP、Web、Java 和分布式面向对象等开放性技术，Intranet 能支持不同内容应用在不同平台上的集成，这些应用可运行在同一机构组织的不同部门，也可运行在不同机构组织之间。

3. 简易性和经济性

Intranet 的性价比远高于其他通信方式，这主要因为其网络基础设施的费用投入较少。由于采用开放的协议和技术标准，大部分机构组织的现存平台，包括网络和计算机，均可继续利用。

作为 Intranet 的基本组成，Web 服务器和浏览器不仅价格低，而且安装配置简易。作为开发语言，HTML 和 Java 等容易掌握和利用，使开发周期缩短。另外，Intranet 可扩展性不仅支持新系统的增量式构造，从而降低开发风险，而且支持与现存系统的接口和平滑过渡，可充分利用已有资源。

超文本的界面统一标准，操作简易友善，用户只要简单地操作鼠标就可浏览和存取所需的信息。由此，对用户的培训可以大大简化。

Intranet 的简易性和经济性不仅表现在开发和使用上，而且表现在管理和维护上。由于 Intranet 采用"瘦客户机"方式，维护更新和管理可以方便地在服务器上进行。另外，由于 Intranet 开发和维护技术要求简单，可以让更多部门甚至个人参与开发，从而降低了 IT 人员的工作量。

4. 安全性

Intranet 的安全性是其区别于 Internet 的最大特征之一。Intranet 的实现基于 Internet 技术，两个地理位置不同的部门或子机构也可能利用 Internet 相互连接。由于 Intranet 通常不接入 Internet，所以在与 Internet 互联时，必须加密数据，设置防火墙，控制职员随意接入 Internet，以防内部数据泄密、篡改和黑客入侵。

2.3.5　Intranet 存在的问题

虽然 Intranet 具有传统 MIS 系统和 LAN 无可比拟的优点，但由于 Intranet 的发展仍处于初级阶段，不少方面尚未成熟。其存在的问题主要表现在以下几方面。

（1）规划不足。由于 Intranet 的简易性和经济性，诱使各类机构和企业在无缜密规划的情况下纷纷仓促上马，以致造成失控状态。为避免混乱，Intranet 实施前应该根据本机构的特点和现状进行统一规划，并制定详细的实施步骤。

（2）安全风险。只要有接入 Internet 的可能，Intranet 的风险总是存在的。但是，如果能谨慎地设计安全系统，并充分利用防火墙、公有密钥和私有密钥等成熟的安全技术，风险是可以大大降低的。

（3）信息管理问题。Intranet 的优点之一是，其信息可以让机构内的所有成员共享，但由此也引发了越权访问、信息泄露及垃圾数据上网的问题。为此，必须加强对信息管理的重视。

（4）开发方法和策略缺乏。目前尚无成熟的方法和策略用于 Intranet 的规划、设计和实施，大多开发工作只能借助于旧有的方法和策略，这样不利于提高系统开发的质量和效益。

2.4　TCP/IP 协议

★知识拓展

全球 IPv4 地址分配完毕

正如 InfoQ 报道，IPv4 地址空间已于 2011 年元月分配完毕。在 APNIC（亚太地区的 Internet 注册机构）申请了两个 IPv4/8 地址段之后，根据 RIPE－436，剩下的最后五个 IPv4/8 地址段将由全球五大地区 Internet 注册机构（RIRs）平分。

虽然 IANA IPv4 地址空间里有些 IP 地址段是留作"未来使用"的，但这些地址仅用于未来的协议开发，因此不会被释放出来。比如，1981 年定义的作为实验用途的 E 类空间，以及用于多播用途的 D 类空间，均无法用于面向公众的服务器；而且无论如何，许多路由器会禁止传输多播流量。

从实际的角度看，各个地区 Internet 注册机构已经得到了它们能得到的所有 IPv4 地址。APNIC 重申，IPv6 是应对 Internet 持续增长的唯一手段，因此敦促 Internet 的业界成员们迅速向部署 IPv6 的目标迈进。

IPv4 地址的部署工作将在各个地区继续进行，直到一个个全被用完。APNIC 或 ARIN 很可能先于其他地区注册机构（如 AfriNIC 或 LACNIC）用完。

为促进对 IPv6 的采纳，包括谷歌在内的一些公司已将 2010 年 6 月 8 日定为世界 IPv6 日。向 IPv6 的迁移将牵涉为 IPv4 和 IPv6 分别部署网站的问题；IPv4 网应该还会继续存在一段时间。比方说，如果你在 Blogger 上有个博客，那么你可以让 IPv4 和 IPv6 两种网的用户都能访问到它。

你准备好迎接 IPv6 了吗？你的 ISP 是否对它提供原生支持，或者你有没有配置 Hurricane Electric 或 Sixxs 的免费 IPv6 隧道？

2.4.1 TCP/IP 层次结构

局域网中的节点可能是在一间房屋与另一间房屋之间，也可能是在一栋大楼与另一栋大楼之间，而广域网中的节点可能是在一个城市与另一个城市之间，也可能是在一个国家与另一个国家之间。因此，节点之间交换数据和控制信息时，每个节点都必须遵守一些事先约定好的规则。这些为网络数据交换而制定的规则、约定和标准称为网络协议，明确地规定了所交换数据的格式和时序，如 OSI 网络协议、IEEE 802 网络协议、TCP/IP 网络协议等。下面介绍一下常用的 TCP/IP 协议。

TCP/IP 协议是 Transmission Control Protocol/Internet Protocol 的简写，中译名为传输控制协议/互联网互联协议，又名网络通信协议。它是 Internet 最基本的协议，是 Internet 国际互联网络的基础，由网络层的 IP 协议和传输层的 TCP 协议组成。TCP/IP 定义了电子设备如何连入互联网，以及数据如何在它们之间传输的标准。协议采用了 4、5 层的层级结构，每一层都呼叫它的下一层所提供的网络来完成自己的需求。通俗而言，TCP 负责发现传输的问题，一有问题就发出信号，要求重新传输，直到所有数据安全正确地传输到目的地。IP 是给互联网的每一台电脑规定一个地址。

1. 分层体系结构的对应

TCP/IP 与 OSI 分层架构的对应，可以用表 2-1 来表示。OSI 具有完整的 7 层架构，而 TCP/IP 只定义了 4、5 种层次的服务。TCP/IP 应用服务层，对应到 OSI 架构中的应用层、表示层以及会话层。两者之间最大的不同点在于：OSI 考虑到开放式系统互联而设定了数据表示层，而 TCP/IP 的互联网层与传输层，则分别与 OSI 的网络层和传输层的功能大致相同。此外，TCP/IP 本身并没有提供物理层与数据链路层的服务，所以一般是架在 OSI 的第 1、2 层上运作。

表 2-1 TCP/IP 与 OSI 分层架构的对应

TCP/IP 4 层模型	TCP/IP 5 层模型	OSI 7 层模型
应用层	应用层	应用层
		表示层
		会话层
传输层	传输层	传输层
互联网层	互联网层	网络层
网络接口层	数据链路层	数据链路层
	物理层	物理层

2. 总体发展

TCP/IP 的发展比 OSI 早了 10 年左右，技术上的发展较成熟，开发出来的相关应用协议也较多。此外，由于它是应互联网的实际需求而产生的，因此在现实的环境中可行性也较高。而 OSI 架构完整、功能详尽、包容性大，但在 Internet 中大多数还属于测试阶段，很少有实际运行的系统。

就目前的发展状况来说，TCP/IP 已成为 Internet 中的主流协议，在使用上比 OSI 要广泛得多。它具有非常多的应用标准，对于现行网络应用系统的开发而言，能提供较多的规划选择，而且由于 TCP/IP 已在实际中使用相当长的时间，具有此方面开发与使用经验的人员也比较多。

3. 标准及规范

TCP/IP 产生于 Internet 的研究和实践中，是应实际需求而产生的，其本身在发展之前并没有事先定义一个严谨的架构。OSI 则是由标准化组织制定，先定义了一个功能完整的架构，再根据该架构发展相应的协议。

TCP/IP 虽然有 IAB、IETF 等机构负责制定与讨论 TCP/IP 的标准化，也有许多学术界人士和计算机厂商参与，但是没有一个正式的单位负责测试验证厂商所开发的 TCP/IP 通信软件是否完全遵照标准的规范设计，所以对使用者而言，唯一的保障是借各系统之间的互联互通测试经验，证明其所使用的网络系统是否可以与其他系统上的 TCP/IP 网络应用功能互通。OSI 则有专门的单位来进行规范性测试以及互通性测试，这一点对使用者而言是一个很重要的保障，但是由于测试通常需花费一段不短的时间（2 至 3 年），所以一般效率不高，经常出现的情况是标准已经出来，但在市场上找不到可用产品，与市场需求不太相符。

4. 网络层

TCP/IP 的互联网层与 OSI 架构中的网络层的功能大致相仿。若以实际协议来做比较，TCP/IP 的 IP 与 OSI 的 CLNP（Connectionless Network Protocol）的主要差别在于寻址方式的不同。TCP/IP 将网络上每一点的地址定为 32 位的固定长度，TCP/IP 网络上的每一个系统都至少具有一个唯一的地址与其他系统通信。但对于同时提供两个网络接口连接不同网络的系统（如网关）而言，则必须拥有两个以上的地址，这在网络地址管理及对网络其他点的通信上，则显得较为麻烦。而且从长远的角度来看，现有的寻址方式将不能容纳网络上越来越多新增的系统，因此，目前许多人员正在研究 IPv6 这一新协议，以满足未来不断扩展的需求。

OSI 所定的地址空间为不固定的可变长，必须由所选定的地址命名方式（Authority and Identifier）决定，最长可达 160 位（20 Bytes）。依照 OSI 中有关地址标准的规范，网络上每一个系统至多可有 256 个通信地址，而且因为 OSI 所定义的网络地址与网络接口无关，所以网络地址的安排将不受限于网络接口。由于其地址较长，因此可容纳网络上更多的系统，具有较大的增长空间。

5. 传输层

TCP/IP 在传输层中有 TCP 与 UDP 两种协议，各具有面向连接与无连接的性质。OSI 在制定传输层的标准时，主要是参考 TCP/IP 协议簇，定义了五个等级的不同层次的服务。其中 TCP/IP 的 TCP 与 OSI 的 TP4、TCP/IP 的 UDP 与 OSI 的 TP0 在架构及功能大体上是相同的，只是其内部细节有一些差异。

6. 应用层

应用层的功能应该是面向最终用户的，因此是千差万别的。常见的应用有以下几种：

（1）远程登录。TCP/IP 的远程登录标准为 Telnet，OSI 所定的远程登录标准称为虚拟终端 VT（Virtual Terminal）。由于不同的终端机有各种型号，因此在 TCP/IP 的 Telnet 与 OSI VT 虚拟终端标准中都提供了协商（Negotiation）机制。通信两端在通信之前会进行协商，并交换终端机环境参数（Profile），直到彼此达成共识之后才进行应用系统与客户端之间的数据交换。

（2）文件传输。以 TCP/IP 所制定的 FTP 与 OSI 所制定的 FTAM（File Transfer Access and Management）而言，两者都提供了基本文件处理功能，如文件复制、删除、目录查询、更改文件名、文件属性的对应等。但是由于 TCP/IP 中并未定义数据表示层来执行不同系统间数据储存内码转换的功能，因此，虽然 FTP 可传送任何一种数据类型文件（如 IMAGE、ASCII、EBCDIC 等），但是不能在几种不同的文件格式之间自动地进行内码转换处理。OSI 在 FTAM 中则定义了一套虚拟文件储存器（Virtual File Store），使得不同计算机系统间在交换文件时，首先将本身的文件格式与文件属性对应转换成标准的虚拟文件储存格式送出，对方在收到此虚拟文件数据后，再根据自己的文件系统与虚拟文件储存的对应关系，转换成属于自己的文件格式，以解决不同文件系统间对文件格式处理方式不尽相同的问题。

以文件传输效率而言，OSI FTAM 在文件传输的过程中，必须先将文件对应成虚拟文件格式，再通过表示层的抽象符号语法转换成网络上标准的文件传输数据，会花费许多时间。反观 TCP/IP FTP，不但省去了上述的转换动作，而且可依据文件的性质选择压缩模式（Compressed Mode），提供更有效率的文件传输方法。因此，TCP/IP FTP 比 OSI FTAM 文件传输效率高。

TCP/IP FTP 与 OSI FTAM 在不同的功能层次虽各擅胜场，但就目前的使用状况来说，TCP/IP FTP 却比 OSI FTAM 的应用普遍。

（3）邮件传输。在邮件处理方面，由于 TCP/IP 的 SMTP 发展时间较早，因此目前采用得较多。但 OSI 所制定的 MHS（Message Handling Systems），在功能上比 TCP/IP SMTP 更完整，且具有传输过程可靠、邮件处理的功能较多等应用潜力。OSI MHS 具有一些 TCP/IP SMTP 没有的功能：可指定邮件传递的时间与邮件的处理优先级（如急件、速件、正常邮件），并设定邮件内容的敏感度（Sensitivity）；可设定双挂号邮件传递以确认邮件已正确送抵收件人邮箱中，或传回递送失败报告给发信人以查明失败原因；邮件的内容格式除了文字以外，尚能传输许多其他的多媒体类型。而在 TCP/IP SMTP 中，文件的内容格式只能是一般的文字文件，若要传输多媒体的数据则需配合 MIME 协议。

（4）网络管理。网络管理方面，TCP/IP 与 OSI 的协议均不限定只能在本身的网络上运作，TCP/IP 所发展出来的网络管理协议可以利用其他通信网路协议作运行的基础，而 OSI 的相应协议也可以在 TCP/IP 的通信网路协议上运行（称为 Common Management Information Service from OSI on TCP/IP，CMOT）。因此，我们将范围限定在对 SNMP 与 CMIP 两者本身功能做比较。

基本上，SNMP 所提供的是一套能满足基本需求的简单网络管理协议，它具有简单、容易制作等优点，执行时所占用的内存及使用的 CPU 资源也较少。由于其实际被利用的经验较多，目前在网络上使用的广泛度大于 CMIP。SNMP 与 CMIP 功能的异同如下：

SNMP 与 CMIP 都提供以下的管理功能：网络发生错误时的处理（Fault Management）；网络运行性能评估（Performance Management）；网络会计管理（Accounting Management）；被管理对象（Managed Object）的名称配置与鉴别（Configuration and Name Management）。

不同之处在于：①通信联机，CMIP 会预先建立通信管道执行管理命令，而 SNMP 采用无连接方式的网络联机管理方式，所以 SNMP 的额外负担较少，但 CMIP 通信管理质量较为稳定可靠。②管理模式，SNMP 采用轮询式（Polling - based）的管理模式，管理者会定期询问被管理者，两者间的联系较密切，不过这种方式会使网络上的数据传输量增加，同时在网络上同一个管理者将无法同时管理网络上的许多点；CMIP 采用基于事件的管理模式（Event – based Management），被管理者利用异步的方式，将预定发生的事件通知管理者处理。③管理信息，SNMP 与 CMIP 的网络信息都是使用对象（Object）来表示，并采用 ISO 所定义的抽象符号语法描述基本编码方式（BER – basic Encoding Rule）来表示一个对象。但目前 SNMP 仅使用了部分的抽象符号语法规则，因此所能定义的对象类型及属性比 CMIP 所能定义的少。④网络安全，CMIP 的网络安全管理功能比 SNMP 完整，可提供管理之间的鉴权（Authentication）、访问控制（Access Control）、加密密钥管理（Key for Enciphering Code）、授权（Authorization）、安全日志（Security Log）等安全管理机制，而 SNMP 在这方面的机能较弱。

就目前的网络环境而言，真正在 TCP/IP 中发展的应用环境比较成熟，且它在运行时所需要的系统资源较少。除此之外，TCP/IP 还提供了网络文件系统（NFS）、远程调用（Remote Procedure Call，RPC）、窗口操作系统（X – Windows）等其他应用背景，这些功能尚未包含在 OSI 定义的应用标准中。所以，目前有一些应用需求无法利用 OSI 的方式来设计。

总体而言，OSI 所制定的应用标准比 TCP/IP 的相应功能完整、丰富、精细，但始终无法在电信网络及数据网络中快速成长。除了上述原因之外，可能也由于其相关产品过于复杂，且需要庞大的人力与经费支持。此外，OSI 的标准制定过程太缓慢，也使它的应用受到限制。

2.4.2　IP 地址

1. IP 地址概述

为了将信息从一个地方传输到另一个地方，需要明确发送的目的地，因此网络中通信的每个主机必须有一个唯一的地址，以便于其他主机识别。该地址是通过 IP 协议实现的，故称为 IP 地址（也称为网址）。

IP 地址使用 32 位二进制数来标识。由于 32 位长的二进制数不好记忆，故将它按 8 位为一组，用小数点"."将它们隔开，以十进制数形式表示出来，称为点分十进制形式。

IP 地址包括网络标识和主机标识。例如，中国广告商情网的 IP 地址为 202.94.1.86，其网络标识为 202.94.1，本地主机标识为 86。

IP 地址有两种标准：①IPv4，现行标准，32 位二进制（面临枯竭）；②IPv6，下一代标准，128 位二进制（地址空间庞大，可以满足移动终端、智能家电、智能交通、远程医疗等方面的需求）。

IP 地址的管理机构是 InternetNIC（Internet Network Information Center，Internet 网络信息中心）。LAN 属于非注册地址，专门为单位内部使用的地址。

根据 TCP/IP 协议的规定，IPv4 由 32 位二进制组成，分 4 段，每段 8 位（1 Bytes），中间用"."分隔。其表示方法有点分二进制，如 11000000.10101000.00000001.00000011；点分十进制，如 192.168.1.3，如图 2-10 所示。

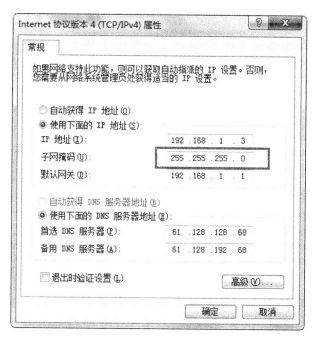

图 2-10　TCP/IP 属性

2. IP 地址的分类

按照 IP 地址的结构和分配原则，可以在 Internet 上很方便地寻址：先按 IP 地址中的网络标识号找到相应的网络，再在这个网络上利用主机标识找到相应的主机。由此可看出 IP 地址指出了某个网络上的某个计算机。倘若组建一个网络，应避免该网络所分配的 IP 地址与其他网络上的 IP 地址发生冲突，必须为该网络向 InternetNIC 组织申请一个网络标识，使得整个网络拥有一个网络标识，然后再给该网络上的每个主机设置一个唯一的主机号码，这样网络上的每个主机都拥有一个唯一的 IP 地址。

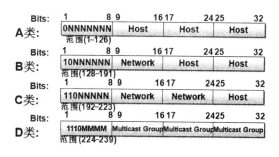

❖实际分类: 使用掩码划分出不同大小的子网

图 2-11　IP 地址分类

根据网络标识和主机标识长度，可将 Internet 地址分成 5 种类型：A 类、B 类、C 类、D 类、E 类，如图 2-11 所示。

其中 A 类、B 类、C 类是三种基本类型，最为常用，由 InternetNIC 在全球范围内统一分配；D 类、E 类为特殊地址，其中 D 类为组播地址，E 类为保留地址。

A 类地址的网络号为最高位 0 和随后 7 位二进制码，其余 24 位表示网内主机号；B 类地址的网络号为最高 2 位 10 和后面的 14 位，网内主机号为其余 16 位；C 类地址的网络号为最高 3 位 110 和后面的 21 位，剩下的 8 位为网内主机号。A 类、B 类、C 类 IP 地址的使用范围见表 2-2。

表 2-2　IP 地址的使用范围

网络类别	最大网络数	第一个可用网络号	最后一个可用网络号	每个网中最大主机数
A	126	1	126	16 777 214
B	16 383	128.1	191.254	65 534
C	2 097 152	192.0.1	223.225.254	254

IP 地址可确认网络中的任何一个网络和计算机，而要识别其他网络或其中的计算机，则根据这些 IP 地址的分类来确定。一般将 IP 地址按节点计算机所在网络规模分为 A、B、C 三类，默认的网络屏蔽是根据 IP 地址中的第一个字段确定的。

A 类地址的表示范围为 1.0.0.1 ~ 126.255.255.255，默认网络屏蔽为 255.0.0.0。A 类地址分配给规模特别大的网络使用。A 类网络用第一组数字表示网络本身的地址，后面三组数字作为连接于网络上的主机的地址，分配给具有大量主机（直接个人用户）而局域网络个数较少的大型网络。例如 IBM 公司的网络，127.0.0.0 到 127.255.255.255 是保留地址，用作循环测试。0.0.0.0 到 0.255.255.255 也是保留地址，表示所有的 IP 地址。

一个 A 类 IP 地址由 1 个字节（每个字节是 8 位）的网络地址和 3 个字节的主机地址组成，网络地址的最高位必须是"0"，即第一段数字范围为 1 ~ 127。每个 A 类地址理论上可连接 $256 \times 256 \times 256 - 2$ 台主机（ -2 是因为主机中要用去一个网络号和一个广播号），Internet 有 126 个可用的 A 类地址。A 类地址适用于有大量主机的大型网络。

B 类地址的表示范围为 128.0.0.1 ~ 191.255.255.255，默认网络屏蔽为 255.255.0.0；B 类地址分配给一般的中型网络。B 类网络用第一、二组数字表示网络地址，后面两组数字代表网络上的主机地址。169.254.0.0 到 169.254.255.255 是保留地址。如果你的 IP 是自动获取 IP 地址，而你在网络上又没有找到可用的 DHCP 服务器，这时你将会从 169.254.0.0 到 169.254.255.255 中临时获得一个 IP 地址。一个 B 类 IP 地址由 2 个字节的网络地址和 2 个字节的主机地址组成，网络地址的最高位必须是"10"，即第一段数字范围为 128 ~ 191。每个 B 类地址可连接 65 534（ $2^{16} - 2$ ，因为主机号的各位不能同时为 0、1）台主机，Internet 有 16 383（ $2^{14} - 1$ ）个 B 类地址（因为 B 类网络地址 128.0.0.0 是不指派的，而可以指派的最小地址为 128.1.0.0）。

C 类地址的表示范围为 192.0.0.1 ~ 223.255.255.255，默认网络屏蔽为 255.255.255.0。C 类地址分配给小型网络，如一般的局域网，它可连接的主机数量是最少的，通过把所属的用户分为若干的网段进行管理。C 类网络用前三组数字表示网络的地址，最后一组数字作为网络上的主机地址。一个 C 类地址是由 3 个字节的网络地址和 1 个字节的主机地址组成，网络地址的最高位必须是"110"，即第一段数字范围为 192 ~ 223。每个 C 类地址可连接 254 台主机，Internet 有 2 097 152 个 C 类地址段（ $32 \times 256 \times 256$ ），有 532 676 608 个地址（ $32 \times 256 \times 256 \times 254$ ）。

RFC 1918 留出了 3 块 IP 地址空间（1 个 A 类地址段，16 个 B 类地址段，256 个 C 类地址段）作为私有的内部使用的地址。在这个范围内的 IP 地址不能被路由到 Internet 骨干网上，Internet 路由器将丢弃该私有地址。IP 地址类别 RFC 1918 内部地址范围为：A 类 10.0.0.0 到 10.255.255.255，B 类 172.16.0.0 到 172.31.255.255，C 类 192.168.0.0 到 192.168.255.255。

使用私有地址将网络连接至 Internet，需要将私有地址转换为公有地址。这个转换过程称为网络地址转换（Network Address Translation，NAT），通常使用路由器来执行 NAT 转换。实际上，还存在着 D 类地址和 E 类地址。但这两类地址用途比较特殊，这里简单介绍一下。

D 类地址不分网络地址和主机地址，它的第 1 个字节的前四位固定为 1110。D 类地址范围为 224.0.0.1 到 239.255.255.254，用于多点播送。D 类地址称为广播地址，供特殊协议向选定的节点发送信息时用。E 类地址保留给将来使用。

连接到 Internet 上的每台计算机，不论其 IP 地址属于哪类，都与网络中的其他计算机处于平等地位，因为只有 IP 地址才是区别计算机的唯一标识。所以，以上 IP 地址的分类只适用于网络分类。

在 Internet 中，一台计算机可以有一个或多个 IP 地址，就像一个人可以有多个通信地址一样，但两台或多台计算机不能共享一个 IP 地址。如果两台计算机的 IP 地址相同，则会引起异常现象，无论哪台计算机都将无法正常工作。

此外，还有几类特殊的 IP 地址：广播地址目的端为给定网络上的所有主机，一般主机段为全 1；单播地址目的端为指定网络上的单个主机地址；组播地址目的端为同一组内的所有主机地址；环回地址 127.0.0.1 在环回测试和广播测试时会使用。

3. 网关地址

若要使两个完全不同的网络（异构网）连接在一起，一般使用网关，在 Internet 中两个网络也要通过一台称为网关的计算机实现互联。这台计算机能根据用户通信目标计算机的 IP 地址，决定是否将用户发出的信息送出本地网络，同时，它还将外界发送给属于本地网络计算机的信息接收过来。它是一个网络与另一个网络相连的通道，为了使 TCP/IP 协议能够寻址，该通道被赋予一个 IP 地址，这个 IP 地址称为网关地址。

内部地址和外部地址在局域网的 IP 地址分配中并没有区别，都可以使用。在局域网的 IP 地址分配中，子网屏蔽的"1"部分只要和对应的 IP 地址分类规定的前几个二进制数一致即可。

4. 子网划分

若公司连不上 Internet，那一定不会为 IP 地址烦恼，因为可以任意使用所有的 IP 地址，不管是 A 类或 B 类，这个时候不会想到要用子网。若是要连接 Internet，那 IP 地址便弥足珍贵了。目前全球 IP 地址已经越来越少，而所申请的 IP 地址也趋于饱和，而且只有经申请的 IP 地址能在 Internet 使用。某些公司只能申请到一个 C 类的 IP 地址，但又有多个点需要使用，这时便需要使用到子网，需要考虑子网的划分。下面简单介绍子网的原理及如何规划。

（1）子网掩码。网络上的任何设备，不管是主机、个人电脑、路由器等，皆需要设定 IP 地址，而跟随 IP 地址的是子网掩码（Subnet Mask）。子网掩码的主要目的是从 IP 地址中获得网络编码，也就是说，IP 地址和子网掩码合作得到网络编码，如下所示：

IP 地址

192.10.10.6 　　 11000000.00001010.00001010.00000110

子网掩码

255.255.255.0 　 11111111.11111111.11111111.00000000

AND

Network Number

192. 10. 10. 0   11000000. 00001010. 00001010. 00000000

子网掩码默认值见表2-3。

表2-3 子网掩码默认值

类	IP 地址范围	子网掩码
A	1. 0. 0. 0 ~ 126. 255. 255. 255	255. 0. 0. 0
B	128. 0. 0. 0 ~ 191. 255. 255. 255	255. 255. 0. 0
C	192. 0. 0. 0 ~ 223. 255. 255. 255	255. 255. 255. 0

在预设的子网掩码都只有 255 的值，在谈到子网掩码（Subnet Mask）时这个值便不一定是 255 了。在完整的一组 C 类地址如 203. 67. 10. 0 ~ 203. 67. 10. 255 中，子网掩码为 255. 255. 255. 0，203. 67. 10. 0 称为网络编码（Network Number，将 IP 地址和子网掩码作和），而 203. 67. 10. 255 是广播的 IP 地址，所以两者皆不能使用，实际只能使用 203. 67. 10. 1 ~ 203. 67. 10. 254 等 254 个 IP 地址，这是以 255. 255. 255. 0 作子网掩码的结果。子网掩码还可将整组 C 类地址分成数组网络编码，需要在子网掩码上做手脚。若是要将整组 C 类地址分成 2 个网络编码，那子网掩码设定为 255. 255. 255. 128；若是要将整组 C 类分成 8 组网络编码，则子网掩码为 255. 255. 255. 224。网络编码是由 IP 地址和子网掩码作 AND 而来的，而且将子网掩码以二进制表示是 1 的保留，而为 0 的去掉。

192. 10. 10. 193   11000000. 00001010. 00001010. 11000001

255. 255. 255. 0   11111111. 11111111. 11111111. 00000000

192. 10. 10. 0   11000000. 00001010. 00001010. 00000000

以上是以 255. 255. 255. 0 为子网掩码的结果，网络编码是 192. 10. 10. 0。若是使用 255. 255. 255. 224 作子网掩码，结果便有所不同。

192. 10. 10. 193   11000000. 00001010. 00001010. 11000001

255. 255. 255. 224   11111111. 11111111. 11111111. 11100000

192. 10. 10. 192   11000000. 00001010. 00001010. 11000000

此时网络编码变成了 192. 10. 10. 192，这便是子网。如何决定所使用的子网掩码？255. 255. 255. 224 以二进制表示为 11111111. 11111111. 11111111. 11100000，变化是在最后一组，11100000 便是 224，3 个位（Bit）可表示 2 的 3 次方，便是 8 个网络编码。

子网掩码二进制表示法可分为几个网络。

255. 255. 255. 0	11111111. 11111111. 11111111. 000000001
255. 255. 255. 128	11111111. 11111111. 11111111. 100000002
255. 255. 255. 192	11111111. 11111111. 11111111. 110000004
255. 255. 255. 224	11111111. 11111111. 11111111. 111000008
255. 255. 255. 240	11111111. 11111111. 11111111. 1111000016
255. 255. 255. 248	11111111. 11111111. 11111111. 1111100032
255. 255. 255. 252	11111111. 11111111. 11111111. 1111110064

以下使用 255. 255. 255. 224 将 C 类地址 203. 67. 10. 0 分成 8 组网络编码。

203. 67. 10. 0 ~ 203. 67. 10. 31	203. 67. 10. 1 ~ 203. 67. 10. 30
203. 67. 10. 32 ~ 203. 67. 10. 63	203. 67. 10. 33 ~ 203. 67. 10. 62
203. 67. 10. 64 ~ 203. 67. 10. 95	203. 67. 10. 65 ~ 203. 67. 10. 94
203. 67. 10. 96 ~ 203. 67. 10. 12	7203. 67. 10. 97 ~ 203. 67. 10. 126
203. 67. 10. 128 ~ 203. 67. 10. 15	9203. 67. 10. 129 ~ 203. 67. 10. 158
203. 67. 10. 160 ~ 203. 67. 10. 19	1203. 67. 10. 161 ~ 203. 67. 10. 190
203. 67. 10. 192 ~ 203. 67. 10. 22	3203. 67. 10. 193 ~ 203. 67. 10. 222
203. 67. 10. 224 ~ 203. 67. 10. 25	5203. 67. 10. 225 ~ 203. 67. 10. 254

可验证所使用的 IP 地址是否如上表所示。

203. 67. 10. 115 ~ 11001011. 01000011. 00001010. 01110011
255. 255. 255. 224 ~ 11111111. 11111111. 11111111. 11100000
----
203. 67. 10. 96 ~ 11001011. 01000011. 00001010. 01100000
203. 67. 10. 55 ~ 11001011. 01000011. 00001010. 00110111
255. 255. 255. 224 ~ 11111111. 11111111. 11111111. 11100000
----
203. 67. 10. 32   ~ 11001011. 01000011. 00001010. 00100000

其他的子网掩码所分成的网络编码可自行以上述方法推演出来。

（2）子网作用。使用子网是要解决只有一组 C 类地址但需要数个网络编码的问题，并不是解决 IP 地址不够用的问题，因为使用子网反而能使 IP 地址变少。子网通常是用在跨地域的网络互联之中，两者之间使用路由器连接，同时也连接 Internet，但只申请到一组 C 类 IP 地址，此时必须使用子网。当然，两个网络间也可以远程桥接，那便不用使用子网了。

在申请 IP 地址或是阐述 TCP/IP 协议的 IP 地址分类时，要用到网络地址。它表示 IP 地址的代码序列中不需要改变的部分。在申请 IP 地址或是阐述 TCP/IP 协议的 IP 地址分类时，要用到主机地址。它表示 IP 地址的代码序列中需要改变的部分。在阐述 TCP/IP 协议的 IP 地址分类时，要用到子网屏蔽。在申请 IP 地址时，由它表示所申请到的 IP 地址的网络地址和主机地址。

网络编码（网络号）：网络编码是经过子网划分后，子网掩码序列中"1"对应的 IP 地址部分。一个网络编码对应一个网域（或网段），包括申请到的网络地址的全部和主机地址的部分。主机编码（主机号）：主机编码是经过子网划分后，子网掩码序列中"0"对应的 IP 地址部分。一个主机编码对应一个网域（或网段）的一台计算机，包括申请到主机地址的部分。子网掩码用于子网划分，它将能够改变的主机地址分为主机编码和网络编码的一部分，同时，将网络地址全部确定为网络编码。

5. IP 协议测试

全面的测试应包括局域网和互联网两方面，因此应从局域网和互联网两方面测试，以下是在实际工作中利用命令行测试 TCP/IP 配置的步骤：

（1）单击"开始"→"运行"，输入 CMD 后单击"确定"按钮，弹出命令提示符窗口。

（2）首先检查 IP 地址、子网掩码、默认网关、DNS 服务器地址。输入命令 ipconfig／all，按回车键，此时显示了你的网络配置，观察是否正确。

（3）输入 ping 127.0.0.1，观察网卡是否能转发数据，如果出现"Request timed out"，表明配置差错或网络有问题。

（4）Ping 一个互联网地址，看是否有数据包传回，以验证与互联网的连接性。

（5）Ping 一个局域网地址，观察与它的联通性。

（6）用 nslookup 测试 DNS 解析是否正确。

如果你的计算机通过了全部测试，则说明网络正常，否则网络可能有不同程度的问题。在此不展开详述。不过要注意，在使用 ping 命令时，有些公司会在其主机设置丢弃 ICMP 数据包，造成你的 ping 命令无法正常返回数据包，此时不妨换个网站试试。

6. IP 主要特点

开放的协议标准，可以免费使用，并且独立于特定的计算机硬件与操作系统，独立于特定的网络硬件，可以运行在局域网、广域网，适用于互联网中统一的网络地址分配方案，使得整个 TCP/IP 设备在网中都具有唯一的地址标准化的高层协议，可以提供多种可靠的用户服务。

7. IP 协议优势

在长期的发展过程中，IP 逐渐取代其他网络。IP 传输通用数据，数据能够用于任何目的，并且能够很轻易地取代以前由专有数据网络传输的数据。

一个专有的网络开发出来用于特定目的，如果它工作很好，用户将接受它。为了便于提供 IP 服务，经常用于访问电子邮件或者聊天，通常以某种方式通过专有网络隧道实现。隧道方式最初可能非常没有效率，因为电子邮件和聊天只需要很低的带宽。通过一点点儿的投资，IP 基础设施逐渐在专有数据网络周边出现。用 IP 取代专有服务的需求出现，经常是一个用户要求。IP 替代品过程遍布整个互联网，这使 IP 替代品比最初的专有网络更加有价值（由于网络效应）。专有网络受到压制，许多用户开始维护使用 IP 替代品的复制品。IP 包的间接开销很小，小于1%，这样在成本上非常有竞争性。人们开发了一种能够将 IP 带到专有网络上的大部分用户的不昂贵的传输媒介。大多数用户削减开销，专有网络被取消。

8. IP 协议重置

如果需要重新安装 TCP/IP 以使 TCP/IP 堆栈恢复为原始状态，可以使用 NetShell 实用程序重置 TCP/IP 堆栈，使其恢复到初次安装操作系统时的状态。具体操作如下：

（1）单击"开始"→"运行"，输入 CMD 后单击"确定"按钮。

（2）在命令行模式输入命令 netsh int ip reset C：\ resetlog. txt（其中，resetlog. txt 记录命令结果的日志文件，一定要指定，这里指定了 resetlog. txt 日志文件及完整路径），运行结果可以查看 C：\ resetlog. txt（咨询中可根据用户实际操作情况提供）。运行此命令的结果与删除并重新安装 TCP/IP 协议的效果相同。

9. 版本更新

IPv4 是互联网协议（Internet Protocol，IP）的第四版，也是第一个被广泛使用，构成现今互联网技术基石的协议。1981 年 Jon Postel 在 RFC 791 中定义了 IP，IPv4 可以运行在各种底层网络上，如端对端的串行数据链路（PPP 协议和 SLIP 协议）、卫星链路等。局域网中最常用的是以太网。

传统的 TCP/IP 协议基于 IPv4，属于第二代互联网技术，核心技术属于美国。它的最大问题是网络地址资源有限，从理论上讲，编址 1 600 万个网络、40 亿台主机。但采用 A、B、C 三类编址方式后，可用的网络地址和主机地址的数目大打折扣，以致目前的 IP 地址已经枯竭。其中北美占有 3/4，约 30 亿个，而人口最多的亚洲只有不到 4 亿个，中国截至 2010 年 6 月 IPv4 地址数量达到 2.5 亿个，落后于 4.2 亿网民的需求。虽然用动态 IP 及 NAT 地址转换等技术实现了一些缓冲，但 IPv4 地址枯竭已经成为不争的事实。在此，专家提出的 IPv6 互联网技术也正在推行，但 IPv4 到 IPv6 需要很长的一段过渡期。

传统的 TCP/IP 协议基于电话宽带以及以太网的电器特性而制定，其分包原则与检验占用了数据包很大的一部分比例，造成了传输效率低。现在网络正向着全光纤网络和超高速以太网方向发展，TCP/IP 协议不能满足发展需要。

1983 年 TCP/IP 协议被 ARPAnet 采用，直至发展到后来的互联网。那时只有几百台计算机互相联网。到 1989 年联网计算机数量突破 10 万台，并且同年出现了 1.5 Mbit/s 的骨干网。因为 IANA 把大片的地址空间分配给一些公司和研究机构，20 世纪 90 年代初就有人担心 10 年内 IP 地址空间就会不够用，并由此导致了 IPv6 的开发。

IPv6 是 Internet Protocol Version 6 的缩写。IPv6 是 IETF（Internet Engineering Task Force，互联网工程任务组）设计的用于替代现行版本 IP 协议（IPv4）的下一代 IP 协议。与 IPv4 相比，IPv6 具有以下几个优势：

（1）IPv6 具有更大的地址空间。IPv4 中规定 IP 地址长度为 32，即有 $2^{32}-1$ 个地址；而 IPv6 中 IP 地址长度为 128，即有 $2^{128}-1$ 个地址。

（2）IPv6 使用更小的路由表。IPv6 的地址分配一开始就遵循聚类（Aggregation）的原则，这使得路由器能在路由表中用一条记录（Entry）表示一片子网，大大减小了路由器中路由表的长度，提高了路由器转发数据包的速度。

（3）IPv6 增加了增强的组播（Multicast）支持以及对流的支持（Flow Control），这使得网络上的多媒体应用有了长足发展，为服务质量（Quality of Service，QoS）控制提供了良好的网络平台。

（4）IPv6 加入了对自动配置（Auto Configuration）的支持。这是对 DHCP 协议的改进和扩展，使网络（尤其是局域网）的管理更加方便和快捷。

（5）IPv6 具有更高的安全性。在使用 IPv6 网络中，用户可以对网络层的数据进行加密并对 IP 报文进行校验，极大地增强了网络的安全性。

2.4.3 域名系统

在 Internet 中，采用 IP 地址可以直接访问网络中的一切主机资源，但是 IP 地址难于记忆，于是产生了一套易于记忆的、具有一定意义的用字符来表示的 IP 地址，这就是域名。域名（Domain Name）是由一串用点分隔的名字组成的 Internet 上某一台计算机或计算机组的名称，用于在数据传输时标识计算机的电子方位（有时也指地理位置）。域名不能重复，在应用上与 IP 地址等效。例如 220.169.30.195 是中南大学的 IP 地址，www.csu.edu.cn 则为域名。

域名和 IP 地址之间的转换由专门的服务器——域名服务器（DNS）来完成。

ICANN（The Internet Corporation for Assigned Names and Numbers）是互联网名称与数字地址分配机构。CN 域名的管理机构是 CNNIC。

域名采用层次型命名机制，语法是：主机名．第 n 级子域名．……第 2 级子域名．顶级域名。域名地址一般包含四部分内容：计算机名、机构名、网络分类名、顶级域名。如：www. ecnu. edu. cn 表示中国（cn）教育机构（edu）华东师范大学（ecnu）的一台名为 www 的 Web 服务器，如图 2-12 所示。

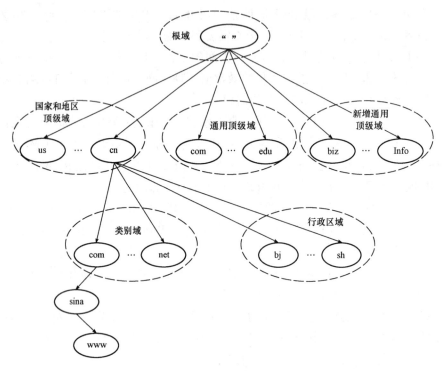

图 2-12　域名的命名格式

在 TCP/IP 互联网中，可以使用 32 位 IP 地址来识别主机，然而这种以数字表示的 IP 地址并不方便记忆，用户更愿意利用方便读写、容易记忆的字符串为主机命名。为了便于网络地址的管理与分配，人们采用了域名系统（Domain Name System，DNS），引入了域名的概念。

域名系统是一个分布式数据库系统，是互联网的一项核心服务，它作为可以将域名和 IP 地址相互映射的一个分布式数据库，能够使人更方便地访问互联网，而不用去记住能够被机器直接读取的 IP 数串。DNS 具有两大功能：一是定义了一套为主机命名的规则；二是可将域名高效率地转换成 IP 地址。DNS 由域名空间（Domain Space）、域名服务器（Domain Server）和解析器（Resolver）三部分组成。

1. 域名空间

DNS 并没有一张保存着所有的主机信息的主机表，相反，这些信息是存放在许多分布式的域名服务器（或 DNS 服务器）中，不同的域名服务器管理不同的域。这些域名服务器组成一个层次结构的系统，所有这些域的集合构成了域名空间。

域名空间是一个树状结构，它的顶层是一个根域（Root Domain），每一个下级域都是上级域的子域。每个域都有自己的域名服务器，这些服务器保存着当前域的主机信息和下级子域的域名服务器信息。在 DNS 域名空间的任何一台计算机都可以用从叶节点到根节点、中间用"."相连接的字符串来标识：叶节点名·三级域名·二级域名·顶级域名。

例如，图 2-13 中域名"mail. cs. pku. edu. cn"，"mail"是最基本的信息，表示主机名称；"cs"表示主机"mail"在这个子域中注册和使用它的主机名称；"pku"是"cs"的相对根域；"edu"是用于表示教育机构的二级域；"cn"表示域名空间的顶级域，即国家域。

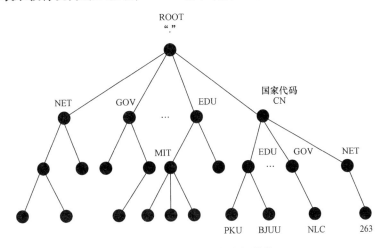

图 2-13　Internet 域名空间结构

一个完整的 DNS 域名可包含多级域名，域名的级数通常不多于 5 个。Internet 对某些通用性的域名做了规定，如表 2-4 所示。

表 2-4　常见通用域名

机构域名		国家或地区域名	
域名	组织类型	域名	国家或地区名称
com	商业组织或企业	cn	中国
edu	教育机构	uk	英国
gov	政府部门（除开军队）	us	美国
org	其他非商业组织（如非营利机构）	tw	中国台湾
net	网络服务提供商	hk	中国香港
int	国际协同组织	jp	日本
mil	军队组织	au	澳大利亚
pro	专业人士	ca	加拿大

2. 域名服务器

域名服务器是指保存有该网络中所有主机的域名和对应 IP 地址，并具有将域名转换为 IP 地址功能的服务器，如图 2-14 所示。

3. 解析器

解析器也叫地址转换请求程序，是一个根据主机名解析 IP 地址的库。解析器一般是用户应用程序可以直接调用的系统进程，不需要附加任何网络协议。

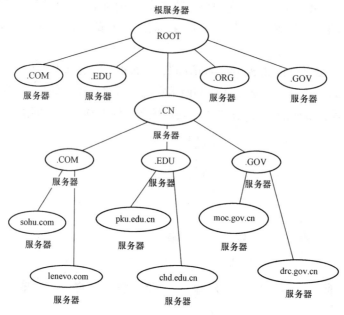

图 2-14 域名服务器系统

域名是一种层次结构的地址，通常构成域名的各个部分都具有一定的含义，相对于主机的 IP 地址来说更容易记忆，使用起来也更为方便。但在网络传输中，主机之间通信数据包中地址标识为 IP 地址，域名不能直接用于通信，因为计算机硬件只能识别二进制的 IP 地址。因此，必须有一种机制来解决域名地址到 IP 地址的映射问题，也就是域名解析。

假如一个应用程序需要访问名字为 www. baidu. com 的主机，其完整的解析过程如下：

（1）域名系统首先查询本地主机的缓冲区，查看是否有相应记录。如果存在，则立即用此 IP 地址响应应用程序；如果不存在，则向本地 DNS 服务器发送一个递归查询请求，要求得到 www. baidu. com 所对应的 IP 地址。

（2）本地 DNS 服务器接收到查询请求后，检查自己的区域数据库。如果存在，则将对应映射关系响应给请求者；如果没有对应的记录，则检查高速缓冲区。如果依然不存在，本地 DNS 服务器则向根域 DNS 服务器发出一个迭代查询请求，要求解析域名 www. baidu. com。

（3）DNS 服务器自顶向下依次查询映射记录，直到发现 www. baidu. com 与其 IP 地址的对应关系，并将该关系响应给提出请求的本地服务器。

2.5 Internet 基本服务

Internet 提供的功能服务种类繁多，并且随着 Internet 的发展而不断增加。目前，Internet 的基本服务有以下几种：

（1）Internet 的基本功能：电子邮件、远程登录、文件传输协议。

（2）Internet 的信息服务：万维网（WWW）。

（3）Internet 的信息交流：网络新闻组（Usenet）、电子公告栏（BBS）。

（4）其他信息服务：网上聊天、网上寻呼、网络会议。

2.5.1　电子邮件（E-mail）

电子邮件（E-mail）是基于计算机网络的通信功能而实现通信的技术，它是 Internet 上使用最多的一种服务，是网上交流信息的一种重要工具，已经逐渐成为现代生活交往中越来越重要的通信工具。电子邮件与普通邮件非常相似，但它又具有自己独特的优点，主要表现在以下几方面：

（1）比人工邮件传递迅速，可达到的范围广，而且比较可靠。与电话系统相比，它不要求通信双方都在现场，而且不需要知道通信对象在网络的具体位置。可以实现一对多的邮件传送，向多人发出通知的过程变得很容易。可以将文字、图像、语音等多种类型的信息集成在一个邮件中传送，是多媒体信息传送的重要手段。

（2）电子邮件使网络用户能够发送或接收文字、图像、语音、图形、照片等多种形式的信息。目前 Internet 上 60% 以上的活动都与电子邮件有关。

使用电子邮件的前提是拥有自己的电子信箱。电子信箱又称为电子邮件地址（E-mail Address）。电子信箱是电子邮件服务机构为用户建立的，实际上是该机构在与互联网联网的计算机上为用户分配的一个专门用于存放往来邮件的磁盘存储区域，这个区域是由电子邮件系统管理的。图 2-15 显示了电子邮件收发的基本过程。

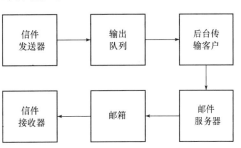

图 2-15　电子邮件收发的基本过程

（3）从邮件在 TCP/IP 互联网中的传递和处理过程可以看出，利用 TCP 连接，用户发送的电子邮件可以直接由源邮件服务器传递到目的邮件服务器，因此，基于 TCP/IP 互联网的电子邮件系统具有很高的可靠性和传递效率。

2.5.2　远程登录（Telnet）

远程登录是指在网络通信协议 Telnet 的支持下，用户的计算机通过 Internet 成为远程计算机的仿真终端的过程。Telnet 主要通过两个软件程序实现用户计算机的远程登录，一是用户发出远程登录请求的 Telnet 客户机程序（Client），另一个是提供远程连接服务的 Telnet 服务器程序（Server），计算机网络则通过 TCP（Transmission Control Protocol，网络传输控制协议）或 UDP（User Datagram Protocol，用户数据报协议）为上述两个程序提供信息传输。

在使用 Telnet 进行远程登录时，首先要知道对方计算机的域名或 IP 地址，然后根据对方系统的询问，正确输入自己的用户名和密码；但对于一些开放式的远程登录服务，则可以使用该系统的公共用户名，因为许多远程登录的数据库都是免费的，用户访问时只需支付网络上的通信费用。

利用远程登录，用户可以实时使用远地计算机上对外开放的全部资源，可以查询数据库、检索资料或利用远程计算完成只有巨型计算机才能做的工作。总结起来，远程登录能实现以下三项基本功能：

（1）允许用户与远程计算机上运行的程序进行交互。当用户登录到远程计算机时，可以执行远程计算机上的任何应用程序，并且能屏蔽不同型号计算机之间的差异。

（2）用户可以利用个人计算机完成许多只有大型计算机才能完成的任务。Internet 上有许多服务是通过 Telnet 来访问的，例如 Auchie、Gopher 等，这类系统通常开放公用账号，无须输入密码。远程登录也有它的不足，当 Internet 的网络通信量大的时候，来自远地的主机响应会减慢。

（3）Telnet 可以使用户很容易地共享软件和研究成果。目前 Telnet 最普遍的应用是接入世界各地的大学数据库，查询各大学的科研成果索引和图书馆的图书卡目录。使用 Telnet 同样也可以享受到电子邮件、网络新闻和 FTP 服务，因为大多数早期的电子邮件、网络新闻和 FTP 服务都是基于 UNIX 系统实现的，而很多 Internet 用户的个人计算机往往使用的是 Windows 家族的操作平台，要享受基于 UNIX 的各种 Internet 服务就必须通过 Telnet。有趣的是，使用 Telnet 时，在用户的计算机屏幕上出现的完全是 UNIX 风格的界面而不是 Windows 的画面，这就是我们为什么说 Telnet 使用户计算机成了远方计算机的"仿真"终端。

2.5.3　文件传送（FTP）

事实上，无论是电子邮件还是新闻论坛，本质上都是发送和接收"信件"，然而对于 Internet 的"网民"，特别是编写软件的人而言，从远方别人计算机中取回一些软件，应该是比收发信件更为激动人心的事。

文件传输服务提供了 Internet 上两台计算机之间相互传输文件的机制，是用户获得丰富的网络资源的重要方法。FTP（File Transfer Protocol，文件传输协议）是一种专门用来传输文件的通信协议，是由支持 Internet 文件传输的各种规则所组成的集合，这些规则使 Internet 用户可以把文件从一个主机复制到另一个主机上，满足了用户之间远程交换文件资料的需要，因而为用户提供了极大的方便。

文件传送（如图 2-16 所示）是指通过 Internet 从别人的计算机中取回文件放到自己的计算机中（反之亦可）。由于文件传送服务是由 TCP/IP 协议中的 FTP 支持的，因此人们就把 Internet 的这种服务称为 FTP。如果两台计算机都是 Internet 上的用户，无论它们在地理位置上相距多远，只要二者都支持 FTP 协议，就可以在两台计算机之间互相传送文件。文件的形式多种多样，可以是文本文件、图形文件、语音文件和压缩文件等。

FTP 服务要求用户在登录到远程计算机时提供用户名和口令，但也允许网络上的任何用户以"Anonymous"（匿名）用户名登录到远程计算机以免费获得文件。匿名 FTP 协议还要求把用户的 E-mail 地址作为匿名登录的口令。一般匿名用户只能获取文件（下载），不能装入或修改文件（上载）。目前全球共有上千个匿名 FTP，它们大都属于大学、公司或某些个人计算机，用户可以利用这些服务功能和公用的联机数据库，获取所需的文件或免费下载软件。FTP 服务器利用用户账号来控制用户对服务器的访问权限。Internet 上很多 FTP 服务还提供了一种匿名 FTP 服务。如果没有特别声明，一般情况下使用 anonymous 作为匿名账号、guest 作为密码，可以访问一些 FTP 服务器。

FTP 没有对用户接口进行定义，因此存在多种形式的用户接口。用户使用的 FTP 用户接

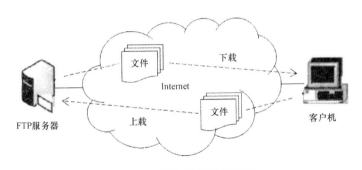

图 2-16　FTP 服务工作模式

口程序有 3 种：传统的 FTP 命令行、浏览器和 FTP 下载工具。

通常，浏览器是访问 WWW 服务的客户端应用程序，用户通过指定 URL 便可以浏览到相应的页面信息。URL 中的协议类型使用的是 HTTP，如果将协议类型换成 FTP，后面指定 FTP 服务器的主机名，便可以通过浏览器访问 FTP 服务器。例如，要访问北京大学 FTP 服务器根目录下的一个文件 ncre. txt，其 URL 可以写成 ftp：//ftp. peking. edu. cn/ncre. txt。其中，ftp 指明访问的服务器为 FTP 服务器；peking. edu. cn 指明要访问的 FTP 服务器的主机名；ncre. txt 指明要下载的文件名。

常用的 FTP 下载工具有 FlashFxp、CuteFTP、GetRight、NetAnts、LeapFTP。

有很多方法可以登录到 FTP 服务器，若使用 IE 浏览器，如果你希望与河南信息港的 FTP 服务器建立连接，只需在浏览器的地址栏中输入 ftp：//ftp. online. ha. cn 就可以了。你会看到，当你在浏览器中与 FTP 服务器建立连接后，窗口显示同本地文件夹差不多，你可以双击文件夹打开它，找到自己需要的文件，再双击下载，如图 2-17 所示。

2.5.4　万维网（WWW）

Internet 提供了大量的共享信息，有的以数据库形式存储，有的以各种形式的（包括含多媒体信息的）文件存储。浏览和查询就是通过菜单操作、关键字查找等方式获取信息，目前 Internet 上最受欢迎、发展最快的信息查询方式是 WWW 浏览，WWW 一词是 World Wide Web 的缩写，其含义是环球网，通常称为 Web。

万维网是在 Internet 上运行的覆盖全球的多媒体信息系统，向用户提供了一种非常简单、快捷、易用的查找和获取各类共享信息的渠道。Web 服务是一种交互式图形界面的 Internet 服务，具有强大的信息连接功能，它使得成千上万的用户通过简单的图形界面就可以访问各个大学、组织、公司等的最新信息和各种服务。目前，Web 服务已经成为很多人在网上查找、浏览信息的主要手段。

WWW 是基于超文本（HyperText）方式的信息查询工具。超文本是信息组织的一种新的方式，它不像以前的菜单系统那样以层次型（或称"树状结构"）组织信息，而是以"网状结构"组织信息，即允许信息的查找不囿于固定菜单的限制，可以对任何感兴趣的信息进行"超链接"。用户按照超链接就可以进行随意的信息查找，而不受固定查询顺序的限制。这些超文本信息以 HTML（HyperText Markup Language，超文本标识语言，一种很简单的描述性语言）组织在一起，形成"页面"（Webpage，是 WWW 信息的一种组成单位），

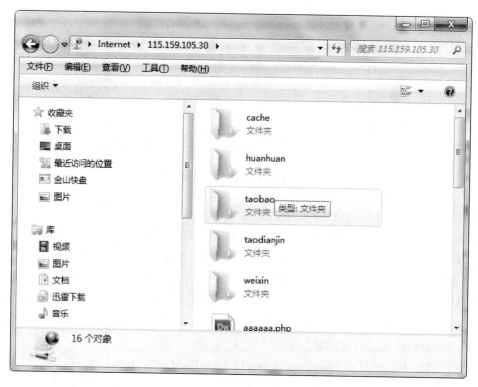

图 2-17　在浏览器中链接到 FTP 服务器

　　从而使得建立一个 WWW 信息查询系统较为容易（有时非计算机专业人员即可完成）。

　　WWW 另一吸引人的地方是它支持"超媒体"信息，即信息的形式不仅可以是文字，还可以是图形、动画、视频，而且所有这些信息都可以"超链接"。超文本、超媒体使得 WWW 信息浏览更为简便，信息内容更加丰富多彩。由于事先在超文本中的关键处建立了超链接，使得超链接可以指向其他页面或同一页面的其他部分，用户只要轻击鼠标，就可以很方便地从一个页面转到另一个页面查询，或返回查询的出发点。同时，超文本方式提供了比文本文件色彩更丰富的多媒体信息，具有很强的直观性，因而一经出现就很快赢得了广大 Internet 用户的青睐，得到了迅速发展。近几年来建立的信息查询服务站点一般都采用 WWW 方式。

　　WWW 服务是由 HTTP（HyperText Transfer Protocol，超文本传输协议）作技术支持的。使用 WWW 服务时，用户需要首先与 Internet 联网，并启动一个 WWW 客户机程序（浏览器），然后以 URL（Uniform Resource Locator，统一资源定位器）的形式访问一个指定的 WWW 服务器（如 http://www.nankai.edu.cn）。WWW 服务器将初始页面（HomePage，主页）传送给用户，用户单击页面中的超链接即可进行下一步的查询。WWW 服务器还具有导航的作用，它可以指向其他服务器上的信息。各种 WWW 信息就像链接在一起的蜘蛛网一样，用户可以方便地查询遍及世界的信息网中的所有信息资源。

　　图 2-18 展示了 Web 服务器与 Web 浏览器的关系。用户通过浏览器在地址栏中输入访问网站的网址，即 Web 浏览器向 Web 服务器发出调用页面的请求，Web 服务器收到请求后从磁盘中调用网页，进行处理后通过 Internet 传回给浏览器显示。

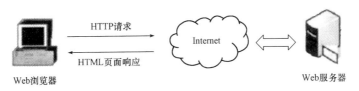

图 2-18　Web 服务流程

2.5.5　Internet 的信息交流

1. 网络新闻组

新闻存在于 Internet 的每一个角落，而且每时每刻世界各国的各种信息和各种观点都可以在 Internet 上传播。Internet 不仅是获取信息和资料的场所，也是与他人交谈的理想场所。"新闻论坛"（Usenet）就是 Internet 提供这种交互式新闻服务的手段，是人们使用 Internet "收听" 和发表各种 "高见" 的 "自由论坛"。

在电子邮件被广泛使用的同时，人们已不再满足于通过收发电子邮件 "静态" 地与人交流，而更希望 "实时" 地、"动态" 地参与到交流过程中，随时查看别人的看法，也随时把自己的意见反馈给对方。Internet 的 Usenet 就在这种背景下应运而生了。

Usenet 利用了 UNIX 系统之间进行文件拷贝的技术，实质上仍是发送和接收 "信件"（即言论或文章）。当进入 Internet 的多方讨论时，可以随时查看讨论组服务器中的文件是否发生了变化；如果有新的文件内容，就将新增的文件打开，这样，就可以阅读到别人的言论了。

Usenet 是利用网络进行专题讨论的国际论坛，用于在 Internet 上发布公告、新闻和各种文章供网上用户参考、欣赏和讨论，是 Internet 传播和接收电子新闻的主要工具。Usenet 将讨论的话题由大到小、由抽象到具体逐层分类，每一类信息称为一个 "新闻组"（News Groups），用户可以在新闻组的标题下阅读感兴趣的文章，发表自己的见解。与电子邮件相比，Usenet 的好处是：所有对某个讨论话题感兴趣的人都能读到 Usenet 正在讨论的内容，而每个参加讨论的人看到别人的言论时，还可以很方便地附加上自己的看法，并且可以确认所有参加讨论的人是否看到了自己的留言。

Usenet 建立了一套命名规则，这套命名规则第一部分（名称中最左边的部分）确定专题小组所属的大类，称为顶级类别，约有 10 个（参见表 2-5）；名称的第二部分（中间部分）表示顶级类别中的不同主题。例如：sci. biology 表示在科学这一大类中的 biology（生物学）主题；comps. os 则表示计算机大类中的操作系统主题。

表 2-5　讨论组中常用的一些顶级类别

biz	商业类	sci	科学类
comp	计算机类	soc	社会、文化、宗教类
news	网络新闻类	talk	辩论类
rec	娱乐类	misc	杂类
usenet	本身	alt	可供选择的类别

在大多数情况下，主题之下还进一步细分出特定的领域，这构成了专题小组名称的第三部分（最右边的部分）。例如：rec. autos. driving 就是在 rec（娱乐）顶级类别中 autos（汽车）主题下关于 driving（驾驶）的专题小组。在计算机和科学类中，常常还有名称的第四部分，例如：comp. os. ms – windows. apps. word – proc 是关于计算机操作系统下 Windows 软件的字处理器的专题讨论小组。

2. 电子公告栏

BBS（Bulletin Board System，电子公告牌系统）在获得新闻和进行专题讨论方面与 Usenet 有着异曲同工之妙。用户可以利用 BBS 服务与网友聊天、组织沙龙、获得帮助、讨论问题以及为别人提供信息。目前，BBS 已经成为网民们争相涌入并乐此不疲的地方。

BBS 服务由 Internet 上一些专门的主机提供，而且与提供电子邮件服务和 WWW 服务的主机一样，这些主机通常具有专门的域名（如 bbs. nankai. edu. cn）。用户只要通过远程登录与提供 BBS 服务的主机相连，就可以通过菜单或输入简单命令（一般在计算机上有命令提示）选择新闻组、新闻条目、阅读新闻或者向 BBS 发送信息。随着 WWW 浏览方式的普及，一些可以通过 WWW 方式访问的 BBS 站点也相继出现，这使得访问 BBS 更为简单，进一步促进了 BBS 用户数量的增长。

网上聊天是 BBS 的一个重要功能，一台 BBS 服务器上可以开设多个聊天室，进入聊天室的人需要输入一个代号，先到聊天室的人会列出本次聊天的主题，用户可以通过阅读屏幕上所显示的信息及输入自己想要表达的信息，与同一聊天室的网友进行交流。

在 BBS 上可以阅读到的信息几乎无所不有，包括气象、交通、旅游、文娱、体育、科研、商情、股票等各种信息，也包括当今社会的各种大事小情。BBS 几乎成为 Internet 上最热闹的地方，在这里，人们可以随心所欲、畅所欲言，而不用考虑"收听者"的感想如何，BBS 就像 Internet 上的"聊天室"，人们可以同一个完全陌生的人共同探讨人生的真谛，继而成为素未谋面的知心朋友；也可能因为一个与己毫不相干的话题与对手争论不休，而在许多天后仍然耿耿于怀。我们常常可以看到那些坐在计算机前飞快地查阅 BBS 上各种消息的人，或喜或忧，或笑或怒，完全醉心于网络世界而忘情忘形。也许正因为如此，BBS 才成为"网民"倾心向往的所在。

2.5.6 其他信息服务

1. 网上聊天

网上聊天就是两个或多个人利用电脑通过网络实时地交换信息，如文字、图形等，一个人输入的信息，其他人马上就能看到，都可以发表意见。目前由于上网的人多，而各人兴趣、爱好有所不同，所以网上就出现分类的聊天室，用户可以根据自己的喜好参加不同的聊天室，形成了网上虚拟区。现在很多聊天室都是基于 Web 的，从浏览器中直接登录就可以聊天，非常方便。

目前流行的聊天工具主要有 Microsoft Chat、IRC 等。通过 Microsoft Chat，你可以挑选一个卡通人物作为自己的代言人，你所说的话将显示在一幅幅连环画式的球状文字框内。通过卡通人物你可以表达丰富的感情和想法，与其他人私下交谈。另外，你还可以创建并主持自己的聊天室，保存闲聊内容，以便在会话结束后脱机阅读。

2. 网上寻呼

网上寻呼（ICQ）是 I seek you 的连音缩写，中文名称为"网上寻呼机"，它的主要功能就是让用户知道网络上的朋友现在有没有在线（前提是对方也安装了 ICQ），然后可以传送信息、交谈或是交换文件等，比 E-mail 更有实时性。另外，它还支持一些外部模块，如 Iphone、Netmeeting 等，使得网友间交流更为直接、方便。

ICQ 的安装程序可以从 http：//www. icq. com 上下载得到，文件名为 icqsetup. exe，下载后直接执行即可进入安装画面。在安装过程中，你可以根据需要完成一些选项，一般来说只要使用缺省选项单击"下一步"就可以。QQ 最初从模仿 ICQ 入手，一步一步地在其基础上完善发展，中国的网民已经很少有人使用 ICQ 了，ICQ 的功能和技术也远远落后于 QQ 和微信了。

3. 网上视频会议

所谓网上视频会议（CU-see Me），简而言之，就是通过 Internet 连接国内外不同地点的会议室，使双方与会人员在各自的会议室中，不但能听到对方的声音，并且能从电脑屏幕中看到对方的实时影像；另外，也能相互传送图表、文件及数据等资料，就像置身于面对面的环境。

视频会议系统结合了网络、语音、通信和视频四项技术。它最大的优点就是能够打破时空的限制，让远端的使用者彼此进行会议讨论，除了可以节省庞大的差旅费用外，亦可节省与会人员的往返时间，提高整体的工作效率，加速决策的过程。

目前就其通信方式而言，视频会议系统可分为"点对点式"和"多点式"两种通信结构。"点对点式"的通信是视频会议系统最基本的形式，通信双方通过网络通道互相连接，即可进行视频会议讨论。"多点式"的视频会议方式可以允许多个与会地点同时进行会议讨论，其原理是通过一个"多点控制器"（MCU）进行会议议程及通信管理。各个与会地点皆需连线至 MCU 控制中心，由该中心负责控制各与会系统的画面及语音切换，达到多点同时进行会议的目的。

2.6　Internet 接入技术

要想使用 Internet，必须首先使用自己的主机或终端通过某种方式与 Internet 进行连接，只要将自己的主机与已经在 Internet 上的某一主机进行连接就可以了。

ISP 是为用户提供 Internet 接入和 Internet 信息服务的机构。由于接入国际互联网需要租用国际信道，其成本对于一般用户是无法承担的。Internet 接入提供商作为提供接入服务的中介，需要投入大量资金建立中转站，租用国际信道和大量的当地电话线，购置一系列计算机设备，通过集中使用、分散压力的方式，向本地用户提供接入服务。从某种意义上讲，ISP 是全世界数以亿计的用户通往 Internet 的必经之路。

现在各地电信机构和 ISP 所提供的入网方式大体上有 PSTN、ISDN、DDN、LAN、ADSL、VDSL、Cable-Modem、PON 和 LMDS 9 种。下面分别简要介绍这 9 种 Internet 接入方式。

1. PSTN

在接入网中，目前可供选择的接入方式主要是 PSTN（Published Switched Telephone

Network，公用电话交换网），它是利用 PSTN 通过调制解调器拨号实现用户接入的方式。这种接入方式是大家非常熟悉的一种接入方式，目前最高的速率为 56 Kbps，已经达到香农定理确定的信道容量极限，这种速率远远不能满足宽带多媒体信息的传输需求。但由于电话网非常普及，用户终端设备 Modem 很便宜，在 100～500 元，而且不用申请就可开户，只要家里有电脑，把电话线接入 Modem 就可以直接上网。PSTN 提供的是一个模拟的专有通道，通道之间经由若干个电话交换机连接而成。当两个主机或路由器设备需要通过 PSTN 连接时，在两端的网络接入侧（即用户回路侧）必须使用调制解调器（Modem）实现信号的模/数、数/模转换。从 OSI 七层模型的角度来看，PSTN 可以看成物理层的一个简单的延伸，没有向用户提供流量控制、差错控制等服务。而且，由于 PSTN 是一种电路交换的方式，所以一条通路自建立直至释放，其全部带宽仅能被通路两端的设备使用，即使它们之间并没有任何数据需要传送。因此，这种电路交换的方式不能实现对网络带宽的充分利用。

2. ISDN

综合业务数字网（Integrated Services Digital Network，ISDN）是一个数字电话网络国际标准，是一种典型的电路交换网络系统。它通过普通的铜缆以更高的速率和质量传输语音和数据。ISDN 是欧洲普及的电话网络形式。GSM 移动电话标准也可以基于 ISDN 传输数据。因为 ISDN 是全部数字化的电路，所以它能够提供稳定的数据服务和连接速度，不像模拟线路那样对干扰比较明显。在数字线路上，更容易开展更多的模拟线路无法或者比较难保证质量的数字信息业务，除了基本的打电话功能之外，还能提供视频、图像与数据服务。ISDN 需要一条全数字化的网络用来承载数字信号（只有 0 和 1 这两种状态），它与普通模拟电话最大的区别就在这里。ISDN 有两种信道 B 和 D。B 信道用于数据和语音信息，D 信道用于信号和控制（也能用于数据），B 代表承载，D 代表 Delta。ISDN 有两种访问方式：基本速率接口（BRI）由 2 个 B 信道（每个带宽 64 Kbps），以及 1 个带宽 16 Kbps 的 D 信道组成，三个信道设计成 2B + 1D。主速率接口（PRI）由很多的 B 信道和 1 个带宽 64 Kbps 的 D 信道组成，B 信道的数量取决于不同的地区和国家：北美和日本，23B + 1D，总位速率 1. 544 Mbps（T1）；欧洲、澳大利亚，30B + 1D，总位速率 2. 048 Mbps（E1）。语音呼叫通过数据通道（B）传送，控制信号通道（D）用来设置和管理连接。呼叫建立的时候，一个 64 K 的同步信道被建立和占用，直到呼叫结束。每一个 B 通道都可以建立一个独立的语音连接。多个 B 通道可以通过复用合并成一个高带宽的单一数据信道。D 信道也可以用于发送和接收 X. 25 数据包，接入 X. 25 报文网络。

3. DDN

数字数据网（Digital Data Network）是利用数字信道传输数据信号的数据传输网，它的传输媒介有光缆、数字微波、卫星信道以及用户端可用的普通电缆和双绞线。与传统的模拟信道相比，利用数字信道传输数据信号具有传输质量高、速度快、带宽利用率高等一系列优点。DDN 向用户提供的是永久性或半永久性的数字连接，沿途不进行复杂的软件处理，因此延时较短，避免了分组网中传输延时长且不固定的缺点。DDN 采用交叉连接装置，可根据用户需要，在约定的时间内接通所需带宽的线路，信道容量的分配和接续在计算机控制下进行，具有极大的灵活性，用户可以开通种类繁多的信息业务，传输任何合适的信息。它是利用数字信道传输数据信号的数据传输网。DDN 是同步数据传输网，不具备交换功能，通过数字交叉连接设备可向用户提供固定的或半永久性信道，并提供多种速率的接入；DDN是任何协议都可以支持、不受约束的全透明网，从而可以满足数据、图像、声音等多种业务需要。DDN网是由数字传输电路和相应的数字交叉复用设备组成的。其中，数字传输主要以光缆传输电路为主，数字交叉连接复用设备对数字电路进行半固定交叉连接和子速率的复用。

4. LAN

局域网（Local Area Network，LAN）是指在某一区域内由多台计算机互连成的计算机组，一般在方圆几千米以内。局域网可以实现文件管理、应用软件共享、打印机共享、工作组内的日程安排、电子邮件和传真通信服务等功能。局域网是封闭型的，可以由办公室内的两台计算机组成，也可以由一个公司内的上千台计算机组成。局域网（LAN）的名字本身就隐含了这种网络地理范围的局域性。由于较小的地理局限性，LAN通常要比广域网（WAN）具有高得多的传输速率，例如，目前LAN的传输速率为10 Mbps，FDDI的传输速率为100 Mbps，而WAN的主干线速率仅为64 Kbps或2.048 Mbps，最终用户的上线速率通常为14.4 Kbps。LAN的拓扑结构目前常用的是总线型、环型、星型和树型。这是由有限地理范围决定的，这两种结构很少在广域网环境下使用。LAN还有诸如高可靠、易扩缩和易于管理以及安全等多种特性。

5. ADSL

ADSL（Asymmetric Digital Subscriber Line，非对称数字用户环路）是一种新的数据传输方式。因为其上行和下行带宽不对称，因此称为非对称数字用户线环路。它采用频分复用技术把普通的电话线分成电话、上行和下行三个相对独立的信道，从而避免了相互之间的干扰。即使边打电话边上网，也不会发生上网速率和通话质量下降的情况。通常ADSL在不影响正常电话通信的情况下可以提供最高3.5 Mbps的上行速度和最高24 Mbps的下行速度。ADSL是一种异步传输模式（ATM），传统的电话线系统使用的是铜线的低频部分（4 kHz以下频段），而ADSL采用DMT（离散多音频）技术，将原来电话线路4 kHz到1.1 MHz频段划分成256个频宽为4.3 kHz的子频带。其中，4 kHz以下频段用于传送POTS（传统电话业务），20 kHz到138 kHz的频段用来传送上行信号，138 kHz到1.1 MHz的频段用来传送下行信号。DMT技术可以根据线路的情况调整每个信道上所调制的比特数，以便充分地利用线路。一般来说，子信道的信噪比越大，在该信道上调制的比特数越多，如果某个子信道信噪比很差，则弃之不用。目前，ADSL可达到上行640 Kbps、下行8 Mbps的数据传输率。对于原先的电话信号而言，仍使用原先的频带，而基于ADSL的业务，使用的是话音以外的频带。所以，原先的电话业务不受任何影响。ADSL采用频分多路复用技术，在一条线路上可以同时存在3个信道。当使用HFC方式时，通过Cable Modem可以使用永久连接。

6. VDSL

VDSL（Very-high-bit-rate Digital Subscriber Loop）是高速数字用户环路，简单地说，VDSL就是ADSL的快速版本。使用VDSL，短距离内的最大下传速率可达55 Mbps，上传速率可达19.2 Mbps，甚至更高。不同厂家的芯片组，支持的速度不同。同一厂家的芯片组，使用的频段不同，提供的速度也不同。目前市场上用量比较多的是英飞凌的套片，支持512 K～15 M带宽。此外科胜讯公司的套片可以支持100 M/50 M带宽，中国台湾的一些芯片组也可以支持100 M/65 M的带宽。不同厂家的VDSL不能实现互通，导致了VDSL不能大规模商业应用，新一代的 VDSL2 实现了互通，为 VDSL 大规模商业应用提供了条件。目前有一种基于以太网方式的 VDSL，接入技术使用 QAM 调制方式，它的传输介质也是一对铜线，在 1.5 千米的范围内能够达到双向对称的 10 Mbps 传输，即达到以太网的速率。如果这种技术用于宽带运营商社区的接入，可以大大降低成本。

7. Cable – Modem

Cable – Modem（线缆调制解调器）是近两年开始试用的一种超高速 Modem，它利用现成的有线电视（CATV）网进行数据传输，已是比较成熟的一种技术。随着有线电视网的发展壮大和人们生活质量的不断提高，通过 Cable Modem 利用有线电视网访问 Internet 已成为业界关注的一种高速接入方式。Cable Modem 连接方式可分为两种：对称速率型和非对称速率型。前者的 Data Upload（数据上传）速率和 Data Download（数据下载）速率相同，都在 500 Kbps ~ 2 Mbps；后者的数据上传速率在 500 Kbps ~ 10 Mbps，数据下载速率为 2 Mbps ~ 40 Mbps。Cable Modem 不单纯是调制解调器，集 Modem、调谐器、加/解密设备、桥接器、网络接口卡、虚拟专网代理和以太网集线器的功能于一身。它无须拨号上网，不占用电话线，可提供随时在线的永久连接。服务商的设备同用户的 Modem 之间建立了一个虚拟专网连接，Cable Modem 提供一个标准的 10 BaseT 或 10/100 BaseT 的以太网接口同用户的 PC 设备或以太网集线器相连。Cable Modem 一般是从 42 MHz ~ 750 MHz 电视频道中分离出一条 6 MHz 的信道用于下行传送数据。通常下行数据采用 64 QAM（正交调幅）调制方式，最高速率可达 27 Mbps；如果采用 256 QAM，最高速率可达 36 Mbps。上行数据一般通过 5 MHz ~ 42 MHz 的一段频谱进行传送，为了有效抑制上行噪声积累，一般选用 QPSK 调制，QPSK 比 64 QAM 更适合噪声环境，但速率较低。CMTS（Cable Modem Terminal Systems）从外界网络接收的数据帧封装在 MPGE – TS 帧中，通过下行数字调制和 RF（Radio Frequency）输出到用户端，同时接收上行传来的数据转换成以太网帧。用户端 Cable Modem 的基本功能就是将上行数字信号调制成 RF 信号，将下行的 RF 信号解调为数字信号，从 MPEG – TS 帧中解出数据，形成以太网的数据，通过 10 – BaseT 的端口输出。在 HFC 网是频分复用的，但在某一频率上的信道是很多用户共享的，通过 MAC 控制用户信道分配与竞争的问题，同时还支持不同等级的业务。可以通过网络管理系统对 HFC 网络中的 Cable Modem 进行配置、状态、流量监控和诊断。在 Cable Modem 系统中，采用了双向非对称技术，在下行方向有 6 MHz 的模拟带宽供系统中的用户共享，但这种共享技术不会降低传输速率。Cable Modem 不同于线路交换的电话网定向呼叫连接，用户在连接时并不占用固定带宽，而是与其他活动用户共享，仅在发送、接收数据的瞬间使用网络资源，在毫秒级甚至兆秒级的时间内，抓住一切利用带宽的机会下载数据包。如果在网络使用的高峰期有拥塞，可以通过灵活的分配附加带宽来解决。只需简单分配一个 6 MHz 频段，就能倍增下行速度。另一种方法是在用户段重新划分物理网络，按照访问频度为用户合理分配带宽，速度可与专线媲美。

8. PON

PON（Passive Optical Network，无源光纤网络）是指光配线网中不含有任何电子器件及电子电源，ODN 全部由光分路器（Splitter）等无源器件组成，不需要贵重的有源电子设备。一个无源光网络包括一个安装于中心控制站的光线路终端（OLT），以及一批配套的安装于用户场所的光网络单元（ONUs）。在 OLT 与 ONU 之间的光配线网（ODN）包含光纤以及无源分光器或者耦合器。PON 接入设备主要由 OLT、ONT、ONU 组成，由无源光分路器件将 OLT 的光信号分到树型网络的各个 ONU。一个 OLT 可接 32 个 ONT 或 ONU，一个 ONT 可接 8 个用户，而 ONU 可接 32 个用户，因此，一个 OLT 最多可负载 1 024 个用户。PON 技术的传输介质采用单芯光纤，局端到用户端最大距离为 20 千米，接入系统总的传输容量为上行和下行各 155 Mbps，每个用户使用的带宽可以从 64 Kbps 到 155 Mbps 灵活划分，一个 OLT 上所接的用户共享 155 Mbps 带宽。PON 的复杂性在于信号处理技术。在下行方向上，交换机发出的信号是广播式发给所有的用户；在上行方向上，各 ONU 必须采用某种多址接入协议访问 TDMA（Time Division Multiple Access）协议才能完成共享传输通道信息访问。目前用于宽带接入的 PON 技术主要有 EPON 和 GPON。

9. LMDS

LMDS（Local Multipoint Distribution Service，本地多点分配服务）是一种宽带固定无线接入系统，其中文名称为本地多点分配业务系统。第一代 LMDS 设备为模拟系统，没有统一的标准。目前通常所说的 LMDS 为第二代数字系统，主要使用 ATM（异步传输模式）传送协议，具有标准化的网络侧接口和网管协议。LMDS 具有很宽的带宽和双向数据传输的特点，可提供多种宽带交互式数据及多媒体业务，能满足用户对高速数据和图像通信日益增长的需求，因此 LMDS 是解决通信网无线接入问题的锐利武器。LMDS 系统利用毫米波传输，工作在 20～40 GHz 频段上，可提供高达 55.52 Mbps 的用户接入速率，是一种"无线光纤"的接入系统。此外，LMDS 系统支持所有主要的话音和数据传输标准，如 ATM、TCP/IP、MPEG - 2 等。LMDS 系统采用类似蜂窝式的结构配置，由一个或多个分布可覆盖所需地域的基站组成，基站的收发信号机经点到多点无线链路与服务区的固定用户通信。每个基站都可支持 4 到 24 个独立的扇区，并通过高速骨干链路连接至公共交换平台。LMDS 系统分为用户远端站、基站、骨干网和网管中心四个部分，同时也可将这几部分看成接入层、边缘层和中心层的组合。接入层是用户站接入业务处，在硬件上指用户端设备，包括室外单元、网络接口单元和调制解调模块。边缘层实现信号在骨干网和无线传输间转换，并提供相应的 QOS 和 COS，主要包括节点发送/接收无线单元和连接到 ATM 或 L2/L3 边缘交换机的基本信道组。中心层经有效的传送、交换和分配带宽来优化成本，是采用 SDH 传输技术、ATM 或 IP 或 ATM IP 交换技术的交换平台，提供与 PSTN、Internet 和其他专用网的互连接口。相对于其他的接入技术而言，宽带无线接入技术具有初期投资少、网络建设周期短、提供业务迅速、资源可重复利用等独特优势和广泛的应用前景。宽带无线接入技术已成为当今通信网络发展最快的领域之一。主要的宽带无线接入技术有三类，即已经投入使用的 MMDS（多路多点分配业务）和 DBS（直播卫星系统），以及正在兴起的 LMDS（本地多点分配业务），而 LMDS 是这一领域中最热门的技术。

9 种入网方式对比见表 2-6。

表 2-6　9 种入网方式对比

项目	传输介质	最大上传速度	最大下载速度	用户终端设备	接入方式
PSTN	电话线	33.4 K	33.4 K	Modem	拨号连接
ISDN	电话线	128 K	128 K	路由器	拨号连接，局域网分享

续表

项目	传输介质	最大上传速度	最大下载速度	用户终端设备	接入方式
DDN	电话线	2 M	2 M	DTU + 路由器	先连接到 DTU 和路由器，再接入局域网
LAN	双绞线	10 M	10 M	网卡	直接连接到网卡上
ADSL	电话线	1 M	8 M	ADSL Modem	通过 ADSL Modem 直接和用户的计算机相连接
VDSL	电话线	10/19.2 M	10/55 M	VDSL Modem	通过 VDSL Modem 直接和用户的计算机相连接
Cable – Modem	有线电视同轴电缆	10 M	10 M	Cable Modem	先通过光纤到楼道，然后通过调制解调系统和以太交换机传来
PON	光纤	155 M	155 M	ONT/ONU	由无源光分路器件将 OLT 的光信号分到树型网络的各个 ONU，ONU 再分到各个用户
LMDS	微波	155 M	155 M	无线网卡	用户只要拥有通过许可的网卡就可以直接上网

2.7　Web 技术

Web 是一种把所有 Internet 现有资源全部连接起来，采用图形界面，融网络技术、超文本技术以及多媒体技术为一体的信息服务系统。Web 允许用户通过跳转方式或"超链接"从某一页跳到其他页。若把 Web 看作一个巨大的图书馆，Web 站点就像一本本的书，而 Web 页好比书中特定的页面。页面中可以包含新闻、图像、动画、声音、3D 世界以及其他任何信息，而且能存放在全球任何地方的计算机上。

由于 Web 具有良好的易用性和通用性，非专业用户也能非常熟练地使用它。另外，它制定了一套标准、易为人们掌握的超文本标记语言 HTML、信息资源的统一定位格式 URL和超文本传输协议 HTTP。所以，Web 是建立在客户机/服务器模型之上，以 HTML 语言和HTTP 协议为基础，能够提供面向各种 Internet 服务，拥有一致的用户界面的信息浏览系统。

2.7.1　Web 技术基础

Web 是 Internet 提供的一种服务，其内容保存在 Web 服务器中，用户通过浏览器来访问，这种结构称为浏览器/服务器（Browse/Server）模式。

Web 服务器向浏览器提供服务的过程是，由客户浏览器向 Web 服务器发出 HTTP 请求，Web 服务器接到请求后进行相应处理，并将处理结果以 HTML 文件的形式返回到浏览器，客户浏览器对其进行解释并显示给用户。

通常，Web 服务器需要查询与编辑数据库服务器上的信息。Web 服务器要与数据库服务器进行交互，必须通过中间件，其工作原理及交互过程如图 2-19 所示。

Web 客户机指的是客户端主机，而在客户机上显示 Internet 信息的软件称为 Web 浏览

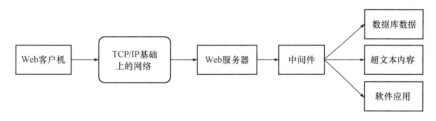

图 2-19 Web 技术机构

器，如 Internet Explorer、Netscape 等。Web 服务器指的是计算机信息资源存放的主机。中间件指的是可以调用的 Web 服务器中的数据库数据、超文本内容和其他应用程序的软件，如 CGI、JSP、ASP、WebAPI 等。

2.7.2 HTTP 协议

Web 的应用层协议 HTTP 是 Web 的核心。HTTP 在 Web 的客户程序和服务器程序中得以实现。运行在不同端系统上的客户程序和服务器程序通过交换 HTTP 消息彼此交流，HTTP 定义这些消息的结构以及客户和服务器如何交换这些消息。

HTTP 定义 Web 客户（即浏览器）如何从 Web 服务器请求 Web 页面，以及服务器如何把 Web 页面传送给客户。图 2-20 展示了这种请求—响应行为。当用户请求一个 Web 页面（如点击某个超链接）时，浏览器把请求该页面中各个对象的 HTTP 请求消息发送给服务器。服务器收到请求后，以运送含有这些对象的 HTTP 响应消息作为响应。

HTTP 是基于文本的简单协议，没有采用隐式编码，具有很好的可读性，但存在安全方面的问题。HTTP 的另一个重要特征是采用无状态机制。HTTP 采用 TCP 连接，该连接仅在此次事务中保持，浏览器和服务器都不会记忆上次的连接状态。访问 Web 站点时，浏览器与服务器之间建立连接，以便将服务器上的 HTTP 文件下载到浏览器上。浏览器收到文件后，立即断开此次连接。如果浏览器发现还需要某些文件（HTML 文档上

图 2-20 HTTP 请求—响应行为

常常包含图像、声音等文件）时，必须重新建立连接。

HTTP 采用无状态机制是为了提高服务器的工作效率，其缺点是协议对事务处理没有记忆能力，若后续事务处理需要前面处理的有关信息，则这些信息必须在协议外面保存。

通常 index. html 文档中会包含一些图像、声音等文件，对于页面中的每一个文件，浏览器都必须与相关服务器建立一次 TCP 连接，获取文件后释放连接。当这样的文件比较多时，HTTP 协议的效率就降低了，因此在设计制作网页时，不要在同一页面上放置过多的图像。

2.7.3 HTML 网页与网站

在 Web 系统中，设计 HTML 语言的目的是把存放在一台计算机中的文本或图形与另一

台计算机中的文本或图形方便地联系在一起，形成有机的整体，而人们不用考虑具体信息是在当前计算机上还是在网络的其他计算机上。这样，只要使用鼠标在某一文档中单击一个图标，Internet 就会马上转到与此图标相关的内容上去，而这些信息可存放在网络的另一台计算机中。用 HTML 格式书写的文件，不论在何种平台上，Web 服务器都会正确地告诉 Web 浏览器如何显示信息，如何进行链接。

在 Web 系统的设计与使用过程中，需要建立与开发网站，而网站是由网页构成的，网页上包括超文本，使用时需要用到超文本链接技术。

1. 基本概念

（1）超文本。超文本是一种特殊的文本，与一般文本的不同之处在于用户阅读文本时，可以按非线性的方式，在不同的文本之间随机地转来转去，随心所欲地进行阅读。例如，当用户阅读一份超文本时，若需要查看文本中的有关图片，则直接单击该图片名称就可获得，而这些图片可能放在不同的文本中，也可能放在地理位置很远的另一台计算机中。

（2）超文本链接。HTML 文档中包含特殊的标记，它使得该文档元素能指向其他 HTML 文档或其他某个图片、某个站点等，这一现象称为超文本链接。通过超文本链接技术，用户不必掌握网络的任何知识就能随心所欲地在 Internet 上冲浪。

2. 静态网页与动态网页

HTML 是一种语言，但并不是“程序”语言，它所定义的范围仅局限于表现文字、图片以及建立文件之间的连接。由纯 HTML 所构成的网页不会按某种控制流程而使显示的结果产生变化，所以又称静态网页。

为了让网页具备动态变化的能力，浏览器和 Web 服务器制造厂商竞相研制相关技术，推出了很多产品，支持动态网页设计技术，即允许将程序（如 VBScript、JavaScript 等）嵌入纯 HTML 文件中，最有代表性的是 ASP、JSP、PHP 等。

动态网页中的程序分为 Web 服务器端执行和客户浏览器端执行两种。Web 服务器在解释网页过程中，如果判断出程序是定义在服务器上执行的，则 Web 服务器解释执行嵌入的程序段，并将执行结果下传给浏览器；如果 Web 服务器判断出程序是定义在客户浏览器上执行的，则直接把嵌入的程序代码下传给浏览器，由浏览器解释执行。

HTML 网页的编辑制作工具有很多种，如 FrontPage、Dreamweaver 等，只要使用自己熟悉的网页制作工作就可以轻松制作出不错的网页来。但是对于高级网页设计来说，需要学习和了解 HTML 的语法，在设计动态网页过程中，往往要用到 HTML 语法。

3. 主页

主页通常是用户使用 Web 浏览器访问 Internet 上任何一个 Web 服务器时看到的第一个页面，用户可通过主页访问有关的信息资源，并可下载有关的内容。

4. 统一资源定位器

统一资源定位器（Uniform Resource Locator，URL）是 WWW 网页的地址，好比一个街道在城市地图上的地址，是一种访问 Internet 资源的方法。URL 使用按一定顺序排列的数字和字母，以确定一个地址。

URL 只要是用在各种 Web 客户程序和服务程序上，当用户选中某信息资源时，客户/服务程序就会自动查找该资源所在的服务器地址，一旦找到即将资源调出，供用户浏览。Web

浏览器使用 URL 与 Web 服务器进行连接。服务器上的每一个 Web 网站和 Web 网站的每一个 Web 页面都必须有一个唯一的 URL。

URL 的一般语法格式为 protocol：//host：port/path。各部分含义如下：

（1）protocol（协议）：表明 TCP/IP 的具体协议。如"http：//"表示 WWW 服务器，"ftp：//"表示 FTP 服务器，"gopher：//"表示 Gopher 服务器，"new："表示新闻组等。

（2）host（服务器地址）：指出 WWW 网页所在的服务器域名。

（3）port（端口）：有时（并非总是这样）对某些资源的访问来说，需给出相应的服务器提供端口号。

（4）path（路径）：指明服务器上某资源的位置（其格式与 DOS 系统中的格式一样，通常为目录/子目录/文件名这样的结构）。与端口一样，路径并非总是需要的。URL 地址格式排列为 scheme：//host：port/path。网站的域名就是一个典型的 URL 地址。客户程序首先看到 http（超文本传送协议），便知道处理的是 HTML 链接。接下来的域名是站点地址，最后是目录/bbs。

需要注意的是，WWW 上的服务器都是区分大小写字母的，所以，千万要注意 URL 大小写的表达形式。

2.7.4　Web 应用系统开发的主流技术

目前，最常用的三种动态网页语言有 ASP（Active Server Pages）、JSP（Java Server Pages）、PHP（HyperText Preprocessor）。

1. 简介

ASP 是一个 Web 服务器端的开发环境，利用它可以产生和执行动态的、互动的、高性能的 Web 服务应用程序。

（1）ASP 采用脚本语言 VBScript（JavaScript）作为自己的开发语言。

（2）PHP 是一种跨平台的服务器端的嵌入式脚本语言。它大量地借用 C、Java 和 Perl 语言的语法，并耦合 PHP 自己的特性，使 Web 开发者能够快速地写出动态产生页面。它支持目前绝大多数数据库。还有一点，PHP 是完全免费的，不用花钱，可以从 PHP 官方站点（http：//www. php. net）自由下载，而且可以不受限制地获得源码，甚至可以加进自己需要的特色。

（3）JSP 是 Sun 公司推出的新一代网站开发语言。Sun 公司借助自己在 Java 上的不凡造诣，开发出 Java Server Pages。JSP 可以在 Servlet 和 JavaBeans 的支持下，完成功能强大的站点程序。

三者都提供在 HTML 代码中混合某种程序代码、由语言引擎解释执行程序代码的能力。但 JSP 代码要被编译成 Servlet 并由 Java 虚拟机解释执行，这种编译操作仅在对 JSP 页面的第一次请求时发生。在 ASP、PHP、JSP 环境下，HTML 代码主要负责描述信息的显示样式，而程序代码则用来描述处理逻辑。普通的 HTML 页面只依赖于 Web 服务器，而 ASP、PHP、JSP 页面需要附加的语言引擎分析和执行程序代码。程序代码的执行结果被重新嵌入 HTML 代码中，然后一起发送给浏览器。ASP、PHP、JSP 三者都是面向 Web 服务器的技术，客户端浏览器不需要任何附加的软件支持。

2. 技术特点

（1）ASP。使用 VBScript、JScript 等简单易懂的脚本语言，结合 HTML 代码，即可快速地完成网站的应用程序；无须 Compile 编译，容易编写，可在服务器端直接执行；使用普通的文本编辑器，如 Windows 的记事本，即可进行编辑设计；与浏览器无关（Browser Independence），客户端只要使用可执行 HTML 码的浏览器即可浏览 ASP 所设计的网页内容。ASP 所使用的脚本语言（VBScript、JScript）均在 Web 服务器端执行，客户端的浏览器不需要执行这些脚本语言；ASP 能与任何 ActiveX Scripting 语言兼容。除了可使用 VBScript 或 JScript 语言来设计外，还可通过 Plug – in 的方式，使用由第三方所提供的其他脚本语言，如 REXX、Perl、Tcl 等。脚本引擎是处理脚本程序的 COM（Component Object Model）对象，可使用服务器端的脚本来产生客户端的脚本。ActiveX Server Components（ActiveX 服务器组件）具有无限可扩充性，可以使用 Visual Basic、Java、Visual C++、COBOL 等程序设计语言来编写所需要的 ActiveX Server Components。

（2）PHP。PHP 可以编译成与许多数据库相连接的函数。PHP 与 MySQL 是现在绝佳的群组合。你可以自己编写外围的函数间接存取数据库。当你更换使用的数据库时，可以轻松地修改编码以适应这样的变化。PHPLIB 是最常用的可以提供一般事务需要的一系列基库。但 PHP 提供的数据库接口支持彼此不统一，比如对 Oracle、MySQL、Sybase 的接口。这也是 PHP 的一个弱点。

（3）JSP。将内容的产生和显示进行分离。使用 JSP 技术，Web 页面开发人员可以使用 HTML 或者 XML 标识来设计和格式化最终页面。使用 JSP 标识或者小脚本来产生页面上的动态内容。产生内容的逻辑被封装在标识和 JavaBeans 群组件中，并且捆绑在小脚本中，所有的脚本在服务器端执行。如果核心逻辑被封装在标识和 Beans 中，那么其他人，如 Web 管理人员和页面设计者，能够编辑和使用 JSP 页面，而不影响内容的产生。在服务器端，JSP 引擎解释 JSP 标识，产生所请求的内容（例如，通过存取 JavaBeans 群组件，使用 JDBC 技术存取数据库），并且将结果以 HTML（或者 XML）页面的形式发送回浏览器。这有助于作者保护自己的代码，而又保证任何基于 HTML 的 Web 浏览器的完全可用性。绝大多数 JSP 页面依赖于可重用且跨平台的组件（如 JavaBeans 或者 Enterprise JavaBeans）来执行应用程序所要求的更为复杂的处理。开发人员能够共享和交换执行普通操作的组件，或者使得这些组件为更多的使用者或者用户团体所使用。基于组件的方法加速了总体开发过程，并且使得各种群组织在他们现有的技能和优化结果的开发努力中得到了平衡。Web 页面开发人员不会都是熟悉脚本语言的程序设计人员。JSP 技术封装了许多功能，这些功能是在易用的、与 JSP 相关的 XML 标识中产生动态内容所需要的。标准的 JSP 标识能够存取和实例化 JavaBeans 组件，设定或者检索群组件属性，下载 Applet，以及执行用其他方法难于编码和耗时的功能。

通过开发定制化标识库，JSP 技术是可以扩展的。今后，第三方开发人员和其他人员可以为常用功能建立自己的标识库。这使得 Web 页面开发人员能够使用熟悉的工具和特定功能构件来工作。

JSP 技术很容易整合到多种应用体系结构中，以利用现存的工具和技巧，并且扩展到能够支持企业级的分布式应用。作为采用 Java 技术家族的一部分以及 Java 2 EE 的一个成员，JSP 技术能够支持高度复杂的基于 Web 的应用。

由于 JSP 页面的内置脚本语言是基于 Java 程序设计语言的，而且所有的 JSP 页面都被编译成为 Java Servlet，JSP 页面就具有 Java 技术的所有好处，包括健壮的存储管理和安全性。

作为 Java 平台的一部分，JSP 拥有 Java 程序设计语言"一次编写，各处执行"的特点。随着越来越多的供货商将 JSP 支持加入他们的产品中，你可以使用自己所选择的服务器和工具，修改工具或服务器并不影响目前的应用。

3. 应用范围

ASP 是 Microsoft 开发的动态网页语言，继承了微软产品的一贯传统，只能执行于微软的服务器产品 IIS（Internet Information Server）和 PWS（Personal Web Server）上。UNIX 下也有 ChiliSoft 的组件来支持 ASP，但是 ASP 本身的功能有限，必须通过 ASP + COM 的群组合来扩充，UNIX 下的 COM 实现起来非常困难。

PHP 3 可在 Windows、UNIX、Linux 的 Web 服务器上正常执行，还支持 IIS、Apache 等一般的 Web 服务器，用户更换平台时，无须变换 PHP 3 代码，可即拿即用。

JSP 同 PHP 3 类似，几乎可以执行于所有平台。如 Windows NT、Linux、UNIX。在 NT 下 IIS 通过一个外加服务器如 JRUN 或者 ServletExec 就能支持 JSP。知名的 Web 服务器 Apache 已经能够支持 JSP。由于 Apache 广泛应用在 NT、UNIX 和 Linux 上，因此 JSP 有更广泛的执行平台。虽然现在 NT 操作系统占了很大的市场份额，但是在服务器方面 UNIX 的优势仍然很大，新崛起的 Linux 更是来势凶猛。从一个平台移植到另外一个平台，JSP 和 JavaBean 甚至不用重新编译，因为 Java 字节码都是标准的，与平台无关。

4. 性能比较

有人对 JSP、PHP、ASP 这三种语言分别做回圈性能测试及存取 Oracle 数据库测试。在回圈性能测试中，JSP 只用了令人吃惊的 4 秒钟就结束了 $20\,000 \times 20\,000$ 的回圈。而 ASP、PHP 测试的是 $2\,000 \times 2\,000$ 循环（少一个数量级），却分别用了 63 秒和 84 秒。

数据库测试中，三者分别对 Oracle 8 进行 1 000 次 Insert、Update、Select 和 Delete。JSP 需要 13 秒，PHP 需要 69 秒，ASP 则需要 73 秒。

5. 前景分析

目前在国内，PHP 与 ASP 应用最为广泛。而 JSP 由于是一种较新的技术，国内采用的较少。但在国外，JSP 已经是比较流行的一种技术，尤其是电子商务类的网站多采用 JSP。

采用 PHP 的网站如新浪网（sina）、中国人（Chinaren）等，但由于 PHP 本身存在的一些缺点，使得它不适合应用于大型电子商务站点，而更适合于一些小型的商业站点。首先，PHP 缺乏规模支持。其次，缺乏多层结构支持。对于大负荷站点，解决方法只有一个——分布计算。数据库、应用逻辑层、表示逻辑层彼此分开，而且同层也可以根据流量分开，群组成二维数组。PHP 则缺乏这种支持。另外，PHP 提供的数据库接口支持不统一，这就使得它不适合运用在电子商务中。

ASP 和 JSP 没有以上缺陷。ASP 可以通过 Microsoft Windows 的 COM/DCOM 获得 ActiveX 规模支持，通过 DCOM 和 Transcation Server 获得结构支持；JSP 可以通过 SUN Java 的 Java Class 和 EJB 获得规模支持，通过 EJB/CORBA 以及众多厂商的 Application Server 获得结构支持。

三者中，JSP 应该是未来发展的趋势。世界上一些大的电子商务解决方案提供商都采用 JSP/Servlet。比较出名的如 IBM 的 E - business，它的核心是采用 JSP/Servlet 的 WebSphere。它们都是通过 CGI 来提供支持的。

第 3 章

电子商务网站技术

1. 熟悉 HTML + CSS 语言的使用；
2. 了解 JavaScript、jQuery、JSON 语言；
3. 了解动态网站程序语言 PHP、ASP、JSP；
4. 掌握数据库的使用与原理。

3.1 动态网站程序语言

3.1.1 HTML 概述

互联网自从发明以来，深入地影响着我们生活的方方面面。在互联网上，我们大家接触最多的往往是网页，网页的组合体就是网站。那么，我们日常接触到的网站到底是怎么得来的？是如何制作的？

网站的主要语言包括 HTML、CSS、JavaScript、PHP、ASP、JSP 等。

HTML 就是超文本标记语言，标准通用标记语言下的一个应用。"超文本"就是指页面内可以包含图片、链接、音频、视频、程序等非文字元素。超文本标记语言的结构包括"头"（Head）部分和"主体"（Body）部分，其中"头"部分提供关于网页的信息，"主体"部分提供网页的具体内容。

互联网上的一个超媒体文档称为一个页面。作为一个组织或者个人在万维网上放置开始点的页面称为主页（Homepage）或首页，主页中通常包括有指向其他相关页面或其他节点的指针（超级链接）。所谓超级链接，就是一种统一资源定位器（Uniform Resource Locator，

URL）指针，通过激活它，可使浏览器方便地获取新的网页，这也是 HTML 获得广泛应用的最重要的原因之一。在逻辑上视为一个整体的一系列页面的有机集合称为网站（Website 或 Site）。超级文本标记语言（HTML）是为网页创建和其他可在网页浏览器中看到的信息设计的一种标记语言。

网页的本质就是超级文本标记语言，其通过结合使用其他的 Web 技术，如脚本语言、公共网关接口、组件等，可以创造出功能强大的网页。因而，超级文本标记语言是万维网（Web）编程的基础，万维网是建立在超文本基础之上的。超级文本标记语言之所以称为超文本标记语言，是因为文本中包含了"超级链接"点。

超级文本标记语言是标准通用标记语言下的一个应用，也是一种规范、一种标准，它通过标记符号来标记要显示的网页中的各个部分。网页文件本身是一种文本文件，通过在文本文件中添加标记符，可以告诉浏览器如何显示其中的内容，如文字如何处理，画面如何安排，图片如何显示等。浏览器按顺序阅读网页文件，然后根据标记符解释和显示其标记的内容，对书写出错的标记将不指出其错误，且不停止其解释执行过程，编制者只能通过显示效果来分析出错原因和出错部位。需要注意的是，对于不同的浏览器，对同一标记符可能会有不完全相同的解释，因而可能会有不同的显示效果。这种不兼容的效果在各种浏览器之间普遍存在，给编辑网页的工作人员带来了不小的麻烦，编辑网页时，应尽量避免使用不兼容的标签或代码。

超级文本标记语言的文档制作不是很复杂，但功能强大，支持不同数据格式的文件镶入，这也是万维网（WWW）盛行的原因之一。

其主要特点如下：

（1）简易性。超级文本标记语言版本升级采用超集方式，更加灵活方便。

（2）可扩展性。超级文本标记语言的广泛应用带来了加强功能、增加标识符等要求，超级文本标记语言采取子类元素的方式，为系统扩展提供保证。

（3）平台无关性。虽然 Windows 个人计算机大行其道，但使用 Mac 等其他机器的大有人在，超级文本标记语言可以使用在广泛的平台上，这也是万维网（WWW）盛行的另一个原因。

（4）通用性。HTML 是网络的通用语言，一种简单、通用的全置标记语言。它允许网页制作人建立文本与图片相结合的复杂页面，这些页面可以被网上任何其他人浏览到，无论其使用的是什么类型的电脑或浏览器。

3.1.2 网页的字符集

打开外国网站的时候经常会出现乱码，或者打开很多非英语外国网站的时候，显示的都是"□"的字符，WordPress 程序用的是 UTF-8，很多 CMS 用的是 GB2312。为什么有这么多编码？UTF-8 和 GB2312 有什么区别？我们在国内做网站是用 UTF-8 编码格式还是用 GB2312 编码格式？

1. 各种编码的来历

（1）ANSI 编码。计算机刚刚发明不久，就有一群人决定用 8 个可以开合的晶体管来组合成不同的状态，以表示世界上的万物。他们看到 8 个开关状态是好的，于是他们把这称为

"字节"。8 位字节一共可以组合出 256（2^8）种不同的状态，其中从编号 0 开始的 32 种状态分别规定了特殊的用途，一旦终端、打印机遇上约定好的这些字节，就要做一些约定的动作。

遇上 00X10，终端就换行；遇上 0X07，终端就报警，例如遇上 0X1b，打印机就打印反白的字，或者终端就用彩色显示字母。他们看到这样很好，于是就把这些 0X20 以下的字节状态称为"控制码"。他们又把所有的空格、标点符号、数字、大小写字母分别用连续的字节状态表示，一直编到了第 127 号，这样计算机就可以用不同字节来存储英语的文字了。人们把这个方案叫作 ANSI 的 "ASCII" 编码（American Standard Code for Information Interchange，美国信息互换标准代码）。当时世界上所有的计算机都用同样的 ASCII 方案来保存英文文字。

后来，世界各地都开始使用计算机，但是很多国家用的不是英文，他们的字母里有许多是 ASCII 没有的，为了可以在计算机保存文字，他们决定采用 127 号之后的空位来表示这些新的字母、符号，还加入了很多画表格时需要用到的横线、竖线、交叉等形状，一直把序号编到了最后一个状态 255。从 128 到 255 这一页的字符集被称"扩展字符集"。从此之后，"贪婪"的人类再没有新的状态可以用了，美国当时估计也没想到还有别的国家要用计算机。

（2）GB2312 编码。当中国人得到计算机时，已经没有可以利用的字节状态来表示汉字，况且有 6 000 多个常用汉字需要保存呢。我们就不客气地把那些 127 号之后的奇异符号直接取消掉。一个小于 127 的字符的意义与原来相同，但两个大于 127 的字符连在一起时，就表示一个汉字，前面的一个字节（高字节）从 0XA1 用到 0XF7，后面一个字节（低字节）从 0XA1 到 0XFE，这样我们就可以组合出 7 000 多个简体汉字了。

在这些编码里，我们还把数学符号、罗马希腊的字母、日文的假名都编了进去，连在 ASCII 里本来就有的数字、标点、字母都统统重新编了两个字节长的编码，这就是常说的"全角"字符，而原来在 127 号以下的那些就叫"半角"字符了。这种汉字方案叫作"GB2312"。GB2312 是对 ASCII 的中文扩展。

（3）GBK 和 GB18030 编码。中国的汉字太多，很快就发现有许多人的人名没有办法打出来，特别是某些人的名字要是打不出很麻烦。于是不得不继续把 GB2312 没有用到的码位找出来用。后来还是不够用，于是干脆不再要求低字节一定是 127 号之后的内码，只要第一个字节大于 127 就固定表示这是一个汉字的开始，不管后面跟的是不是扩展字符集里的内容。结果扩展之后的编码方案被称为 GBK 标准，GBK 包括 GB2312 的所有内容，同时又增加了近 20 000 个新的汉字（包括繁体字）和符号。后来少数民族也要用电脑，于是我们再扩展，又加了几千个新的少数民族的字，GBK 扩成了 GB18030。从此之后，中华民族的文化就可以在计算机时代传承了。

在这个标准里，最大的特点是两字节长的汉字字符和一字节长的英文字符并存于同一套编码方案里，因此写的程序为了支持中文处理，必须注意字符串里的每一个字节的值，如果这个值大于 127，那么就认为一个双字节字符集里的字符出现了。那时候凡是受过编程教育的程序员都要每天念下面这个咒语："一个汉字算两个英文字符！一个汉字算两个英文字符……"

（4）Unicode 编码。因为当时各个国家都像中国这样搞出一套自己的编码标准，结果互相之间谁也不懂谁的编码，谁也不支持别人的编码，连大陆和台湾也分别采用了不同的编码方案。当时的中国大陆想让电脑显示汉字，就必须装上一个"汉字系统"，专门用来处理汉字的显示、输入的问题。如果装中国台湾写的程序就必须加装另一套支持 BIG 编码的"倚天汉字系统"才可以用，装错了字符系统，显示就会乱。这怎么办？而且，世界民族中还有那些暂时用不上电脑的穷苦人民，他们的文字又怎么办？正在这时，天使及时出现了——一个叫 ISO（国际标准化组织）的国际组织决定着手解决这个问题。他们采用的方法很简单：废弃所有的地区性编码方案，重新搞一个包括地球上所有文化、所有字母和符号的编码。他们打算叫它 UCS，俗称 Unicode（Universal Multiple – Octet Coded Character Set）。在 Unicode 中，一个汉字算两个英文字符的时代已经过去了。无论是半角的英文字母，还是全角的汉字，都是统一的"一个字符"，同时，也都是统一的"两个字节"。

（5）UTF – 8 和 UTF – 16。Unicode 来到时，一起到来的还有计算机网络的兴起，Unicode 如何在网络上传输也是一个必须考虑的问题，于是面向传输的众多 UTF（UCS Transfer Format）标准出现了。顾名思义，UTF – 8 就是每次 8 个位传输数据，而 UTF – 16 就是每次 16 个位，只不过为了传输时的可靠，从 Unicode 到 UTF 时并不是直接对应，而是要经过一些算法和规则来转换。

（6）UCS – 4。如前所述，Unicode 是用两个字节来表示一个字符，总共可以组合出 65 535 个不同的字符，这大概已经可以覆盖世界上所有文化的符号。如果还不够也没有关系，ISO 准备了 UCS – 4 方案，就是用四个字节来表示一个字符，这样我们就可以组合出 21 亿个不同的字符（最高位有其他用途），足够人们使用了。

2. 为什么有些网站有时候打开会是乱码

网页乱码是浏览器（如 IE 等）对 HTML 网页解释时形成的。如果在浏览网站网页的代码写错语系（比较少见），比如

```
< HTML >
   < HEAD >
   < META CONTENT = "text/html; charset = ISO – 8859 – 1" >
   < /HEAD >……
< /HTML >
```

浏览器在显示此页时，就会出现乱码。因为浏览器会将此页语种辨认为"欧洲语系"。解决的办法是将语种"ISO – 8859 – 1"改为 GB2312，如果是繁体网页则改为 BIG5。

还有一种可能比较大，就是网页并没有标明用的是何种语系，即没有 < META CONTENT = "text/html; charset = XXXXX" >这一行。而你的计算机默认也不是这种语系，比如我们访问某些日文网站，经常出现这个问题。这主要是由于程序员是面向当地的人开发的网站，由于当地都是默认语系，所以没有乱码，而你是外来人，你的操作系统本身默认不是当地的语系，所以要手动改语系。至于出现"□"这种情况，这是由于网站并没有采用 UTF – 8 编码而是采用当地的编码，如蒙古语、阿拉伯语的编码，你的计算机中并没有这种编码，所以不能识别。解决办法是，事先为浏览器安装多语言支持包（例如在安装 IE 时要

安装多语言支持包），这样在浏览网页出现乱码时，就可以在浏览器中选择菜单栏下的"查看"／"编码"／"自动选择"／蒙古，如为繁体中文则选择"查看"／"编码"／"自动选择"／阿拉伯语，其他语言依此类推，选择相应的语系，即可消除网页乱码现象。

3. 目前开发网站用什么编码比较好

我们通俗地理解为：UTF－8是世界性通用代码，也完美地支持中文编码，如果我们做的网站能让国外用户正常访问，就最好用 UTF－8。GB2312 属于中文编码，主要针对国内用户使用，如果国外用户访问 GB2312 编码的网站就会变成乱码。大家的反馈一般是觉得用 UTF-8 比 GB2312 要多很多，大家都比较赞同用 UTF-8。从外国网站的调查也可看出：2001—2008 年，GB2312 编码的使用情况虽然幅度不大，但还是在稳定上升。国内几个大的门户网站用的是哪种编码格式？为什么国内几个大的门户网站用 GB2312 反而更多呢？应该有 3 种原因：

（1）国内这些网站本身历史比较长，开始使用的就是 GB2312 编码，现在改成 UTF-8 编码，以前的网页转换的难度和风险太大。

（2）UTF－8 编码的文件比 GB2312 更占空间，虽然在目前的硬件环境下可以忽略，但是这些门户网站为了减少服务器负载，基本上所有的页面都生成了静态页。UTF－8 保存文件比较大，对于门户级别的网站每天生成的文件量非常巨大，存储成本会相应提高。

（3）由于 UTF－8 的编码比 GB2312 解码的网络传输数据量要大，对于门户级别的网站来说，无形之间就要增大带宽，用 GB2312 对网络流量无疑是最好的优化。所以在新做站的情况下，建议还是选择 UTF－8，因为兼容为上策。

在网页中除了可显示常见的美国信息交换标准代码（ASCII）字符和汉字外，HTML 还有许多特殊字符，它们一起构成了 HTML 字符集。有两种情况需要使用特殊字符：一是网页中有特殊意义的字符；二是键盘上没有的字符。HTML 字符可以用一些代码来表示，代码可以有两种表示方式，即字符代码和数字代码。字符代码以"&"符开始，以";"结束，其间是字符名，如 ®。数字代码也以"&#"符开始，以";"结束，其间是编号。HTML 字符集如表 3-1 所示。

表 3-1　HTML 字符集

显示结果	描述	实体名称	实体编号
	空格		
<	小于号	&lt;	&#60;
>	大于号	&gt;	&#62;
&	和号	&amp;	&#38;
"	引号	&quot;	&#34;
´	撇号	'（IE 不支持）	´
¢	分	&cent;	¢
£	镑	&pound;	£
¥	日元	&yen;	¥
€	欧元	&euro;	□

续表

显示结果	描述	实体名称	实体编号
§	小节	&sect;	§
©	版权	&copy;	©
®	注册商标	&reg;	®
TM	商标	&trade;	TM
×	乘号	&times;	×
÷	除号	&divide;	÷

对这些字符有一个一般性的了解即可，并不需要记得很牢固，在真正阅读相关源代码或者自己开发使用的时候，可以使用网络搜索。

3.1.3　HTML 标签

HTML 标签列表，按字母顺序排列。

表 3-2　HTML 标签列表

标签	描述
<! --...-->	定义注释
<! DOCTYPE >	定义文档类型
< a >	定义锚
< abbr >	定义缩写
< acronym >	定义只取首字母的缩写
< address >	定义文档作者或拥有者的联系信息
< applet >	不赞成使用。定义嵌入的 applet
< area >	定义图像映射内部的区域
< article >	定义文章
< aside >	定义页面内容之外的内容
< audio >	定义声音内容
< b >	定义粗体字
< base >	定义页面中所有链接的默认地址或默认目标
< basefont >	不赞成使用。定义页面中文本的默认字体、颜色或尺寸
< bdi >	定义文本的文本方向，使其脱离其周围文本的方向设置
< bdo >	定义文字方向
< big >	定义大号文本
< blockquote >	定义长的引用
< body >	定义文档的主体
< br >	定义简单的折行
< button >	定义按钮（push button）
< canvas >	定义图形

标签	描述
< caption >	定义表格标题
< center >	不赞成使用。定义居中文本
< cite >	定义引用（citation）
< code >	定义计算机代码文本
< col >	定义表格中一个或多个列的属性值
< colgroup >	定义表格中供格式化的列组
< command >	定义命令按钮
< datalist >	定义下拉列表
< dd >	定义列表中项目的描述
< del >	定义被删除文本
< details >	定义元素的细节
< dir >	不赞成使用。定义目录列表
< div >	定义文档中的节
< dfn >	定义项目
< dialog >	定义对话框或窗口
< dl >	定义列表
< dt >	定义列表中的项目
< em >	定义强调文本
< embed >	定义外部交互内容或插件
< fieldset >	定义围绕表单中元素的边框
< figcaption >	定义 figure 元素的标题
< figure >	定义媒介内容的分组，以及它们的标题
< font >	不赞成使用。定义文字的字体、尺寸和颜色
< footer >	定义 section 或 page 的页脚
< form >	定义供用户输入的 HTML 表单
< frame >	定义框架集的窗口或框架
< frameset >	定义框架集
< h1 > to < h6 >	定义 HTML 标题
< head >	定义关于文档的信息
< header >	定义 section 或 page 的页眉
< hr >	定义水平线
< html >	定义 HTML 文档
< i >	定义斜体字
< iframe >	定义内联框架
< img >	定义图像
< input >	定义输入控件

续表

标签	描述
< ins >	定义被插入文本
< isindex >	不赞成使用。定义与文档相关的可搜索索引
< kbd >	定义键盘文本
< keygen >	定义生成密钥
< label >	定义 input 元素的标注
< legend >	定义 fieldset 元素的标题
< li >	定义列表的项目
< link >	定义文档与外部资源的关系
< map >	定义图像映射
< mark >	定义有记号的文本
< menu >	定义命令的列表或菜单
< menuitem >	定义用户可以从弹出菜单调用的命令/菜单项目
< meta >	定义关于 HTML 文档的元信息
< meter >	定义预定义范围内的度量
< nav >	定义导航链接
< noframes >	定义针对不支持框架的用户的替代内容
< noscript >	定义针对不支持客户端脚本的用户的替代内容
< object >	定义内嵌对象
< ol >	定义有序列表
< optgroup >	定义选择列表中相关选项的组合
< option >	定义选择列表中的选项
< output >	定义输出的一些类型
< p >	定义段落
< param >	定义对象的参数
< pre >	定义预格式文本
< progress >	定义任何类型的任务的进度
< q >	定义短的引用
< rp >	定义若浏览器不支持 ruby 元素显示的内容
< rt >	定义 ruby 注释的解释
< ruby >	定义 ruby 注释
< samp >	定义计算机代码样本
< script >	定义客户端脚本
< section >	定义 section
< select >	定义选择列表（下拉列表）
< small >	定义小号文本

标签	描述
< source >	定义媒介源
< span >	定义文档中的节
< strike >	不赞成使用。定义加删除线文本
< strong >	定义强调文本
< style >	定义文档的样式信息
< sub >	定义下标文本
< summary >	为 < details > 元素定义可见的标题
< sup >	定义上标文本
< table >	定义表格
< tbody >	定义表格中的主体内容
< td >	定义表格中的单元
< textarea >	定义多行的文本输入控件
< tfoot >	定义表格中的表注内容（脚注）
< th >	定义表格中的表头单元格
< thead >	定义表格中的表头内容
< time >	定义日期/时间
< title >	定义文档的标题
< tr >	定义表格中的行
< track >	定义用在媒体播放器中的文本轨道
< tt >	定义打字机文本
< u >	不赞成使用。定义下划线文本
< ul >	定义无序列表
< var >	定义文本的变量部分
< video >	定义视频
< wbr >	定义可能的换行符
< xmp >	不赞成使用。定义预格式文本

在全用 HTML 标签时，并不要求所有的标签都非常熟悉，只要能记住一些常用的标签，大概知道所有的标签有什么作用就可以了，在具体的开发过程中，常备一份参考手册和经常用搜索引擎进行搜索是一个非常好的习惯。特别要注意的是标签的过时性，有些标签不常使

用，就尽可能不要再使用。有些标签在不同的浏览器中会产生较大的差异，也不再推荐使用，以免造成一些不必要的麻烦。编写网站的目的最终是给人使用的，并不是来炫耀技术的，一个没有人使用的网站，即使它的技术再好，其本身的价值也是非常值得商榷的。因此，在使用 HTML 代码时，尽量要遵循行业惯例和兼容性的问题，要从用户中来，到用户中去，始终以用户为中心。

3.1.4　HTML 属性

HTML 属性分为两个部分：全局属性和专一属性。全局属性是适合于绝大多数标签的属性，专一属性是指每个标签所特有的属性。表 3-3 给出了 HTML 的全局属性。

表 3-3　HTML 的全局属性

属性	描述
accesskey	规定激活元素的快捷键
class	规定元素的一个或多个类名（引用样式表中的类）
contenteditable	规定元素内容是否可编辑
contextmenu	规定元素的上下文菜单，上下文菜单在用户点击元素时显示
data－*	用于存储页面或应用程序的私有定制数据
dir	规定元素中内容的文本方向
draggable	规定元素是否可拖动
dropzone	规定在拖动被拖动数据时是否进行复制、移动或链接
hidden	规定元素仍未或不再相关
id	规定元素的唯一 id
lang	规定元素内容的语言
spellcheck	规定是否对元素进行拼写和语法检查
style	规定元素的行内 CSS 样式
tabindex	规定元素的 Tab 键次序
title	规定有关元素的额外信息
translate	规定是否应该翻译元素内容

HTML 各版本不同，属性也有较大的差异，兼容性是使用时必须考虑的因素。HTML 的专一属性这里不再列出，使用时可在网络上搜索。

3.1.5　HTML 事件属性

全局事件属性。HTML 增加了使事件在浏览器中触发动作的能力，比如当用户点击元素时启动 JavaScript。下面列出了添加到 HTML 元素以定义事件动作的全局事件属性。

表 3-4 列出了 Window 事件属性。

表 3-4　Window 事件属性

属性	值	描述
onafterprint	script	文档打印之后运行的脚本
onbeforeprint	script	文档打印之前运行的脚本
onbeforeunload	script	文档卸载之前运行的脚本
onerror	script	在错误发生时运行的脚本
onhaschange	script	当文档已改变时运行的脚本
onload	script	页面结束加载之后触发
onmessage	script	在消息被触发时运行的脚本
onoffline	script	当文档离线时运行的脚本
ononline	script	当文档上线时运行的脚本
onpagehide	script	当窗口隐藏时运行的脚本
onpageshow	script	当窗口成为可见时运行的脚本
onpopstate	script	当窗口历史记录改变时运行的脚本
onredo	script	当文档执行撤销（redo）时运行的脚本
onresize	script	当浏览器窗口被调整大小时触发
onstorage	script	在 Web Storage 区域更新后运行的脚本
onundo	script	在文档执行 undo 时运行的脚本
onunload	script	一旦页面已下载时触发（或者浏览器窗口已被关闭）

表 3-5 列出了 Form 事件属性。

表 3-5　Form 事件属性

属性	值	描述
onblur	script	元素失去焦点时运行的脚本
onchange	script	在元素值被改变时运行的脚本
oncontextmenu	script	当上下文菜单被触发时运行的脚本
onfocus	script	当元素获得焦点时运行的脚本
onformchange	script	在表单改变时运行的脚本
onforminput	script	当表单获得用户输入时运行的脚本
oninput	script	当元素获得用户输入时运行的脚本
oninvalid	script	当元素无效时运行的脚本
onreset	script	当表单中的重置按钮被点击时触发。HTML5 中不支持
onselect	script	在元素中文本被选中后触发
onsubmit	script	在提交表单时触发

表 3-6 列出了 Keyboard 事件属性。

表 3-6　Keyboard 事件属性

属性	值	描述
onkeydown	script	在用户按下按键时触发
onkeypress	script	在用户敲击按键时触发
onkeyup	script	在用户释放按键时触发

表 3-7 列出了 Mouse 事件属性，由鼠标或类似用户动作触发。

表 3-7　Mouse 事件属性

属性	值	描述
onclick	script	元素上发生鼠标点击时触发
ondblclick	script	元素上发生鼠标双击时触发
ondrag	script	元素被拖动时运行的脚本
ondragend	script	在拖动操作末端运行的脚本
ondragenter	script	当元素已被拖动到有效拖放区域时运行的脚本
ondragleave	script	当元素离开有效拖放目标时运行的脚本
ondragover	script	当元素在有效拖放目标上正在被拖动时运行的脚本
ondragstart	script	在拖动操作开端运行的脚本
ondrop	script	当被拖元素正在被拖放时运行的脚本
onmousedown	script	当元素上按下鼠标按钮时触发
onmousemove	script	当鼠标指针移动到元素上时触发
onmouseout	script	当鼠标指针移出元素时触发
onmouseover	script	当鼠标指针移动到元素上时触发
onmouseup	script	当在元素上释放鼠标按钮时触发
onmousewheel	script	当鼠标滚轮正在被滚动时运行的脚本
onscroll	script	当元素滚动条被滚动时运行的脚本

表 3-8 列出了 Media 事件属性，由媒介（如视频、图像和音频）触发的事件，适用于所有 HTML 元素，但常见于媒介元素中，如 < audio >、< embed >、< img >、< object > 以及 < video >。

表 3-8　Media 事件属性

属性	值	描述
onabort	script	在退出时运行的脚本
oncanplay	script	当文件就绪可以开始播放时运行的脚本（缓冲已足够开始时）
oncanplaythrough	script	当媒介能够无须因缓冲而停止即可播放至结尾时运行的脚本
ondurationchange	script	当媒介长度改变时运行的脚本
onemptied	script	当发生故障并且文件突然不可用时运行的脚本（比如连接意外断开时）
onended	script	当媒介已到达结尾时运行的脚本（可发送"感谢观看"之类的消息）
onerror	script	当在文件加载期间发生错误时运行的脚本
onloadeddata	script	当媒介数据已加载时运行的脚本
onloadedmetadata	script	当元数据（比如分辨率和时长）被加载时运行的脚本
onloadstart	script	在文件开始加载且未实际加载任何数据前运行的脚本
onpause	script	当媒介被用户或程序暂停时运行的脚本
onplay	script	当媒介已就绪可以开始播放时运行的脚本
onplaying	script	当媒介已开始播放时运行的脚本
onprogress	script	当浏览器正在获取媒介数据时运行的脚本
onratechange	script	每当回放速率改变时运行的脚本（比如当用户切换到慢动作或快进模式）
onreadystatechange	script	每当就绪状态改变时运行的脚本（就绪状态监测媒介数据的状态）
onseeked	script	当 seeking 属性设置为 false（指示定位已结束）时运行的脚本
onseeking	script	当 seeking 属性设置为 true（指示定位是活动的）时运行的脚本
onstalled	script	在浏览器不论何种原因未能取回媒介数据时运行的脚本
onsuspend	script	在媒介数据完全加载之前不论何种原因终止取回媒介数据时运行的脚本
ontimeupdate	script	当播放位置改变时（比如当用户快进到媒介中一个不同的位置时）运行的脚本
onvolumechange	script	每当音量改变时（包括将音量设置为静音）时运行的脚本
onwaiting	script	当媒介已停止播放但打算继续播放时（比如当媒介暂停已缓冲更多数据）运行的脚本

　　HTML 是网站的核心，大部分的网站分析很容易从网站源码中的 HTML 代码看出大概的结构和实现原理。HTML 的学习也较容易，网上的视频教程与参考资源都非常丰富。HTML 应用广泛，学好 HTML 不仅非常有必要，而且不是很困难。

3.2　层叠样式表

　　HTML 是用来定义网站上显示什么内容的，CSS 是用来定义该内容是以什么样的方式来显示的。比如我们想在一个网站上显示百度首页，如图 3-1 所示。像新闻、hao123、地图等内容是由 HTML 决定的，但是这些内容的字体样式、字号大小是由 CSS 来决定的。

图 3-1　百度首页

CSS 是 Cascading Style Sheets（层叠样式表）的简称。使用 CSS 可以同时控制整个站点的样式和布局。通过与 XHTML 结合，CSS 可以帮助我们实行表现与结构分离的开发模式，通过使用 CSS 来提升工作效率。CSS 是一种标记语言，属于浏览器解释型语言，可以直接由浏览器执行，不需要编译。CSS 是用来表现 HTML 或 XML 的标记语言。CSS 是由 W3C 的 CSS 工作组发布推荐和维护的。CSS 是编程入门人员的必修课，运用 CSS 样式可以让页面变得美观。CSS 语法由三部分构成：选择器、属性和值。

有三种方法可以在站点网页上使用样式表：外联式 Linking（也叫外部样式），将网页链接到外部样式表；嵌入式 Embedding（也叫内页样式），在网页上创建嵌入的样式表；内联式 Inline（也叫行内样式），应用内嵌样式到各个网页元素。优先级为：内联式 > 嵌入式 > 外联式。

下面推荐几个官方网站及工具供大家学习和使用。CSS 官网，http：//www. w3. org/Style/CSS/；在线 CSS Lint（CSS 代码优化）工具，http：//www. w3 cschool. cn/tools/index？name = csslint；在线 CSS 代码压缩、格式化工具，http：//www. w3 cschool. cn/tools/index？name = cssbeauty；校验 CSS 的正确性，http：//jigsaw. w3. org/css – validator/。

CSS 规则主要由两部分构成，即选择器，以及一条或多条声明，如图 3-2 所示。

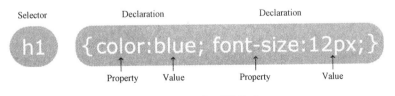

图 3-2　CSS 规则的构成

选择器（Selector）通常是需要改变样式的 HTML 元素。每条声明由一个属性（Property）和一个值（Value）组成。属性是希望设置的样式属性（style attribute）。每个属性有一个值。属性和值用冒号分开。

CSS 声明总是以";"结束，声明组以"{}"括起来：

```
p {color:red; text-align: center;}
```

为了让 CSS 可读性更强，可以每行只描述一个属性。

```
p
 {
color: red;
text - align: center;
 }
```

大多技术人员都比较熟悉 CSS 选择器，举一个例子，假设给一个 p 标签增加一个类（class），可是执行后该 class 中的有些属性并没有起作用。通过 Firebug 查看，发现没有起作用的属性被覆盖了，这个时候突然意识到 CSS 选择器的优先级问题。严格来讲，选择器的种类可以分为三种：标签选择器、类选择器和 ID 选择器。而所谓的后代选择器和群组选择器只不过是对前三种选择器的扩展应用。在标签内写入 style = "" 的方式，应该是 CSS 的一种引入方式，而不是选择器，因为根本就没有用到选择器。一般人们将上面这几种方式结合在一起，因而就有了 5 种或 6 种选择器。

最基本的选择器是元素选择器（如 div）、ID 选择器（如#header），还有类选择器（如 . tweet）。一些不常见的选择器包括伪类选择器（：hover），很多复杂的 CSS3 和正则选择器，比如 first – child，class ^ = "grid – "。CSS 选择器具有高效的继承性，引用 Steve Souders 的话，CSS 选择器效率从高到低的排序如下： > ID 选择器（＃myid） > 类选择器（. myclassname） >标签选择器（div，h1，p） >相邻选择器（h1 + p） >子选择器（ul > li） >后代选择器（li a） >通配符选择器（＊） >属性选择器（a［rel = "external"］） >伪类选择器（a：hover，li：nth-child）。

纵使 ID 选择器很快、高效，但是从 Steve Souders 的 CSS Test 我们可以看出 ID 选择器和类选择器在速度上的差异很小。在 Windows 系统上的 Firefox 6 上，笔者测得了一个简单类选择器的（reflow figure）重绘速度为 10.9 ms，而 ID 选择器为 12.5 ms，所以事实上 ID 选择器比类选择器重绘要慢一点。ID 选择器和类选择器在速度上的差异基本上没有关系。

在一个标签选择器（a）的测试上显示，它比类选择器或 ID 选择器的速度慢很多。在一个嵌套很深的后代选择器的测试上，显示数据为 440 左右。我们可以看出 ID/类选择器和元素/后代选择器中间的差异较大，但是相互之间的差异较小。

选择器的优先级是怎么规定的？一般而言，选择器越特殊，它的优先级越高。也就是选择器指向越准确，它的优先级就越高。通常我们用 1 表示标签选择器的优先级，用 10 表示类选择器的优先级，用 100 表示 ID 选择器的优先级。比如 . polaris span {color：red；} 的选择器优先级是 10 + 1 也就是 11，而 . polaris 的优先级是 10，浏览器自然会显示红色的字。理解了这个道理之后，下面的优先级计算便易如反掌。

div. test1. span var 优先级：1 + 10 + 10 + 1。

span#xxx. songs li 优先级：1 + 100 + 10 + 1。

#xxx li 优先级：10。

选择选择器的原则是：

（1）准确选到要控制的标签。

（2）使用最合理优先级的选择器。

（3）HTML 和 CSS 代码尽量简洁美观。

最常用的选择器是类选择器。li、td、dd 等经常大量连续出现，并且样式相同或者相似的标签，我们采用类选择器跟标签选择器结合的后代选择器。极少的情况下会用 ID 选择器，当然很多前端开发人员喜欢将 header、footer、banner、conntent 设置成 ID 选择器，因为相同的样式在一个页面里不可能有第二次。

在这里不得不提使用在标签内引入 CSS 的方式来写 CSS，即

```
< div style = " color: red" >polaris </div >
```

这时候的优先级是最高的。我们给它的优先级是 1 000，这种写法不推荐使用，特别是对新手来说。这也完全违背了内容和显示分离的思想。DIV + CSS 的优点也不能再有任何体现。

怎么提升 CSS 选择器性能？

（1）避免使用通用选择器。

```
. content *  {color: red;}
```

浏览器匹配文档中所有的元素后分别向上逐级匹配 class 为 content 的元素，直到文档的根节点。因此其匹配开销是非常大的，所以应避免关键选择器是通配符选择器的情况。

（2）避免使用标签或 class 选择器限制 ID 选择器。

```
BAD
button#backButton {…}
BAD. menu - left#newMenuIcon {…}
GOOD#backButton {…}
GOOD#newMenuIcon {…}
```

（3）避免使用标签限制 class 选择器。

```
BAD
treecell. indented {…}
GOOD
. treecell - indented {…}
BEST
. hierarchy - deep {…}
```

（4）避免使用多层标签选择器。使用 class 选择器替换，减少 CSS 查找。

```
BAD
treeitem [mailfolder = " true"] > treerow > treecell {…}
GOOD
.treecell - mailfolder {…}
```

（5）避免使用子选择器。

```
BAD
treehead treerow treecell {…}
BETTER, BUT STILL BAD
treehead > treerow > treecell {…}
GOOD
.treecell - header {…}
```

（6）使用继承。

```
BAD
#bookmarkMenuItem > .menu - left { list - style - image: url (blah) }
GOOD
#bookmarkMenuItem { list - style - image: url (blah) }
```

所谓高效的 CSS，就是让浏览器在查找 style 匹配的元素的时候尽量进行少的查找。下面列出一些我们常见的写 CSS 易犯的低效错误：

（1）不要在 ID 选择器前使用标签名。一般写法为 DIV#divBox，更好的写法为#divBox，因为 ID 选择器是唯一的，加上 DIV 反而增加不必要的匹配。

（2）不要在 class 选择器前使用标签名。一般写法为 span.red，更好的写法为.red，但如果定义了多个.red，而且在不同的元素下样式不一样，则不能去掉，比如 CSS 文件中定义如下：

```
p.red {color: red;}
span.red {color: #ff00 ff}
```

如果是这样定义就不要去掉，去掉后就会混淆，建议最好不要这样写。

（3）尽量少使用层级关系。一般写法为#divBox p.red {color：red;}，更好的写法为.red {..}。

（4）使用 class 代替层级关系。一般写法为#divBox ul li a {display：block;}，更好的写法为.block {display：block;}。下面提到的大部分选择器都是在 CSS3 标准下的，它们只能在最新版本的浏览器中才能生效。

1. *

```
*  {
margin: 0;
padding: 0;
}
```

在我们看比较高级的选择器之前，应该认识这个众所周知的清空选择器。* 会将页面上每一个元素都选到。许多开发者都用它来清空 "margin" 和 "padding"。当然在练习的时候使用这个没问题，但是不建议在生产环境中使用。它会给浏览器平添许多不必要的东西。* 也可以用来选择某元素的所有子元素。

```
#container *  {
  border: 1px solid black;
}
```

它会选中 "#container" 下的所有元素。当然，不建议使用。兼容性：IE 6 + , Firefox, Chrome, Safari, Opera。

2. #X

```
#container {
width: 960px;
margin: auto;
}
```

在选择器中使用#可以用 id 来定位某个元素。大家通常都会这么使用，但使用的时候大家还是得小心。需要问一下自己：我是不是必须给这个元素赋个 id 来定位它呢？

ID 选择器是很严格的，并且没办法去复用它。如果可能，首先试试用标签名字，HT-ML5 中的新元素或者是伪类。兼容性：IE 6 + , Firefox, Chrome, Safari, Opera。

3. . X

```
. error {
color: red;
}
```

这是个 class 选择器。跟 ID 选择器不同的是，它可以定位多个元素。当你想对多个元素进行样式修饰的时候就可以使用 class。当你要对某个特定的元素进行修饰时，那就用 id 来定位它。兼容性：IE 6 + , Firefox, Chrome, Safari, Opera。

4. XY

```
Li  a {
text - decoration: none;
}
```

下一个常用的是 descendant 选择器。如果想更加具体地去定位元素，就可以使用它。假如不需要定位所有的 a 元素，而只需要定位 li 标签下的 a 标签，这时就需要使用 descendant 选择器。如果你的选择器像"X Y Z A B. error"这样，那你就错了。时刻都要提醒自己，是否真的需要对那么多元素修饰？兼容性：IE 6 +，Firefox，Chrome，Safari，Opera。

5. X

```
a {color: red;}
ul {margin - left: 0;}
```

如果想定位页面上所有的某标签，不是通过 id 或者是 ’ class’, 那直接使用类型选择器。兼容性：IE 6 +，Firefox，Chrome，Safari，Opera。

6. X：visited 和 X：link

```
a: link {color: red;}
a: visited {color: purple;}
```

我们使用：link 这个伪类来定位所有还没有被访问过的链接。另外，我们也使用：visited 来定位所有已经被访问过的链接。兼容性：IE 7 +，Firefox，Chrome，Safari，Opera。

7. X + Y

```
ul + p {
color: red;
}
```

这个叫相邻选择器。它只会选中指定元素的直接后继元素。上面那个例子就是选中了所有 ul 标签后面的第一段，并将它们的颜色都设置为红色。兼容性：IE 7 +，Firefox，Chrome，Safari，Opera。

8. X > Y

```
div#container > ul {
border: 1px  solid  black;
}
```

XY 和 X > Y 的差别就是后面这个只会选择它的直接子元素。例如：

```
< div  id = " container" >
< ul >
< li > List  Item
< ul >
< li > Child </li >
</ul >
</li >
```

```
<li>List  Item</li>
<li>List  Item</li>
<li>List  Item</li>
</ul>
</div>
```

  #container > ul 只会选中 id 为 ’container’ 的 div 下的所有直接 ul 元素。它不会定位到如第一个 li 下的 ul 元素。

  由于某些原因，使用子节点组合选择器会在性能上有许多优势。事实上，当在 JavaScript 中使用 css 选择器时强烈建议这么做。兼容性：IE 7 + ，Firefox，Chrome，Safari，Opera。

  9. X ~ Y

```
ul ~p {
color: red;
}
```

  兄弟节点组合选择器跟 X + Y 很相似，但它又不是那么严格。ul + p 选择器只会选择紧挨着指定元素的那些元素，而这个选择器会选择跟在目标元素后面的所有匹配的元素。兼容性：IE 7 + ，Firefox，Chrome，Safari，Opera。

  10. X〔title〕

```
a[title] {
color: green;
}
```

  这个叫属性选择器，上面的例子中，只会选择有 title 属性的元素。那些没有此属性的锚点标签将不会被这个代码修饰。兼容性：IE 7 + ，Firefox，Chrome，Safari，Opera。

  11. X〔href = " foo"〕

```
a[href =" http: //strongme. cn"] {
color: #1f6053; /* nettuts  green* /
}
```

  上面这个代码将会把 href 属性值为 http：//strongme. cn 的锚点标签设置为绿色，而其他标签不受影响。注意，我们将值用双引号括起来了，在使用 JavaScript 的时候也要使用双引号括起来。可以的话，尽量使用标准的 CSS3 选择器。兼容性：IE 7 + ，Firefox，Chrome，Safari，Opera。

  12. X〔href * = " strongme"〕

```
a[href* =" strongme"] {
color: #1f6053;
}
```

Tada，正是我们需要的，这样就指定了 strongme 这个值必须出现在锚点标签的 href 属性中，不管是 strongme. cn 还是 strongme. com 或 www. strongme. cn 都可以被选中。但要注意，这是个很宽泛的表达方式。如果锚点标签指向的不是 strongme 相关的站点，要更加具体地限制的话，那就使用 ^ 和 $，分别表示字符串的开始和结束。兼容性：IE 7 +，Firefox，Chrome，Safari，Opera。

13. X〔href^ =" href"〕

```
a〔href^ =" http"〕{
background: url (path/to/external/icon. png) no - repeat;
padding - left: 10px;
}
```

有些站点的锚点标签旁边会有一个外链图标，这样的设计很明确地告诉你会跳转到别的网站，用克拉符号就可以轻易做到。它通常在正则表达式中标识开头。如果我们想定位锚点属性 href 中以 http 开头的标签，那我们就可以用与上面相似的代码。注意，我们没有搜索 http：//，那是没必要的，因为它都不包含 https：//。如果我们想找到所有指向一张图片的锚点标签，我们可以使用 & 字符。兼容性：IE 7 +，Firefox，Chrome，Safari，Opera。

14. X〔href $ =". jpg"〕

```
a〔href $ =". jpg"〕{
color: red;
}
```

这次我们又使用了正则表达式 $，表示字符串的结尾处。这段代码的意思就是去搜索所有的图片链接，或者其他是以 . jpg 结尾的链接。但是记住这种写法是不会对 gifs 和 pngs 起作用的。兼容性：IE 7 +，Firefox，Chrome，Safari，Opera。

15. X〔data – * =" foo"〕

```
a〔data - filetype =" image"〕{
color: red;
}
```

再回到第 8 条，如何把所有的图片类型都选中？我们可以使用多选择器。

```
a〔href $ =". jpg"〕,
a〔href $ =". jpeg"〕,
a〔href $ =". png"〕,
a〔href $ =". gif"〕{
color: red;
}
```

　　但是这样写效率会很低。另外一个办法就是使用自定义属性。我们可以给每个锚点加个属性 data – filetype 指定这个链接指向的图片类型。有了这个钩子，我们就可以用标准的办法只选定文件类型为 image 的锚点了。兼容性：IE 7 +，Firefox，Chrome，Safari，Opera。

```
a [data - filetype = " image"] {
color: red;
}
```

16. X [foo ~ = " bar"]

```
a [data - info ~ = " external"] {
color: red;
}

a [data - info ~ = " image"] {
border: 1px  solid  black;
}
```

　　"～"符号可以定位那些某属性值是空格分隔多值的标签。继续使用第 15 条那个例子，我们可以设置一个 data – info 属性，它可以用来设置任何我们需要的空格分隔的值。这个例子我们将指示它们为外部链接和图片链接。

```
< a  href = " path/to/image. jpg" data - info = " external image" >
Click Me, Fool </a >
```

　　给这些元素设置了这个标志之后，我们就可以使用 "～" 来定位这些标签了。

```
/*  Target data - info attr that contains the value " external" * /
a [data - info ~ = " external"] {
  color: red;
}

/*  And which contain the value " image" * /
a [data - info ~ = " image"] {
  border: 1px solid black;
}
```

17. X：checked

```
input [type = radio]: checked {
  border: 1px solid black;
}
```

上面这个伪类写法可以定位那些被选中的单选框和多选框。兼容性：IE 9 +，Firefox，Chrome，Safari，Opera。

18. X：after

对于 before 和 after，好像每天大家都能找到使用它们的创造性方法。它们会在被选中的标签周围生成一些内容。

当使用.clear - fix 技巧时，许多属性都是第一次被应用到里面的。

```
. clearfix: after {
    content: "";
    display: block;
    clear: both;
    visibility: hidden;
    font - size: 0;
    height: 0;
  }


. clearfix {
  * display: inline - block;
  _ height: 1% ;
}
```

上面这段代码会在目标标签后面补上一段空白，然后将它清除，特别是当 overflow：hidden 方法不管用的时候。根据 CSS3 标准的规定，可以使用两个冒号::。然后为了兼容性，浏览器也会接受一个双引号的写法。其实在这个情况下，用一个冒号还是比较明智的。兼容性：IE 8 +，Firefox，Chrome，Safari，Opera。

19. X：hover

```
div: hover {
    background: #e3e3e3;
  }
```

官方的说法是"user action pseudo class"，如果想在用户鼠标飘过的地方涂点儿彩，那这个伪类写法可以办到。

注意，旧版本的 IE 只会对加在锚点 a 标签上的：hover 伪类起作用。

通常大家在鼠标飘过锚点链接加下边框的时候用到它。

```
a: hover {
border - bottom: 1px solid black;
  }
```

专家提示：border – bottom：1px solid black；比 text – decoration：underline；要好看很多。

兼容性：IE 6 +（IE 6 只能在锚点标签上起作用），Firefox，Chrome，Safari，Opera。

20. X：not（selector）

```
div: not (#container) {
    color: blue;
}
```

"取反"伪类是相当有用的，假设我们要把除 id 为 container 之外的所有 div 标签都选中，那上面的代码就可以做到。也可以选中除段落标签之外的所有标签。兼容性：IE 9 +，Firefox，Chrome，Safari，Opera。

```
* : not (p) {
    color: green;
}
```

21. X：：pseudoElement

```
p:: first - line {
    font - weight: bold;
    font - size: 1. 2em;
}
```

我们可以使用::来选中某标签的部分内容，如第一段，或者是第一个字没有，但是必须使用在块式标签上才起作用。伪标签是由两个冒号 :: 组成的，定位第一个字。

```
p:: first - letter {
    float: left;
    font - size: 2em;
    font - weight: bold;
    font - family: cursive;
    padding - right: 2px;
}
```

上面这段代码会找到页面上的所有段落，并且指定为每一段的第一个字。通常在一些新闻报刊上会使用到，定位某段的第一行。

```
p:: first - line {
    font - weight: bold;
    font - size: 1. 2em;
}
```

跟::first – line 相似，会选中段落的第一行 。为了兼容性，之前旧版浏览器也会兼容单冒号的写法，例如:first – line,:first – letter,:before,:after。但是这个兼容对新介绍的特性不起作用。兼容性：IE 6 + , Firefox，Chrome，Safari，Opera。

22. X:nth – child (n)

```
li: nth - child (3) {
    color: red;
}
```

nth – child 接受一个整形参数，它不是从 0 开始的。如果你想获取第二个元素，那么你传的值就是 li:nth – child (2)。我们甚至可以获取由变量名定义的一定个数的个数个子标签。例如我们可以用 li:nth – child (4n) 每隔 3 个元素获取一次标签。兼容性：IE 9 + , Firefox，Chrome，Safari，Opera。

23. X:nth – last – child (n)

```
li: nth - last - child (2) {
    color: red;
}
```

假设你在一个 ul 标签中有 N 多的元素，而你只想获取最后三个元素，甚至是这样 li:nth – child (397)，你可以用 nth – last – child 伪类去代替它。这个技巧可以很正确地代替第 16 个 TIP，不同的是它是从结尾处开始，倒回去的。兼容性：IE 9 + , Firefox 3.5 + , Chrome，Safari，Opera。

24. X:nth – of – type (n)

```
ul: nth - of - type (3) {
    border: 1px solid black;
}
```

曾经，我们不想去选择子节点，而是想根据元素的类型来进行选择。想象一下有 5 个 ul 标签，如果只想对其中的第三个进行修饰，而且不想使用 id 属性，就可以使用 nth – of – type (n) 伪类来实现，上面的那个代码，只有第三个 ul 标签会被设置边框。兼容性：IE 9 + , Firefox，Chrome，Safari，Opera。

25. X:nth – last – of – type (n)

```
ul: nth - last - of - type (3) {
    border: 1px solid black;
}
```

同样，也可以类似地使用 nth – last – of – type 来倒序获取标签。兼容性：IE 9 + , Firefox 3.5 + , Chrome，Safari，Opera。

26. X：first – child

```
ul li：first-child {
    border-top: none;
}
```

这个结构性的伪类可以选择到第一个子标签，会经常使用它来取出第一个和最后一个边框。假设有个列表，每个标签都有上下边框，那么第一个和最后一个看起来会有点奇怪。这时候就可以使用这个伪类来处理这种情况。兼容性：IE 7 + ，Firefox，Chrome，Safari，Opera。

27. X：last – child

```
ul > li：last-child {
    color: green;
}
```

跟 first – child 相反，last – child 取的是父标签的最后一个标签。例如：

```
<ul >
<li > List Item </li >
<li > List Item </li >
<li > List Item </li >
</ul >
//这里没啥内容，就是一个 List。
ul {
width: 200px;
background: #292929;
color: white;
list-style: none;
padding-left: 0;
}

li {
padding: 10px;
border-bottom: 1px solid black;
border-top: 1px solid #3c3c3c;
}
```

上面的代码将设置背景色，移除浏览器默认的内边距，为每个 li 设置边框以凸显一定的深度。兼容性：IE 9 + ，Firefox，Chrome，Safari，Opera。

CSS 实例如图 3-3 所示。

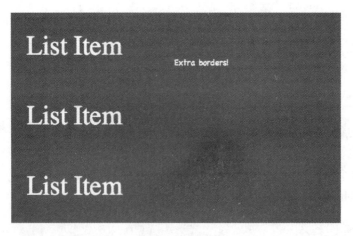

图 3-3　CSS 实例

28. X：only – child

```
div p: only - child {
    color: red;
}
```

事实上，几乎都不会用到这个伪类。然而，它是可用的，有时会需要它。它允许获取到那些只有一个子标签的父标签。就像上面那段代码，只有一个段落标签的 div 才被着色。

```
< div > < p > My paragraph here. < /p > < /div >

< div >
< p > Two paragraphs total. < /p >
< p > Two paragraphs total. < /p >
< /div >
```

上面的例子中，第二个 div 不会被选中。一旦第一个 div 有了多个子段落，那就不再起作用了。兼容性：IE 9 + , Firefox, Chrome, Safari, Opera。

29. X：only – of – type

```
li: only - of - type {
    font - weight: bold;
}
```

结构性伪类可以用得很聪明。它会定位某标签只有一个子标签的目标。假如想获取只有一个子标签的 ul 标签，使用 ul li 会选中所有 li 标签，这时候就要使用 only – of – type 了。兼容性：IE 9 + , Firefox, Chrome, Safari, Opera。

```
ul > li: only - of - type {
    font - weight: bold;
}
```

30. X：first – of – type

伪类可以选择指定标签的第一个兄弟标签。

测试：

```
< div >
< p > My paragraph here. < /p >
< ul >
< li > List Item 1 < /li >
< li > List Item 2 < /li >
< /ul >

< ul >
< li > List Item 3 < /li >
< li > List Item 4 < /li >
< /ul >
< /div >
```

把 List Item 2 取出来，如果已经取出来或者是放弃了，继续。

解决办法 1：first – of – type。

```
ul: first - of - type > li: nth - child (2) {
    font - weight: bold;
}
```

找到第一个 ul 标签，再找到直接子标签 li，然后找到第二个子节点。

解决办法 2：邻近选择器。

```
p + ul li: last - child {
    font - weight: bold;
}
```

这种情况下，找到 p 下的直接 ul 标签，然后找到它的最后一个直接子标签。

解决办法 3：

我们可以看看这些选择器。

```
ul: first-of-type li: nth-last-child (1) {
    font-weight: bold;
}
```

先获取到页面上第一个 ul 标签，然后找到最后一个子标签。兼容性：IE 9 +，Firefox 3.5 +，Chrome，Safari，Opera。

3.3　JavaScript、jQuery 与 JSON

3.3.1　JavaScript

JavaScript 是世界上最流行的脚本语言。JavaScript 属于 Web 的语言，它适用于 PC、笔记本电脑、平板电脑和移动电话。JavaScript 被数百万计的网页用来改进设计、验证表单、检测浏览器、创建 Cookies。JavaScript 被设计为向 HTML 页面增加交互性。许多 HTML 开发者都不是程序员，但是 JavaScript 却拥有非常简单的语法。几乎每个人都有能力将小的 JavaScript 片段添加到网页中。

JavaScript 是一种直译式脚本语言，是一种动态类型、弱类型、基于原型的语言，内置支持类型。它的解释器被称为 JavaScript 引擎，为浏览器的一部分，广泛用于客户端的脚本语言，最早是在 HTML（标准通用标记语言下的一个应用）网页上使用，用来给 HTML 网页增加动态功能。

1995 年，JavaScript 由 Netscape 公司的 Brendan Eich，在网景导航者浏览器上首次设计实现而成。因为 Netscape 与 Sun 合作，Netscape 管理层希望它的外观看起来像 Java，因此取名为 JavaScript。但实际上它的语法风格与 Self 及 Scheme 较为接近。

为了取得技术优势，微软推出了 JScript，CEnvi 推出了 ScriptEase，与 JavaScript 一样可在浏览器上运行。为了统一规格，因为 JavaScript 兼容于 ECMA 标准，因此也称为 ECMAScript。

JavaScript 组成部分如图 3-4 所示。EC-MAScript 描述了该语言的语法和基本对象。文档对象模型（DOM）描述处理网页内容的方法和接口。浏览器对象模型（BOM）描述与浏览器进行交互的方法和接口。

JavaScript 是一种属于网络的脚本语言，已经被广泛用于 Web 应用开发，常用来为网页添加各式各样的动态功能，为用户提供更流畅美观的浏览效果。通常 JavaScript 脚本是通过嵌入在 HTML 中来实现自身的功能

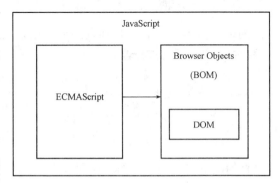

图 3-4　JavaScript 组成部分

的，是一种解释性脚本语言（代码不进行预编译），主要用来向 HTML（标准通用标记语言下的一个应用）页面添加交互行为。可以直接嵌入 HTML 页面，但写成单独的 js 文件有利

于结构和行为的分离。

在绝大多数浏览器的支持下，JavaScript 可以在多种平台下运行（如 Windows、Linux、Mac、Android、iOS 等）。

JavaScript 脚本语言同其他语言一样，有它自身的基本数据类型、表达式和算术运算符及程序的基本程序框架。JavaScript 提供了四种基本的数据类型和两种特殊数据类型用来处理数据和文字。

JavaScript 主要用于嵌入动态文本于 HTML 页面、对浏览器事件做出响应、读写 HTML 元素、在数据被提交到服务器之前验证数据、检测访客的浏览器信息、控制 cookies、基于 Node.js 技术进行服务器端编程。

JavaScript 脚本语言具有以下特点：

（1）脚本语言。JavaScript 是一种解释型的脚本语言，C、C＋＋等语言先编译后执行，而 JavaScript 是在程序的运行过程中逐行进行解释。

（2）基于对象。JavaScript 是一种基于对象的脚本语言，它不仅可以创建对象，也能使用现有的对象。

（3）简单。JavaScript 语言中采用的是弱类型的变量类型，对使用的数据类型未做出严格的要求，是基于 Java 基本语句和控制的脚本语言，其设计简单紧凑。

（4）动态性。JavaScript 是一种采用事件驱动的脚本语言，它不需要经过 Web 服务器就可以对用户的输入做出响应。在访问一个网页时，鼠标在网页中进行点击或上下移动、窗口移动等操作，JavaScript 都可直接给出相应的响应。

（5）跨平台性。JavaScript 脚本语言不依赖于操作系统，仅需要浏览器的支持。因此一个 JavaScript 脚本在编写后可以带到任意机器上使用，前提是机器上的浏览器支持 JavaScript 脚本语言，目前 JavaScript 已被大多数的浏览器支持。

不同于服务器端脚本语言，例如 PHP 与 ASP，JavaScript 主要作为客户端脚本语言在用户的浏览器上运行，不需要服务器的支持。所以在早期程序员比较青睐 JavaScript，以减少对服务器的负担，与此同时也带来另一个安全性问题。

随着服务器的强壮，虽然程序员更喜欢运行于服务端的脚本以保证安全，但 JavaScript 仍然以其跨平台、容易上手等优势大行其道。同时，有些特殊功能（如 AJAX）必须依赖 JavaScript 在客户端进行支持。随着引擎如 V8 和框架如 Node.js 的发展及其事件驱动及异步 IO 等特性，JavaScript 逐渐被用来编写服务器端程序。

3.3.2　jQuery

1. jQuery 概述

jQuery 是一个快速、简洁的 JavaScript 框架，是继 Prototype 之后又一个优秀的 JavaScript 代码库（或 JavaScript 框架）。jQuery 设计的宗旨是 "Write Less，Do More"，即倡导写更少的代码，做更多的事情。它封装 JavaScript 常用的功能代码，提供一种简便的 JavaScript 设计模式，优化 HTML 文档操作、事件处理、动画设计和 Ajax 交互。

jQuery 的核心特性可以总结为：具有独特的链式语法和短小清晰的多功能接口；具有高效灵活的 CSS 选择器，并且可对 CSS 选择器进行扩展；拥有便捷的插件扩展机制和丰富的插件。jQuery 兼容各种主流浏览器，如 IE 6.0 + 、FF 1.5 + 、Safari 2.0 + 、Opera 9.0 + 等。

2005 年 8 月，John Resig 提议改进 Prototype 的"Behaviour"库，于是他在 Blog 上发表了自己的想法，并用了三个例子做简单的流程说明。第一个例子是为元素注册一个事件：

```
Behaviour. register ( {
'#example li': function (e) {
e. onclick = function () {
this. parentNode. removeChild (this);
}
}
});
```

他认为应该改写为：

```
$ ('#example li') . bind ('click', function () {
this. parentNode. removeChild (this);
});
```

第二个例子是为不同的元素注册不同的事件：

```
Behaviour. register ( {
'b. someclass' : function (e) {
e. onclick = function () {
alert (this. innerHTML);
}
},
'#someid u' : function (e) {
e. onmouseover = function () {
this. innerHTML = " BLAH!";
}
}
});
```

他认为应该改写为：

```
$ ('b. someclass') . bind ('click', function () {
alert (this. innerHTML);
});
$ ('#someid u') . bind ('mouseover', function () {
this. innerHTML = 'BLAH! ';
});
```

第三个例子是为不断变化的元素注册不同的事件：

```
Behaviour. register ( {
'#foo ol li': function (a) {
a. title = " List Items!";
a. onclick = function () { alert ('Hello! '); };
},
'#foo ol li. tmp': function (a) {
a. style. color = 'white';
},
'#foo ol li. tmp. foo': function (a) {
a. style. background = 'red';
}
});
```

他认为应该改写为：

```
$ ('#foo ol li')
. set ('title', 'List Items! ')
. bind ('click', function () { alert ('Hello! '); })
. select ('.tmp')
. style ('color', 'white')
. select ('.foo')
. style ('background', 'red');
```

这些代码也是 jQuery 语法的最初雏形。当时 John Resig 的想法很简单，他发现这种语法相对现有的 JavaScript 库更为简洁。但他没想到的是，这篇文章一经发布就引起了业界的关注。于是 John Resig 开始认真思考这件事情（编写语法更为简洁的 JavaScript 程序库），直到 2006 年 1 月 14 日，John 正式宣布以 jQuery 的名称发布自己的程序库。随之而来的是 jQuery 的快速发展。

2006 年 1 月 John Resig 等人创建了 jQuery；8 月，jQuery 的第一个稳定版本支持 CSS 选择符、事件处理和 Ajax 交互。

2007 年 7 月，jQuery 1.1.3 版发布，这次小版本的变化包含了对 jQuery 选择符引擎执行速度的显著提升。从这个版本开始，jQuery 的性能达到 Prototype、Mootools 以及 Dojo 等同类 JavaScript 库的水平。同年 9 月，jQuery 1.2 版发布，它去掉了对 XPath 选择符的支持，原因是相对于 CSS 语法它已经变得多余。这一版能够对效果进行更为灵活的定制，而且借助新增的命名空间事件，使插件开发变得更容易。同时，jQuery UI 项目也开始启动，这个新的套件是作为曾经流行但已过时的 Interface 插件的替代项目而发布的。jQuery UI 中包含大量预定义好的部件，以及一组用于构建高级元素（例如可拖放、拖拽、排序）的工具。

2008 年 5 月，jQuery 1.2.6 版发布，这版主要是将 Brandon Aaron 开发的流行的 Dimensions 插件的功能移植到了核心库中，同时修改了许多 BUG，而且有不少的性能得到提高。因此，如果以前的 jQuery 版本升级到 1.2.6 版，那么完全可以从代码中排除 Dimensions 插件（一个获得元素尺寸、定位的插件）。

在 jQuery 迅速发展的同时，一些大的厂商也看中了商机。2009 年 9 月，微软和诺基亚公司正式宣布支持开源的 jQuery 库，另外，微软公司还宣称将把 jQuery 作为 Visual Studio 工具集的一部分。它将提供包括 jQuery 的智能提示、代码片段、示例文档编制等内容在内的功能。微软和诺基亚公司将长期成为 jQuery 的用户成员，其他成员还有 Google、Intel、IBM、Intuit 等公司。

2009 年 1 月，jQuery 1.3 版发布，它使用了全新的选择符引擎 Sizzle，在各个浏览器下全面超越其他同类型 JavaScript 框架的查询速度，程序库的性能也因此有了极大提升。这一版本的另一个变化就是提供 live（）方法，使用 live（）方法可以为当前及将来增加的元素绑定事件，在 1.3 版之前，如果要为将来增加的元素绑定事件，需要使用 livequery 插件，而在 1.3 版中，可以直接用 live（）方法。

2010 年 1 月，也是 jQuery 的四周年生日，jQuery 1.4 版发布，为了庆祝 jQuery 四周年生日，jQuery 团队特别创建了 jquery14.com 站点，带来了连续 14 天的新版本专题介绍。

在 1.3 版及更早版本中，jQuery 通过 JavaScript 的 eval 方法来解析 json 对象。在 1.4 版中，如果浏览器支持，则会使用原生的 JSON.parse 解析 json 对象，这样对 json 对象的书写验证更为严格。比如：{foo："bar"} 的写法将不会被验证为合法的 json 对象，必须写成 {"foo":"bar"}。如果你的程序打算升级到 1.4 版，那么这一点要尤其注意。

2010 年 2 月，jQuery 1.4.2 版发布，它新增了有关事件委托的两个方法：delegate（）和 undelegate（）。delegate（）用于替代 1.3.2 版中的 live（）方法。这个方法比 live（）来得方便，而且可以达到动态添加事件的作用。比如给表格的每个 td 绑定 hover 事件，代码如下：

```
//1.4.2
$ (" table").delegate (" td"," hover", function () {
$ (this).toggleClass (" hover");
});
//1.3.2
$ (" table").each (function () {
$ (" td", this).live (" hover", function () {
$ (this).toggleClass (" hover");
});
});
```

2011 年 1 月，jQuery 1.5 版发布。2011 年 11 月，jQuery 1.7 版发布。运行 jQuery 所需的条件很简单：一台计算机、一个智能电话或一个可以运行现代浏览器的设备。jQuery 对浏览器的要求也相当自由。官方网站列出了支持 jQuery 的浏览器：Firefox 2.0 +，Internet Explorer 6 + ，Safari 3 + ，Opera 10.6 + ，Chrome 8 + 。

2. jQuery 的基本内容

（1）编程工具。

①Notepad + + 。一套有特色的自由软件的纯文字编辑器，有完整的中文化接口及支持多国语言编写的功能。它的功能比 Windows 中的 Notepad（记事本）强大，不仅可以用来制作一般的纯文字说明文件，也十分适合当作编写电脑程序的编辑器。Notepad + + 不仅有语法高亮度显示，也有语法折叠功能，并且支持宏以及扩充基本功能的外挂模组。

②Brackets。一个免费、开源且跨平台的 HTML/CSS/JavaScript 前端 Web 集成开发环境（IDE 工具）。该项目由 Adobe 创建和维护，根据 MIT 许可证发布，支持 Windows、Linux 平台。Brackets 的特点是简约、优雅、快捷，它的核心目标是减少在开发过程中那些效率低下的重复性工作，例如浏览器刷新，修改元素的样式，搜索功能等。

③JS Nice。一款让经过混淆处理的 JavaScript 代码可读更好的工具。它使用一种用于 JavaScript 代码美化的去混淆和去压缩引擎。JS Nice 采用先进的机器学习和程序分析技术，从可用的开源项目学习命名和类型规律。

（2）语言特点。

①快速获取文档元素。jQuery 的选择机制构建于 CSS 选择器，它提供了快速查询 DOM 文档中元素的能力，而且大大强化了 JavaScript 中获取页面元素的方式。

②提供漂亮的页面动态效果。jQuery 中内置了一系列动画效果，可以开发出非常漂亮的网页，许多网站都使用 jQuery 内置的效果，比如淡入淡出、元素移除等动态特效。

③创建 Ajax 无刷新网页。AJAX 是异步的 JavaScript 和 ML 的简称，可以开发出非常灵敏无刷新的网页，特别是开发服务器端网页时，比如 PHP 网站，需要往返地与服务器通信，如果不使用 Ajax，每次数据更新不得不重新刷新网页，而使用 Ajax 特效后，可以对页面进行局部刷新，提供动态的效果。

④提供对 JavaScript 语言的增强。jQuery 提供了对基本 JavaScript 结构的增强，比如元素迭代和数组处理等操作。

⑤增强的事件处理。jQuery 提供了各种页面事件，它可以避免程序员在 HTML 中添加太多事件处理代码，最重要的是，它的事件处理器消除了各种浏览器兼容性问题。

⑥更改网页内容。jQuery 可以修改网页中的内容，比如更改网页的文本、插入或者翻转网页图像，jQuery 简化了原本使用 JavaScript 代码需要处理的方式。

（3）工作原理。

jQuery 的模块可以分为 3 部分：入口模块、底层支持模块和功能模块。

在构造 jQuery 对象模块中，如果在调用构造函数 jQuery（）创建 jQuery 对象时传入了选择器表达式，则会调用选择器 Sizzle（一款纯 JavaScript 实现的 CSS 选择器引擎，用于查找与选择器表达式匹配的元素集合）遍历文档，查找与之匹配的 DOM 元素，并创建一个包含这些 DOM 元素引用的 jQuery 对象。

浏览器功能测试模块提供了针对不同浏览器功能和 bug 的测试结果，其他模块则基于这些测试结果来解决浏览器之间的兼容性问题。

在底层支持模块中，回调函数列表模块用于增强对回调函数的管理，支持添加、移除、触发、锁定、禁用回调函数等功能；异步队列模块用于解耦异步任务和回调函数，它在回调函数列表的基础上为回调函数增加了状态，并提供了多个回调函数列表，支持传播任意同步或异步回调函数的成功或失败状态；数据缓存模块用于为 DOM 元素和 JavaScript 对象附加任意类型的数据；队列模块用于管理一组函数，支持函数的入队和出队操作，并确保函数按顺序执行，它基于数据缓存模块实现。

在功能模块中，事件系统提供了统一的事件绑定、响应、手动触发和移除机制，它并没有将事件直接绑定到 DOM 元素上，而是基于数据缓存模块来管理事件；Ajax 模块允许从服务器上加载数据，而不用刷新页面，它基于异步队列模块来管理和触发回调函数；动画模块用于向网页中添加动画效果，它基于队列模块来管理和执行动画函数；属性操作模块用于对 HTML 属性和 DOM 属性进行读取、设置和移除操作；DOM 遍历模块用于在 DOM 树中遍历父元素、子元素和兄弟元素；DOM 操作模块用于插入、移除、复制和替换 DOM 元素；样式操作模块用于获取计算样式或设置内联样式；坐标模块用于读取或设置 DOM 元素的文档坐标；尺寸模块用于获取 DOM 元素的高度和宽度。

3. 语言基础

jQuery 选择器允许对 HTML 元素组或单个元素进行操作。jQuery 选择器基于元素的 id、类、类型、属性、属性值等"查找"（或选择）HTML 元素。它基于已经存在的 CSS 选择器，除此之外，它还有一些自定义的选择器。jQuery 中所有选择器都以美元符号开头：$ ()。

（1）元素选择器，jQuery 元素选择器基于元素名选取元素。

```
$ ("p")
```

在页面中选取所有 <p> 元素。

（2）ID 选择器。jQuery #id 选择器通过 HTML 元素的 id 属性选取指定的元素。页面中元素的 id 应该是唯一的，所以要在页面中选取唯一的元素需要通过 #id 选择器。通过 id 选取元素语法如下：

```
$ ("#test")
```

（3）class 选择器。jQuery 类选择器可以通过指定的 class 查找元素。语法如下：

```
$ (".test")
```

在 jQuery 中，大多数 DOM 事件都有一个等效的 jQuery 方法。页面中指定一个点击事件：

```
$ ("p").click ();
```

下一步是定义什么时间触发事件。可以通过一个事件函数实现：

```
$ (" p") . click (function () {
// 动作触发后执行的代码!!
});
```

4. 常用的 jQuery 事件方法

（1） $ （document） . ready （）。

$ （document） . ready （） 方法允许在文档完全加载完后执行函数。

（2） click （）。

click （） 方法是当按钮点击事件被触发时会调用一个函数。

该函数在用户点击 HTML 元素时执行。

在下面的实例中，当点击事件在某个 < p > 元素上触发时，隐藏当前的 < p > 元素：

```
$ (" p") . click (function () {
    $ (this) . hide ();
});
```

（3） dblclick （）。

当双击元素时，会发生 dblclick 事件。

dblclick （） 方法触发 dblclick 事件，或规定当发生 dblclick 事件时运行的函数。

```
$ (" p") . dblclick (function () {
    $ (this) . hide ();
});
```

（4） mouseenter （）。

当鼠标指针穿过元素时，会发生 mouseenter 事件。

mouseenter （） 方法触发 mouseenter 事件，或规定当发生 mouseenter 事件时运行的函数。

```
$ (" #p1") . mouseenter (function () {
    alert (" You entered p1!");
});
```

（5） mouseleave （）。

当鼠标指针离开元素时，会发生 mouseleave 事件。

mouseleave （） 方法触发 mouseleave 事件，或规定当发生 mouseleave 事件时运行的函数。

```
$ (" #p1") . mouseleave (function () {
    alert (" Bye! You now leave p1!");
});
```

（6） mousedown （）。

当鼠标指针移动到元素上方，并按下鼠标按键时，会发生 mousedown 事件。

mousedown（）方法触发 mousedown 事件，或规定当发生 mousedown 事件时运行的函数。

```
$（"#p1"）.mousedown（function（）{
    alert（"Mouse down over p1!"）;
}）;
```

（7）mouseup（）。

当在元素上松开鼠标按钮时，会发生 mouseup 事件。

mouseup（）方法触发 mouseup 事件，或规定当发生 mouseup 事件时运行的函数。

```
$（"#p1"）.mouseup（function（）{
    alert（"Mouse up over p1!"）;
}）;
```

（8）hover（）。

hover（）方法用于模拟光标悬停事件。

当鼠标移动到元素上时，会触发指定的第一个函数（mouseenter）；当鼠标移出这个元素时，会触发指定的第二个函数（mouseleave）。

```
$（"#p1"）.hover（function（）{
alert（"You entered p1!"）;
},
function（）{
alert（"Bye! You now leave p1!"）;
}）;
```

（9）focus（）。

当元素获得焦点时，发生 focus 事件。

当通过鼠标点击选中元素或通过 Tab 键定位到元素时，该元素就会获得焦点。

focus（）方法触发 focus 事件，或规定当发生 focus 事件时运行的函数。

```
$（"input"）.focus（function（）{
    $（this）.css（"background-color","#cccccc"）;
}）;
```

（10）blur（）。

当元素失去焦点时，发生 blur 事件。

blur（）方法触发 blur 事件，或规定当发生 blur 事件时运行的函数。

```
$ (" input").blur (function () {
    $ (this).css (" background - color"," #ffffff");
});
```

5. 技术应用

只需要少量的代码，即可将它们集成到网站上，并且能够帮助访问者分享网站上的内容。

jQuery Mobile 1.2 是 jQuery 运行在手机和平板设备上的版本。jQuery Mobile 1.2 给主流移动平台提供了 jQuery 的核心库，发布了一个完整统一的 jQuery 移动 UI 设计框架，在不同的智能手机和桌面电脑的 Web 浏览器上形成统一的用户 UI。其支持全球主流的移动平台，对每个平台的支持分为三个等级：A、B、C，实现了对 Android 2.1 – 2.3、3.2、4.0、4.1、Windows Phone 7 – 7.5，Palm Web OS 1.4 – 2.0、3.0、Firefox Mobile 15，Opera Mobile 11.5 – 12 等平台的 A 级支持。jQuery Mobile 1.2 的核心使得基本的 HTML 标签在所有的浏览器中生效，并且对网页的行为和效果均进行了增强，让网页在等级较高的浏览器中能获得优秀的体验，在较差的浏览器中也能正常使用。

6. 学习指南

《jQuery JavaScript 与 CSS 开发入门经典》一书浓墨重彩地描述了 jQuery 的 API 及 jQuery 框架的所有基础知识，在实例引导下演示如何使用 jQuery 框架以超越纯 JavaScript 的速度实现更多功能，以及如何使用极少代码完成烦琐任务。该书还介绍 jQuery UI 库的用法，指导使用 jQuery UI 库创建赏心悦目的专业用户界面。

7. 语言评价

jQuery 是继 Prototype 之后又一个优秀的轻量级 JavaScript 框架。其宗旨是"Write Less, Do More"，即写更少的代码，做更多的事情。它是一个快速和简洁的 JavaScript 库，可以简化 HTML 文档元素的遍历、事件处理、动画和 Ajax 交互，以实现快速 Web 开发，它被用来改变编写 JavaScript 脚本的方式。

jQuery 的文档非常丰富，因为其轻量级的特性，文档并不复杂，随着新版本的发布，可以很快被翻译成多种语言，这也为 jQuery 的流行提供了条件。jQuery 被包在语法上，jQuery 支持 CSS 1 ~ CSS 3 的选择器，兼容 IE 6.0 +，FF 2 +，Safari 3.0 +，Opera 9.0 +，Chrome 等浏览器。同时，jQuery 有几千种丰富多彩的插件，大量有趣的扩展和出色的社区支持，弥补了 jQuery 功能较少的不足，并为 jQuery 提供了众多非常有用的功能扩展。加之其简单易学，jQuery 很快成为当今最为流行的 JavaScript 库，成为开发网站等复杂度较低的 Web 应用程序的首选 JavaScript 库，并得到了大公司（如微软、Google）的支持。

jQuery 最有特色的语法特点就是与 CSS 语法相似的选择器，并且它支持 CSS 1 到 CSS 3 的几乎所有选择器，兼容所有主流浏览器，这为快速访问 DOM 提供了方便。

3.3.3　JSON

1. JSON 简介

JSON（JavaScript Object Notation，JS 对象标记）是一种轻量级的数据交换格式。它基于

ECMAScript 规范的一个子集，采用完全独立于编程语言的文本格式来存储和表示数据。简洁和清晰的层次结构使得 JSON 成为理想的数据交换语言。其易于阅读和编写，同时也易于机器解析和生成，并有效地提升网络传输效率。

在 JS 语言中，一切都是对象。因此，任何支持的类型都可以通过 JSON 来表示，例如字符串、数字、对象、数组等。但是对象和数组是比较特殊且常用的两种类型：对象表示为键值对，数据由逗号分隔，大括号保存对象，方括号保存数组。

JSON 键值对是用来保存 JS 对象的一种方式，和 JS 对象的写法也大同小异，键值对组合中的键名写在前面并用双引号 "" 包裹，使用冒号 : 分隔，然后紧接着值：

```
{" firstName": " John"}
```

这很容易理解，等价于这条 JavaScript 语句：

```
{firstName = " John"}
```

很多人搞不清楚 JSON 和 JS 对象的关系，甚至连谁是谁都不清楚。其实，可以这么理解：JSON 是 JS 对象的字符串表示法，它使用文本表示一个 JS 对象的信息，本质是一个字符串。

```
var obj = {a:'Hello', b:'World'}; //这是一个对象，注意键名也是可以使用引号包裹的
var json = ' {" a": " Hello"," b": " World"} '; //这是一个 JSON 字符串，本质是一个字符串
```

要实现从对象转换为 JSON 字符串，使用 JSON. stringify（）方法：

```
var json = JSON. stringify（ {a:'Hello', b:'World'}); //结果是 ' {" a": " Hello"," b": " World"} '
```

要实现从 JSON 转换为对象，使用 JSON. parse（）方法：

```
var obj = JSON. parse（' {" a": " Hello"," b": " World"} '); //结果是 {a:'Hello', b:'World'}
```

在 JS 语言中，一切都是对象。因此，任何支持的类型都可以通过 JSON 来表示，例如字符串、数字、对象、数组等。但是对象和数组是比较特殊且常用的两种类型。

对象在 JS 中是使用大括号包裹 {} 起来的内容，数据结构为 {key1：value1，key2：value2,...} 的键值对结构。在面向对象的语言中，key 为对象的属性，value 为对应的值。键名可以使用整数和字符串来表示。值可以是任意类型。

数组在 JS 中是方括号 [] 包裹起来的内容，数据结构为 [" java"," javascript"，"vb",...] 的索引结构。在 JS 中，数组是一种比较特殊的数据类型，它也可以像对象那样使用键值对，但还是索引使用得多。同样，值可以是任意类型。

简单地说，JSON 可以将 JavaScript 对象中表示的一组数据转换为字符串，然后就可以在网络或者程序之间轻松地传递这个字符串，并在需要的时候将它还原为各编程语言所支持的数据格式，例如在 PHP 中，可以将 JSON 还原为数组或者一个基本对象。

JSON 最常用的格式是对象的键值对。例如：

```
{" firstName":" Brett"," lastName":" McLaughlin"}
```

和普通的 JS 数组一样，JSON 表示数组的方式也是使用方括号［］。

```
{
" people" [
{

" firstName":" Brett",

" lastName":" McLaughlin"
},
{
" firstName":" Jason",

" lastName":" Hunter"

}
]
}
```

这不难理解。在这个示例中，只有一个名为 people 的变量，值是包含两个条目的数组，每个条目是一个人的记录，其中包含名和姓。上面的示例演示如何用括号将记录组合成一个值。当然，可以使用相同的语法表示更多的值（每个值包含多个记录）。

在处理 JSON 格式的数据时，不需要遵守预定义的约束。所以，在同样的数据结构中，可以改变表示数据的方式，也可以使用不同方式表示同一事物。

如前面所说，除了对象和数组，也可以简单地使用字符串或者数字等来存储简单的数据，但并没有多大意义。

2. JSON 与 XML 的比较

（1）可读性。JSON 和 XML 的可读性可谓不相上下，一边是简易的语法，一边是规范的标签形式，很难分出胜负。

（2）可扩展性。XML 天生有很好的扩展性，JSON 当然也有，没有什么是 XML 可以扩展而 JSON 却不能扩展的。但是 JSON 在 JavaScript 主场作战，可以存储 JavaScript 复合对象，有着 XML 不可比拟的优势。

（3）编码难度。XML 有丰富的编码工具，比如 Dom4 j、JDom 等，JSON 也有提供的工具。即使在无工具的情况下，相信熟练的开发人员一样能很快写出想要的 XML 文档和 JSON 字符串，但是，XML 文档要多很多结构上的字符。

（4）解码难度。XML 的解析方式有两种。一是通过文档模型解析，也就是通过父标签索引出一组标记，例如 xmlData. getElementsByTagName（" tagName"），但是要在预先知道文档结构的情况下使用，无法进行通用的封装。另外一种方法是遍历节点（document 以及 childNodes）。这个可以通过递归来实现，不过解析出来的数据仍旧是形式各异，往往也不能满足预先的要求。凡是这样可扩展的结构数据解析起来一定都很困难。

JSON 同样如此。如果预先知道 JSON 结构，使用 JSON 进行数据传递简直是太美妙了，可以写出很实用美观可读性强的代码。如果是纯粹的前台开发人员，一定会非常喜欢 JSON。但如果是一个应用开发人员，就不是那么喜欢了，毕竟 XML 才是真正的结构化标记语言，用于进行数据传递。

如果不知道 JSON 的结构而去解析 JSON，那简直是噩梦——费时费力不说，代码也会变得冗余拖沓，得到的结果也不尽人意。但是这样也不影响众多前台开发人员选择 JSON。因为 json. js 中的 toJSONString（）就可以看到 JSON 的字符串结构。当然，不使用这个字符串，这样仍旧是噩梦。常用 JSON 的人看到这个字符串之后，就对 JSON 的结构很明了了，就更容易操作 JSON。

以上是在 JavaScript 中仅对于数据传递的 XML 与 JSON 的解析。在 JavaScript 地盘内，JSON 毕竟是主场作战，其优势当然要远远优越于 XML。如果 JSON 中存储 JavaScript 复合对象，而且不知道其结构的话，我相信很多程序员也一样是要哭着解析 JSON 的。

JSON 和 XML 还有另外一个很大的区别，那就是有效数据率。JSON 作为数据包格式传输的时候具有更高的效率，这是因为 JSON 不像 XML 那样需要有严格的闭合标签，这就让有效数据量与总数据包比大大提升，从而减少同等数据流量的情况下网络的传输压力。

3. 实例比较

XML 和 JSON 都使用结构化方法来标记数据，下面来做一个简单的比较。

用 XML 表示中国部分省市数据如下：

```xml
<? xml version = " 1.0" encoding = " utf -8"? >
<country >
<name >中国 </name >
<province >
<name >黑龙江 </name >
<cities >
<city >哈尔滨 </city >
<city >大庆 </city >
</cities >
</province >
<province >
```

```
<name>广东</name>
<cities>
<city>广州</city>
<city>深圳</city>
<city>珠海</city>
</cities>
</province>
<province>
<name>台湾</name>
<cities>
<city>台北</city>
<city>高雄</city>
</cities>
</province>
<province>
<name>新疆</name>
<cities>
<city>乌鲁木齐</city>
</cities>
</province>
</country>
```

用 JSON 表示如下：

```
{
"name":"中国",
"province":[ {
"name":"黑龙江",
"cities":{
  "city":["哈尔滨","大庆"]
}
}, {
"name":"广东",
"cities":{
  "city":["广州","深圳","珠海"]
}
}, {
"name":"台湾",
```

```
" cities": {
 " city":[" 台北"," 高雄"]
}
}, {
" name": " 新疆",
" cities": {
 " city":[" 乌鲁木齐"]
}
}]
}
```

可以看到，JSON 简单的语法格式和清晰的层次结构明显要比 XML 容易阅读，并且在数据交换方面，由于 JOSN 所使用的字符要比 XML 少得多，可以大大节约传输数据所占用的带宽。

JSON 格式取代 XML，给网络传输带来了很大的便利，但是没有了 XML 的一目了然，尤其是 JSON 数据很长的时候，我们会陷入烦琐复杂的数据节点查找。

但是国人的一款在线工具 BeJson 让众多程序员、新接触 JSON 格式的程序员能更快地了解 JSON 的结构，更精确地定位 JSON 格式错误。

4. JSON 功能

（1）JSON 格式化校验。很多人在得到 JSON 数据后，一时没有办法判断 JSON 数据格式是否正确，是否少或多符号而导致程序不能解析，这个功能正好能帮助大家完成 JSON 格式的校验。

（2）JSON 视图。想必很多程序员都会遇到当找一个节点的时候，发现如果直接对着一行行数据无从下手，就算知道哪个位置，还要一个节点一个节点地往下找，一不留神又得从头开始找的麻烦事。有了这个功能，一切 JSON 数据都会变成视图格式，哪个对象下有多少数组，一个数组下有多少对象，一目了然。这个功能非常实用，不光有视图功能，还有格式化、压缩、转义、校验功能。

（3）压缩转义。程序员在写 JSON 语句测试用例的时候，很多时候为了方便直接写个 JSON 字符串做测试，但是又陷入无止境的双引号转义的麻烦中。这一功能集压缩、转义于一身，让你在写测试用例的时候如鱼得水。

（4）JSON 在线编辑器。如果电脑刚巧没有装你所熟悉的编辑器，如果你想针对拿到的 JSON 数据的某个节点做数据修改时，这个功能可以满足需求。

（5）在线发送 JSON 数据。众所周知，JSON 用得最多的还是 Web 项目的开发，你要测试一个接口能否准确接收 JSON 数据，就得写一个页面发送 JSON 字符串，重复地做这件事。随着这个功能的横空出世，你可以摆脱写测试页面了，因为这个功能可以将指定的 JSON 数据发送指定的 URL。

（6）JSON 着色。很多人在写文档时，总希望文档能一目了然，但是面对着白底黑字的 JSON 数据总是提不起精神。没关系，使用这个功能，所有的关键字都会被着色，数据结构一目了然。

（7）JSON – XML 互转。其能将 JSON 格式的数据转化成 XML 格式，或者 XML 格式的数据转化成 JSON 格式，一切都不是问题。

（8）JSON – VIEW。JSON 查看实用工具，在开发过程（Windows 平台）中可以对 JSON 数据进行格式化和视图显示。

（9）它和 XML 一样，都是一种数据交换格式。

Eclipse RAP 的一个提交者也是领导者的 Ralf Sternberg，只用了十个类就把快速的和轻量级的库整合到了一起。显然，使用精益的解析法真正地改善了服务器的性能，因为服务器进程以更高的效率为大量的客户创建了 JSON 信息。在外部 JSON 中不存在依赖关系，代码很容易管理，而且不会占用很多内存。对于全部 JSON 项目来说，这还远远不够，但这确实是好事。

3.4 动态网站程序语言 PHP、ASP、JSP

3.4.1 PHP 网页技术语言

1. PHP 概述

PHP（PHP：Hypertext Preprocessor，超文本预处理器）是一种通用开源脚本语言。语法吸收了 C 语言、Java 和 Perl 的特点，利于学习，使用广泛，主要适用于 Web 开发领域。PHP 独特的语法混合了 C、Java、Perl 以及 PHP 自创的语法。它可以比 CGI 或者 Perl 更快速地执行动态网页。用 PHP 做出的动态页面与其他的编程语言相比，PHP 是将程序嵌入 HTML（标准通用标记语言下的一个应用）文档中执行，执行效率比完全生成 HTML 标记的 CGI 要高许多。PHP 还可以执行编译后代码，编译可以达到加密和优化代码运行，使代码运行更快。

PHP 原为 Personal Home Page 的缩写，已经正式更名为 PHP：Hypertext Preprocessor，注意不是"Hypertext Preprocessor"的缩写，这种将名称放到定义中的写法被称作递归缩写。PHP 于 1994 年由 Rasmus Lerdorf 创建，刚开始是 Rasmus Lerdorf 为了维护个人网页而制作的一个简单的用 Perl 语言编写的程序。这些工具程序用来显示 Rasmus Lerdorf 的个人履历，以及统计网页流量。后来又用 C 语言重新编写，包括可以访问数据库。他将这些程序和一些表单直译器整合起来，称为 PHP/FI。PHP/FI 可以和数据库连接，产生简单的动态网页程序。

Rasmus Lerdorf 在 1995 年以 Personal Home Page Tools（PHP Tools）开始对外发表第一个版本，写了一些介绍此程序的文档，并且发布了 PHP 1.0。在这一版本中，提供了访客留言本、访客计数器等简单的功能。以后越来越多的网站使用了 PHP，并且强烈要求增加一些特性，比如循环语句和数组变量等。在新的成员加入开发行列之后，Rasmus Lerdorf 在 1995 年 6 月 8 日将 PHP/FI 公开发布，希望可以通过社群来加速程序开发与寻找错误。这个发布的版本命名为 PHP 2，已经有 PHP 的一些雏形，是类似 Perl 的变量命名方式、表单处理功能以及嵌入到 HTML 中执行的能力。程序语法上也类似 Perl，有较多的限制，但是更简单、更有弹性。PHP/FI 加入了对 MySQL 的支持，从此树立了 PHP 在动态网页开发上的地位。到了 1996 年年底，有 15 000 个网站使用 PHP/FI。

1997 年，任职于 Technion IIT 公司的两个以色列程序设计师 Zeev Suraski 和 Andi Gutmans，重写了 PHP 的剖析器，成为 PHP 3 的基础。而 PHP 也在这个时候改称为 PHP：Hypertext Preprocessor。经过几个月的测试，开发团队在 1997 年 11 月发布了 PHP/FI 2。随后就开始 PHP 3 的开放测试，最后在 1998 年 6 月正式发布 PHP 3。Zeev Suraski 和 Andi Gutmans 在 PHP 3 发布后开始改写 PHP 的核心，这个在 1999 年发布的剖析器称为 Zend Engine，他们也在以色列的 Ramat Gan 成立了 Zend Technologies 来管理 PHP 的开发。

2000 年 5 月 22 日，以 Zend Engine 1.0 为基础的 PHP 4 正式发布，2004 年 7 月 13 日则发布了 PHP 5，PHP 5 使用了第二代的 Zend Engine。PHP 包含了许多新特色，像是强化的面向对象功能、引入 PDO（PHP Data Objects，一个存取数据库的延伸函数库）以及许多效能上的增强。PHP 4 已经不再更新，以鼓励用户转移到 PHP 5。

2008 年，PHP 5 成为 PHP 唯一的在开发的 PHP 版本。将来的 PHP 5.3 将会加入 Late static binding 和一些其他功能。PHP 6 的开发也正在进行中，主要的改进有移除 register_globals、magic quotes 和 Safe mode 的功能。

2013 年 6 月 20 日，PHP 开发团队宣布推出 PHP 5.5.0。此版本包含了大量的新功能和 bug 修复。需要开发者特别注意的一点是，其不再支持 Windows XP 和 2003 系统。

2014 年 10 月 16 日，PHP 开发团队宣布 PHP 5.6.2 可用。四安全相关的错误是固定在这个版本，包括修复 cve – 2014 – 3668，cve – 2014 – 3669 和 cve – 2014 – 3670。所有的 PHP 5.6 鼓励用户升级到这个版本。

集成开发环境是一种集成了软件开发过程中所需主要工具的集成开发环境，其功能包括但不仅限于代码高亮、代码补全、调试、构建、版本控制等。一些常见的 PHP IDEs 如下：Zend Studio，商业版，Zend 官方出品，基于 Eclipse、Eclipse with PDT，免费。Coda，商业版，针对 Mac 用户。NetBeans，免费，功能强大。PHP Storm，商业版。Aptana Studio，免费。PhpEd，商业版。Komodo IDE/Edit，IDE 为商业版，Edit 可免费使用。Adobe Dreamweaver，商业版。除去集成开发环境，具备代码高亮功能的常见文本编辑器因其轻巧灵活也常被选作开发工具，例如 Notepad + +、Editplus、SublimeText、Everedit 等。

2. PHP 的特性

PHP 的特性包括：

（1）PHP 独特的语法混合了 C、Java、Perl 以及 PHP 自创新的语法。

（2）PHP 可以比 CGI 或者 Perl 更快速地执行动态网页——动态页面方面，与其他的编程语言相比，PHP 是将程序嵌入 HTML 文档中去执行，执行效率比完全生成 HTML 标记的 CGI 要高许多；PHP 具有非常强大的功能，所有的 CGI 的功能 PHP 都能实现。

（3）PHP 支持几乎所有流行的数据库以及操作系统。

（4）最重要的是 PHP 可以用 C、C + + 进行程序的扩展。

3. PHP 的优势

所有的 PHP 源代码事实上都可以得到；和其他技术相比，PHP 本身免费且是开源代码；

程序开发快，运行快，技术学习快；因为 PHP 可以被嵌入 HTML 语言中，相对于其他语言，编辑简单，实用性强，更适合初学者；由于 PHP 是运行在服务器端的脚本，可以运行在 UNIX、Linux、Windows、Mac OS、Android 等平台；PHP 消耗相当少的系统资源；用 PHP 动态创建图像，PHP 图像处理默认使用 GD 2，且可以配置为使用 image magick 进行图像处理；在 PHP 4、PHP 5 中，面向对象方面都有了很大的改进，PHP 完全可以用来开发大型商业程序；PHP 支持脚本语言为主，同为类 C 语言。

4. 版本区别

PHP 版本 VC 6 与 VC 9、Thread Safe 与 None – Thread Safe 等的区别如下：

（1）PHP 的大版本主要分三支：PHP 4/PHP 5/PHP 6，其中，PHP 4 由于太古老、对 QQ 支持不力已基本被淘汰。PHP 6 由于没有生产线上的应用，基本上只是一款概念产品，很多功能已在 PHP 5.3.3 上实现，所以也不详述。PHP 5 的版本主要分四支：PHP 5.2 之前的版本、PHP 5.2.X、PHP 5.3 和 PHP 5.4。选择版本：PHP 5.2 之前的版本不值得考虑，因为有某些功能缺陷或者 BUG。PHP 5.4 还处于 Beta 试用的版本号，非稳定版本。主流 PHP 程序对 PHP 5.2.X 的兼容性最好，而每次版本号的升级带来的都是安全性和稳定性的改善，所以宜挑选最新的版本。目前 PHP 5.2 系列最新的是 PHP 5.2.17。而如果产品是自己开发自己使用，PHP 5.3 在某些方面更具优势，在稳定性上更胜一筹，增加了很多 PHP 5.2 所不具有的功能，比如内置 PHP – FPM、更完善的垃圾回收算法、命名空间的引入、SQLite 3 的支持等，是部署项目值得考虑的版本。

除了版本号的不同，同一版本号的 PHP 版本也有区别，并且在选择 PHP 扩展的时候需要注意。

install 版：可执行的 MSI 格式安装包。Zip 版：解压即可用，和 install 版无区别，建议选择 Zip 版。Debug 版：最终用户无须关心。

（2）VC 6 与 VC 9。如果在 Apache 1 或者 Apache 2 下使用 PHP，应该选择 VC 6 的版本。如果在 IIS 下使用 PHP 应该选择 VC 9 的版本，VC 6 的版本使用 Visual Studio 6 编译，VC 9 使用 Visual Studio 2008 编译，并且改进了性能和稳定性。VC 9 版本的 PHP 需要安装 Microsoft 2008 C + + Runtime。不要在 Apache 下使用 VC 9 的版本。

（3）TS 和 NTS。TS 指 Thread Safety，即线程安全，一般在 IIS 以 ISAPI 方式加载的时候选择这个版本。

NTS 即 None – Thread Safe，一般以 fast cgi 方式运行的时候选择这个版本，具有更好的性能。从 2000 年 10 月 20 日发布的第一个 Windows 版的 PHP 3.0.17 开始的都是线程安全的版本，这是由于与 Linux/UNIX 系统采用多进程的工作方式，不同的是，Windows 系统采用多线程的工作方式。如果在 IIS 下以 CGI 方式运行 PHP 会非常慢，这是由于 CGI 模式是建立在多进程的基础之上的，而非多线程。一般我们会把 PHP 配置成以 ISAPI 的方式来运行，ISAPI 是多线程的方式，这样就快多了。但存在一个问题，很多常用的 PHP 扩展是以 Linux/UNIX 的多进程思想来开发的，这些扩展在 ISAPI 的方式运行时会出错，整垮 IIS。因此在 IIS 下 CGI 模式才是 PHP 运行的最安全方式，但 CGI 模式对于每个 HTTP 请求都需要重新加载和卸载整个 PHP 环境，其消耗是巨大的。

为了兼顾 IIS 下 PHP 的效率和安全性，微软给出了 FastCGI 的解决方案。FastCGI 可以让

PHP 的进程重复利用而不是每一个新的请求就重开一个进程。同时，FastCGI 也可以允许几个进程同时执行。这样既解决了 CGI 进程模式消耗太大的问题，又利用了 CGI 进程模式不存在线程安全问题的优势。

因此，如果是使用 ISAPI 的方式来运行 PHP，就必须用 Thread Safe（线程安全）的版本；而用 FastCGI 模式运行 PHP 的话就没有必要用线程安全检查了，用 None Thread Safe（NTS，非线程安全）的版本能够更好地提高效率。

（4）查看版本。一个很简单的办法就是 phpinfo（）：Thread Safety disabled 是 NTS，enabled 是 TS。

Configure Command 看到 VC 98 字样的是 VC 6，Compiler 标明 MSVC 9（Visual C + + 2008）的是 VC 9；在 Windows 7 下，IIS 7 + NTS + FastCGI + VC 9 是最佳搭档或者 apache + fastcgi + nts + VC 6。在 Windows XP 下，Apache + TS + Apache module + VC 6 是最合适的搭档。

5. PHP 5 简介

PHP 5 在长时间的开发及多个预发布版本后，2004 年 7 月 13 日，PHP 5 发布。该版本以 Zend 引擎 II 为引擎，并且加入了新功能如 PHP Data Objects（PDO）。PHP 5 版本强化更多的功能。首先，完全实现面向对象，提供名为 PHP 兼容模式的功能。其次是 XML 功能，PHP 5 版本支持可直观地访问 XML 数据、名为 SimpleXML 的 XML 处理用界面。同时还强化了 XMLWeb 服务支持，而且标准支持 SOAP 扩展模块。数据库方面，PHP 新版本提供旨在访问 MySQL 的新界面——MySQL。除此前的界面外，还可以使用面向对象界面和预处理语句（Prepared Statement）等 MySQL 的新功能。另外，PHP 5 上还捆绑了小容量 RDBMS - SQLite。

在 PHP 4 中，当函数与对象同名时，这个函数将成为该对象的构造函数，并且在 PHP 4 中没有析构函数的概念。在 PHP 5 中，构造函数被统一命名为 _ _ construct，并且引入了析构函数的概念，被统一命名为 _ _ destruct。

对象的引用。在 PHP 4 中，传递变量给一个函数或方法，实际是把这个变量做了一次复制，也就意味着传给函数或方法的是这个变量的一个副本，除非使用了引用符号"&;"来声明是要做一个引用，而不是一个 Copy。在 PHP 5 中，对象总是以引用的形式存在的，对象中的赋值操作同样都是一个引用操作。

对象的克隆。当一个对象始终以引用的形式来被调用时，如果想得到该对象的一个副本怎么办？PHP 5 提供了一个新的功能，就是对象的克隆，语法为 _ _ clone。

抽象类不能被实例化。抽象类与其他类一样，允许定义变量及方法。

抽象类同样可以定义一个抽象的方法，抽象类的方法不会被执行，不过将有可能会在其派生类中执行。

PHP 5 的对象新增了一个专用方法 _ _ call（），这个方法用来监视一个对象中的其他方法。如果试着调用一个对象中不存在的方法，_ _ call（）方法将会被自动调用。

_ _ set 和 _ _ get 方法可以用来捕获一个对象中不存在的变量和方法。

在 PHP 5 中，可以在对象的方法中指明其参数必须为另一个对象的实例。

静态成员和静态方法在面向对象编程的术语中被称作"类方法"（class methods）和"类

变量"（class variables）。"类方法"在一个对象没有实例化前允许被调用。同样，"类变量"在一个对象没有实例化前可以被独立操作控制（不需要用一个对象的方法来控制）。

异常处理是公认的处理程序错误的理想方法，在 Java 及 C 中都有这个概念，我们欣喜地看到，PHP 5 已经加入了这方面的应用。你可以尝试使用 "try" 和 "catch" 来控制程序的错误。当有错误发生的时候，代码会把错误交给 "catch" 子句来处理，在 "catch" 子句中，需要指明把错误交给某个对象处理，这样做可以使代码结构看起来更清晰，因为我们可以把所有的错误信息交给一个对象来处理。

你可以很方便地用自定义的处理错误的代码来控制程序中的意外。仅仅需要从异常类中派生出一个自己的错误控制类，在此错误控制类中，你需要一个构造函数和一个 getMessage 方法。

名称空间对类的分组或函数分组很有用。它可以把一些相关的类或函数给组合到一起，方便以后调用。例如：

```php
<? php
namespacemy \name; //参考" 定义命名空间" 小节
classMyClass {}
functionmyfunction () {}
constMYCONST =1;
$a = newMyClass;
$c = new \my \name \MyClass; //参考" 全局空间" 小节
$a = strlen ('hi'); //参考" 使用命名空间: 后备全局函数/常量" 小节
$d = namespace \MYCONST; //参考" namespace 操作符和_ _ NAMESPACE_ _ 常
量" 小节
$d = _ _ NAMESPACE_ _ .' \MYCONST';
echoconstant ($d); //参考" 命名空间和动态语言特征" 小节
? >
```

注意需要在何种情况下使用名称空间，在实际运用中，可能会需要声明两个或多个名称一样的对象来做不同的事情，这样就可以把它们分别放到不同的名称空间中去（但接口要相同）。

从 PHP 5.3 开始支持 ZendGuard 加密方式，必须安装 Zend Guard Loader，老的 Zend Optimizer 将不被支持。

Linux 安装 Zend Guard Loader 支持的过程：操作系统为 CentOS 5.5，PHP 版本为 5.3.8（CentOS 5.5 中的 PHP 默认版本较低，如果要升级到 PHP 最新版，可以使用 remi 的 report 源进行升级）。Windows 下面的 Zend Guard Loader 不支持 PHP 5.3.8 VC9 x86 Thread Safe，而 PHP 5.3.8 VC9 x86 Non Thread Safe 又不支持 Apache，所以安装的话，就需要安装在 iis 或者和 nginx 搭配。

（1）下载最新的 Linux 操作系统下的 Zend Guard Loader。

（2）上传至 Linux 服务器并解压缩，注意阅读生成目录下的 README 文件。在/etc/

php. d/目录下创建文件 zend. ini，内容如下：

```
zend_ extension =/usr/lib64/php/modules/ZendGuardLoader.so
```

注意路径一定要写上，刚开始没写路径，总是加载不上 ZendGuardLoader. so，也可以直接将上面的配置写入/etc/php. ini 文件中，效果一样。

（3）重启 httpd 服务：service httpd restart。

（4）输出 <? php phpinfo ()；? >。

PHP 5.5 正式版不再支持 Windows XP，同时 PHP 开发者也提醒用户，PHP 5.5 也包含一些不向后兼容的内容，包括：不再支持 Windows XP 和 2003 系统；不区分大小写的匹配函数、类；常数名称跟 Locale 无关，这是一些使用非 ASCII 代码的常量名的开发者需要注意的。

6. PHP 版本 6 设想

（1）支持 Unicode。Unicode 有其必然，虽然 Unicode 占用较多的空间，但 Unicode 带来的便利性远超过占用空间的缺点，尤其在国际化的今天，硬件设备越来越强大，网速也大幅度提升，这么一点缺点是可以忽略的。另外，PHP 也可以在 . ini 文件中设定，能不能开启支持 Unicode，决定权在自己，这是一个不错的点子，关掉 Unicode 的支持，PHP 的性能并不会有大幅度的提升，主要的影响在于需要引用字符串的函数。

（2）Register Globals 将被移除，这是一个主要的决定，老的 PHP 使用者会觉得 Register Globals 很方便，但是忽略了 Register Globals 会带来程序安全性的隐患，大多数的主机上此项功能是关闭的，从 PHP 4. 3. x 版开始，此项默认配置值即关闭状态，PHP 6 正式移除 Register Globals 也表明，如果程序是 PHP3 时代的产物，将完全不能运用，除了改写用途外，别无他法。

（3）将取消 Magic Quotes，主要是自动转义需要转义的字符，此项功能移除也符合大多数 PHP 开发者的心声。

（4）Safe Mode 取消。

（5）var 别名为 public，在类中的 var 声明变成 public 的别名，相信是为了兼容 PHP 5 而做的决定，PHP 6 现在也可以称作 OO 语言了。

（6）通过引用返回将出错未来通过引用返回编译器会报错，例如 $ a = & new b ()、function &c ()，OO 语言默认就是引用，所以不需要再运用 & 了。

（7）zend. ze1 compatbility mode 将被移去（zend. ze1 相容模式将被移去），PHP 5 是为兼容旧有 PHP 4，所以在 . ini 中可选择是否开启相容模式，原由在于 PHP 5 运用的是第二代分析引擎，但是相容模式并不是百分之百能分析 PHP 4 语法，因而旧时代的产物移除。

（8）Freetype1 and GD1 support 将消失。这两个 Libs 存在了很久，PHP 6 将不再支持，况且 GD 1 早已被现在的 GD 2 取代了。

（9）dl () 被移到 SAPI 中 dl () 主要是让设计师加载 extension Libs，被移到 SAPI 中。

（10）Register Long Array 去除。从 PHP 5 起默认是关闭，在 PHP 6 中正式移除。

（11）一些 Extension 的变更例如 XMLReader 和 XMLWriter 将不再是以 Extension 的方式出现，它们将被移入 PHP 的核心之中，并且默认是开启，eregextension 将被放入 PECL，代表着它将被移出 PHP 核心，这也是为了让路给新的正则表达式 extension。此外，Fileinfo extension 也将被导入 PHP 的核心之中。

（12）APC 将被导入核心。这是一个提高 PHP 性能的功能，它将被放入 PHP 核心中，并且可以选择是否启用 APC。

（13）告别 ASP 风格的起始标签。原来为了取悦 ASP 开发者而转向运用 PHP，现今已经不再需要这种做法了。

最后，别期望 PHP 6 的性能可以彻底超过 PHP 5，有可能 PHP 6 的执行效率会比 PHP 5 还要慢，可以预期的是，PHP 开发小组将会努力完善 PHP 6，超越 PHP 5。PHP 在数据库方面的丰富支持，也是它迅速走红的原因之一，它支持下列的数据库或是数据文件：Adabas、D、DBA、dBase、dbm、filePro、Informix、InterBase、mSQL、Microsoft SQL Server、MySQL、Solid、Sybase、Oracle、PostgreSQL。而在 Internet 上它也支持了相当多的通信协议（Protocol），包括与电子邮件相关的 IMAP、POP3；网管系统 SNMP；网络新闻 NNTP；账号共用 NIS；全球信息网 HTTP 及 Apache 服务器；目录协议 LDAP 以及其他网络的相关函数。

除此之外，用 PHP 写出来的 Web 后端 CGI 程序，可以很轻易地移植到不同的操作系统上。例如，以 Linux 架构的网站，在系统负荷过高时，可以快速地将整个系统移到 SUN 工作站上，不用重新编译 CGI 程序。面对快速发展的 Internet，这是长期规划的最好选择。

7. 相关语法及概念

PHP 支持八种原始类型。四种标量类型：boolean（布尔型）、integer（整型）、float（浮点型，也作"double"）、string（字符串型）。两种复合类型：array（数组）、object（对象）。最后是两种特殊类型：resource（资源）、NULL。为了确保代码的易读性，还介绍了一些伪类型：mixed、number、callback。

PHP 语法（例子中均忽略了 PHP 代码边界符 <？php？>）：

注释的语法有三种：

```
//comment 这个是单行注释
/* comment* /这个是多行注释
#comment 这个是脚本类型注释，很少用
```

基本的结构控制语句：

```
//分支结构（选择结构）

if（condition）{

//Statement

}
```

```
if (condition) {

//Statement

} else {

//Statement

}

if (condition) {

//Statement

} elseif (condition) {

//Statement

}
//多分支结构
switch ($变量) {
case'值':
//Statement
break;
case'值2':
//Statement
break;

default:
//Statement
}

//循环结构

while (condition) {
//Statement
}
```

```
do {
//Statement
} while (condition);


for (初始化; 判断; 变化) {
//Statement
}


//数组遍历专用循环语句

foreach ( $ Arrayas $ value) {
echo $ value;
}

foreach ( $ Arrayas $ key = > $ value) {
echo $ key;
echo $ value;
}
```

一个 PHP 实例：

```
< html >
< head >
< title > Firstprogram < /title >
< /head >
< body >
//php 中 string 类型的拼接符和其他大多数采用" + "号运算符不一样，而是采
用" . "号运算
//在一般语言中用于对象属性和方法调用的" . "运算符，则和 C 语言的结构体一样
用" = >"
< ? php
echo" helloworld" . "!";
? >
< /body >
< /html >
```

PHP 对面向对象的支持，面向对象编程的概念，不同的作者之间说法可能不一样，但

是一个 OOP 语言必须有以下几方面：抽象数据类型和信息封装、继承、多态。在 PHP 中是通过类来完成封装的。

```
//在 OOP 类中，通常采用大双驼峰命名法，每个单词的首字母都大写
classSomething {
//作用域修饰符：public 公共的；private 私有的；protected 受保护的；
//属性的名称一般用全小写
private $x = null; //在编程建议中，内部使用的属性应该给私有修饰符，然后通
过方法取值赋值

//方法的名称一般用小驼峰命名法，第一个单词全小写，剩下的单词首字母大写
//因为 PHP 不会自动为变量使用 $this，所以必须主动加上 $this 伪变量来指向操
作的对象
publicfunctionsetX ( $v) {
$this - >x = $v;
}
publicfunctiongetX () {
return $this - >x;
}
}
```

当然你可以按自己的喜好进行定义，但最好保持一种标准，这样会更有效。数据成员在类中使用" var" 声明来定义，在给数据成员赋值之前，它们是没有类型的。一个数据成员可以是一个整数、一个数组、一个相关数组（Associative Array）或者是一个对象。方法在类中被定义成函数形式，在方法中访问类成员变量时，你应该使用 $this - >name，否则对一个方法来说，它只能是局部变量。使用 new 操作符来创建一个对象：

```
$obj = newSomething;
```

然后你可以使用成员函数。

```
$obj - >setX (5);
$see = $obj - >getX ();
Echo $see;
```

在这个例子中，setX 成员函数将 5 赋值给对象的成员变量 x（不是类的），然后 getX 返回它的值 5。可以像 $obj - >x = 6 那样通过类引用方式来存取数据成员，这不是一个很好的 OOP 习惯。强烈建议通过方法来存取成员变量。如果你把成员变量看成不可处理的，并且只通过对象句柄来使用方法，你将是一个好的 OOP 程序员。不幸的是，PHP 不支持声明私有成员变量，所以不良代码在 PHP 中也是允许的。继承在 PHP 中很容易实现，只要使用

extends 关键字。

```
classAnotherextendsSomething {
private $ y;

publicfunctionsetY ( $ v) {
$ this - >y = $ v;
}
functiongetY () {
return $ this - >y;
}
}
```

Another 类的对象拥有了父类（Something）的全部的数据成员及方法，而且加上了自己的数据成员和方法。

你可以使用：

```
$ obj2 = newAnother;
$ obj2 - >setY (5);
echo $ obj2 - >getY ();
```

PHP 只支持单继承，所以不能从两个或两个以上类派生出新的类来。你可以在派生类中重定义一个方法，如果我们在 Another 类中重定义了 getX 方法（方法重写），就不能使用" Something" 中的 getX 方法了。如果你在派生类中声明了一个与基派同名的数据成员，那么当你处理它时，它将"隐藏"基类的数据成员。你可以在你的类中定义构造函数。构造函数是一个与类名同名的方法，当你创建一个类的对象时会被调用，例如：

```
classSomething {
private $ x = null;

//新版本的构造函数放弃使用类名，而统一使用_ _ construct ()
publicfunction_ _ construct ( $ x) {
$ this - >x = $ x;
}
publicfunctionsetX ( $ v) {
$ this - >x = $ v;
}
publicfunctiongetX () {
return $ this - >x;
}
```

```
//析构函数
publicfunction _ _ destruct ( ) {


}
}
```

所以你可以创建一个对象：

```
$ obj = newSomething (6);
```

构造函数会自动地把6赋值给数据变量x。构造函数和方法都是普通的PHP函数（"_ _"
两个下划线，魔术方法），所以可以使用缺省参数。

```
publicfunction _ _ construct ( $ x = " 3", $ y = " 5") {
}
$ obj = newSomething (); //x = 3 andy = 5
$ obj = newSomething (8); //x = 8 andy = 5
$ obj = newSomething (8, 9); //x = 8 andy = 9
```

缺省参数使用 C + + 的方式，所以不能忽略 y 的值，而给 x 一个缺省参数，参数是从左
到右赋值的，如果传入的参数少于要求的参数，其他的将使用缺省参数。

当一个派生类的对象被创建时，只有它的构造函数被调用，父类的构造函数没被调用，
如果你想调用基类的构造函数，必须在派生类的构造函数中用 parent:: _ _ construct ( ) 调
用。可以这样做是在派生类中所有父类的方法都是可用的。

```
classAnotherextendsSomething {


publicfunction _ _ construct ( ) {
parent:: _ _ construct (5, 6); //显示调用基类构造函数
}
}
```

OOP 的一个很好的机制是使用抽象类。抽象类是不能实例化，只能提供给派生类一
个接口。设计者通常使用抽象类来强迫程序员从基类派生，这样可以确保新的类包含一
些期待的功能。在 PHP 中没有标准的方法，但是，如果你需要这个特性，可以通过定义
基类，并在它的构造函数后加上"die"的调用，这样就可以保证基类是不可实例化的，在
每一个方法（接口）后面加上"die"语句，如果一个程序员在派生类中没有覆盖方法，将
引发一个错误。而且，因为 PHP 是无类型的，你可能需要确认一个对象是来自你的基类
的派生类，那么在基类中增加一个方法来实义类的身份（返回某种标识 id），并且在你接
收到一个对象参数时校验这个值。当然，如果一个邪恶程序员在派生类中覆盖了这个方

法，这种方法就不起作用了，不过一般问题多发生在懒惰的程序员身上，而不是邪恶的程序员身上。

当然，能够使基类让程序员无法看到是很好的，只要将接口打印出来做他们的工作就可以了。PHP 5 引入了析构函数的概念，这类似于其他面向对象的语言，如 C + +。析构函数会在到某个对象的所有引用都被删除或者当对象被显式销毁时执行。

重载（与覆盖不同）在 PHP 中不支持，因为 PHP 是弱类型语言。在 OOP 中，你可以重载一个方法来实现两个或更多的方法具有相同的名字，但是有不同数量或类型的参数（这要看语言）。PHP 是一种松散类型的语言，所以通过类型重载不起作用，通过参数的个数不同来重载也不起作用。

有时在 OOP 中重载构造函数非常好，这样你可以通过不同的方法创建对象（变量函数）。在 PHP 中实现它的技巧是：

```php
classMyclass {
publicfunctionMyclass () {
 $ name = " Myclass" . func_ num_ args (); //这个函数返回的是传过来参数的
个数
 $ this - > $ name (); //这里使用的是一个变量函数，以这个变量的值作为函数
的名称调用
 }
publicfunctionMyclass1 ( $ x) {
//code
 }
publicfunctionMyclass2 ( $ x, $ y) {
//code
 }
 }
```

通过在类中的额外处理，使用这个类对用户是透明的。

```php
$ obj1 = newMyclass ('1'); //将调用 Myclass1
$ obj2 = newMyclass ('1', '2'); //将调用 Myclass2
```

多态是对象的一种能力，它可以在运行时刻根据传递的对象参数，决定调用哪一个对象的方法。例如，如果你有一个 figure 的类，它定义了一个 draw 的方法，并且派生了 circle 和 rectangle 类，在派生类中你覆盖了 draw 方法，你可能还有一个函数，它希望使用一个参数 x，并且可以调用 $ x - > draw ()。如果你有多态性，调用哪个 draw 方法就依赖于传递给这个函数的对象类型。

多态性在 PHP 这样的解释语言中是非常容易和自然的，所以 PHP 当然支持多态性。

```
classCalc {
functionniceDrawing ( $ x) {//假设这是 Board 类的一个方法
$ x - > draw ();
}
}

classCircle {
publicfunctiondraw ( ) {
echo" 画了一个圆";
}
}

classRectangle {
publicfunctiondraw ( ) {
echo" 画了一个矩形";
}
}
$ board = newCalc;
$ obj = newCircle (3, 187);
$ obj2 = newRectangle (4, 5);
$ board - >niceDrawing ( $ obj); //将调用 Circle 的 draw 方法
$ board - >niceDrawing ( $ obj2); //将调用 Rectangle 的 draw 方法
```

8. 用 PHP 进行面向对象编程

一些"纯化论者（purists）"可能会说 PHP 不是一个真正的面向对象的语言，这是事实。PHP 是一个混合型语言，你可以使用 OOP，也可以使用传统的过程化编程。然而，对于大型项目，你可能想/需要在 PHP 中使用纯的 OOP 声明类，而且在你的项目只用对象和类。

随着项目越来越大，使用 OOP 可能会有帮助，OOP 代码很容易维护，容易理解和重用，这些就是软件工程的基础。在基于 Web 的项目中应用这些概念成为将来网站成功的关键。

在看过基本的 OOP 概念后，现在就可以展示更高级的技术——序列化（Serializing）。

PHP 不支持永久对象，在 OOP 中永久对象是可以在多个应用的引用中保持状态和功能的对象，这意味着拥有将对象保存到一个文件或数据库中的能力，而且可以在以后装入对象。这就是所谓的序列化机制。PHP 拥有序列化方法，它可以通过对象进行调用，序列化方法可以返回对象的字符串表示。然而，序列化只保存了对象的成员数据而不包括方法。

在 PHP 4 中，如果你将对象序列化到字符串 $ s 中，然后释放对象，接着反序列化对象到 $ obj，你可以继续使用对象的方法。编者不建议这样做，因为文档中没有保证这种行为在以后的版本中仍然可以使用。这可能导致一种误解，把一个序列化后的版本保存到磁盘并退出脚本，当以后运行这个脚本时，不能期待着在反序列化一个对象时，对象的方法也会在那里，因为字符串表示根本就不包括方法。

总而言之，PHP 进行序列化对于保存对象的成员变量非常有用。例如：

```
$ obj = newClassfoo ();
$ str = serialize ($ obj); //保存 $ str 到磁盘上
$ obj2 = unserialize ($ str); //几个月以后，从磁盘中装入 str
```

你恢复了成员数据，但是不包括方法（根据文档所说）。这导致只能通过类似于使用 $ obj2 – >x 来存取成员变量的办法，所以不要在家里试它。

使用类进行数据存储 PHP 和 OOP 的好处是，你可以很容易地定义一个类来操作某件事情，并且无论何时想用的时候都可以调用相应的类。假设你有一个 HTML 表单，用户可以通过选择产品 ID 号来选择一个产品。在数据库中有产品的信息，你想把产品显示出来，并显示它的价格等。你拥有不同类型的产品，并且同一个动作可能对不同的产品具有不同的意思。例如，显示一个声音可能意味着播放它，但是对于其他种类的产品可能意味着显示一个存在数据库中的图片。你可以使用 OOP 或 PHP 来减少编码并提高质量。

定义一个产品的类，定义它应该有的方法，然后定义对每一种类型的产品的类，从产品类派后出来（SoundItem 类、ViewableItem 类等），覆盖在产品类中的方法，使它们按你的想法动作。

根据数据库中每一种产品的类型（Type）字段给类命名，一个典型的产品表可能有 id、type、price、description 等字段，然后在处理脚本中，你可以从数据库中取出 type 值，然后实例化一个名为 type 的对象。

```
$ obj = new $ type ();
$ obj – >action ();
```

这是 PHP 的一个非常好的特性，你可以不用考虑对象的类型，调用 $ obj 的显示方法或其他的方法。使用这个技术，你不需要修改脚本去增加一个新类型的对象，只是增加一个处理它的类。

这个功能很强大，只要定义方法，而不去考虑所有对象的类型，在不同的类中按不同的方法实现它们，然后在主脚本中对任意对象使用它们，没有 if… else，也不需要两个程序员。

你同意编程是容易的，维护是便宜的，可重用是真的吗？如果你管理一组程序员，分配工作就很简单了，每个人可能负责一个类型的对象和处理它的类。可以通过这个技术实现国际化，根据用户所选的语言字段应用相应的类就可以了。

当你创建一个 $ obj 的对象时，你可以通过 $ obj2 = $ obj 来拷贝对象，新的对象是 $ obj 的一个拷贝（不是一个引用），所以它具有 $ obj 在当时的状态。有时候，你不想这样，你只是想生成一个像 obj 类一样的新的对象，可以通过使用 new 语句来调用类的构造函数。在 PHP 中也可以通过序列化和一个基类来实现，但所有的其他类都要从基类派生出来。

当你序列化一个对象时，你会得到某种格式的字符串，如果你感兴趣，你可以调用它，其中，字符串中有类的名字，你可以把它取出来。例如：

```
$herring=serialize ($obj);
$vec=explode (': ', $herring); //以：为标识符把字符串拆分成一个数组
$nam=str_replace (" \", '', $vec[2]);
```

假设你创建了一个"Universe"的类，并且强制所有的类都必须从 Universe 扩展，你可以在 Universe 中定义一个 clone 的方法，如下：

```
classUniverse {

//在新的 PHP 版本中克隆（ _ _ clone ()）是一个魔术方法，不要和这个方法搞混了

functionclone () {

$herring=serialize ($this);

$vec=explode (': ', $herring);

$nam=str_replace (" \"", '', $vec[2]);

$ret=new $nam;
return $ret;

}

} //然后

$obj=newSomething (); //从 Universe 扩展

$other = $obj - >clone ();
```

你所得到的是一个新的 Something 类的对象，它同使用 new 方法，调用构造函数创建出的对象一样。我不知道这个是否有用，但是 Universe 类可以知道派生类的名字是一个好的经验。想象是唯一的限制。

Smarty 的特点是将模板编译成 PHP 脚本，然后执行这些脚本。Heyes Template Class，一个非常容易使用但功能强大并且快速的模板引擎，它帮助你把页面布局和设计从代码中分

离。FastTemplate，一个简单的变量插值模板类，它分析你的模板，把变量的值从 HTML 代码中分离处理。ShellPage，一个简单易用的类，可以让你的整个网站布局基于模板文件，修改模板就能改变整个站点。STP Simple Template Parser，一个简单、轻量级并且易于使用的模板分析类。它可以从多个模板中组装一个页面，把结果页面输出到浏览器或者文件系统。

OO Template Class，一个你可以用在自己程序中的面向对象的模板类。SimpleTemplate，一个可以创建和结构化网站的模板引擎。它可以解析和编译模板。bTemplate，短小但是快速的模板类，允许你把 PHP 逻辑代码从 HTML 修饰代码中分离。Savant，一个强大且轻量级的 Pear 兼容模板系统。它是非编译型的，使用 PHP 语言本身作为它的模板语言。ETS（Easy-Template System），可以使用完全相同数据重组模板的模板系统。EasyTemplatePHP，适用于你的站点的一个简单但是强大的模板系统。vlibTemplate，一个快速、全能的模板系统，它包含一个缓存和调试类。AvanTemplate，多字节安全的模板引擎，占用很少系统资源。它支持变量替换，内容块可以设置显示或隐藏。

Grafx Software's FastTemplate，一个修改版本的 FastTemplate 系统，它包括缓存功能，调试控制台以及沉默去除为赋值块。TemplatePower，一个快速、简单、功能强大的模板类。其主要功能有嵌套的动态块支持，块/文件包含支持以及显示/隐藏未赋值的变量。TagTemplate，这个库的功能被设计来使用模板文件，同时允许你从 HTML 文件检索信息。htmltmpl，templating engine，一个适用于 Python 和 PHP 的模板引擎。它面向希望在项目中分离代码和设计的 Web 应用开发人员。PHP Class for Parsing Dreamweaver Templates，一个分析 Dreamweaver 模板的简单类，被用于 Gallery 2 和 WordPress 的自定义模块中。

MiniTemplator（Template Engine），针对 HTML 文件的一个紧凑型模板引擎。对于模板变量和块定义具有简单的语法。其中块可以嵌套。

Layout Solution，简化网站开发和维护。它拥有常用的变量和页面元素使你不需要重复做页面布局工作。Cached Fast Template，它已经纳入 FastTemplate，允许你缓存模板文件，甚至可以在分离的块内容上缓存不同的规格。TinyButStrong，一个支持 MySQL，ODBC，SQLServer 和 ADODB 的模板引擎。它包含 7 个方法和两个属性。Brian Lozier's php based template engine，只有 2 K 大小，非常快并且是面向对象设计。WACT，一个从设计中分离代码的模板引擎。PHPTAL，一个 PHP 下面的 XML/XHTML 模板库。Rong_ View_ Wudimei，Wudimei 开发的国产框架 Rong Framework 的模板引擎，它类似于 Smarty，优点是速度快，缺点是模板标签较少，不过够用了。

框架介绍，ThinkPHP 是一个免费开源的，快速、简单地面向对象的轻量级 PHP 开发框架，创立于 2006 年初，遵循 Apache 2 开源协议发布，是为了 Web 应用开发和简化企业应用开发而诞生的。ThinkPHP 从诞生以来一直秉承简洁实用的设计原则，在保持出色的性能和至简的代码的同时，也注重易用性，并且拥有众多的原创功能和特性，在社区团队的积极参与下，在易用性、扩展性和性能方面不断优化和改进，已经成长为国内最领先和最具影响力的 Web 应用开发框架，众多的典型案例确保可以稳定用于商业以及门户级的开发。

9. PHP 认证级别

PHP 课程有初级（IFE）、中级（IPE）和高级（IAE）三个部分。IFE 即 Index Frontend Engineer 的缩写，指数前端工程师的意思。IPE 即 Index PHP Engineer 的缩写，意思是指数 PHP 工程师。IAE 即 Index Architecture/Advanced Engineer 的缩写，意思是指数高级/架构工程师。

10. PHP 安全

PHP 其实不过是 Web 服务器的一个模块功能，所以首先要保证 Web 服务器的安全。当然，Web 服务器安全必须先保证系统安全。常见的 Web 安全漏洞有注入攻击、跨站攻击、服务器自身漏洞等。

11. PHP 的优点学习过程和方法

PHP 的语法类似于 C、Perl、ASP 或者 JSP。对于那些对上述之一的语言较熟悉的人来说，PHP 太简单了。相反，如果对 PHP 了解较多，那么你对于其他几种语言的学习也很简单了。你只需要很短的时间将 PHP 的核心语言特点全部掌握，可能就已经非常了解 HTML，甚至已经知道怎样用编辑设计软件或者手工来制作好看的 Web 站点。由于 PHP 代码能够无障碍地添加进你的站点，你在设计和维护站点的同时，可以很轻松地加入 PHP，使得你的站点更加具有动态特性。

（1）数据库连接。PHP 可以编译成具有与许多数据库相连接的函数。PHP 与 MySQL 是绝佳的组合，如果再加上 Apache 服务器，就相当完美了。你还可以自己编写外围的函数间接存取数据库。通过这样的途径，当你更换使用的数据库时，可以轻松地更改编码以适应这样的变化。PHPLIB 就是最常用的可以提供一般事务需要的一系列基库。

（2）可扩展性。就像前面说的那样，PHP 已经进入了一个高速发展的时期。对于一个非程序员来说，为 PHP 扩展附加功能可能会比较难，但是对于一个 PHP 程序员来说并不困难。

（3）可伸缩性。传统上网页的交互作用是通过 CGI 来实现的。CGI 程序的伸缩性不很理想，因为它为每一个正在运行的 CGI 程序开一个独立进程。解决方法就是将经常用来编写 CGI 程序的语言的解释器编译进 Web 服务器（比如 mod_ perl、JSP）。PHP 就可以这种方式安装，虽然很少有人愿意以 CGI 方式安装它。内嵌的 PHP 可以具有更高的可伸缩性。

（4）免费安装。PHP 源代码包安装版适合已经有自己独立的网站域名、网站空间的专业网站建设用户。使用方法依然简单，只需三步：第一步，到官方网站下载 PHP 源代码包安装版最新版本，解压下载文件，将其中的全部内容上传到你的支持 PHP 的网站空间。第二步，更改文件属性，将根目录下以 PHP 为后缀名的文件和"/include/domain. php""/attachments""/data"文件夹以及文件夹下所有的文件属性改成"可读""可写""可执行"，通常是"755"。第三步，打开你的网站根目录，系统会自动运行 setup 安装程序，按提示点下一步操作。

（5）文件格式。对于只含有 PHP 代码的文件，我们将在文件结尾处忽略掉"？ >"。这是为了防止多余的空格或者其他字符影响到代码。例如：$ foo = 'foo'；缩进应该能够反映出代码的逻辑结果，尽量使用四个空格，禁止使用制表符 Tab，因为这样能够保证有跨客户端编程器软件的灵活性。例如：

```
if (1 = = $x) {
$indented_ code =1;
if (1 = = $new_ line) {
$more_ indented_ code =1;
}
}
```

变量赋值建议保持相等间距和排列。例如：

```
$variable = 'demo';
$var = 'demo2';
```

每行代码长度应控制在 80 个字符以内，最长不超过 120 个字符。因为 Linux 读入文件一般以 80 列为单位，就是说如果一行代码超过 80 个字符，那么系统将为此付出额外操作指令。这虽然看起来是小问题，但是对于追求完美的程序员来说也是值得注意并遵守的规范。

每行结尾不允许有多余的空格。

PHP 文件记事本编辑乱码问题。一般情况下，记事本编辑器在对文件进行编辑并保存时，其默认编码为 ANSI，中文。更多的时候，PHP 在语言环境设置时语言多数为 UTF - 8，直接保存并用于 Apache，等 http - server 解析后就会出现乱码。

为此，应该注意在用记事本编辑完后可用"另存为"的方式对文件进行保存，并将"文件类型"选择成"所有文件"，编码与文件指定语言编码一致。

（6）算数运算符。PHP 的运算符包括算术运算符、赋值运算符、比较运算符和逻辑运算符。算数运算符：加、减、乘、除、取模（取余），+、-、×、/、%。赋值运算符：（以下解释在许多书中有所不同）赋值、加赋值、减赋值、乘赋值、除赋值、连字赋值，=、+ =、- =、× =、/ =、. =。位运算符：位与、位或、位亦或、位非、左移、右移，&、|、^、~、< <、> >。比较运算符：等于、全等于、不等于、不全等于、大于、小于、大于等于、小于等于，= =、= = =、! =（< >）、! = =、>、<、> =、< =。逻辑运算符：逻辑与、逻辑或、逻辑非、逻辑亦或，&、| |、!、xor。字符串运算符：. 连接两个字符串。

3.4.2　ASP 网页开发技术

1. ASP 简介

ASP 即 Active Server Pages（动态服务器页面），是 Microsoft 公司开发的服务器端脚本环境，可用来创建动态交互式网页并建立强大的 Web 应用程序。当服务器收到对 ASP 文件的请求时，它会处理包含在用于构建发送给浏览器的 HTML（HyperText Markup Language，超文本标记语言）网页文件中的服务器端脚本代码。除服务器端脚本代码外，ASP 文件也可以包含文本、HTML（包括相关的客户端脚本）和 COM 组件调用。

ASP 简单，易于维护，是小型页面应用程序的选择，在使用 DCOM（Distributed Component Object Model）和 MTS（Microsoft Transaction Server）的情况下，ASP 甚至可以实现中等

规模的企业应用程序。

2. 发展历史

在 Internet 风行的早期，浏览器中显示的网页仅是静态的图文组合而已，浏览者可以在网页上阅读信息，但无法进一步发表意见、查询信息或进行在线购物等商务活动。为此，人们提出了动态网页或交互网页的概念和解决方案。所谓动态网页，是指客户端浏览器和 Web 服务器端可以互动，也就是服务器端可以实时处理浏览器端的请求（Request），再将处理的结果作为对浏览器请求的响应（Response）传送给浏览器。

由于 Web 程序开发十分复杂，以至于制作一个简单的动态页面需要编写大量的 C 代码才能完成。于是 Microsoft 公司于 1996 年推出一种 Web 应用开发技术 ASP，用于取代对 Web 服务器进行可编程扩展的 CGI 标准。

ASP 1.0 作为 IIS（Internet Information Server，Internet 信息服务器）的附属产品免费发送，不久就在 Windows 平台上广泛使用。ASP 与 ADO 的结合使开发者很容易地在一个数据库中建立和打开一个记录集。1998 年，微软公司又发布了 ASP 2.0。ASP 1.0 和 ASP 2.0 的主要区别在于外部组件。有了 ASP 2.0 和 IIS 4.0，就可以建立 ASP 应用了。在微软公司开发的 Windows 2000 操作系统中就开始采用 IIS 5.0 及 ASP 3.0。虽然 Windows 已经发展到了比较高的版本，但是开发领域中依然百分之百采用 Windows 2000 Server，Windows 2000 包括三个不同的版本：Windows 2000 Professional、Windows 2000 Server 和 Windows 2000 Advanced Server。按照默认设置安装 Windows 2000 Server，安装时不用做任何改动，就可配置好 ASP 的运行环境。

ASP 程序的运行对硬件环境没有特别的要求，通常具备能够满足 Windows 操作系统运行要求的硬件设备即可。基本内存容量要求为 64 MB，建议内存容量为 128 MB 或更多。此外，应该有 1 G 以上的硬盘空间用来安装所需的软件。

在软件环境方面，因为 ASP 是 Microsoft 公司推出的，只有在 Microsoft Windows 操作系统及其配套的 Web 服务器软件的支持下才能运行。Microsoft 公司的各种 Windows 操作系统都可以作为 ASP 的运行平台。

3. 语言特点

（1）用 VBScript、JavaScript 等简单容易的脚本语言，结合 HTML 代码，即可快速完成网站的应用程序，实现动态网页技术。

（2）ASP 文件是包含在 HTML 代码所组成的文件中的，易于修改和测试，无须编译或链接就可以解释执行。

（3）ASP 所使用的脚本语言均在 Web 服务器端执行，服务器上的 ASP 解释程序会在服务器端执行 ASP 程序，并将结果以 HTML 格式传送到客户端浏览器上。

（4）ASP 提供了一些内置对象，使用这些对象可以使服务器端脚本功能更强。

（5）ASP 可以使用服务器端 ActiveX 组件来执行各种各样的任务，例如存取数据库、收发 E-mail 或访问文件系统等。

（6）由于服务器是将 ASP 程序执行的结果以 HTML 格式传回客户端浏览器，因此使用者不会看到 ASP 所编写的原始程序代码，可防止 ASP 程序代码被窃取。

4. 工作原理

ASP 中的脚本程序是在服务器端运行的（而不是在客户端运行），传送到浏览器上的

Web 页是在 Web 服务器上生成的。因此，客户端浏览器并没有处理这些脚本，Web 服务器已经完成了这些脚本的处理，并将标准的 HTML 页面传输到浏览器。ASP 解释器读取并执行所有在 <% 和% >标签之间的脚本代码，并生成内容。由于只有脚本的执行结果返回到浏览器，因此，用户看不到正在浏览的网页的脚本命令，而只能看到脚本的执行结果。

5. 语言基础

ASP 可以使用两种脚本语言：VBScript 和 JScript。

ASP 包含内置对象，最常用的是五大对象、一个集合和一个文件。五大对象分别是 Response、Request、Session、Application 和 Server；一个集合是 Cookies；一个文件是 GIobal. asa。ASP 提供了内置对象和大量可安装的 ActiveX 组件。这些对象以及组件都可以用来拓展 ASP 的功能。在面向对象编程中，对象就是指由当作完整实体的操作和数据组成的变量。在对象中客户可通过由一组方法或相关函数来访问对象的数据。

对象一般有方法、属性、集合和事件。其中，方法决定了可以用这个对象做什么事情；属性可以读取对象状态或者设置对象状态，集合是由很多不同的与对象有关系的键和值的配对组成的。

在 ASP 中，使用 Response 对象，根据客户端不同的请求输出不同的返回结果。使用 Response. Write 方法将输出传送至浏览器端。Write 方法是 Response 对象中最常用的方法之一，它可以把变量的值发送到用户端的当前页面。Write 方法的功能强大，几乎可以输出所有的对象和数据。在 Write 方法中可以嵌入任何 HTML 标记，只要该标记是合法的，如下例将输出绿色的汉字和一条水平线：

```
Response. Write" <Font color =green >"
Response. Write" 欢迎您来访问!" &" <Br >"
Response. Write" </Font >"
Response. Write" <Hr >"
```

将 HTML 标记与 ASP 中的变量恰当地结合使用，可使程序更简洁易读，如下例是根据 Request 对象获取的数据来创建表格的一行信息：

```
<% Response. Write" <Tr > <Td >" &Request. Form (" strUserName") &"
</Td > <Td >" _
    &Request. Form (" intAge") &" </Td > <Td >"% >
```

使用 Response. Redirect 方法从目前网页导向至其他网页。在普通网页中，可以使用超链接的方式来引导访问者跳转到另一个页面，但这个过程需要访问者单击一个超链接才可以进行。Response 对象的 Redirect 方法则可以自动完成页面间的跳转，而访问者几乎不会感觉出来。使用 Response. End 方法结束程序的执行，End 方法使服务器停止当前脚本的处理并返回当前结果。如果 Response 对象的 Buffer 属性设为 True，则 End 方法立即把缓存中的内容发送到客户端并清除缓存。因此，若想取消向客户端的所有输出，可以先用 Clear 方法清除缓存，再用 End 方法停止脚本的处理。AddHeader 方法用指定的值添加 HTML 标题。该方法常常响应添加新的 HTTP 标题。它并不替代现有的同名标题。一旦标题被添加，将不能删除。其语法结构如下：

> Response.AddHeader 标题变量名称，初始值

为避免命名不明确，标题变量名称中不能包含任何下划线字符（_）。由于 HTTP 协议要求所有的标题都必须在内容之前发送，所以必须在任何输出（例如由 HTML 或 write 方法生成的输出）发送到客户端之前在脚本中调用 AddHeader。但当 Buffer 属性被设置为 True 时例外。若输出被缓冲，则可以在脚本中的任何地方调用 AddHeader 方法，只要它在 Flush 之前执行即可。

Clear 方法用于清除缓冲区的所有 HTML 输出，但它只删除响应正文而不删除响应标题。在服务器上的程序产生错误时，可用 clear 方法来处理错误情况。

Response 对象的属性主要包括 Buffer、ContentType 等。在 ASP 程序中，Buffer 属性可以为页面在服务器端设置一个缓存。缓存区是一个存储区，它可以在其释放数据之前容纳该数据一段时间，缓冲区的优点在于它的行为可以进行控制。设置缓存后，服务器端可减少与客户端连接的次数而提高整体的响应速度，并可在满足某些条件（如脚本处理不正确或用户没有适当的安全证书）时撤销已经处理的结果，而不会出现响应完成一部分就停止的状况。

缓存功能的打开和关闭是通过 Response 对象的 Buffer 属性来完成的。若将 Buffer 属性设为 False，则关闭缓存功能，Web 服务器在处理页面时会随时返回 HTML 和脚本结果；若将 Buffer 属性设为 True，则打开缓存功能，Web 服务器在处理页面时会将结果暂时存放到缓存中，当全部脚本处理完后，或者遇到 End 或 Flush 方法时，才将缓存中的内容发送到浏览器。Buffer 属性的更改必须放在 HTML 或脚本输出之前。这是因为在任何内容发送到浏览器后，Buffer 属性值就不能再更改，否则会引起错误。

ContentType 属性，指定响应的 HTTP 内容类型。其语法结构如下：

> Response.ContentType [=ContentType]

ContentType 字符串通常被格式化为类型/子类型，其中类型是常规内容范畴，子类型为特定内容类型。如果未指定 ContentType，默认为 text/HTML。Web 服务器将某个文件发送到浏览器时，它会将文件的 MIME 类型告诉浏览器，浏览器会根据文件的 MIME 类型和扩展名来确定自己本身就能显示，还是必须调用其他应用程序。

EXpires 属性指定了在浏览器上缓冲存储的网页距过期还有多少时间。如果用户在某个网页过期之前又回到此页，就会显示缓冲区中的版本。其语法结构如下：

> Response.Expires [=时间]

时间参数设置网页距过期还有多少分钟。如果将此参数设置为 0，可使缓存的网页立即过期，这样客户端每次都将从服务器上得到最新的页面。

6. 技术应用

ASP 可以通过 Windows 提供的 COM/DCOM 来获取 ActiveX 和结构支持。ASP 使用 ODBC

（Open Database Connectivity，开放数据库互连）技术访问数据库。在具体应用中，一般通过 ADO（ActiveX Data Objects，ActiveX 数据对象）实现对数据库的操作。使用 ADO 的 connection、command 和 recordset 对象可以完成与数据库连接的建立，SOL 语句的执行，查询结果集合的保存、遍历和显示等工作。

7. 语言评价

使用 ASP 编写服务器端脚本，可以方便地创建复杂、实用的 Web 应用程序。ASP 设计出的是动态主页，可接收用户提交的信息并作出反应，其中的数据可随实际情况而改变，无须人工对网页文件进行更新即可满足应用需要。例如：当在浏览器上填好表单并提交 HTTP 请求时，可以要求在站点服务器上执行一个表单所设定的应用程序，而不只是一个简单的 HTML 文件。该应用程序分析表单的输入数据，根据不同的数据内容将相应的执行结果（通常是数据库查寻的结果集）以 HTML 的格式传送给浏览器。数据库的数据可以随时变化，服务器上执行的应用程序却不必更改，客户端得到的网页信息会始终保持新鲜的魅力。

与使用 Visual Basic、C＋＋或 Java 等编程语言开发 Web 应用程序相比，ASP 是更为灵活快速地创建 Web 应用程序的方法。除了通过添加脚本为应用程序创建 HTML 界面之外，还可以建立自己的 COM（组件对象模型）组件，并且可将应用程序的商业逻辑封装在可重复使用的模块中，以便在脚本、其他组件或其他应用程序中调用。

3.4.3　JSP 网页开发技术

1. JSP 简介

JSP 全名为 Java Server Pages，中文名为 Java 服务器页面，其根本是一个简化的 Servlet 设计，它是由 Sun Microsystems 公司倡导、许多公司参与建立的一种动态网页技术标准。JSP 技术类似 ASP 技术，它是在传统的网页 HTML（标准通用标记语言的子集）文件（＊.htm，＊.html）中插入 Java 程序段（Scriptlet）和 JSP 标记（tag），从而形成 JSP 文件，后缀名为（＊.jsp）。用 JSP 开发的 Web 应用是跨平台的，既能在 Linux 下运行，也能在其他操作系统上运行。

JSP 实现了 HTML 语法中的 java 扩展（以 ＜％,％＞形式）。JSP 与 Servlet 一样，是在服务器端执行的。通常返回给客户端的是一个 HTML 文本，因此客户端只要有浏览器就能浏览。

JSP 技术使用 Java 编程语言编写类 XML 的 tags 和 scriptlets，来封装产生动态网页的处理逻辑。网页还能通过 tags 和 scriptlets 访问存在于服务端的资源的应用逻辑。JSP 将网页逻辑与网页设计的显示分离，支持可重用的基于组件的设计，使基于 Web 的应用程序的开发变得迅速和容易。JSP 是一种动态页面技术，它的主要目的是将表示逻辑从 Servlet 中分离出来。

Java Servlet 是 JSP 的技术基础，而且大型的 Web 应用程序的开发需要 Java Servlet 和 JSP 配合才能完成。JSP 具备了 Java 技术的简单易用、完全面向对象、具有平台无关性且安全可靠，主要面向互联网的所有特点。

JSP 1.2 不支持 EL，但可以使用外部的 JSTL 标签以便使用 EL。JSP 2.0 的一个主要特点是它支持表达语言（Expression Language）。JSTL 表达式语言可以使用标记格式方便地访问 JSP 的隐含对象和 JavaBeans 组件，JSTL 的核心标记提供了流程和循环控制功能。自制标记也有自定义函数的功能，因此基本上所有 scriptlet 能实现的功能都可以由 JSTL 替代。在 JSP

2.0 中，建议尽量使用 EL 而使 JSP 的格式更一致。JSP 2.0 中加入了新的创建自制标记的 API，javax. servlet. jsp. tagext. SimpleTag 定义了用来实现简单标记的接口。和 JSP 1.2 中已有接口不同的是，SimpleTag 接口不使用 doStartTag 和 doEndTag 方法，而提供了一个简单的 doTag 方法。这个方法在调用该标记时只被使用一次。而需要在一个自制标记中实现所有逻辑过程、循环和对标记体的评估等都在这个方法中实现。从这方面来讲，SimpleTag 和 IterationTag 可以达到同等的作用。但 SimpleTag 的方法和处理周期要简单得多。在 SimpleTag 中还有用来设置 JSP 内容的 setJspBody 和 getJspBody 方法。Web 容器会使用 setJspBody 方法定义一个代表 JSP 内容的 JspFragment 对象。实现 SimpleTag 标记的程序可以在 doTag 方法中根据需要多次调用 getJspBody. invoke 方法以处理 JSP 内容。

JSP 2.0 中的一个主要功能是 JSP fragment，它的基本特点是可以使处理 JSP 的容器推迟评估 JSP 标记属性。一般而言，JSP 是首先评估 JSP 标记的属性，然后在处理 JSP 标记时使用这些属性，而 JSP fragment 提供了动态的属性。也就是说，这些属性在 JSP 处理其标记体时是可以被改变的。JSP 需要将这样的属性定义为 javax. servlet. jsp. tagext. JspFragment 类型。当 JSP 标记设置成这种形式时，这种标记属性实际上的处理方法类似于标记体。在实现标记的程序中，标记属性可以被反复评估多次。这种用法称为 JSP fragment。JSP fragment 还可以定义在一个 SimpleTag 处理程序中使用的自制标记动作。如 getJspBody 返回一个 JspFragment 对象并可以在 doTag 方法中多次使用。需要注意的是，使用 JSP fragment 的 JSP 只能有一般的文本和 JSP action，不能有 scriptlet 和 scriptlet 表达式。

2. 语言标准

一个 JSP 页面可以被分为以下几部分：静态数据（如 HTML）、JSP 指令（如 include 指令）、JSP 脚本元素和变量、JSP 动作、用户自定义标签。静态数据在输入文件中的内容和输出给 HTTP 响应的内容完全一致。此时，该 JSP 输入文件会是一个没有内嵌 Java 或动作的 HTML 页面。而且，客户端每次请求都会得到相同的响应内容。JSP 指令控制 JSP 编译器如何生成 servlet，以下是可用的指令：

（1）包含指令 include。包含指令通知 JSP 编译器把另外一个文件完全包含入当前文件中，效果就好像被包含文件的内容直接被粘贴到当前文件中一样。这个功能和 C 预处理器所提供的很类似。被包含文件的扩展名一般都是" jspf"（即 JSP fragment，JSP 碎片）：

< % @ include file = " somefile. jsp" % >

（2）页面指令 page。页面指令有表 3-9 所示选项：

表 3-9 页面指令选项

选项	释义
import	使一个 Java 导入声明被插入最终页面文件
contentType	规定了生成内容的类型。当生成非 HTML 内容或者当前字符集 character set 并非默认字符集时使用
errorPage	处理 HTTP 请求时，如果出现异常则显示该错误提示信息页面
isErrorPage	如果设置为 TRUE，则表示当前文件是一个错误提示页面
isThreadSafe	表示最终生成的 servlet 是否安全线程（threadsafe）

（3）标签库指令 taglib。标签库指令描述了要使用的 JSP 标签库。该指令需要指定一个前缀 prefix（和 C＋＋的命名空间很类似）和标签库的描述 URI：

＜%＠ taglib prefix＝" myprefix" uri＝" taglib/mytag. tld" %＞

以下是永远可用的脚本变量：

> out－JSPWriter 用来写入响应流的数据
>
> page－servlet 自身
>
> pageContext－一个 PageContext 实例，包括和整个页面相联系的数据，一个给定的 HTML 页面可以在多个 JSP 之间传递
>
> request－HTTP request 对象
>
> response－HTTP response 对象
>
> session－用于保持客户端与服务器连接的对象

有三个基本的脚本元素，作用是使 Java 代码可以直接插入 Servlet。

一种是声明标签，在 Java Servlet 的类体中放入一个变量的定义。静态的数据成员也可以如此定义。

＜%！ int serverInstanceVariable＝1；%＞

另一种是脚本标签，在 Java Servlet 的类的_ jspService（） 方法中放入所包含的语句。

＜% int localStackBasedVariable＝1；out. println（localStackBasedVariable）；%＞

还有一种是表达式标签，在 Java Servlet 的类中放入待赋值的表达式，表达式注意不能以分号结尾。

＜%＝" expanded inline data "＋1%＞

JSP 动作是一系列可以调用内建于网络服务器中的功能的 XML 标签。JSP 提供了表 3-10 所示动作。

表3-10　JSP 动作

动作	意义
jsp：include	和子过程类似，Java Servlet 暂时接管对其他指定的 JSP 页的请求和响应。当处理完该 JSP 页后就马上把控制权交还当前 JSP 页。这样 JSP 代码就可以在多个 JSP 页中共享而不用复制
jsp：param	可以在 jsp：include、jsp：forward 或 jsp：param 块之间使用。指定一个将加入请求的当前参数组中的参数
jsp：forward	用于处理对另一个 JSP 或 Servlet 的请求和响应。控制权永远不会交还给当前 JSP 页
jsp：plugin	Netscape Navigator 的老版本和 Internet Explorer 使用不同的标签以嵌入一个 Applet。这个动作产生为嵌入一个 Applet 所需要的指定浏览器标签
jsp：fallback	如果浏览器不支持 Applet 则会显示的内容
jsp：getProperty	从指定的 JavaBean 中获取一个属性值
jsp：setProperty	在指定的 JavaBean 中设置一个属性值
jsp：useBean	创建或者复用一个 JavaBean 变量到 JSP 页

3. 技术方法

为了快速方便地进行动态网站的开发，JSP 在以下几个方面做了改进，使其成为快速建立跨平台的动态网站的首选方案。

（1）将内容的生成和显示进行分离。用 JSP 技术，Web 页面开发人员可以使用 HTML 或者 XML 标识来设计和格式化最终页面，并使用 JSP 标识或者小脚本来生成页面上的动态内容（内容是根据请求变化的）。生成内容的逻辑被封装在标识和 JavaBeans 组件中，并且捆绑在脚本中，所有的脚本在服务器端运行。由于核心逻辑被封装在标识和 JavaBeans 中，所以 Web 管理人员和页面设计者能够编辑和使用 JSP 页面，而不影响内容的生成。

在服务器端，JSP 引擎解释 JSP 标识和脚本，生成所请求的内容（如通过访问 JavaBeans 组件，使用 JDBC 技术访问数据库或者包含文件），并且将结果以 HTML（或者 XML）页面的形式发送回浏览器。这既有助于作者保护自己的代码，又能保证任何基于 HTML 的 Web 浏览器的完全可用性。

（2）可重用组件。绝大多数 JSP 页面依赖于可重用的、跨平台的组件（JavaBeans 或者 Enterprise JavaBeans 组件）来执行应用程序所要求的复杂的处理。开发人员能够共享和交换执行普通操作的组件，或者使得这些组件为更多的使用者和客户团体所使用。基于组件的方法加速了总体开发过程，并且使得各种组织在他们现有的技能和优化结果的开发努力中得到平衡。

（3）采用标识。Web 页面开发人员不会都是熟悉脚本语言的编程人员。JSP 技术封装了许多功能，这些功能是在易用的、与 JSP 相关的 XML 标识中进行动态内容生成所需要的。标准的 JSP 标识能够访问和实例化 JavaBeans 组件，设置或者检索组件属性，下载 Applet，以及执行用其他方法更难于编码和耗时的功能。

（4）适应平台。几乎所有平台都支持 Java，JSP + JavaBeans 几乎可以在所有平台下通行无阻。从一个平台移植到另外一个平台，JSP 和 JavaBeans 甚至不用重新编译，因为 Java 字节码都是标准的，与平台无关。

（5）数据库连接。Java 中连接数据库的技术是 JDBC，Java 程序通过 JDBC 驱动程序与数据库相连，执行查询、提取数据等操作。Sun 公司还开发了 JDBC-ODBC bridge，利用此技术 Java 程序可以访问带有 ODBC 驱动程序的数据库，大多数数据库系统都带有 ODBC 驱动程序，所以 Java 程序能访问诸如 Oracle、Sybase、MS SQL Server 和 MS Access 等数据库。

此外，通过开发标识库，JSP 技术可以进一步扩展。第三方开发人员和其他人员可以为常用功能创建自己的标识库。这使得 Web 页面开发人员能够使用熟悉的工具和如同标识一样的执行特定功能的构件来进行工作。

JSP 技术很容易整合到多种应用体系结构中，以利用现存的工具和技巧，并且能扩展到支持企业级的分布式应用中。作为采用 Java 技术家族的一部分，以及 Java 2（企业版体系结构）的一个组成部分，JSP 技术能够支持高度复杂的基于 Web 的应用。由于 JSP 页面的内置脚本语言是基于 Java 的，而且所有的 JSP 页面都被编译成为 Java Servlets，所以 JSP 页面具有 Java 技术的所有好处，包括健壮的存储管理和安全性。作为 Java 平台的一部分，JSP 拥有 Java 编程语言"一次编写，各处运行"的特点。

4. 语言特点

优点：

（1）一次编写，各处运行。除了系统之外，代码不用做任何更改。

（2）系统的多平台支持。基本上可以在所有平台上的任意环境中开发，在任意环境中进行系统部署，在任意环境中扩展。相比 ASP 的局限性，JSP 的优势是显而易见的。

（3）强大的可伸缩性。从只有一个小的 Jar 文件就可以运行 Servlet/JSP，到由多台服务器进行集群和负载均衡，再到多台 Application 进行事务处理和消息处理，一台服务器到无数台服务器，Java 显示了巨大的生命力。

（4）多样化和功能强大的开发工具支持。这一点与 ASP 很像，Java 已经有了许多非常优秀的开发工具，部分可以免费得到，并且其中一些已经可以顺利运行于多种平台之下。

（5）支持服务器端组件。Web 应用需要强大的服务器端组件来支持，开发人员需要利用其他工具设计实现复杂功能的组件供 Web 页面调用，以增强系统性能。JSP 可以使用成熟的 Javabeans 组件来实现复杂的商务功能。

缺点：

（1）与 ASP 一样，Java 的一些优势正是它致命的问题所在。为了跨平台，为了具有极度的伸缩能力，极大地增加了产品的复杂性。

（2）Java 的运行速度是用 class 常驻内存来完成的，所以它在一些情况下所使用的内存比起用户数量来确实是"最低性能价格比"。

5. 语言组成

（1）request。request 对象是 javax. servlet. httpServletRequest 类型的对象。该对象代表了客户端的请求信息，主要用于接收通过 HTTP 协议传送到服务器的数据（包括头信息、系统信息、请求方式以及请求参数等）。request 对象的作用域为一次请求。

（2）response。response 代表的是对客户端的响应，主要是将 JSP 容器处理过的对象传回到客户端。response 对象也具有作用域，它只在 JSP 页面内有效。

（3）session。

①什么是 session。从一个客户打开浏览器并连接到服务器开始，到客户关闭浏览器离开这个服务器结束，被称为一个会话。当一个客户访问一个服务器时，可能会在这个服务器的几个页面之间反复连接，反复刷新一个页面，服务器应当通过某种办法知道这是同一个客户，这就需要 session 对象。

②session 对象的 ID。当一个客户首次访问服务器上的一个 JSP 页面时，JSP 引擎产生一个 session 对象，同时分配一个 String 类型的 ID 号，JSP 引擎同时将这个 ID 号发送到客户端，存放在 Cookie 中，这样 session 对象和客户之间就建立了一一对应的关系。当客户再访问连接该服务器的其他页面时，不再分配给客户新的 session 对象，直到客户关闭浏览器后，服务器端该客户的 session 对象才取消，并且和客户的会话对应关系消失。当客户重新打开浏览器再连接到该服务器时，服务器为该客户再创建一个新的 session 对象。

③session 对象有一定时间过期问题，所以存在 session 中的名值对会在一定时间后失去，可以通过更改 session 有效时间来避免这种情况。同时，编程时尽量避免将大量有效信息存储在 session 中，request 是一个不错的替代对象。

（4）application。

①什么是 application。服务器启动后就产生了 application 对象，当客户在所访问的网站

的各个页面之间浏览时，这个 application 对象都是同一个，直到服务器关闭。但是与 session 不同的是，所有客户的 application 对象都是同一个，即所有客户共享这个内置的 application 对象。

②application 对象常用方法。public void setAttribute（String key，Object obj），将参数 Object 指定的对象 obj 添加到 application 对象中，并为添加的对象指定一个索引关键字；public Object getAttribute（String key），获取 application 对象中含有关键字的对象。

（5）out。out 对象用于在 Web 浏览器内输出信息，并且管理应用服务器上的输出缓冲区。在使用 out 对象输出数据时，可以对数据缓冲区进行操作，及时清除缓冲区中的残余数据，为其他的输出让出缓冲空间。待数据输出完毕后，要及时关闭输出流。

（6）page。page 对象代表 JSP 本身，只有在 JSP 页面内才是合法的。page 隐含对象本质上包含当前 Servlet 接口引用的变量，类似于 Java 编程中的 this 指针。

（7）config。config 对象的主要作用是取得服务器的配置信息。通过 pageContext 对象的 getServletConfig（）方法可以获取一个 config 对象。当一个 Servlet 初始化时，容器把某些信息通过 config 对象传递给这个 Servlet。开发者可以在 web. xml 文件中为应用程序环境中的 Servlet 程序和 JSP 页面提供初始化参数。

（8）exception。java. lang. Throwable 的实例代表其他页面中的异常和错误。只有当页面是错误处理页面，即编译指令 page 的 isErrorPage 属性为 true 时，该对象才可以使用。常用的方法有 getMessage（）和 printStackTrace（）等。

（9）pageContext。pageContext 对象的作用是取得任何范围的参数，通过它可以获取 JSP 页面的 out、request、reponse、session、application 等对象。pageContext 对象的创建和初始化都是由容器来完成的，在 JSP 页面中可以直接使用 pageContext 对象。

6. 语言对比

（1）与 Servlets 的区别。从架构上说，JSP 可以被看作 Java Servlet 2. 1 API 的扩展应用。Servlets 和 JSP 最早都是由 Sun Microsystems（升阳公司）开发的。自 JSP 1. 2 版本以来，JSP 处于 Java Community Process（Java 社区组织）开发模式下。JSR - 53 规定了 JSP 1. 2 和 Servlet 2. 4 的规范，JSR - 152 规定了 JSP 2. 0 的规范。2006 年 5 月，JSP 2. 1 的规范作为 Java EE 5 的一部分，在 JSR - 245 中发布。

（2）与 ASP 的比较。JSP 与 ASP 两者都是常用的动态网页技术，也都是可以嵌入 HTML 中的程序，但两者有着本质的不同，主要表现在以下几方面：

①Web 服务器的支持。大多数通用的 Web 服务器如 Apache、Netscape 和 Microsoft IIS 都支持 JSP 页面，只有微软本身的 Microsoft IIS 和 Personal Web Server 可以支持 ASP。

②平台的支持。JSP 具有平台独立性，只要是一般的 Java 程序可以运行的平台，都支持 JSP 程序。Windows 平台可以很好地支持 ASP，但 ASP 对于基于 Win32 逐渐模型的依赖，使得它难以移植到其他平台上。

③组件模型。JSP 是建立在可重用的、跨平台的组件（如 JavaBeans、Enterprises JavaBeans 和用户定制的标签库等组件）之上的，而 ASP 使用的是基于 Win32 的 COM 组件模型。

④脚本语言。JSP 可以使用 Java 编程语言或 JavaScript 作为脚本语言，而 ASP 使用 VB-

Script 或 JScript 作为脚本语言。

⑤安全性。JSP 使用 Java 安全模型，而 ASP 使用 Windows NT 的安全结构。

⑥与 Access 数据库的连接。JSP 使用 JDBC 建立与 Access 数据库的连接，而 ASP 对 Access 数据库使用 Data Active Objects。

⑦用户定制的标签。JSP 可以使用用户定制标签库进行扩充，而 ASP 中没有用户定制标签库，是不能扩充的。

3.5　网站数据库技术 MySQL、Oracle

3.5.1　MySQL 数据库技术

1. MySQL 简介

MySQL 是时下最流行的关系型数据库管理系统之一，由瑞典 MySQL AB 公司开发，目前属于 Oracle 旗下产品。在 Web 应用方面，MySQL 是最好的 RDBMS（Relational Database Management System，关系数据库管理系统）应用软件。

MySQL 是一种关系型数据库管理系统，关系型数据库将数据保存在不同的表中，而不是将所有数据放在一个大仓库内，这样就增加了速度，并提高了灵活性。

MySQL 所使用的 SQL 语言是用于访问数据库的最常用标准化语言。MySQL 软件采用了双授权政策，分为社区版和商业版，由于其体积小、速度快、总体拥有成本低，尤其是开放源码这一特点，一般中小型网站的开发都选择 MySQL 作为网站数据库。由于其社区版的性能卓越，搭配 PHP 和 Apache 可组成良好的开发环境。

2. 应用环境编辑

与其他的大型数据库如 Oracle、DB2、SQL Server 等相比，MySQL 自有它的不足之处，但这丝毫也没有减少它受欢迎的程度。对于一般的个人使用者和中小型企业来说，MySQL 提供的功能已经绰绰有余，而且由于 MySQL 是开放源码软件，因此可以大大降低总体拥有成本。

Linux 作为操作系统，Apache 或 Nginx 作为 Web 服务器，MySQL 作为数据库，PHP/Perl/Python 作为服务器端脚本解释器。由于这四个软件都是免费或开放源码软件（Floss），因此使用这种方式不用花一分钱（除开人工成本）就可以建立起一个稳定、免费的网站系统，被业界称为 "LAMP" 或 "LNMP" 组合。

3. 系统特性

使用 C 和 C＋＋编写，并使用了多种编译器进行测试，保证了源代码的可移植性。

支持 AIX、FreeBSD、HP－UX、Linux、Mac OS、NovellNetware、OpenBSD、OS/2 Wrap、Solaris、Windows 等多种操作系统，为多种编程语言提供 API。这些编程语言包括 C、C＋＋、Python、Java、Perl、PHP、Eiffel、Ruby，．NET 和 Tcl 等。其支持多线程，充分利用 CPU 资源。优化的 SQL 查询算法有效地提高了查询速度。

　　MySQL 既能够作为一个单独的应用程序应用在客户端服务器网络环境中，也能够作为一个库而嵌入到其他的软件中。提供多语言支持，常见的编码如中文的 GB2312、BIG5，日文的 Shift_ JIS 等都可以用作数据表名和数据列名。

　　提供 TCP/IP、ODBC 和 JDBC 等多种数据库连接途径。其提供用于管理、检查、优化数据库操作的管理工具，支持大型的数据库，可以处理拥有上千万条记录的大型数据库，支持多种存储引擎。

　　MySQL 是开源的，所以不需要支付额外的费用。MySQL 使用标准的 SQL 数据语言形式。MySQL 对 PHP 有很好的支持，PHP 是目前最流行的 Web 开发语言。MySQL 是可以定制的，采用了 GPL 协议，可以修改源码来开发自己的 MySQL 系统。

　　新增的特性还包括在线 DDL/更改功能，数据架构支持动态应用程序和开发人员灵活性；复制全局事务标识，可支持自我修复式集群；复制无崩溃从机，可提高可用性；复制多线程从机，可提高性能。

　　4. 存储引擎

　　MyISAM 是 MySQL 5.0 之前的默认数据库引擎，最为常用。拥有较高的插入、查询速度，但不支持 InnoDB 事务型数据库的首选引擎，支持 ACID 事务，支持行级锁定，从 MySQL 5.5 起成为默认数据库引擎。BDB 源自 Berkeley DB，是事务型数据库的另一种选择，支持 Commit 和 Rollback 等其他事务特性，Memory 所有数据置于内存的存储引擎，拥有极高的插入、更新和查询效率，但是会占用和数据量成正比的内存空间，并且其内容会在 MySQL 重新启动时丢失，Merge 将一定数量的 MyISAM 表联合成一个整体，在超大规模数据存储时很有用。

　　Archive 非常适合存储大量的独立的作为历史记录的数据。因为它们不经常被读取。Archive 拥有高效的插入速度，但其对查询的支持较差。Federated 将不同的 MySQL 服务器联合起来，逻辑上组成一个完整的数据库，非常适合分布式应用 Cluster/NDB 高冗余的存储引擎，用多台数据机器联合提供服务以提高整体性能和安全性，适合数据量大、安全和性能要求高的应用。

　　CSV 是逻辑上由逗号分割数据的存储引擎。它会在数据库子目录里为每个数据表创建一个 .csv 文件。这是一种普通文本文件，每个数据行占用一个文本行。CSV 存储引擎不支持索引。

　　BlackHole 是黑洞引擎，写入的任何数据都会消失，一般用于记录 binlog 做复制的中继。Example 存储引擎是一个不做任何事情的存根引擎。它的目的是作为 MySQL 源代码中的一个例子，用来演示如何开始编写一个新存储引擎。同样，它的主要兴趣是对开发者。Example 存储引擎不支持编索引。

　　另外，MySQL 的存储引擎接口定义良好。有兴趣的开发者可以通过阅读文档编写自己的存储引擎。

　　5. 应用架构

　　单点（Single）适合小规模应用。复制（Replication）适合中小规模应用。集群（Cluster）适合大规模应用。

　　6. 索引功能

　　索引是一种特殊的文件（InnoDB 数据表上的索引是表空间的一个组成部分），它们包含对数据表里所有记录的引用指针。索引不是万能的，索引可以加快数据检索操作，但会使数据修改操作变慢。每修改数据记录，索引就必须刷新一次。为了在某种程度上弥补这一缺陷，许多 SQL 命令都有一个 DELAY_ KEY_ WRITE 选项。这个选项的作用是暂时制止MySQL 在该命令每插入一条新记录和每修改一条现有记录之后立刻对索引进行刷新，对索引的刷新将等到全部记录插入/修改完毕之后再进行。在需要把许多新记录插入某个数据表的场合，DELAY_ KEY_ WRITE 选项的作用将非常明显。另外，索引还会在硬盘上占用相当大的空间。因此，应该只为最经常查询和最经常排序的数据列建立索引。注意，如果某个数据列包含许多重复的内容，为它建立索引就没有太大的实际效果。

从理论上讲，完全可以为数据表里的每个字段分别建一个索引，但 MySQL 把同一个数据表里的索引总数限制为 16 个。

（1）InnoDB 数据表的索引。与 InnoDB 数据表相比，在 InnoDB 数据表上，索引对 InnoDB数据表的重要性要大得多。在 InnoDB 数据表上，索引不仅会在搜索数据记录时发挥作用，还是数据行级锁定机制的基础。数据行级锁定是指在事务操作的执行过程中锁定正在被处理的个别记录，不让其他用户进行访问。这种锁定将影响到（但不限于）SELECT、LOCKIN-SHAREMODE、SELECT、FORUPDATE 命令以及 INSERT、UPDATE 和 DELETE 命令。出于效率方面的考虑，InnoDB 数据表的数据行级锁定实际发生在它们的索引上，而不是数据表自身上。显然，数据行级锁定机制只有在有关的数据表有一个合适的索引可供锁定的时候才能发挥效力。

（2）限制。如果 WHERE 子句的查询条件里有不等号（WHERE coloum ! =），MySQL将无法使用索引。类似地，如果 WHERE 子句的查询条件里使用了函数［WHERE DAY（column）=］，MySQL 也将无法使用索引。在 JOIN 操作中（需要从多个数据表提取数据时），MySQL 只有在主键和外键的数据类型相同时才能使用索引。

如果 WHERE 子句的查询条件里使用比较操作符 LIKE 和 REGEXP，MySQL 只有在搜索模板的第一个字符不是通配符的情况下才能使用索引。比如，如果查询条件是 LIKE"abc%"，MySQL 将使用索引；如果查询条件是 LIKE"%abc"，MySQL 将不使用索引。

在 ORDER BY 操作中，MySQL 只有在排序条件不是一个查询条件表达式的情况下才使用索引。虽然如此，在涉及多个数据表查询时，即使有索引可用，那些索引在加快 ORDERBY 方面也没什么作用。如果某个数据列里包含许多重复的值，就算为它建立了索引也不会有很好的效果。比如，某个数据列里包含诸如"0/1"或"Y/N"等值，就没有必要为它创建一个索引。

（3）索引类别。

普通索引：由关键字 KEY 或 INDEX 定义的索引，唯一任务是加快对数据的访问速度。因此，应该只为那些最经常出现在查询条件（WHERE column =）或排序条件（ORDER BY column）中的数据列创建索引。只要有可能，就应该选择一个数据最整齐、最紧凑的数据列（如一个整数类型的数据列）来创建索引。

唯一索引：普通索引允许被索引的数据列包含重复的值。比如，因为人有可能同名，所以同一个姓名在同一个"员工个人资料"数据表里可能出现两次或更多次。

如果能确定某个数据列将只包含彼此各不相同的值，在为这个数据列创建索引的时候就应该用关键字 UNIQUE 把它定义为一个唯一索引。这么做的好处：一是简化了 MySQL 对这个索引的管理工作，这个索引也因此而变得更有效率；二是 MySQL 会在有新记录插入数据表时，自动检查新记录的这个字段的值是否已经在某个记录的字段里出现过；如果是，MySQL 将拒绝插入那条新记录。也就是说，唯一索引可以保证数据记录的唯一性。事实上，在许多场合，人们创建唯一索引往往不是为了提高访问速度，而只是为了避免数据出现重复。

主索引：在前面已经反复强调过，必须为主键字段创建一个索引，这个索引就是所谓的"主索引"。主索引与唯一索引的唯一区别是：前者在定义时使用的关键字是 PRIMARY 而不是 UNIQUE。

外键索引：如果为某个外键字段定义了一个外键约束条件，MySQL 就会定义一个内部索引来帮助自己以最有效率的方式去管理和使用外键约束条件。

复合索引：索引可以覆盖多个数据列，如 INDEX（columnA，columnB）索引。这种索引的特点是 MySQL 可以有选择地使用一个这样的索引。如果查询操作只需要用到 columnA 数据列上的一个索引，就可以使用复合索引 INDEX（columnA，columnB）。不过，这种用法仅适用于在复合索引中排列在前的数据列组合。比如，INDEX（A，B，C）可以当作 A 或（A，B）的索引来使用，但不能当作 B、C 或（B，C）的索引来使用。

（4）索引长度。在为 Char 和 Varchar 类型的数据列定义索引时，可以把索引的长度限制为一个给定的字符个数（这个数字必须小于这个字段所允许的最大字符个数）。这么做的好处是可以生成一个尺寸比较小、检索速度比较快的索引文件。在绝大多数应用里，数据库中的字符串数据大都以各种各样的名字为主，把索引的长度设置为 10～15 个字符已经足以把搜索范围缩小到很少的几条数据记录了。在为 Blob 和 Text 类型的数据列创建索引时，必须对索引的长度做出限制；MySQL 所允许的最大索引全文索引文本字段上的普通索引只能加快对出现在字段内容最前面的字符串（也就是字段内容开头的字符）进行检索操作。如果字段里存放的是由几个甚至是多个单词构成的较大段文字，普通索引就没什么作用了。

这类场合正是全文索引（Full - textindex）可以大显身手的地方。在生成这种类型的索引时，MySQL 将把在文本中出现的所有单词创建为一份清单，查询操作将根据这份清单去检索有关的数据记录。全文索引既可以随数据表一同创建，也可以等日后有必要时再使用下面这条命令添加：ALTER TABLE tablename ADD FULLTEXT（column1，column2）。有了全文索引，就可以用 SELECT 查询命令去检索那些包含着一个或多个给定单词的数据记录了。下面是这类查询命令的基本语法：

```
SELECT *  FROM tablename
WHERE MATCH (column1, column2) AGAINST ('word1', 'word2', 'word3')
```

上面这条命令将把 column1 和 column2 字段里有 word1、word2 和 word3 的数据记录全部查询出来。InnoDB 数据表不支持全文索引。

（5）查询和索引。只有当数据库里已经有了足够多的测试数据时，它的性能测试结果才有实际参考价值。如果在测试数据库里只有几百条数据记录，它们往往在执行完第一条查询命令之后就被全部加载到内存里，这将使后续的查询命令都执行得非常快，不管有没有使用索引。只有当数据库里的记录超过了 1 000 条、数据总量也超过了 MySQL 服务器上的内存总量时，数据库的性能测试结果才有意义。

在不确定应该在哪些数据列上创建索引的时候，人们从 EXPLAIN SELECT 命令那里往往可以获得一些帮助。这其实只是简单地给一条普通的 SELECT 命令加一个 EXPLAIN 关键字作为前缀而已。有了这个关键字，MySQL 将不是去执行那条 SELECT 命令，而是去对它进行分析。MySQL 将以表格的形式把查询的执行过程和用到的索引等信息列出来。

在 EXPLAIN 命令的输出结果里，第 1 列是从数据库读取的数据表的名字，它们按被读取的先后顺序排列。type 列指定了本数据表与其他数据表之间的关联关系（JOIN）。在各种类型的关联关系当中，效率最高的是 system，然后依次是 const、eq_ ref、ref、range、index 和 All（All 的意思是：对应于上一级数据表里的每一条记录，这个数据表里的所有记录都必须被读取一遍，这种情况往往可以用一索引来避免）。

possible_ keys 数据列给出了 MySQL 在搜索数据记录时可选用的各个索引。key 数据列是 MySQL 实际选用的索引，这个索引按字节计算的长度在 key_ len 数据列里给出。比如，对于一个 INTEGER 数据列的索引，这个字节长度将是 4。如果用到了复合索引，在 key_ len 数据列里还可以看到 MySQL 具体使用了它的哪些部分。作为一般规律，key_ len 数据列里的值越小越好。

ref 数据列给出了关联关系中另一个数据表里的数据列的名字。row 数据列是 MySQL 在执行查询时预计会从这个数据表里读出的数据行的个数。row 数据列里的所有数字的乘积可以大致了解这个查询需要处理多少组合。

最后，extra 数据列提供了与 JOIN 操作有关的更多信息，比如，如果 MySQL 在执行这个查询时必须创建一个临时数据表，就会在 extra 列看到 usingtemporary 字样。

7. 安装教程

打开下载的 MySQL 安装文件 MySQL – 5. 0. 27 – win32. zip，双击解压缩，运行"setup. exe"。

MySQL 安装向导启动，按"Next"继续，选择安装类型，有"Typical（默认）""Complete（完全）""Custom（用户自定义）"三个选项，我们选择"Custom"，有更多的选项，也方便熟悉安装过程。

在"Developer Components（开发者部分）"上单击，选择"This feature, and all subfeatures, will be installed on local hard drive."，即"此部分，以及下属子部分内容，全部安装在本地硬盘上"。在上面的"MySQL Server（MySQL 服务器）""Client Programs（MySQL 客户端程序）"　"Documentation（文档）"也如此操作，以保证安装所有文件。点选"Change…"，手动指定安装目录。填上安装目录，如"F：\ Server \ MySQL \ MySQL Server 5. 0"，建议不要放在与操作系统同一分区，这样可以防止系统备份还原的时候，数据被清空。按"OK"继续。返回刚才的界面，按"Next"继续。确认一下先前的设置，如果有误，按"Back"返回重做。按"Install"开始安装。

出现询问界面时，询问是否要注册一个账号，或是使用已有的账号直接登录，一般不需要，点选"Skip Sign – Up"，按"Next"略过此步骤。

软件安装完成后，这里有一个很好的功能，MySQL 配置向导，不用像以前一样自己手动乱七八糟地配置 my. ini 了，将"Configure the MySQL Server now"前面的钩打上，单击"Finish"结束软件的安装并启动 MySQL 配置向导。

MySQL 配置向导启动界面，按"Next"继续。选择配置方式，"Detailed Configuration（手动精确配置）""Standard Configuration（标准配置）"。我们选择"Detailed Configuration"，方便熟悉配置过程。

选择服务器类型，"Developer Machine（开发测试类，MySQL 占用很少资源）""Server Machine（服务器类型，MySQL 占用较多资源）""DedicatedMySQL Server Machine（专门的数据库服务器，MySQL 占用所有可用资源）"，大家根据自己的类型选择，一般选"Server Machine"，不会太少，也不会占满。

选择 MySQL 数据库的大致用途，"Multifunctional Database（通用多功能型，好）"、"Transactional Database Only（服务器类型，专注于事务处理，一般）""Non – Transactional Database Only（非事务处理型，较简单，主要做一些监控、记数用，对 MyISAM 数据类型的支持仅限于 non – transactional）"，依据自己的用途而选择，这里选择"Transactional Database Only"，按"Next"继续。

对 InnoDB Tablespace 进行配置，就是为 InnoDB 数据库文件选择一个存储空间，如果修改了，要记住位置，重装的时候要选择一样的地方，否则可能造成数据库损坏，当然，对数据库做个备份就没问题了，这里不详述。这里没有修改，使用默认位置，直接按"Next"继续。选择网站的一般 MySQL 访问量，同时连接的数目，"Decision Support（DSS）/OLAP（20 个左右）""Online Transaction Processing（OLTP）（500 个左右）""Manual Setting（手动设置，自己输一个数）"，这里选"Online Transaction Processing（OLTP）"，自己的服务器，应该够用了，按"Next"继续。

是否启用 TCP/IP 连接，设定端口，如果不启用，就只能在自己的机器上访问 MySQL 数据库了。这里启用，把前面的钩打上。在这个页面上，还可以选择"启用标准模式"（Enable Strict Mode），这样 MySQL 就不会允许细小的语法错误。如果你还是个新手，建议取消标准模式以减少麻烦。但熟悉 MySQL 以后，尽量使用标准模式，因为它可以降低有害数据进入数据库的可能性。按"Next"继续。西文编码，第二个是多字节的通用 utf8 编码，都不是我们通用的编码，这里选择第三个，然后在 Character Set 那里选择或填入"gbk"，当然也可以用"GB2312"，区别就是 gbk 的字库容量大，包括 GB2312 的所有汉字，并且加上了繁体字和其他字——使用 MySQL 的时候，在执行数据操作命令之前运行一次"SET NAMES GBK；"（运行一次就行了，GBK 可以替换为其他值，视这里的设置而定），就可以正常地使用汉字（或其他文字）了，否则不能正常显示汉字。按"Next"继续。

选择是否将 MySQL 安装为 Windows 服务，还可以指定 Service Name（服务标识名称），是否将 MySQL 的 bin 目录加入 Windows PATH（加入后，就可以直接使用 bin 下的文件，而不用指出目录名，比如连接"MySQL. exe-uusername-ppassword；"就可以了，不用指出 MySQL. exe 的完整地址）。这里全部打上了钩，Service Name 不变。按"Next"继续。

这一步询问是否要修改默认 root 用户（超级管理）的密码（默认为空），"New root password"如果要修改，就在此填入新密码（如果是重装，并且之前已经设置了密码，在这里更改密码可能会出错，请留空，并将"Modify Security Settings"前面的勾去掉，安装配置完成后另行修改密码），"Confirm（再输一遍）"内再填一次，防止输错。"Enable root access from remote machines（是否允许 root 用户在其他的机器上登录，如果要安全，就不要勾上；如果要方便，就勾上它）"。最后，"Create An Anonymous Account（新建一个匿名用户，匿名用户可以连接数据库，不能操作数据，包括查询）"一般不用勾，设置完毕，按"Next"继续。如果有误，按"Back"返回检查。按"Execute"使设置生效。

设置完毕，按"Finish"结束 MySQL 的安装与配置——这里有一个比较常见的错误，就是不能"Start service"，一般出现在以前安装有 MySQL 的服务器上。解决的办法，先保证以前安装的 MySQL 服务器彻底卸载掉了；不行的话，检查之前的密码是否有修改；如果依然不行，将 MySQL 安装目录下的 data 文件夹备份，然后删除，在安装完成后，将安装生成的 data 文件夹删除，备份的 data 文件夹移回来，重启 MySQL 服务就可以了。这种情况下，可能需要将数据库检查一下，然后修复一次，防止数据出错。

（1）安装问题。

1）如果是用 MySQL + Apache，使用的又是 FreeBSD 网络操作系统的话，安装时应注意 FreeBSD 的版本问题，在 FreeBSD 3.0 以下版本，MySQL Source 内含的 MIT-pthread 运行是正常的，但在此版本以上，必须使用 native threads，也就是加入一个 with – named – thread – libs = – lc_ r 的选项。

2）如果在 COMPILE 过程中出了问题，请先检查 gcc 版本是否在 2.81 版本以上，gmake 版本是否在 3.75 以上。

3）如果不是版本的问题，那可能是内存不足，请使用 . /configure – with – low – memory 来加入。

4）如果要重新做 configure，那么可以输入 rm config. cache 和 make clean 来清除记录。

5）把 MySQL 安装在/usr/local 目录下，这是缺省值，也可以按照需要设定安装的目录。

（2）MySQL 服务无法启动。

1）查看 MySQL 的服务是否存在。如果不存在，需要先安装服务。安装服务的方法是进入 MySQL Server 的安装目录，找到 bin 目录，然后找到文件 MySQLd. exe，使用命令行运行 MySQLd-install MySQL57 安装服务（如果不成功，尝试使用管理员方式运行，MySQL57 是服务的名字，默认是 MySQL）。

2）如果上述方法安装服务失败，则可采用下述方法安装（成功则跳过此步）。搜索程序"regedit. exe"，即注册表编辑器，打开后找到"计算机"—"HKEY_ LOCAL_ MA-CHINE"—"SYSTEM"—"CurrentControlSet"—"Services"，然后在该目录下新建项 MySQL57（服务的名字），即可成功建立项目。

3）找到新建的项，然后可以看到其中有 ImagePath 这一项，这其实是可执行文件的路径。因为 MySQL 服务是需要靠 MySQLd 这个命令来启动的，所以检查 ImagePath 的路径是否正确。路径错误导致启动服务时报错——"无法找到文件"。

4）修改 ImagePath 的内容为正确的路径值，正确的值是"D：\ MySQL \ MySQL Server"。

5）" D：\ MySQL \ MySQL 5：7 \ bin \ MySQLd" – – defaults – file = " D：\ MySQL \ MySQL Server 5. 7 \ my. ini" MySQL 是这种形式的，对照一下，如果路径不对，修改过来。

6）重启计算机，再次启动服务，并可以成功运行 MySQL 服务。

（3）报错解决。

1）Starting MySQL. Manager of pid – file quit without updating fi［失败］

关于这个错误，原因有很多，最大的可能是没有创建测试数据库，可以用/usr/local/MySQL/scripts/MySQL_ install_ db – user = MySQL 命令进行创建；另外一个原因可能是权限设置问题，需要赋予 MySQL 的 data 权限，可以用 chmod – R 命令。

2）FATAL ERROR：Could not find /home/MySQL/bin/my_ print_ defaults If you are using a binary release，you must run this script from

within the directory the archive extracted into. If you compiled

MySQL yourself you must run 'make install' first.

这个错误是没有指明 MySQL 的 data 路径导致的，可以很简单地进行解决：

vim /etc/my. cnf

在［MySQLd］后面加上路径：

basedir = /usr/local/MySQL

datadir = /opt/data；

3）– bash：MySQL：command not found

用 MySQL 命令登录 MySQL 报错，原因是没有设置环境变量，需要设置或者进入 bin 目录进行登录 cd /usr/local/MySQL/bin

MySQL – u root

4）ERROR 1130：Host '192. 168. 1. 3' is not allowed to connect to this MySQL server

用 MySQL 远程工具链接数据库报错，原因是没有开放远程链接功能，可以在 MySQL 里面输入如下命令进行解决：GRANT ALL PRIVILEGES ON *. * TO 'root'@ '% 'IDENTIFIED BY 'password'WITH GRANT OPTION

8. 初学基础

（1）连接 MySQL。

> 格式：MySQL –h 主机地址 –u 用户名 –p 用户密码
>
> 例1：连接到本机上的 MySQL。
>
> 首先打开 DOS 窗口，然后进入目录 MySQLbin，再输入命令 MySQL – uroot –p，回车后提示你输密码，如果刚安装好 MySQL，超级用户 root 是没有密码的，故直接回车即可进入 MySQL 中，MySQL 的提示符是：MySQL >
>
> 例2：连接到远程主机上的 MySQL。假设远程主机的 IP 为：110. 110. 110. 110，用户名为 root，密码为 abcd123。则输入以下命令：
>
> MySQL – h110. 110. 110. 110 – uroot – pabcd123
>
> （注：u 与 root 可以不用加空格，其他也一样）
>
> 退出 MySQL 命令：exit（回车）

想要成功连接到远程主机，需要在远程主机打开 MySQL 远程访问权限，方法如下：

```
在远程主机中以管理员身份进入
输入如下命令
MySQL > GRANT ALL PRIVILEGES ON * . *  TO 'agui'@ % 'IDENTIFIEDBY '123'
WITH GRANT OPTION;
    FLUSH PRIVILEGES;
    //赋予任何主机访问数据的权限
MySQL > FLUSH PRIVILEGES
    //修改生效
agui 为我们使用的用户名
密码为 123
    即：在远程主机上做好设置，我们即可通过 MySQL  - h110.110.110.110-uagui-
p123 连接进远程主机
```

（2）修改密码。

格式：MySQLadmin – u 用户名 – p 旧密码 password 新密码

例 1：给 root 加个密码 ab12。首先在 DOS 下进入目录 MySQLbin，然后输入以下命令：

MySQLadmin – uroot – password ab12

注意：因为开始时 root 没有密码，所以 – p 旧密码一项可以省略。

例 2：再将 root 的密码改为 djg345。

MySQLadmin – uroot – pab12 password djg345

（3）增加新用户（注意：和上面不同，下面的因为是 MySQL 环境中的命令，所以后面都带一个分号作为命令结束符）。

格式：grant select on 数据库 . * to 用户名@登录主机 identified by "密码"

例 1：增加一个用户 test1 密码为 abc，让它可以在任何主机上登录，并对所有数据库有查询、插入、修改、删除的权限。首先用 root 用户连入 MySQL，然后输入以下命令：

grant select，insert，update，delete on *. * to test1@"%" Identified by "abc"；

但例 1 增加的用户是十分危险的，如某人知道 test1 的密码，那么他就可以在 internet 上的任何一台电脑上登录你的 mysql 数据库，并对你的数据为所欲为，解决办法见例 2。

例 2：增加一个用户 test2 密码为 abc，让他只可以在 localhost 上登录，并可以对数据库 mydb 进行查询、插入、修改、删除的操作（localhost 指本地主机，即 MySQL 数据库所在的那台主机），这样用户即使知道 test2 的密码，也无法从 Internet 上直接访问数据库，只能通过 MySQL 主机上的 Web 页来访问：grant select，insert，update，delete on mydb. * to test2@localhost identified by " abc"；如果你不想 test2 有密码，可以再用一个命令将密码消掉：grant select，insert，update，delete on mydb. * to test2@localhost identified by ""。

下面来看看 MySQL 中有关数据库方面的操作。必须首先登录到 MySQL 中，以下操作都是在 MySQL 的提示符下进行的，而且每个命令以分号结束。如果你输入命令时，回车后发现忘记加分号，无须重输一遍命令，只要敲个分号回车就可以了。也就是说你可以把一个完整的命令分成几行来敲，完成后用分号作结束标志就可以了。

你可以使用光标上下键调出以前的命令。

（4）显示命令。

1）显示数据库列表。

```
show databases;
```

刚开始时才两个数据库：MySQL 和 test。MySQL 库很重要，它里面有 MySQL 的系统信息，我们改密码和新增用户，实际上就是用这个库进行操作。

2）显示库中的数据表。

```
use MySQL; //打开库，学过 FOXBASE 的一定不会陌生吧
show tables;
```

3）显示数据表的结构。

```
describe 表名;
```

4）建库。

```
create database 库名;
```

5）建表。

```
use 库名;
create table 表名（字段设定列表）;
```

6）删库和删表。

```
drop database 库名;
drop table 表名;
```

7）将表中记录清空。

```
delete from 表名;
```

8）显示表中的记录。

```
select * from 表名;
```

9）显示最后一个执行的语句所产生的错误、警告和通知。

```
show warnings;
```

10）只显示最后一个执行语句所产生的错误。

```
show errors;
```

实例

```
drop database if exists school; //如果存在 SCHOOL 则删除
create database school; //建立库 SCHOOL
use school; //打开库 SCHOOL
create table teacher //建立表 TEACHER
(
id int (3) auto_ increment not null primary key,
name char (10) not null,
address varchar (50) default '深圳',
year date
```

```
); //建表结束
//以下为插入字段
insert into teacher values ('', 'glchengang', 'XX 公司', '1976 -10 -10
');
insert into teacher values ('', 'jack', 'XX 公司', '1975 -12 -23');
```

在建表中，将 ID 设为长度为 3 的数字字段：int (3)；并让每个记录自动加 1：auto_increment；并不能为空：not null；而且让它成为主字段 primary key。将 NAME 设为长度为 10 的字符字段。将 ADDRESS 设为长度为 50 的字符字段。

（5）将 YEAR 设为日期字段。

如果你在 MySQL 提示符输入上面的命令也可以，但不方便调试。你可以将以上命令原样写入一个文本文件中，假设为 school. sql，然后复制到 C：\ 下，并在 DOS 状态进入目录 \ MySQL \ bin，然后输入以下命令：

```
MySQL -uroot -p 密码 < c: \ school. sql
```

如果成功，空出一行，无任何显示；如有错误，会有提示（以上命令已经调试，你只要将//的注释去掉即可使用）。

（6）文本转到数据库。

```
1) 文本数据应符合的格式：字段数据之间用 tab 键隔开，null 值用 \ n 来代替：
例：
①rose 深圳二中 1976 -10 -10
②mike 深圳一中 1975 -12 -23
2) 数据传入命令 load data local infile " 文件名" into table 表名;
```

注意：你最好将文件复制到 \ MySQL \ bin 目录下，并且要先用 use 命令打开表所在的数据库或者登录数据库前将路径转移（cd）到要导入文本所在的路径。

（7）备份数据库（命令在 DOS 的 \ MySQL \ bin 目录下执行）。

```
MySQLdump - - opt school > school. bbb
```

将数据库 school 备份到 school. bbb 文件，school. bbb 是一个文本文件，文件名任取。自动备份 MySQL 数据库的方法，先是建立批处理文件，将以下代码另存为 . bat 文件，文件名最好为英文。注意下面的路径，以编者自己的数据库为例，数据库安装在 D 盘下 MySQL \ MySQL 下，备份位置在 F：\ beifen，后面的代码是日期。

```
@ echo off
color 0 D
MODE con: COLS = 71 LINES = 25
title MySQL 数据库自动备份脚本（任务计划）
set sou_ dir = " D: \ MySQL \ MySQL \ data"
set obj_ dir = F: \ beifen \ % date: ~0, 10%
net stop MySQL
md % obj_ dir%
xcopy /e /y % sou_ dir% % obj_ dir%
net start MySQL
@ echo off&setlocal enabledelayedexpansion
call: D, 30
echo. 30 天前日期为:% D%
echo. 删除 30 天以前备份……
if exist F: \ beifen \ % D% rd /s /q F: \ beifen \ % D%
echo 自动备份完成，程序将自动退出……
```

（8）还原/导入。

```
还原/导入数据库，导入过程，进入 MySQL 数据库控制台，如 MySQL - u root - p
MySQL > use 数据库
然后使用 source 命令，后面参数为脚本文件（如这里用到的 .sql）
MySQL > source d: \ dbname. sql
如果提示找不到文件，输完 source 后，可以用鼠标把文件直接拖进命令行窗口
启动跟踪文件
MySQLd-debug
关闭服务器
MySQLadmin - u root shutdown
启动 MySQL 服务
MySQLd-console
```

9. 管理工具

可以使用命令行工具管理 MySQL 数据库（命令 MySQL 和 MySQLadmin），也可以从 MySQL 的网站下载图形管理工具 MySQL Administrator、MySQL Query Browser 和 MySQL Workbench。phpMyAdmin 是由 PHP 写成的 MySQL 资料库系统管理程序，管理者可用 Web 界面管理 MySQL 资料库。phpMyBackupPro 也是由 PHP 写成的，可以通过 Web 界面创建和管理数据库。它可以创建伪 cronjobs，可以用来自动在某个时间或周期备份 MySQL 数据库。

另外，还有其他的 GUI 管理工具，例如 MySQL-front 以及 ems MySQL manager、navicat 等。

10. 解决方法

MySQL 中文排序错误的解决方法如下：

方法 1：在 MySQL 数据库中，进行中文排序和查找的时候，对汉字的排序和查找结果是错误的。这种情况在 MySQL 的很多版本中都存在。如果这个问题不解决，那么 MySQL 将无法实际处理中文。出现这个问题的原因是：MySQL 在查询字符串时是大小写不敏感的，在编译 MySQL 时一般以 ISO – 8859 字符集作为默认的字符集，因此在比较过程中中文编码字符大小写转换造成了这种现象，一种解决方法是对于包含中文的字段加上"binary"属性，使之作为二进制比较，例如将"name char（10）"改成"name char（10）binary"。

方法 2：如果你使用源码编译 MySQL，可以在编译 MySQL 时使用 – with – charset = gbk 参数，这样 MySQL 就会直接支持中文查找和排序了。

11. 授权问题

MySQL 遵守的不只是 GPL 协议，还是双授权模式（dual license），即你在遵守 GPL 协议的开源项目使用 MySQL，遵守 GPL 协议方能使用。如果你在非开源项目使用（即软件不打算开放源代码），且该软件用来销售，则需要向 MySQL 支付相应费用。

在 5.5.31 版本时人们发现 Oracle 取消了其中的 GPL 协议，造成了一定的不安。有开发者在 MySQL 程序臭虫网站上举报这项授权错误问题，随即 MySQL 工程服务总监 Yngve Svendsen 在网站上坦言，这的确是一个文件臭虫，因为 man 手册程序重新编译时套用了错误的授权内容。不过仍然有人认为，Oracle 取消开源授权而改用商业授权的一天迟早是要到来的，并寻求其他代替方案。

12. MySQL Server 新特性

MySQL Server 提供了非常多的新特性：表和索引的分区、行级复制、MySQL 基群基于磁盘的数据支持、MySQL 集群复制增强的全文本搜索函数、增强的信息模式（数据字典）、可插入的 API、服务器日志表、XML（标准通用标记语言的子集）/XPath 支持、实例管理器、表空间备份、MySQL_ upgrade 升级程序、内部任务/事件调度器、新的性能工具和选项如 MySQLslap 等。

MySQL PHP 语法。MySQL 可应用于多种语言，包括 Perl、C、C + +、Java 和 PHP。在这些语言中，MySQL 在 PHP 的 Web 开发中应用最广泛。在本教程中大部分实例都采用了 PHP 语言。PHP 提供了多种方式来访问和操作 MySQL 数据库记录。PHP MySQL 函数格式如下：

```
MySQL_ function (value, value, …);
```

以上格式中 function 部分描述了 MySQL 函数的功能，如：

```
MySQLi_ connect ( $ connect);
MySQLi_ query ( $ connect," SQLstatement");
MySQL_ fetch_ array ()
MySQL_ connect (), MySQL_ close ()
```

以下实例展示了 PHP 调用 MySQL 函数的语法：

```
<html>
<head>
</head>
<body>
<? php
$retval=MySQL_ function (value, [value, …]);
if (! $retval)
{
die (" Error: arelatederrormessage");
}
//OtherwiseMySQLorPHPStatements
? >
</body>
</html>
```

3.5.2　Oracle 数据库技术

1. Oracle 简介

Oracle Database 又名 Oracle RDBMS，或简称 Oracle，是甲骨文公司的一款关系数据库管理系统。它在数据库领域一直处于领先地位。可以说，Oracle 数据库系统是目前世界上流行的关系数据库管理系统，系统可移植性好、使用方便、功能强，适用于各类大、中、小、微机环境。它是一种高效率、可靠性好的、适应高吞吐量的数据库解决方案。

Oracle 数据库系统是美国 Oracle 公司提供的以分布式数据库为核心的一组软件产品，是目前最流行的客户/服务器（Client/Server）或 B/S 体系结构的数据库之一，如 SilverStream 就是基于数据库的一种中间件。Oracle 数据库是目前世界上使用最广泛的数据库管理系统，作为一个通用的数据库系统，它具有完整的数据管理功能；作为一个关系数据库，它是一个完备关系产品；作为分布式数据库，它实现了分布式处理功能。只要在一种机型上学习了 Oracle 知识，便能在各种类型的机器上使用它。

Oracle 数据库最新版本为 Oracle Database 12c。Oracle 数据库 12c 引入了一个新的多承租方架构，使用该架构可轻松部署和管理数据库云。此外，一些创新特性可最大限度地提高资源使用率和灵活性，如 Oracle Multitenant 可快速整合多个数据库，而 Automatic Data Optimization 和 Heat Map 能以更高的密度压缩数据和对数据分层。这些独一无二的技术进步，再加上在可用性、安全性和大数据支持方面的增强，使得 Oracle 数据库 12c 成为私有云和公有云部署的理想平台。

2. 支持平台

在 2001 年发布 Oracle 9i 之前，甲骨文公司把他们的数据库产品广泛移植到不同的平台上。近期，甲骨文公司巩固了一小部分的操作系统平台。

截至 2015 年 1 月，甲骨文公司的 Oracle 10g/11g/12c 支持以下的操作系统和硬件：

（1）Apple Mac OS X Server：Power PC

（2）HP HP - UX：PA - RISC，Itanium

（3）HP Tru64 UNIX：Alpha

（4）HP Open VMS：Alpha，Itanium

（5）IBMAIX5 L：IBM POWER

（6）IBMz/OS：zSeries

（7）Linux：x86，x86 - 64，Power PC，zSeries，Itanium

（8）Microsoft Windows：x86，x86 - 64，Itanium

（9）Sun Solaris：SPARC，x86，x86 - 64

3. 特点

（1）完整的数据管理功能。

①数据的大量性。

②数据保存的持久性。

③数据的共享性。

④数据的可靠性。

（2）完备关系的产品。

①信息准则——关系型 DBMS 的所有信息都应在逻辑上用一种方法，即表中的值显式地表示。

②保证访问的准则。

③视图更新准则——只要形成视图的表中的数据变化了，相应地，视图中的数据同时变化。

④数据物理性和逻辑性独立准则。

（3）分布式处理功能。Oracle 数据库自第 5 版起就提供了分布式处理能力，到第 7 版就有比较完善的分布式数据库功能。一个 Oracle 分布式数据库由 oraclerdbms、sql * Net、SQL * CONNECT 和其他非 Oracle 的关系型产品构成。

（4）用 Oracle 能轻松地实现数据仓库的操作。这是一个技术发展的趋势，不在这里讨论。

优点：

①可用性强。

②可扩展性强。

③数据安全性强。

④稳定性强。

4. 数据库管理及开发工具

（1）Navicat for Oracle 是一套专为 Oracle 设计的强大数据库管理及开发工具。它可以用于任何版本的 Oracle 数据库，并支持大部分 Oracle 的功能，包括触发器、索引、检视等。

（2）Toad for Oracle 是一款老牌的 Oracle 开发管理工具，比任何一款 Oracle 开发管理工具功能更多，并针对使用者不同的角色有多个分支版本。版本包括：Toad DBA Suite for Oracle，是一款专门为 Oracle DBA 管理 Oracle 数据库工具；Toad Development Suite for Oracle，是一款专门针对 Oracle 的开发工具；Toad DBA Suite for Oracle - Exadata Edition，是一款专门为 Oracle Exadata 一体服务器及 Oracle 数据库管理开放的工具；Toad DBA Suite for Oracle - RAC Edition，是一款专门为 Oracle 搭建集群 RAC 的 DBA 管理工具。

5. 比较

在了解了 Oracle 数据库后，有必要对 Oracle 和 Sybase SQL Server 进行比较。Oracle 采用的是并行服务器模式，而 Sybase SQL Server 采用的是虚拟服务器模式，它没有将一个查询分解成多个子查询，再在不同的 CPU 上同时执行这些子查询。可以说，在对称多处理方面 Oracle 的性能优于 Sybase 的性能。业务量往往在系统运行后不断提高，如果数据库数量达到 GB 级，我们在提高系统的性能方面可以从两方面入手：一方面是提高单台服务器的性能，另一方面就是增加服务器数目。基于此，如果我们提高单台服务器的性能，选择 Oracle 数据库较好，因为它们能在对称多 CPU 的系统上提供并行处理。相反，由于 Sybase 的导航服务器使网上的所有用户都注册到导航服务器并通过导航服务提出数据访问请求，导航服务器则将用户的请求分解，然后自动导向由它所控制的多台 SQL Server，从而在分散数据的基础上提供并行处理能力，我们可以选择它。这些都是在其他条件和环境相同的情况下比较的，这样才有可比性。在数据的分布更新方面，Oracle 采用的是基于服务器的自动的 2PC（两阶段提交），而 Sybase 采用的则是基于客户机 DB - Library 或 CT - Library 的可编程的 2PC，因此在选择数据库方面，必须根据需要进行选择。比如，社会保险软件的开发，考虑到数据量大，并发操作比较多，实时性要求高，后台基本采取的是 Oracle 数据库。Oracle 服务器由 Oracle 数据库和 Oracle 实例组成，Oracle 实例由系统全局区内存结构和用于管理数据库的后台进程组成。

6. 就业前景

从就业与择业的角度来讲，计算机相关专业的大学生从事 Oracle 方面的技术是职业发展中的最佳选择。

（1）就业面广。Oracle 帮助拓展技术人员择业的广度，全球前 100 强企业 99 家都在使用 Oracle 相关技术，中国政府机构、大中型企事业单位都有 Oracle 技术的工程师岗位。大学生在校期间兴趣广泛，每个人兴趣特长各异，不论你想进入金融行业还是电信行业或者政府机构，Oracle 都能够在你的职业发展中给予最强有力的支撑，成为你最贴心的助手。

（2）技术层次深。如果期望进入 IT 服务或者产品公司（类似毕博、Dell、IBM 等），Oracle 技术能够帮助提高就业的深度。Oracle 技术已经成为全球每个 IT 公司必选的软件技术之一，熟练掌握 Oracle 技术能够为从业人员带来技术应用上的优势，同时对 IT 技术的深入应用起到非常关键的作用。掌握 Oracle 技术，是 IT 从业人员了解全面信息化整体解决方案的基础。

（3）职业方向多。拥有 Oracle 数据库管理方向、Oracle 开发及系统架构方向、Oracle 数据建模数据仓库等方向。

7. 逻辑结构

Oracle 由至少一个表空间和数据库模式对象组成。这里，模式是对象的集合，而模式对象是直接引用数据库数据的逻辑结构。模式对象包括这样一些结构：表、视图、序列、存储过程、同义词、索引、簇和数据库链等。逻辑存储结构包括表空间、段和范围，用于描述怎样使用数据库的物理空间。

总之，逻辑结构由逻辑存储结构（表空间、段、范围、块）和逻辑数据结构（表、视图、序列、存储过程、同义词、索引、簇和数据库链等）组成，而其中的模式对象（逻辑数据结构）和关系形成了数据库的关系设计。

（1）段（Segment）。表空间中一个指定类型的逻辑存储结构，它由一个或多个范围组成，段将占用并增长存储空间。其中包括：数据段，用于存放表数据；索引段，用于存放表索引；临时段，用于存放中间结果；回滚段，用于出现异常时，恢复事务。

（2）范围（Extent）。它是数据库存储空间分配的逻辑单位，一个范围由许多连续的数据块组成，范围是由段依次分配的，分配的第一个范围称为初始范围，以后分配的范围称为增量范围。

（3）数据块（Block）。它是数据库进行 IO 操作的最小单位，它与操作系统的块不是一个概念。Oracle 数据库不是以操作系统的块为单位来请求数据，而是以多个 Oracle 数据库块为单位。

第 4 章

电子商务服务器平台搭建与维护

★学习目标

1. 了解 IIS、Apache、Tomcat 三种网页服务器的配置与使用；
2. 掌握 FTP 服务的原理与使用；
3. 掌握开源网站系统的原理与使用。

4.1　微软 Web 服务器 IIS

4.1.1　IIS 的功能作用

IIS 是 Internet Information Services 的缩写，意为互联网信息服务，是由微软公司提供的基于 Microsoft Windows 的互联网基本服务。最初是 Windows NT 版本的可选包，随后内置在 Windows 2000、Windows XP Professional 和 Windows Server 2003 一起发行，但在 Windows XP Home 版本上并没有 IIS。IIS 是一种 Web（网页）服务组件，其中包括 Web 服务器、FTP 服务器、NNTP 服务器和 SMTP 服务器，分别用于网页浏览、文件传输、新闻服务和邮件发送等，它使得在网络（包括互联网和局域网）上发布信息成为一件很容易的事。

IIS 的安全脆弱性曾长时间被业内诟病，一旦 IIS 出现远程执行漏洞，威胁将会非常严重。远程执行代码漏洞存在于 HTTP 协议堆栈（HTTP. sys）中，当 HTTP. sys 未正确分析经特殊设计的 HTTP 请求时会导致此漏洞。成功利用此漏洞，攻击者可以在系统账户的上下文中执行任意代码，导致 IIS 服务器所在机器蓝屏或读取其内存中的机密数据。

IIS 是一个 World Wide Webserver。Gopherserver 和 FTPserver 的全部包容都在里面。IIS 意味着能发布网页，并且由 ASP、Java、VBScript 产生页面，有一些扩展功能。IIS 支持一些

有趣的东西，像有编辑环境的界面（Frontpage）、有全文检索功能的（Index Server）、有多媒体功能的 Ner Show。IIS 是随 Windows NT Server 4.0 一起提供的文件和应用程序服务器，是在 Windows NT Server 上建立 Internet 服务器的基本组件。它与 Windows NT Server 完全集成，允许使用 Windows NT Server 内置的安全性以及 NTFS 文件系统建立强大灵活的 Internet/Intranet 站点。

在同一时间内允许打开的网站页面数：打开一个页面占一个 IIS，打开一个站内框架页面占 2 到 3 个 IIS；若图片等被盗链，在其他网站打开本站图片同样占一个 IIS。假若设置参数为 50 个 IIS，则这个站允许同时有 50 个页面被打开。但要在同一时间（极短的时间）有 50 个页面被打开，需要 50 个人同时操作，这个概率还是比较低的。所以，100 个 IIS 支持日 IP1 000（同时访问网站人数必定远低于 1 000 人）以上不是很大问题，除非网站被盗链或框架引发其他消耗。

4.1.2　IIS 的添加运行与相关安装

IIS 的添加应进入"控制面板"，依次选"添加/删除程序→添加/删除 Windows 组件"，将"Internet 信息服务（IIS）"前的钩去掉（如有），重新勾选中后按提示操作即可完成 IIS 组件的添加。用这种方法添加的 IIS 组件中将包括 Web、FTP、NNTP 和 SMTP 全部四项服务。

当 IIS 添加成功之后，再进入"开始→设置→控制面板→管理工具→Internet 服务管理器（Internet 信息服务）"打开 IIS 管理器，对于有"已停止"字样的服务，均在其上右击，选"启动"来开启。安装完成后，打开浏览器，输入"http：//localhost/"，检查 IIS 是否正常。如果服务器搭建正常，则此网址打开后是有内容的。

下面举例来建立第一个 Web 站点，比如本机的 IP 地址为 192.168.0.1，自己的网页放在 D：\ Wy 目录下，网页的首页文件名为 Index.htm，根据这些信息建立 Web 服务器。

对于此 Web 站点，用现有的"默认 Web 站点"来做相应的修改后，就可以轻松实现。先在"默认 Web 站点"上右击，选"属性"，进入"默认 Web 站点属性"设置界面。

（1）修改绑定的 IP 地址。转到"Web 站点"窗口，再在"IP 地址"后的下拉菜单中选择所需用到的本机 IP 地址"192.168.0.1"。

（2）修改主目录。转到"主目录"窗口，再在"本地路径"输入（或用"浏览"按钮选择）自己网页所在的"D：\ Wy"目录。

（3）添加首页文件名。转到"文档"窗口，再按"添加"按钮，根据提示在"默认文档名"后输入自己网页的首页文件名"Index.htm"。

（4）添加虚拟目录。比如主目录在"D：\ Wy"下，输入"192.168.0.1/test"就可调出"E：\ All"中的网页文件，这里的"test"就是虚拟目录。在"默认 Web 站点"上右击，选"新建→虚拟目录"，依次在"别名"处输入"test"，在"目录"处输入"E：\ All"后再按提示操作，即可添加成功。

（5）效果的测试。打开 IE 浏览器，在地址栏中输入"192.168.0.1"之后按回车键，此时就能够调出网页的首页，说明设置成功。不同的计算机会有不同的选项名称，但大体上还是可以找到。

同一台服务器可以添加更多的 Web 站点。

①多个 IP 对应多个 Web 站点。如果本机已绑定了多个 IP 地址，想利用不同的 IP 地址得出不同的 Web 页面，则只需在"默认 Web 站点"处右击，选"新建→站点"，然后根据提示在"说明"处输入任意用于说明它的内容（比如"我的第二个 Web 站点"），在"输入 Web 站点使用的 IP 地址"的下拉菜单处选中需给它绑定的 IP 地址即可；当建立好此 Web 站点之后，再按上面的方法进行相应设置。

②一个 IP 地址对应多个 Web 站点。当按上面的方法建立好所有的 Web 站点后，对于虚拟主机，可以通过给各 Web 站点设不同的端口号来实现，比如将一个 Web 站点设为 80，一个设为 81，一个设为 82……则对于端口号是 80 的 Web 站点，访问格式仍然直接是 IP 地址，而对于绑定其他端口号的 Web 站点，访问时必须在 IP 地址后面加上相应的端口号，也即使用如"http://192.168.0.1：81"的格式。

很显然，改了端口号之后，使用起来就麻烦些。如果已在 DNS 服务器中将所有需要的域名都映射到了此唯一的 IP 地址，则用设不同"主机头名"的方法，可以让用户直接用域名来完成对不同 Web 站点的访问。

比如本机只有一个 IP 地址为 192.168.0.1，而已经建立（或设置）了两个 Web 站点，一个是"默认 Web 站点"，一个是"我的第二个 Web 站点"，现在输入"www.enanshan.com"可直接访问前者，输入"www.popunet.com"可直接访问后者。其操作步骤如下：

第一步，请确保已先在 DNS 服务器中将这两个域名都映射到了那个 IP 地址上，并确保所有的 Web 站点的端口号均保持为 80 这个默认值。第二步，依次选"默认 Web 站点→右键→属性→Web 站点"，单击"IP 地址"右侧的"高级"按钮，在"此站点有多个标识下"双击已有的那个 IP 地址（或单击选中它后再按"编辑"按钮），然后在"主机头名"下输入"www.enanshan.com"，再按"确定"按钮保存退出。第三步，同样的方法，为"我的第二个 Web 站点"设好新的域名"www.popunet.com"即可。第四步，打开 IE 浏览器，在地址栏中输入不同的网址，就可以调出不同 Web 站点的内容了。

③多个域名对应同一个 Web 站点。只需先将某个 IP 地址绑定到 Web 站点上，再在 DNS 服务器中，将所需域名全部映射向这个 IP 地址即可。在浏览器中输入任何一个域名，都会直接得到所设置好的那个网站的内容。

注意的相关问题如下：

①安装系统补丁。这对于服务器来说特别重要，因为安全补丁关乎系统安全，而微软网站经常发布最新的系统安全补丁，可以用系统自带的 Windows Update 程序随时更新。

②FTP 目录的设定。FTP 目录没有设置也容易被别人攻击，一般将主目录指定到逻辑盘。为了安全，要对每个目录按不同的用户设置不同的访问权限，然后关闭一些不需要的服务，这样可以对他人利用 IIS 溢出漏洞访问系统盘做第一级防护。

③端口设置。IIS 有默认的端口设置，只要稍有计算机知识的人都会记得这些端口，要破解的话就十分方便，所以尽量不要使用 21 这个默认端口号，并启用日志，以便 FTP 服务出现异常时检查。

④IIS 服务器的远程管理。在"管理 Web 站点"上右击，选"属性"，再进入"Web 站点"窗口，选择"IP 地址"。转到"目录安全性"窗口，单击"IP 地址及域名限制"下的"编辑"按钮，点选"授权访问"以便接受客户端从本机之外的地方对 IIS 进行管理；最后单击"确定"按钮。在任意计算机的浏览器中输入如"http：//192.168.0.1：80"（80 为其端口号）的格式后，将会出现一个密码询问窗口，输入管理员账号名（Administrator）和相应密码之后就可登录成功，然后可以在浏览器中对 IIS 进行远程管理。管理的范围主要包括对 Web 站点和 FTP 站点进行新建、修改、启动、停止和删除等操作。

4.1.3　IIS 的状态解释与产品分析

当用户试图通过 HTTP 或文件传输协议（FTP）访问一台正在运行 Internet 信息服务（IIS）的服务器上的内容时，IIS 返回一个表示该请求状态的数字代码。该状态代码记录在 IIS 日志中，同时也可能在 Web 浏览器或 FTP 客户端显示。状态代码可以指明具体请求是否已成功，还可以揭示请求失败的确切原因。

HTTP 类：

1××，信息提示：这些状态代码表示临时的响应。客户端在收到常规响应之前，应准备接收一个或多个 1×× 响应。100，继续。101，切换协议。

2××，成功：这类状态代码表明服务器成功地接受了客户端请求。200，确定，客户端请求已成功。201，已创建。202，已接受。203，非权威性信息。204，无内容。205，重置内容。206，部分内容。

3××，重定向：客户端浏览器必须采取更多操作来实现请求。例如，浏览器可能不得不请求服务器上的不同的页面，或通过代理服务器重复该请求。302，对象已移动。304，未修改。307，临时重定向。

4××，客户端错误：发生错误，客户端似乎有问题。例如，客户端请求不存在的页面，客户端未提供有效的身份验证信息。

·400，错误的请求。

·401，访问被拒绝。IIS 定义了许多不同的 401 错误，它们指明更为具体的错误原因。这些具体的错误代码在浏览器中显示，但不在 IIS 日志中显示：

401.1，登录失败。

401.2，服务器配置导致登录失败。

401.3，由于 ACL 对资源的限制而未获得授权。

401.4，筛选器授权失败。

401.5，ISAPI/CGI 应用程序授权失败。

401.7，访问被 Web 服务器上的 URL 授权策略拒绝。这个错误代码为 IIS 6.0 所专用。

·403，禁止访问。IIS 定义了许多不同的错误，它们指明更为具体的错误原因：

403.1，执行访问被禁止。

403.2，读访问被禁止。

403.3，写访问被禁止。

403.4，要求 SSL。

403.5，要求 SSL128。

403.6，IP 地址被拒绝。

403.7，要求客户端证书。

403.8，站点访问被拒绝。

403.9，用户数过多。

403.10，配置无效。

403.11，密码更改。

403.12，拒绝访问映射表。

403.13，客户端证书被吊销。

403.14，拒绝目录列表。

403.15，超出客户端访问许可。

403.16，客户端证书不受信任或无效。

403.17，客户端证书已过期或尚未生效。

403.18，在当前的应用程序池中不能执行所请求的 URL。

403.19，不能为这个应用程序池中的客户端执行 CGI。

403.20，Passport 登录失败。这个错误代码为 IIS 6.0 所专用。

· 404，未找到。

404.0，没有找到文件或目录。

404.1，无法在所请求的端口上访问 Web 站点。

404.2，Web 服务扩展锁定策略阻止本请求。

404.3，MIME 映射策略阻止本请求。

· 405，用来访问本页面的 HTTP 谓词不被允许（方法不被允许）。

· 406，客户端浏览器不接受所请求页面的 MIME 类型。

· 407，要求进行代理身份验证。

· 412，前提条件失败。

· 413，请求实体太大。

· 414，请求 URL 太长。

· 415，不支持的媒体类型。

· 416，所请求的范围无法满足。

· 417，执行失败。

· 423，锁定的错误。

5××，服务器错误：服务器由于遇到错误而不能完成该请求。

· 500，内部服务器错误。

500.12，应用程序正忙于在 Web 服务器上重新启动。

500.13，Web 服务器太忙。

500.15，不允许直接请求 Global.asa。

500.16，UNC 授权凭据不正确。这个错误代码为 IIS 6.0 所专用。

500.18，URL 授权存储不能打开。这个错误代码为 IIS 6.0 所专用。

500.100，内部 ASP 错误。

·501，页眉值指定了未实现的配置。

·502，Web 服务器用作网关或代理服务器时收到了无效响应。

502.1，CGI 应用程序超时。

502.2，CGI 应用程序出错。

·503，服务不可用。这个错误代码为 IIS 6.0 所专用。

·504，网关超时。

·505，HTTP 版本不受支持。

常见的 HTTP 状态代码及其原因：

·200，成功。此状态代码表示 IIS 已成功处理请求。

·304，未修改。客户端请求的文档已在其缓存中，文档自缓存以来尚未被修改过。客户端使用文档的缓存副本，而不从服务器下载文档。

·401.1，登录失败。登录尝试不成功，可能因为用户名或密码无效。

·401.3，由于 ACL 对资源的限制而未获得授权。这表示存在 NTFS 权限问题。即使对试图访问的文件具备相应的权限，也可能发生此错误。例如，如果 IUSR 账户无权访问 C：\ Winnt \ System32 \ Inetsrv 目录，会看到这个错误。

·403.1，执行访问被禁止。下面是导致此错误信息的两个常见原因：

（1）没有足够的执行许可。例如，如果试图访问的 ASP 页所在的目录权限设为"无"，或者试图执行的 CGI 脚本所在的目录权限为"只允许脚本"，将出现此错误信息。若要修改执行权限，在 Microsoft 管理控制台（MMC）中右击目录，然后依次单击属性和目录选项卡，为试图访问的内容设置适当的执行权限。

（2）没有将试图执行的文件类型的脚本映射设置为识别所使用的谓词（如 GET 或 POST）。若要验证这一点，在 MMC 中右击目录，依次单击属性、目录选项卡和配置，然后验证相应文件类型的脚本映射是否设置为允许所使用的谓词。

·403.2，读访问被禁止。验证是否已将 IIS 设置为允许对目录进行读访问。另外，如果正在使用默认文件，验证该文件是否存在。

·403.3，写访问被禁止。验证 IIS 权限和 NTFS 权限是否已设置，以便向该目录授予写访问权。

·403.4，要求 SSL。禁用要求安全通道选项，或使用 HTTPS 代替 HTTP 来访问该页面。

·403.5，要求 SSL128。禁用要求 128 位加密选项，或使用支持 128 位加密的浏览器以查看该页面。

·403.6，IP 地址被拒绝。已把服务器配置为拒绝访问目前的 IP 地址。

·403.7，要求客户端证书。已把服务器配置为要求客户端身份验证证书，但未安装有效的客户端证书。

·403.8，站点访问被拒绝。已为用来访问服务器的域设置了域名限制。

·403.9，用户数过多。与该服务器连接的用户数量超过了设置的连接限制。

注意：Microsoft Windows 2000 Professional 和 Microsoft Windows XP Professional 自动设置了在 IIS 上最多 10 个连接的限制，无法更改此限制。

·403.12，拒绝访问映射表。要访问的页面要求提供客户端证书，但映射到客户端证书的用户 ID 已被拒绝访问该文件。

·404，未找到。发生此错误的原因是试图访问的文件已被移走或删除。如果在安装 URLScan 工具之后，试图访问带有有限扩展名的文件，也会发生此错误。这种情况下，该请求的日志文件项中将出现"Rejected by URLScan"的字样。

·500，内部服务器错误。很多服务器端的错误都可能导致该错误信息。事件查看器日志包含更详细的错误原因。此外，可以禁用友好 HTTP 错误信息以便收到详细的错误说明。

·500.12，应用程序正在重新启动。这表示在 IIS 重新启动应用程序的过程中试图加载 ASP 页。刷新页面后，此信息即会消失。如果刷新页面后，此信息再次出现，可能是防病毒软件正在扫描 Global. asa 文件。

·500. ASP，ASP 错误。如果试图加载的 ASP 页中含有错误代码，将出现此错误信息。若要获得更确切的错误信息，请禁用友好 HTTP 错误信息。默认情况下，只会在默认 Web 站点上启用此错误信息。

·502，网关错误。如果试图运行的 CGI 脚本不返回有效的 HTTP 标头集，将出现此错误信息。

错误代码及原因有官方手册，互联网上也有大量的文档，在实际使用过程中，遇到问题时，用搜索引擎去搜索一下，或者查看一下帮助手册就可以解决问题。绝大多数的错误在人们实际的工作中并不常见，可以说遇到的机会非常小，因此，只需要了解最常用的一些错误就可以了，实际使用的过程中发现什么问题，再行解决。

4.2　Apache 服务器

Apache 是世界使用排名第一的 Web 服务器软件。它可以运行在几乎所有广泛使用的计算机平台上，是最流行的 Web 服务器端软件之一。Apache 音译为阿帕奇，是北美印第安人的一个部落，叫阿帕奇族，在美国的西南部，也是一个基金会的名称、一种武装直升机等。

4.2.1　Apache 详细介绍

Apache HTTP Server（Apache）是 Apache 软件的一个开放源码的网页服务器，可以在大多数计算机操作系统上运行，由于其多平台和安全性被广泛使用，是最流行的 Web 服务器端软件之一。它快速、可靠并且可通过简单的 API 扩展，将 Perl/Python 等解释器编译到服务器中。Apache HTTP 服务器是一个模块化的服务器，源于 NCSAhttpd 服务器，经过多次修改，成为世界使用排名第一的 Web 服务器软件。

Apache 源于 NCSAhttpd 服务器，经过多次修改，成为世界上最流行的 Web 服务器软件之一。Apache 取自"apatchyserver"的读音，意思是充满补丁的服务器，因为它是自由软件，所以不断有人来为它开发新的功能、新的特性、修改原来的缺陷。Apache 的特点是简单、速度快、性能稳定，并可作为代理服务器来使用。

Apache 原本只用于小型或试验 Internet 网络，后来逐步扩充到各种 UNIX 系统中，尤其对 Linux 的支持相当完美。Apache 有多种产品，可以支持 SSL 技术，支持多个虚拟主机。Apache 是以进程为基础的结构，进程要比线程消耗更多的系统开支，不太适合于多处理器环境，因此，在一个 ApacheWeb 站点扩容时，通常是增加服务器或扩充群集节点而不是增加处理器。到目前为止，Apache 仍然是世界上用得最多的 Web 服务器，市场占有率达 60% 左右。世界上很多著名的网站如 Amazon、W3 Consortium、Financial Times 等都是 Apache 的产物，它的成功之处主要在于它的源代码开放、有一支开放的开发队伍、支持跨平台的应用（可以运行在几乎所有的 UNIX、Windows、Linux 系统平台上）以及可移植性等方面。

Apache 的诞生极富有戏剧性。当 NCSAWWW 服务器项目停顿后，那些使用 NCSAWWW 服务器的人们开始交换他们用于该服务器的补丁程序，他们也很快认识到成立管理这些补丁程序的论坛是必要的。就这样，Apache Group 诞生了，后来这个团体在 NCSA 的基础上创建了 Apache。

ApacheWeb 服务器软件拥有以下特性：支持最新的 HTTP/1.1 通信协议，拥有简单而强有力的基于文件的配置过程，支持通用网关接口，支持基于 IP 和基于域名的虚拟主机，支持多种方式的 HTTP 认证，集成 Perl 处理模块，集成代理服务器模块，支持实时监视服务器状态和定制服务器日志，支持服务器端包含指令（SSI），支持安全 Socket 层（SSL），提供用户会话过程的跟踪，支持 FastCGI，通过第三方模块可以支持 Java Servlets。如果需要 Web 服务器，毫无疑问，Apache 是最佳选择。

4.2.2　Apache 相关模块

（1）SSOModule – LemonLdap。LemonLdap 是 Apache 的一个实现了 Web SSO 的模块，可处理超过 20 万的用户。

（2）并发限制模块。limitipconn 是一个 Apache 的模块，用来限制每个 IP 的并发连接数，其支持 Apache1.x 和 Apache2.x。

（3）日志监控模块。ApacheLiveLog 是一个 Perl 编写的模块，可以在浏览器上直接实时地通过 Ajax 技术浏览和监控 Apache 的日志文件。

（4）负载均衡模块。mod_ backhand 是一个 Apache 的负载平衡模块。它定义了每个请求的 HTTP 重定向在一个异构的 Apache 服务器群集。每个请求的处理贯穿了一套"候选人的职能"，以确定哪些服务器是最适合的回应，然后请求代理到该服务器。设施已到位，让用户写自己的动态加载决策算法。一切有关的要求和当前可用的资源可用于决策过程。

（5）图像处理模块。mod_ gfx 是一个对图像进行即时处理的 Apache 模块，提供很多灵活的接口，包括 Resizing、Resampling、Watermarking 和 Cropping。以后还将添加如下功能：AddText、Rotate 和 DrawPolygons。

（6）压缩模块。mod – gzip – disk 是一个使用磁盘进行存储预压缩页面的 Apache 模块，与 mod – gzip 不同的是不需要每次请求都重新压缩。

（7）音乐模块。mod_ musicindex 是 Apache 用来处理音频文件的模块，类似 Perl 的 Apache，支持音频格式包括 MP3、OggVorbis、FLAC 和 MP4/AAC，可根据不同的音频属性进行排序列表、在线播放、下载、构建播放列表和搜索等，提供 RSS 和 Podcast 输出，支持多 CSS 和包下载。

（8）LDAP 认证模块。LDAP 是轻量级目录访问协议，基于 X. 500 标准，但更简单，并可根据需要进行定制。mod_ psldap 是 Apache 用来执行 LDAP 认证和授权的模块。同时可通过 Web 界面进行简单的 LDAP 管理。

（9）带宽限制模块。mod_ cband 是一个用来限制请求占用带宽的 Apache 模块。

（10）CGI V8 引擎包。v8cgi 是一个很小的 C ++ 和 JS 文件集合，允许开发者在服务器端使用 JS 的模块，基本功能包括：IO、GD、MySQL、Sockets、Templates、Fast CGI 和 Apache module。

Apache 起初由伊利诺伊大学香槟分校的国家超级计算机应用中心（NCSA）开发。此后，Apache 被开放源代码团体的成员不断发展和加强。Apache 服务器拥有牢靠可信的美誉，已用在超过半数的互联网站中，特别是几乎所有最热门和访问量最大的网站。

Apache 最开始是 Netscape 网页服务器之外的开放源代码选择，后来它开始在功能和速度超越其他的基于 UNIX 的 HTTP 服务器。1996 年 4 月以来，Apache 一直是 Internet 上最流行的 HTTP 服务器。1999 年 5 月，它在 57% 的网页服务器上运行；到了 2005 年 7 月，这个比例上升到 69%。在 2005 年 11 月的时候达到接近 70% 的市场占有率，不过随着拥有大量域名数量的主机域名商转换为微软 IIS 平台，Apache 市场占有率近年来呈现下滑。而 Google 自己的网页服务器平台 GWS 推出后，加上 Lighttpd 这个轻量化网页服务器软件使用的网站慢慢增加，根据 Netcraft 在 2007 年 7 月的最新统计数据，Apache 的市场占有率已经降为52. 65%，8 月又滑落到 50. 92%。尽管如此，它仍旧是现阶段互联网市场上市占率最高的网页服务器软件。

当 Apache 在 1995 年初开发的时候，它是由当时最流行的 HTTP 服务器 NCSAHTTPd1. 3 的代码修改而成的，因此是"一个修补的（apatchy）"服务器。然而在服务器官方网站的 FAQ 中是这么解释的："'Apache'这个名字是为了纪念名为 Apache（印第安语）的美洲印第安人土著的一支，众所周知，他们拥有高超的作战策略和无穷的耐性。"无论如何，Apache2. x 分支不包含任何 NCSA 的代码。

人们在使用 Apache 作为 Web 服务器的过程中，只有对 Apache 服务器进行适当的优化配置，才能让 Apache 发挥出更好的性能；反过来说，如果 Apache 的配置非常糟糕，Apache 可能无法正常为人们服务。因此，针对人们的应用需求，对 Apache 服务器的配置进行一定的优化是必不可少的。

毫无疑问，要想让 Apache 服务器发挥出更好的性能，首先必须保证硬件和操作系统能够满足 Apache 服务器的负载需要。如果由于硬件和操作系统导致 Apache 的运行性能受到较大的影响，即使对 Apache 服务器本身优化配置也无济于事，"想要马儿跑得好，又想马儿不吃草"，当然是行不通的。一般而言，影响 Web 服务器性能最大的因素是内存。当内存不足时，操作系统将会使用内存交换机制。内存交换机制，简而言之，就是将本地磁盘的一部分作为虚拟内存空间供程序使用。Web 服务器想要更好地为所有用户服务，就应该永远不要使用内存交换机制，否则其性能将会受到较大的影响。不仅如此，由于服务器使用了内存交换机制所产生的滞后，直接后果就是让用户感觉网站的访问速度很慢，此时用户极有可能会单击停止或者刷新，如果用户不停地单击刷新，将会给服务器带来更大的负载，从而进入一个恶性循环。

对于 Apache 服务器的内存需求量，人们可以通过操作系统相关命令查看服务器正常运行时每个为用户服务的进程（或线程）平均占用多少的内存，再根据需求或者相关数据得出单个服务器所要支撑的最大并发负载数，从而计算出 Apache 服务器的内存需求量。为 Apache 服务器分配的内存最好能够大于计算得来的需求量。

除此之外，硬件最好能够保证有足够快的 CPU、足够快的网卡（足够的带宽）、足够大的硬盘。这里的足够是指能够满足 Web 应用的实际需求。

至于操作系统，最好能够选择一个有利于服务器运行的最新最稳定的版本并安装好对应的补丁程序。毕竟，随着时代的发展，操作系统也在不断进步。许多操作系统厂商都提供了可以显著改善性能的 TCP 协议栈和线程库。例如，如果操作系统支持 sendfile( ) 系统调用，Apache2. x 服务器可以使用 sendfile( )，从而更快地发送静态内容并且占用较少的 CPU 时间。

4.2.3　优化 Apache 配置

尽量使用 IP 地址代替域名。在 Apache 的配置文件中，有许多可以针对具体请求来源进行相应操作的配置，例如 allow from 365mini. com 表示允许域名为 365mini. com 的用户访问。在这种情况下，如果人们知道该域名或主机名与某个 IP 地址一一对应，则最好使用具体的 IP 地址来代替域名。否则 Apache 服务器将要进行多次 DNS 查询来确定该域名或主机名所对应的 IP 地址。可能存在一些例外情况，例如一个 IP 地址对应多个域名，一个域名对应多个 IP 地址或者对应一个变化的 IP 地址，此时仍然要使用域名或主机名。一般而言，只有域名或主机名与 IP 地址具有一一对应关系时，才使用 IP 地址来代替域名。应根据实际情况做出选择。

启用 Follow Sym Links 选项。当 Apache 处理请求时，如果对应的请求文件所在目录没有启用 Follow Sym Links 选项，或使用了 Sym Links If Owner Match 选项，Apache 就必须执行额外的系统调用来验证符号连接的安全性。文件名的每一个组成部分都需要一次额外的调用。因此，如果在安全性允许的情况下，为了得到更加良好的运行性能，应当放弃对符号连接的保护，在所有地方都设置 Follow Sym Links，并放弃使用 Sym Links If Owner Match。

```
#启用 FollowSymLinks 选项，如果子目录没有额外的设置，将会继承该设置 < Directory/ >OptionsFollowSymLinks </Directory >
```

禁用 AllowOverride。如果 Apache 的配置文件中允许 AllowOverride 指令，则 Apache 在处理每个请求路径时，都会尝试对文件路径的每一个组成部分都打开该目录下的 . htaccess 文件。例如，当用户请求访问服务器上的/static/test/hello. html，则 Apache 将会尝试打开/static/test/. htaccess、/static/. htaccess 和/. htaccess 三个文件，从而影响服务器的运行性能。

因此，如果当前用户拥有 Apache 配置文件的编辑权限，建议将 . htaccess 文件中的配置内容直接写在 Apache 对应的配置文件（一般为 httpd. conf）中，并禁用 AllowOverride。

```
#禁用 AllowOverride < Directory/ >AllowOverrideNone </Directory >
```

当然，如果用户不具备 Apache 配置文件的编辑权限，又希望能够对站点进行相应的管理设置，就需要管理员允许 AllowOverride，以便于用户编写自己的 . htaccess 文件。

尽量不使用通配符。在 Apache 的配置文件中，可以指定每个目录下的默认欢迎页面，例如：

```
#以内容协商的方式指定欢迎页面 < Directory/ > DirectoryIndexindex < /Directory >
```

使用上述配置后，当访问当前目录时，Apache 将会在当前目录下查找名称形如 index. * 的文件，并根据客户端期望响应的类型自动返回一个最匹配的请求文件（即内容协商）。不过，这样做将会导致性能损失。尽管内容协商的好处大于性能的损失，如果你仍然在意这一点性能损失的话，建议你不要使用上述通配符形式的配置，而是根据自己的需要，指定一个完整的 index. * 文件列表。

```
#指定欢迎页面 < Directory/ > DirectoryIndexindex. htmlindex. cgiindex. pl
< /Directory >
```

使用上述配置后，Apache 将按照从左到右的先后顺序依次查找上述三个名称的文件，并响应最先找到的那个文件。

并发连接数。Apache 是一个跨平台的 Web 服务器，由于其简单高效、稳定安全的特性，被广泛应用于计算机技术的各个领域。现在，Apache 凭借其庞大的用户数，已成为用户数排名第一的 Web 服务器。

尽管如此，在实际的生产环境中，人们仍然不可能直接使用默认配置的 Apache 来充当服务器。毕竟，为了更充分合理地利用 Apache 服务器，人们都应该根据自己的实际需要对 Apache 的默认配置做出一些必要的调整。而针对 Apache 的优化配置过程中，修改 Apache 的最大并发连接数显得尤为重要。在修改 Apache 的最大并发连接数之前，需要预先了解一些 Apache 的相关知识。

众所周知，Apache 是一个跨平台的、采用模块化设计的服务器。为了应对不同的平台和不同的环境产生的各种不同的需求，也为了在具体的平台或环境下达到最佳的效果，Apache 在 Web 服务器的基础功能方面（端口绑定、接收请求等）也同样采用了模块化设计，这个 Apache 的核心模块就称为多路处理模块（Multi - Processing Module，MPM）。Apache 针对不同的操作系统提供了多个不同的 MPM 模块，例如 mpm_ beos、mpm_ event、mpm_ netware、mpmt_ os2、mpm_ prefork、mpm_ winnt、mpm_ worker。如果条件允许，可以根据实际需求将指定的 MPM 模块编译进自己的 Apache 中（Apache 的源码是开放的，允许用户自行编译）。不过，如果在编译时没有选择，Apache 将按照如下表格根据不同的操作系统自行选择对应的 MPM 模块，这也是 Apache 针对不同平台推荐使用的 MPM 模块。mpm_ event 模块可以看作 mpm_ worker 模块的一个变种，不过其具有实验性质，一般不推荐使用。

当然，Apache 在其官方网站上也提供了根据不同操作系统已经编译好的对应 MPM 模块的成品 Apache，可以进入 Apache 官方网站下载。此外，如果想要知道某个 Apache 内部使用的是何种 MPM 模块，可以命令行的方式进入 Apache 安装目录 \ bin，然后输入命令 httpd - l，即可查看到当前 Apache 内部使用的是何种 MPM 模块。

使用 httpd - l 命令查看编译模块。由于在平常的开发工作中，BeOS、NetWare、OS/2 等操作系统并不常见，这里主要针对 Windows 和 UNIX/Linux 操作系统上的 MPM 模块进行说明。在 Windows 和 UNIX/Linux 操作系统上，MPM 模块主要有 mpm_ winnt、mpm_ prefork 和 mpm_ worker 三种。

mpm_ prefork 模块主要应用于 UNIX/Linux 平台的 Apache 服务器，其主要工作方式是：当 Apache 服务器启动后，mpm_ prefork 模块会预先创建多个子进程（默认为 5 个），当接收到客户端的请求后，mpm_ prefork 模块再将请求转交给子进程处理，并且每个子进程同时只能用于处理单个请求。如果当前的请求数将超过预先创建的子进程数时，mpm_ prefork 模块就会创建新的子进程来处理额外的请求。Apache 总是试图保持一些备用的或者是空闲的子进程用于迎接即将到来的请求。这样客户端的请求就不需要在接收后等候子进程的产生。

由于在 mpm_ prefork 模块中，每个请求对应一个子进程，因此其占用的系统资源比其他两种模块多。不过 mpm_ prefork 模块的优点在于它的每个子进程都会独立处理对应的单个请求，这样，如果其中一个请求出现问题就不会影响到其他请求。同时，mpm_ prefork 模块可以应用于不具备线程安全的第三方模块（如 PHP 的非线程安全版本），且在不支持线程调试的平台上易于调试。此外，mpm_ prefork 模块还具有比 mpm_ prefork 模块更高的稳定性。

mpm_ worker 模块也主要应用于 UNIX/Linux 平台的 Apache 服务器，它可以看作 mpm_ prefork 模块的改进版。mpm_ worker 模块的工作方式与 mpm_ prefork 模块类似。但是处理相同请求的情况下，基于进程（如 mpm_ prefork）比基于线程的处理方式占用的系统资源要多。因此，与 mpm_ prefork 模块不同的是，mpm_ worker 模块会让每个子进程创建固定数量的服务线程和一个监听线程，并让每个服务线程来处理客户端的请求，监听线程用于监听接入请求并将其传递给服务线程处理和应答。Apache 总是试图维持一个备用或是空闲的服务线程池。这样，客户端无须等待新线程或新进程的建立即可得到处理。

与 mpm_ prefork 模块相比，mpm_ worker 模块可以进一步减少系统资源的开销。再加上它也使用了多进程，每个进程又有多个线程，因此与完全基于线程的处理方式相比，它又增加了一定的稳定性。

mpm_ winnt 模块是专门针对 Windows 操作系统而优化设计的 MPM 模块。它只创建一个单独的子进程，并在这个子进程中轮流产生多个线程来处理请求。

修改 MPM 模块配置。在对 Apache 的 MPM 模块具备一定了解后，人们就可以针对不同的 MPM 模块来修改 Apache 的最大并发连接数配置了。

（1）启用 MPM 模块配置文件。在 Apace 安装目录/conf/extra 目录中有一个名为 httpd - mpm. conf 的配置文件。该文件主要用于进行 MPM 模块的相关配置。不过，在默认情况下，Apache 的 MPM 模块配置文件并没有启用。因此，需要在 httpd. conf 文件中启用该配置文件，如下所示：

```
# Server - poolmanagement（MPMspecific）Includeconf/extra/httpd -
mpm. conf（去掉该行前面的注释符号" #"）
```

（2）修改 MPM 模块配置文件中的相关配置。在启动 MPM 模块配置文件后，就可以使用文本编辑器打开该配置文件，可以看到，在该配置文件中有许多 < IfModule > 配置节点，只有 Apache 使用对应 MPM 模块时，对应配置才会生效。此时，就需要根据当前 Apache 服务器所使用的 MPM 模块，修改对应 < IfModule > 节点下的参数配置。mpm_ winnt 模块下的默认配置如下所示：

```
#由于 mpm_ winnt 模块只会创建 1 个子进程，因此这里对单个子进程的参数设置就
相当于对整个 Apache 的参数设置 <IfModulempm_ winnt_ module >
    ThreadsPerChild150#推荐设置：小型网站 =1 000 中型网站 =1 000 ~ 2 000 大型
网站 =2 000 ~ 3 500
    MaxRequestsPerChild0#推荐设置：小 =10 000 中或大 =20 000 ~ 100 000 </If-
Module >
```

对应的配置参数作用如表 4-1 所示。

表 4-1　配置参数

参数名称	参数作用
ThreadsPerChild	每个子进程的最大并发线程数
MaxRequests – PerChild	每个子进程允许处理的请求总数。如果累计处理的请求数超过该值，该子进程将会结束。然后根据需要确定是否创建新的子进程，该值设为 0 表示不限制请求总数（子进程永不结束）。该参数建议设为非零的值，可以带来以下两个好处：①可以防止程序中可能存在的内存泄漏无限进行下去，从而耗尽内存；②给进程一个有限寿命，从而有助于当服务器负载减轻的时候减少活动进程的数量

注意：在以上涉及统计请求数量的参数中，对于 KeepAlive 的连接，只有第一个请求会被计数。mpm_ perfork 模块和 mpm_ worker 模块下的默认配置如下所示：

```
#mpm_ perfork 模块
 <IfModulempm_ prefork_ module >
StartServers5#推荐设置：小 =默认中 =20 ~ 50 大 =50 ~ 100
MinSpareServers5#推荐设置：与 StartServers 保持一致
MaxSpareServers10#推荐设置：小 =20 中 =30 ~ 80 大 =80 ~ 120
MaxClients150#推荐设置：小 =500 中 =500 ~ 1 500 大型 =1 500 ~ 3 000
MaxRequestsPerChild0#推荐设置：小 =10 000 中或大 =10 000 ~ 500 000
（此外，还需额外设置 ServerLimit 参数，该参数最好与 MaxClients 的值保持
一致。）
 </IfModule >
```

```
#mpm_ worker 模块
<IfModulempm_ worker_ module>
StartServers2#推荐设置：小 = 默认中 =3~5 大 =5~10
MaxClients150#推荐设置：小 =500 中 =500~1 500 大型 =1 500~3 000 MinSpa-
reThreads25#推荐设置：小 = 默认中 =50~100 大 =100~200
MaxSpareThreads75#推荐设置：小 = 默认中 =80~160 大 =200~400
ThreadsPerChild25#推荐设置：小 = 默认中 =50~100 大型 =100~200
MaxRequestsPerChild0#推荐设置：小 =10 000 中或大 =10 000~50 000
（此外，如果 MaxClients/ThreadsPerChild 大于 16，还需额外设置 ServerLimit
参数，ServerLimit 必须大于等于 MaxClients/ThreadsPerChild 的值。）
</IfModule>
```

对应的配置参数作用如表 4-2 所示。

表 4-2　配置参数

参数名称	参数作用
StartServers	启动 Apache 时创建的子进程数
MinSpareServers	处于空闲状态的最小子进程数。所谓空闲子进程是指没有正在处理请求的子进程。如果当前空闲子进程数少于 MinSpareServers，那么 Apache 将以最大每秒一个的速度产生新的子进程。只有在非常繁忙机器上才需要调整这个参数。此值不宜过大
MaxSpareServers	处于空闲状态的最大子进程数。只有在非常繁忙机器上才需要调整这个参数。此值不宜过大。如果将该指令的值设置为比 MinSpareServers 小，Apache 将会自动将其修改成 MinSpareServers + 1
MaxClients	允许同时连接的最大请求数量。①任何超过 MaxClients 限制的请求都将进入等待队列，直到达到 ListenBacklog 指令限制的最大值为止。②对于非线程型的 MPM（也就是 mpm_ prefork），MaxClients 表示可以用于处理客户端请求的最大子进程数量，默认值是 256。要增大这个值，必须同时增大 ServerLimit。③对于线程型或者混合型的 MPM（也就是 mpm_ beos 或 mpm_ worker），MaxClients 表示可以用于处理客户端请求的最大线程数量。线程型的 mpm_ beos 的默认值是 50。对于混合型的 MPM 默认值是 16（ServerLimit）乘以 25（ThreadsPerChild）的结果。因此要将 MaxClients 增加到超过 16 个进程才能提供的时候，必须同时增加 ServerLimit 的值
MinSpareThreads	处于空闲状态的最小线程数。不同的 MPM 对这个指令的处理是不一样的：mpm_ worker 的默认值是 75。这个 MPM 将基于整个服务器监视空闲线程数。如果服务器中总的空闲线程数太少，子进程将产生新的空闲线程。mpm_ netware 的默认值是 10。既然这个 MPM 只运行单独一个子进程，此 MPM 当然亦基于整个服务器监视空闲线程数。mpm_ beos 和 mpmt_ os2 的工作方式与 mpm_ netware 差不多，mpm_ beos 的默认值是 1；mpmt_ os2 的默认值是 5
MaxSpareThreads	处于空闲状态的最大线程数。不同的 MPM 对这个指令的处理是不一样的：mpm_ worker 的默认值是 250。这个 MPM 将基于整个服务器监视空闲线程数。如果服务器中总的空闲线程数太多，子进程将杀死多余的空闲线程。mpm_ netware 的默认值是 100。既然这个 MPM 只运行单独一个子进程，此 MPM 当然亦基于整个服务器监视空闲线程数。mpm_ beos 和 mpmt_ os2 的工作方式与 mpm_ netware 差不多，mpm_ beos 的默认值是 50；mpmt_ os2 的默认值是 10

ServerLimit 表示 Apache 允许创建的最大进程数。值得注意的是，Apache 在编译时内部有一个硬限制 ServerLimit20000（对于 mpm_ prefork 模块为 ServerLimit200000），不能超越这个限制。使用这个指令时要特别当心，如果将 ServerLimit 设置成一个高出实际需要许多的值，将会有过多的共享内存被分配。如果将 ServerLimit 和 MaxClients 设置成超过系统的处理能力，Apache 可能无法启动，或者系统将变得不稳定。

注意：在配置相关参数时，请先保证服务器具备足够的硬件性能（如 CPU、内存等）。如果发现自启动后，随着服务器的运行时间增加，服务器的内存占用也随之增加，可能是程序中出现内存泄漏，请向下调整参数 MaxRequestsPerChild 的值以降低内存泄露带来的影响，然后尽快找出程序中的问题。

Apache 是目前最流行的 Web 应用服务器，占据互联网应用服务器 70% 以上的份额。Apache 能取得如此成功的原因：免费、稳定且性能卓越。但 Apache 能取得如此佳绩的另一个原因是，当时互联网刚刚兴起，Apache 是第一个可用的 Web 应用服务器，人们没有其他的选择。

不可否认，Apache 是一个优秀的全能 Web 服务器，但对于那些需要更强大的 Web 应用服务器（比如大小、可定制、响应速度、可扩展性等方面）的人而言，Apache 明显不符合要求，寻找 Apache 的替代者是更好的选择。

下面所列出的是当前可以替代 Apache 的几个热门 Web 应用服务器，它们的特点和适用的应用场景各不相同，但都是针对 Apache 所不擅长的某一方面设计的。

（1）Lighttpd。Lighttpd 是最流行的 Apache 服务器替代者，它是一个单线程的针对大量持续连接做出专门优化的 Web 服务器（这正是多数高流量网站和应用程序需要的）。众多的流行 Web 站点选择 Lighttpd，包括 Youtube、SourceForge 和维基百科。Lighttpd 支持 FastCGI、HTTP 服务器端压缩、mod - rewrite 和其他众多有用的功能。尽管 Lighttpd 拥有 Apache 的绝大多数功能，但它仍然保持轻量级（仅 1 MB），并且可以与 Apache 使用相同的配置。

（2）Nginx。Nginx 是一个来自俄罗斯的流行的 Web 应用服务器，它被应用于大量的俄罗斯的高并发站点，俄罗斯的搜索引擎网站 Rambler 就是基于 Nginx 构建的。Nginx 对静态页面的支持相当出色，轻量且免费。Nginx 不支持 CGI，但是支持更灵活的 FastCGI。PHP 5.2 及之前的版本比较多地使用 PHP - FPM 来管理 PHPFastCGI 进程。PHP - FPM 使用给 PHP 源码打补丁后编译的方式让新手多少有些难上手，但从 PHP 5.3.2 开始内置 PHP - FPM，只需编译 PHP 时启用 PHP - FPM。

（3）Kangle。KangleWeb 服务器是一款跨平台、功能强大、安全稳定、易操作的高性能 Web 服务器和反向代理服务器软件。除此之外，Kangle 也是一款专为做虚拟主机研发的 Web 服务器，实现虚拟主机独立进程、独立身份运行。用户之间安全隔离，一个用户出问题不影响其他用户。安全支持 PHP、ASP、ASP·net、Java、Ruby 等多种动态开发语言。

（4）Boa。很多的网站管理员对在硬件配置较低的服务器上使用轻量级的 Boa 作为 Web 服务器极其信赖。Boa 是一个单线程的 HTTP 服务器，这意味着 Boa 只能依次完成用户的请求而不会 fork 新的进程来处理并发请求。Boa 的设计目的是速度和安全，对于运行于单服务器的流行 Web 站点而言，Boa 是一个好的选择。

（5）Jigsaw。Jigsaw 是 W3C 推出的开源的 Web 服务器平台，使用 Java 语言编写，可以安装在有 Java 运行环境的系统上。作为 W3C（World Wide Web Consortium）开发的服务器产品，其作用主要是对新技术的实现做一个例示，而非一个全功能的商业服务器产品。不过就 Jigsaw 2.0 版本而言，它的功能还是超过了 Web 服务器的平均水平。最重要的是，它体现了未来 HTTP 协议和基于对象的 Web 服务器技术的发展。如果希望平台支持所有下一代技术，Jigsaw 是一个好的选择。

以上所提到的五个 ApacheWeb 服务器的替代者只是众多优秀应用服务器产品的一部分。

4.3　Tomcat 服务器

Tomcat 是 Apache 软件基金会（Apache Software Foundation）的 Jakarta 项目中的一个核心项目，由 Apache、Sun 和其他一些公司及个人共同开发而成。由于有了 Sun 的参与和支持，最新的 Servlet 和 JSP 规范总是能在 Tomcat 中得到体现，Tomcat 5 支持最新的 Servlet 2.4 和 JSP 2.0 规范。因为 Tomcat 技术先进、性能稳定，而且免费，因而深受 Java 爱好者的喜爱并得到了部分软件开发商的认可，成为目前比较流行的 Web 应用服务器。

Tomcat 服务器是一个免费的开放源代码的 Web 应用服务器，属于轻量级应用服务器，在中小型系统和并发访问用户不是很多的场合下被普遍使用，是开发和调试 JSP 程序的首选。对于一个初学者来说，可以这样认为，当在一台机器上配置好 Apache 服务器，可利用它响应 HTML（标准通用标记语言下的一个应用）页面的访问请求。Tomcat 部分是 Apache 服务器的扩展，但它是独立运行的，所以当运行 Tomcat 时，它实际上是作为一个与 Apache 独立的进程单独运行的。

当配置正确时，Apache 为 HTML 页面服务，而 Tomcat 实际上运行 JSP 页面和 Servlet。另外，Tomcat 和 IIS 等 Web 服务器一样，具有处理 HTML 页面的功能，另外它还是一个 Servlet 和 JSP 容器，独立的 Servlet 容器是 Tomcat 的默认模式。不过，Tomcat 处理静态 HTML 的能力不如 Apache 服务器。

配置系统管理（Admin Web Application）。大多数商业化的 JavaEE 服务器都提供一个功能强大的管理界面，且大都采用易于理解的 Web 应用界面。Tomcat 按照自己的方式，同样提供一个成熟的管理工具，并且丝毫不逊于那些商业化的竞争对手。Tomcat 的 Admin Web Application 最初在 4.1 版本时出现，当时的功能包括管理 context、datasource、user 和 group 等。当然也可以管理像 user、group、role 的多种数据库管理等。在后续的版本中，这些功能得到很大的扩展，但现有的功能已经非常实用了。

Admin Web Application 被定义在自动部署文件：CATALINA _ BASE/webapps/admin. xml 中。

必须编辑这个文件，以确定 Context 中的 docBase 参数是绝对路径。也就是说，CATALI-NA_ BASE/webapps/admin. xml 的路径是绝对路径。作为另外一种选择，也可以删除这个自动部署文件，而在 server. xml 文件中建立一个 Admin Web Application 的 context，效果是一样的。不能管理 Admin Web Application 这个应用，换言之，除了删除 CATALINA_ BASE/we-bapps/admin. xml，可能什么都做不了。

如果使用 User Database Realm（默认），将需要添加一个 user 以及一个 role 到 CATALI-NA_ BASE/conf/tomcat – users. xml 文件中。编辑这个文件，添加一个名叫"admin"的 role 到该文件中，如下：

```
< rolename = " admin" / >
```

同样需要有一个用户，并且这个用户的角色是"admin"。像存在的用户那样，添加一个用户（改变密码使其更加安全）：

```
< username = " admin" password = " deep_ dark_ secret" roles = " admin" / >
```

当完成这些步骤后，重新启动 Tomcat，访问 http：//localhost：8080/admin，将看到一个登录界面。Admin Web Application 采用基于容器管理的安全机制，并采用了 Jakarta Struts 框架。一旦作为"admin"角色的用户登录管理界面，将能够使用这个管理界面配置 Tomcat。

配置应用管理。Manager Web Application 通过一个比 Admin Web Application 更为简单的用户界面，执行一些简单的 Web 应用任务。Manager Web Application 被定义在一个自动部署文件中：CATALINA_ BASE/webapps/manager. xml。必须编辑这个文件，以确保 context 的 docBase 参数是绝对路径，也就是说 CATALINA_ HOME/server/webapps/manager 的绝对路径。如果使用的是 User Database Realm，那么需要添加一个角色和一个用户到 CATALINA_ BASE/conf/tomcat – users. xml 文件中。接下来，编辑这个文件，添加一个名为"manager"的角色到 < rolename = " manager" > 文件中。同样需要有一个角色为"manager"的用户。像已经存在的用户那样，添加一个新用户（改变密码使其更加安全）：

```
< username = " manager" password = " deep_ dark_ secret" roles = " manager" / >
```

然后重新启动 Tomcat，访问 http：//localhost/manager/list，将看到一个很朴素的文本型管理界面；或者访问 http：//localhost/manager/html/list，将看到一个 HMTL 的管理界面。不管是哪种方式都说明 Manager Web Application 现在已经启动了。

Manager application 可以在没有系统管理特权的基础上，安装新的 Web 应用，以用于测试。如果有一个新的 Web 应用位于/home/user/hello 下，并且想把它安装到/hello 下，为了测试这个应用，在第一个文件框中输入"/hello"（作为访问时的 path），在第二个文本框中输入"file：/home/user/hello"（作为 Config URL）。Manager application 还允许停止、重新启动、移除以及重新部署一个 Web 应用。停止一个应用使其无法被访问，当有用户尝试访问这个被停止的应用时，将看到一个 503 的错误——"503 – This application is not currently available"。

移除一个 Web 应用。只是指从 Tomcat 的运行拷贝中删除了该应用，如果重新启动 Tomcat，被删除的应用将再次出现，也就是说，移除并不是指从硬盘上删除。

部署一个应用。有两个办法可以在系统中部署 Web 服务：①拷贝 WAR 文件或者 Web 应用文件夹（包括该 Web 的所有内容）到 $ CATALINA_ BASE/webapps 目录下；②为 Web

服务建立一个只包括 context 内容的 XML 片断文件，并把该文件放到 $ CATALINA_ BASE/webapps 目录下。这个 Web 应用本身可以存储在硬盘上的任何地方。

如果想部署一个 WAR 文件，则只需要把该文件简单拷贝到 CATALINA_ BASE/webapps 目录下即可，文件必须以".war"作为扩展名。一旦 Tomcat 监听到这个文件，它将（缺省的）解开该文件包作为一个子目录，并以 WAR 文件的文件名作为子目录名。接下来，Tomcat 将在内存中建立一个 context，就像在 server. xml 文件里建立一样。当然，其他必需的内容，将从 server. xml 中的 Default Context 获得。

部署 Web 应用的另一种方式是写一个 ContextXML 片断文件，然后把该文件拷贝到 CATALINA_ BASE/webapps 目录下。一个 Context 片断并非一个完整的 XML 文件，而只是一个 context 元素，以及对该应用的相应描述。这种片断文件就像是从 server. xml 中切取出来的 context 元素一样，所以被命名为"context 片断"。

例如，如果想部署一个名叫 MyWebApp. war 的应用，该应用使用 realm 作为访问控制方式，可以使用下面这个片断：

```
<! - -
Contextfragmentfordeploying MyWebApp. war
- - >
<Contextpath = " /demo" docBase = " webapps/MyWebApp. war"
debug = " 0" privileged = " true" >
< RealmclassName = " org. Apache. catalina. realm. UserDatabaseRealm" re-
sourceName = " UserDatabase" / >
</Context >
```

把该片断命名为"MyWebApp. xml"，然后拷贝到 CATALINA_ BASE/webapps 目录下。这种 context 片断提供了一种便利的方法来部署 Web 应用，不需要编辑 server. xml，除非想改变缺省的部署特性，安装一个新的 Web 应用时不需要重新启动 Tomcat。

配置虚拟主机（Virtual Hosts）。关于 server. xml 中"Host"这个元素，只有在设置虚拟主机时才需要修改。虚拟主机是一种在一个 Web 服务器上服务多个域名的机制，对每个域名而言，都好像独享了整个主机。实际上，大多数的小型商务网站都是采用虚拟主机实现的，这主要是因为虚拟主机能直接连接到 Internet 并提供相应的带宽，以保障合理的访问响应速度，另外虚拟主机还能提供一个稳定的固定 IP。基于名字的虚拟主机可以被建立在任何 Web 服务器上，建立的方法就是通过在域名服务器（DNS）上建立 IP 地址的别名，并且告诉 Web 服务器把去往不同域名的请求分发到相应的网页目录。

在 Tomcat 中使用虚拟主机，需要设置 DNS 或主机数据。为了测试，为本地 IP 设置一个 IP 别名就足够了，接下来需要在 server. xml 中添加几行内容，如下：

```
<Serverport = " 8005" shutdown = " SHUTDOWN" debug = " 0" >
<Servicename = " Tomcat - Standalone" >
<ConnectorclassName = " org. Apache. coyote. tomcat4. CoyoteConnector"
port = " 8080" minProcessors = " 5" maxProcessors = " 75"
```

```
enableLookups = " true" redirectPort = " 8443" / >
< ConnectorclassName = " org. Apache. coyote. tomcat4. CoyoteConnector"
port = " 8443" minProcessors = " 5" maxProcessors = " 75"
acceptCount = " 10" debug = " 0" scheme = " https" secure = " true" / >
<                      FactoryclassName                =        "
org. Apache. coyote. tomcat4. CoyoteServerSocketFactory"
clientAuth = " false" protocol = " TLS" / >
</Connector >
< Enginename = " Standalone" defaultHost = " localhost" debug = " 0" >
<! - - ThisHostisthedefaultHost - - >
< Hostname = " localhost" debug = " 0" appBase = " webapps"
unpackWARs = " true" autoDeploy = " true" >
< Contextpath = "" docBase = " ROOT" debug = " 0" / >
< Contextpath = " /orders" docBase = " /home/ian/orders" debug = " 0"
reloadable = " true" crossContext = " true" >
</Context >
</Host >
<! - - ThisHostisthefirst" VirtualHost": - - >
< Hostname = appBase = " /home/example/webapp" >
< Contextpath = "" docBase = " ." / >
</Host >
</Engine >
</Service >
</Server >
```

Tomcat 的 server. xml 文件，在初始状态下，只包括一个虚拟主机，但是它容易被扩充到支持多个虚拟主机。在前面的例子中展示的是一个简单的 server. xml 版本，其中粗体部分就是用于添加一个虚拟主机。每一个 Host 元素必须包括一个或多个 context 元素，所包含的 context 元素中必须有一个是默认的 context，这个默认的 context 的显示路径应该为空（例如，path = ""）。

配置基础验证（Basic Authentication）。容器管理验证方法控制着当用户访问受保护的 Web 应用资源时，如何进行用户的身份鉴别。当一个 Web 应用使用了 Basic Authentication（BASIC 参数在 web. xml 文件中 auto - method 元素中设置），而有用户访问受保护的 Web 应用时，Tomcat 将通过 HTTP Basic Authentication 方式，弹出一个对话框，要求用户输入用户名和密码。在这种验证方法中，所有密码将被以 64 位的编码方式在网络上传输。

注意：使用 Basic Authentication 通常被认为是不安全的，因为它没有强健的加密方法，除非在客户端和服务器端都使用 HTTPS 或者其他密码加密码方式（比如，在一个虚拟私人网络中）。若没有额外的加密方法，网络管理员将能够截获（或滥用）用户的密码。但是，如果是刚开始使用 Tomcat，或者想在 Web 应用中测试一下基于容器的安全管理，Basic Authentication 还是非常易于设置和使用的。只需要添加 < security - constraint > 和 < login - config > 两个元素到 Web 应用的 web. xml 文件中，并且在 CATALINA_ BASE/conf/tomcat - users. xml 文件中添加适当的 < role > 和 < user > 即可，然后重新启动 Tomcat。

配置单点登录（SingleSign - On）。一旦设置了 realm 和验证的方法，就需要进行实际的用户登录处理。一般说来，对用户而言登录系统很麻烦，必须尽量减少用户登录验证的次数。作为缺省的情况，当用户第一次请求受保护的资源时，每一个 Web 应用都会要求用户登录。如果运行了多个 Web 应用，并且每个应用都需要进行单独的用户验证，这看起来就有点像用户搏斗。用户们不知道怎样才能把多个分离的应用整合成一个单独的系统，所有用户也就不知道需要访问多少个不同的应用，只是很迷惑，为什么总要不停地登录。

Tomcat 4 的 "singlesign – on" 特性允许用户在访问同一虚拟主机下所有 Web 应用时，只需登录一次。为了使用这个功能，只需要在 Host 上添加一个 Single Sign On Valve 元素即可，如下：

```
< ValveclassName = " org. Apache. catalina. authenticator. SingleSignOn"
debug = " 0" / >
```

在 Tomcat 初始安装后，server. xml 的注释里面包括 Single Sign On Valve 配置的例子，只需去掉注释，即可使用。那么，任何用户只要登录过一个应用，则对于同一虚拟主机下的所有应用同样有效。使用 singlesign – onvalve 有一些重要的限制：

（1）value 必须被配置和嵌套在相同的 Host 元素里，并且所有需要进行单点验证的 Web 应用（必须通过 context 元素定义）都位于该 Host 下。

（2）包括共享用户信息的 realm 必须被设置在同一级 Host 中或者嵌套之外。

（3）不能被 context 中的 realm 覆盖。

（4）使用单点登录的 Web 应用最好使用一个 Tomcat 的内置的验证方式（被定义在 web. xml 中的 < auth – method > 中），这比自定义的验证方式强，Tomcat 内置的验证方式包括 basic、digest、form 和 client – cert。

（5）如果使用单点登录，还希望集成一个第三方的 Web 应用到网站中来，并且这个新的 Web 应用使用它自己的验证方式，而不使用容器管理安全，那基本上就没招了。用户每次登录原来的所有应用时需要登录一次，并且在请求新的第三方应用时还得再登录一次。

（6）单点登录需要使用 cookies。

用户定制目录。一些站点允许个别用户在服务器上发布网页。例如，一所大学的学院可能想给每一位学生一个公共区域，或者是一个 ISP 希望把一些 Web 空间给他的客户，但这又不是虚拟主机。在这种情况下，一个典型的方法就是在用户名前面加一个特殊字符（~），作为每位用户的网站，比如：提供两种方法在主机上映射这些个人网站，主要使用一对特殊的 Listener 元素。Listener 的 className 属性应该是 org. Apache. catalina. startup. UserConfig，userClass 属性应该是几个映射类之一。如果电脑系统是 UNIX，它将有一个标准的/etc/passwd 文件，该文件中的账号能够被运行中的 Tomcat 很容易地读取，该文件指定了用户的主目录，使用 Passwd User Database 映射类。

```
Tomcat
< ListenerclassName = " org. Apache. catalina. startup. UserConfig"
directoryName = " public_ html"
userClass = " org. Apache. catalina. startup.  PasswdUserDatabase" / >
```

Web 文件需要放置在像/home/users/ian/public_ html 或者/users/jbrittain/public_ html 这样的目录下面。当然你也可以改变 public_ html 到其他任何子目录下。

实际上，这个用户目录根本不一定需要位于用户主目录下。如果没有一个密码文件，但又想把一个用户名映射到公共的像/home 一样目录的子目录里面，则可以使用 Homes User Database 类。

```
< ListenerclassName = " org. Apache. catalina. startup. UserConfig"
directoryName = " public_ html" homeBase = " /home"
userClass = " org. Apache. catalina. startup. HomesUserDatabase" / >
```

这样一来，Web 文件就可以位于像/home/ian/public_ html 或者/home/jasonb/public_ html 一样的目录下。这种形式对 Windows 而言更加有利，可以使用一个如 c:\ home 的目录。这些 Listener 元素如果出现，则必须在 Host 元素里面，而不能在 context 元素里面，因为它们都应用于 Host 本身。

使用 CGI 脚本。Tomcat 主要是作为 Servlet/JSP 容器，但它也有许多传统 Web 服务器的性能。支持通用网关接口（Common Gateway Interface，CGI）就是其中之一，CGI 提供一组方法在响应浏览器请求时运行一些扩展程序。CGI 之所以被称为通用，是因为它能在大多数程序或脚本中被调用，包括 Perl、Python、awk、Unixshell scripting 等，甚至包括 Java。不会把一个 Java 应用程序当作 CGI 来运行，毕竟这样太过原始。一般而言，开发 Servlet 总要比 CGI 具有更好的效率，因为当用户单击一个链接或一个按钮时，不需要从操作系统层开始进行处理。Tomcat 包括一个可选的 CGIServlet，允许运行遗留下来的 CGI 脚本。为了使 Tomcat 能够运行 CGI，必须做几件事：把 servlets – cgi. renametojar（在 CATALINA_ HOME/server/lib/目录下）改名为 servlets – cgi. jar。处理 CGI 的 servlet 应该位于 Tomcat 的 CLASSPATH 下。在 Tomcat 的 CATALINA_ BASE/conf/web. xml 文件中，把关于 < servlet – name > CGI 的那段注释去掉（默认情况下，该段位于第 241 行）。同样，在 Tomcat 的 CATALINA_ BASE/conf/web. xml 文件中，把关于对 CGI 进行映射的那段注释去掉（默认情况下，该段位于第 299 行）。注意，这段内容指定了 HTML 链接到 CGI 脚本的访问方式。可以把 CGI 脚本放置在 WEB – INF/cgi 目录下（注意，WEB – INF 是一个安全的地方，可以把一些不想被用户看见或基于安全考虑不想暴露的文件放在此处），或者可以把 CGI 脚本放置在 context 下的其他目录下，并为 CGIServlet 调整 cgiPathPrefix 初始化参数。这就要指定 CGIServlet 的实际位置，且不能与上一步指定的 URL 重名。重新启动 Tomcat，CGI 就可以运行了。

在 Tomcat 中，CGI 程序缺省放置在 WEB – INF/cgi 目录下，正如前面所提示的那样，WEB – INF 目录是受保护的，通过客户端的浏览器无法窥探到其内容，所以对于放置含有密码或其他敏感信息的 CGI 脚本而言，这是一个非常好的地方。为了兼容其他服务器，尽管也可以把 CGI 脚本保存在传统的/cgi – bin 目录，但要知道，在这些目录中的文件有可能被网上好奇的冲浪者看到。另外，在 UNIX 中，请确定运行 Tomcat 的用户有执行 CGI 脚本的权限。

改变编译器。在 Tomcat 4.1（或更高版本），JSP 的编译由包含在 Tomcat 里面的 Ant 程序控制器直接执行。这听起来有一点点奇怪，但这正是 Ant 有意为之的一部分，有一个 API

文档指导开发者在没有启动一个新的 JVM 的情况下使用 Ant。这是使用 Ant 进行 Java 开发的一大优势。另外，这也意味着现在能够在 Ant 中使用任何 javac 支持的编译方式，这里有一个关于 ApacheAnt 使用手册的 javacpage 列表。使用起来是容易的，因为只需要在 < init － param > 元素中定义一个名字叫 "compiler"，并且在 value 中有一个支持编译的编译器名字，示例如下：

```
< servlet >
< servlet - name > jsp < /servlet - name >
< servlet - class >
org. Apache. jasper. servlet. JspServlet
< /servlet - class >
< init - param >
< param - name > logVerbosityLevel < /param - name >
< param - value > WARNING < /param - value >
< /init - param >
< init - param >
< param - name > compiler < /param - name >
< param - value > jikes < /param - value >
< /init - param >
< load - on - startup >3 < /load - on - startup >
< /servlet >
```

当然，给出的编译器必须已经安装在系统中，并且 CLASSPATH 可能需要设置，这取决于选择的是何种编译器。

限制主机访问。有时，可能想限制对 Tomcatweb 应用的访问，比如，希望只有指定的主机或 IP 地址可以访问应用。这样一来，就只有那些指定的客户端可以访问服务的内容了。为了实现这种效果，Tomcat 提供了两个参数供配置：Remote Host Valve 和 Remote Addr Valve。通过配置这两个参数，可以过滤来自请求的主机或 IP 地址，并允许或拒绝哪些主机/IP。与之类似，在 Apache 的 httpd 文件里有对每个目录的允许/拒绝指定。

可以把 Admin Web application 设置成只允许本地访问，设置如下：

```
< Contextpath = " /path/to/secret_ files" … >
< ValveclassName = " org. Apache. catalina. valves. RemoteAddrValve"
allow = " 127. 0. 0. 1" deny = "" / >
< /Context >
```

如果没有给出允许主机的指定，那么与拒绝主机匹配的主机就会被拒绝，除此之外都是允许的。

目录结构。/bin：存放 Windows 或 Linux 平台上启动和关闭 Tomcat 的脚本文件。/conf：

存放 Tomcat 服务器的各种全局配置文件，其中最重要的是 server. xml 和 web. xml。/doc：存放 Tomcat 文档。/server：包含三个子目录：classes、lib 和 webapps。/server/lib：存放 Tomcat 服务器所需的各种 JAR 文件。/server/webapps：存放 Tomcat 自带的 admin 应用和 manager 应用。/common/lib：存放 Tomcat 服务器以及所有 Web 应用都可以访问的 jar 文件。/shared/lib：存放所有 Web 应用都可以访问的 jar 文件（但是不能被 Tomcat 服务器访问）。/logs：存放 Tomcat 执行时的日志文件。/src：存放 Tomcat 的源代码。/webapps：Tomcat 的主要 Web 发布目录，默认情况下把 Web 应用文件放于此目录。/work：存放 JSP 编译后产生的 class 文件。

安全启动。Tomcat 是一个世界上广泛使用的支持 JSP 和 Servlets 的 Web 服务器。它在 Java 上运行时能够很好地运行并支持 Web 应用部署。Tomcat 作为一个系统服务运行，如果没有将其作为系统服务运行，几乎所有 Web 服务器管理员都是缺省地将其以 Administrator 权限运行。缺省情况下，Java 运行时授予安全权限。当 Tomcat 以系统管理员身份或作为系统服务运行时，Java 运行取得了系统用户或系统管理员所具有的全部权限，这样一来，Java 运行时就取得了所有文件夹中所有文件的全部权限，并且 Servlets（JSP 在运行过程中要转换成 Servlets）取得了同样的权限。所以 Java 代码可以调用 JavaSDK 中的文件 API、列出文件夹中的全部文件、删除任何文件，最大的危险在于以系统权限运行一个程序，当任一 Servlets 含有如下代码：

```
b4 ae04 fd6 dYsJkr5  Runtimert = Runtime. getRuntime ();
rt. exec (" c: \ SomeDirectory \ SomeUnsafePRogram. exe")
```

其服务以 system 权限启动。根据权限最小安全原则，降低了脚本所获取的操作本地系统权限。此操作如下：新建一个账户。用"ITOMCAT_ 计算机名"建立一个普通用户。为其设置一个密码，保证"密码永不过期"（Pass Word Never Expires）被选中。

修改 Tomcat 安装文件夹的访问权限。选定环境参数 CATALINA_ HOME 或 TOMCAT_ HOME 指向的 Tomcat 安装文件夹。为"ITOMCAT_ 计算机名"用户赋予读、写、执行的访问权限。为"ITOMCAT_ 计算机名"用户赋予对 WebApps 文件夹的只读访问权限。如果某些 Web 应用程序需要写访问权限，单独为其授予对那个文件夹的写访问权限。

4.4　FTP 服务

FTP 是 File Transfer Protocol（文件传输协议）的英文简称，中文简称为"文传协议"，用于 Internet 上的控制文件的双向传输。同时，它也是一个应用程序（Application）。基于不同的操作系统有不同的 FTP 应用程序，而所有这些应用程序都遵守同一种协议以传输文件。在 FTP 的使用当中，用户经常遇到两个概念："下载"（Download）和"上传"（Upload）。"下载"文件就是从远程主机拷贝文件至自己的计算机上；"上传"文件就是将文件从自己的计算机中拷贝至远程主机上。用 Internet 语言来说，用户可通过客户机程序向（从）远程主机上传（下载）文件。

　　FTP 服务器。简单地说，支持 FTP 协议的服务器就是 FTP 服务器。与大多数 Internet 服务一样，FTP 也是一个客户机/服务器系统。用户通过一个支持 FTP 协议的客户机程序，连接到远程主机上的 FTP 服务器程序。用户通过客户机程序向服务器程序发出命令，服务器程序执行用户所发出的命令，并将执行的结果返回到客户机。比如，用户发出一条命令，要求服务器向用户传送某一个文件的一份复制文件，服务器会响应这条命令，将指定文件送至用户的机器上。客户机程序代表用户接收到这个文件，将其存放在用户目录中。

　　匿名 FTP。使用 FTP 时必须首先登录，在远程主机上获得相应的权限以后，方可下载或上传文件。也就是说，要想同某台计算机传送文件，就必须具有这台计算机的适当授权。换言之，除非有用户 ID 和口令，否则便无法传送文件。这种情况违背了 Internet 的开放性，Internet 上的 FTP 主机何止千万，不可能要求每个用户在每一台主机上都拥有账号。匿名 FTP 就是为解决这个问题而产生的。

　　匿名 FTP 是这样一种机制，用户可通过它连接到远程主机上并下载文件，而无须成为其注册用户。系统管理员建立了一个特殊的用户 ID，名为 anonymous，Internet 上的任何人在任何地方都可使用该用户 ID。

　　通过 FTP 程序连接匿名 FTP 主机的方式同连接普通 FTP 主机的方式差不多，只是在要求提供用户标识 ID 时必须输入 anonymous，该用户 ID 的口令可以是任意的字符串。习惯上，用自己的 E-mail 地址作为口令，使系统维护程序能够记录谁在存取这些文件。

　　值得注意的是，匿名 FTP 不适用于所有 Internet 主机，它只适用于那些提供了这项服务的主机。

　　当远程主机提供匿名 FTP 服务时，会指定某些目录向公众开放，允许匿名存取。系统中的其余目录则处于隐匿状态。作为一种安全措施，大多数匿名 FTP 主机都允许用户从其下载文件，而不允许用户向其上传文件，也就是说，用户可将匿名 FTP 主机上的所有文件全部拷贝到自己的机器上，但不能将自己机器上的任何一个文件拷贝到匿名 FTP 主机上。即使有些匿名 FTP 主机确实允许用户上传文件，用户也只能将文件上传至某一指定上传目录中。随后，系统管理员会去检查这些文件，将这些文件移至另一个公共下载目录中，供其他用户下载，利用这种方式，远程主机的用户得到了保护，避免了有人上传有问题的文件，如带病毒的文件。

　　Real 用户。这类用户是指在 FTP 服务上拥有账号。当这类用户登录 FTP 服务器的时候，默认的主目录就是其账号命名的目录。但是，其还可以变更到其他目录中去，如系统的主目录等。

　　Guest 用户。在 FTP 服务器中，往往会给不同的部门或者某个特定的用户设置一个账户。但是这个账户有个特点，就是只能够访问自己的主目录。服务器通过这种方式来保障FTP 服务上其他文件的安全性。这类账户，在 VsFTPd 软件中就称为 Guest 用户。拥有这类账户的用户，只能够访问其主目录下的目录，而不得访问主目录以外的文件。

　　Anonymous（匿名）用户。即人们通常所说的匿名访问。这类用户是指在 FTP 服务器中没有指定账户，但是仍然可以进行匿名访问某些公开的资源。

　　在组建 FTP 服务器的时候，需要根据用户的类型，对用户进行归类。默认情况下，Vs-FTPd 服务器会把建立的所有账户都归属为 Real 用户。但是这往往不符合企业安全的需要。

因为这类用户不仅可以访问自己的主目录，还可以访问其他用户的目录。这就给其他用户所在的空间带来一定的安全隐患。所以，企业要根据实际情况，修改用户所在的类别。

TCP/IP 协议中，FTP 标准命令 TCP 端口号为 21，Port 方式数据端口为 20。FTP 的任务是从一台计算机将文件传送到另一台计算机，不受操作系统的限制。需要进行远程文件传输的计算机必须安装和运行 FTP 客户程序。在 Windows 操作系统的安装过程中，通常都安装了 TCP/IP 协议软件，其中就包含了 FTP 客户程序。但是该程序是字符界面而不是图形界面，必须以命令提示符的方式进行操作，很不方便。

启动 FTP 客户程序工作的另一途径是使用 IE 浏览器，用户只需要在 IE 地址栏中输入如下格式的 URL 地址：FTP：//［用户名：口令@］FTP 服务器域名：［端口号］（在 CMD 命令行下也可以用上述方法连接，通过 put 命令和 get 命令达到上传和下载的目的，通过 ls 命令列出目录，除了上述方法外还可以在 cmd 下输入 FTP 后按 Enter 键，然后输入 openIP 来建立一个连接，此方法还适用于 Linux 下连接 FTP 服务器）。

通过浏览器启动 FTP 的方法尽管可以使用，但是速度较慢，还会将密码暴露在浏览器中而不安全。因此一般都安装并运行专门的 FTP 客户端程序，在本地计算机上登录到国际互联网。

搜索有文件共享主机或者个人计算机（一般在专门的 FTP 服务器网站上公布，上面有进入该主机或个人计算机的名称、口令和路径）。当与远程主机或者对方的个人计算机建立连接后，用对方提供的用户名和口令登录到该主机或对方的个人计算机。在远程主机或对方的个人计算机登录成功后，就可以上传想跟别人分享的东西或者下载别人授权共享的东西（这里的东西是指能放到计算机里又能在显示屏上看到的东西）。完成工作后关闭 FTP 下载软件，切断连接。

FTP 的传输有两种方式：ASCII 和二进制。

（1）ASCII 传输方式。假定用户正在拷贝的文件包含简单 ASCII 码文本，如果在远程机器上运行的不是 UNIX，当文件传输时 FTP 通常会自动调整文件的内容，以便把文件解释成另外那台计算机存储文本文件的格式。但是常常有这样的情况，用户正在传输的文件包含的不是文本文件，它们可能是程序、数据库、字处理文件或者压缩文件。在拷贝任何非文本文件之前，用 binary 命令告诉 FTP 逐字拷贝。

（2）二进制传输方式。在二进制传输中，保存文件的位序，以便原始和拷贝的文件是逐位一一对应的，即使目的地机器上包含位序列的文件是没意义的。例如，macintosh 以二进制方式传送可执行文件到 Windows 系统，在对方系统上，此文件不能执行。如在 ASCII 方式下传输二进制文件，即使不需要也仍会转译，这会损坏数据（ASCII 方式一般假设每一字符的第一有效位无意义，因为 ASCII 字符组合不使用它。如果传输二进制文件，所有的位都是重要的）。

FTP 支持两种模式：Standard（PORT，主动模式）和 Passive（PASV，被动模式）。

（1）Standard 模式。FTP 客户端首先和服务器的 TCP21 端口建立连接，用来发送命令，客户端需要接收数据的时候在这个通道上发送 PORT 命令。PORT 命令包含了客户端用什么端口接收数据。在传送数据的时候，服务器端通过自己的 TCP20 端口连接至客户端的指定端口发送数据。FTPserver 必须和客户端建立一个新的连接用来传送数据。

（2）Passive 模式。建立控制通道和 Standard 模式类似，但建立连接后发送 PASV 命令。服务器收到 PASV 命令后，打开一个临时端口（端口号大于 1 023 小于 65 535）并且通知客户端在这个端口上传送数据的请求，客户端连接 FTP 服务器此端口，然后 FTP 服务器将通过这个端口传送数据。

很多防火墙在设置的时候都是不允许接受外部发起的连接的，所以许多位于防火墙后或内网的 FTP 服务器不支持 PASV 模式，因为客户端无法穿过防火墙打开 FTP 服务器的高端端口；而许多内网的客户端不能用 PORT 模式登录 FTP 服务器，因为从服务器的 TCP20 无法和内部网络的客户端建立一个新的连接，造成无法工作。

传输协议。FTP 是一个 8 位的客户端—服务器协议，能操作任何类型的文件而不需要进一步处理，就像 MIME 或 Unicode 一样。但是 FTP 有着极高的延时，这意味着从开始请求到第一次接收需求数据之间的时间会非常长，并且需不时执行一些冗长的登录进程。

4.5　常见开源电商平台

开源（Open Source）全称为开放源代码。开源就是要用户利用源代码在其基础上修改和学习，但开源系统也有版权，同样受到法律保护。很多人可能认为开源软件最明显的特点是免费，但实际上并不是这样的，开源软件最大的特点应该是开放，也就是任何人都可以得到软件的源代码，加以修改学习，甚至重新发放，当然是在版权限制范围之内。

开源系统面向的用户有两个群体：一是程序员，他们最关心源代码能不能进行二次开发利用；二是普通终端用户，他们只关心软件功能够不够强。开源系统的重点应该是在"开放"，即接纳、包容和发展，求同存异，互利共赢，这是开源的本质。用户在使用开源产品时，不但需表明产品来自开源软件和注明源代码编写者姓名，还应把所修改产品返回给开源软件，否则所修改产品就可视为侵权。现在国内的盗版很泛滥，即便闭源的软件都会被肆意盗版甚至篡改版权，开源软件就更别说了，篡改版权就是一个查找替换的简单操作而已。版权意识的淡漠才是国内开源发展的最大障碍。

从发行角度定义必须符合如下条件：①自由再发行；②程序源代码；③程序必须包含源代码，必须允许发行版在包含编译形式的同时也包含程序源代码；④派生程序；⑤许可证必须允许更改或派生程序，必须允许这些程序按与初始软件相同的许可证发行；⑥作者源代码的完整性；⑦无个人或团体歧视；⑧许可证发行；⑨许可证不能特制某个产品；⑩许可证不能排斥其他软件；⑪许可证实例。

开源的应用非常广泛，各个领域均有其开源产品。如操作系统：Linux——一种类 UNIX 操作系统内核；NetBSD——自 UNIX 派生的操作系统；UnixOpenBSD——自 UNIX 派生的操作系统；FreeBSD——自 UNIX 派生的操作系统；OpenSolaris——来自 Sun Microsystems 的 UNIX 操作系统；Symbian——移动手机的实时操作系统；Android——基于 Linux 平台的开源手机操作系统。苹果的 IOS 不是开源的。

开源服务器：Apache——HTTPweb 服务器；Tomcatwebserver——Web 容器；Mediawiki——Wiki 服务器软件，用来运行维基百科；Alfresco——内容管理系统；DEDECMS——

内容管理系统；WordPress——博客软件；MongoDB——面向文档、非关系型数据库；Eclipse——软件开发的集成开发环境。

Android 开源。Andy Rubin 创立了两个手机操作系统公司：Danger 和 Android。Danger 5 亿美元卖给微软，2010 年成为 Kin；Android 4 千万美元卖给 Google。Android 是 Google 于 2007 年 11 月 5 日宣布的基于 Linux 平台的开源手机操作系统的名称，该平台由操作系统、中间件、用户界面和应用软件组成。它采用软件堆层（Software Stack，又名软件叠层）的架构，主要分为三部分。底层以 Linux 内核工作为基础，由 C 语言开发，只提供基本功能；中间层包括函数库 Library 和虚拟机 Virtual Machine，由 C++ 开发。最上层是各种应用软件，包括通话程序、短信程序等，应用软件则由各公司自行开发，以 Java 作为编写程序的一部分。不存在任何以往阻碍移动产业创新的专有权障碍，号称首个为移动终端打造的真正开放和完整的移动软件。Google 通过与软硬件开发商、设备制造商、电信运营商等其他有关各方结成深层次的合作伙伴关系，希望借助建立标准化、开放式的移动电话软件平台，在移动产业内形成一个开放式的生态系统。Android 作为 Google 企业战略的重要组成部分，将进一步推进"随时随地为每个人提供信息"这一企业目标的实现。全球为数众多的移动手机用户正在使用各种基于 Android 的手机。Google 的目标是让移动通信不依赖于设备甚至平台。出于这个目的，Android 将补充，而不会替代 Google 长期以来奉行的移动发展战略：通过与全球各地的手机制造商和移动运营商结成合作伙伴，开发既有用又有吸引力的移动服务，并推广这些产品。

开源系统 VS 闭源系统。其专业定义稍显复杂，因为开源起初是在国外兴起，所以很多说法都是外国方式，国人难以理解。最主要的核心思想便是：开源用于描述那些源代码可以被公众使用的软件，并且此软件的使用、修改和发行也不受许可证的限制。而人们一般理解的开源则是指软件的源代码公开，可被用户查看。下面的叙述就将开源理解为开放源代码，反之，闭源就是指关闭源代码。

很多计算机知识匮乏的朋友对于网上商城购物系统多多少少都有一定的错误认识，主要表现在两方面：开源 = 免费，很多网站建设以免费开源为噱头，提供给用户直接下载，造成很多用户以为开源系统 = 免费系统，其实这是错误的认识。开源软件有自己的知识产权，存在一个 license（授权协议），少数情况下确实可以免费使用，但是在协议之外的情况都是需要收费的。一般作为个人研究、学习和个人小规模使用是免费的，但如果是用于商业就需要授权。由于国内盗版现象非常普遍，国人缺乏版权意识，所以形成了这种观念。版权方也很无奈，只有睁一只眼闭一只眼。

网上商城购物系统的安全性也是非常重要的一个衡量标准，因为涉及资金交易，相对更为敏感。用户认为开源系统的源代码公开，黑客对其漏洞了如指掌，所以闭源就比开源更安全；可是，这几年闭源软件遭受攻击的例子数不胜数，推翻了之前的论断。如何判断一款软件或者系统是否安全并不在于开源还是闭源，而在于程序的严密性和更新频率。闭源系统对于黑客来说，只是多了一道解密程序而已。而任何发现开源系统漏洞的人都能帮助修复该漏洞，这对开源系统的安全性也是有好处的。

开源与闭源的最大区别是：开源的源代码公开，可被修改；闭源的源代码加密，需依靠系统开发商进行修改。开源的价值是什么呢？首先是节约时间，节约时间对于自主拥有技术团队的企业来说，在网站需要完善、改版的时候，使用开源商城系统只需在原程序上进行修改即可实现。一个完整的网络程序，大部分的模块功能及操作流程，有一个用户和软件开发者约定俗成的规则，这部分代码使用开源的系统，不仅可以节省大量的时间，而且开源的团队技术水平普遍较高，写出来的代码质量较高，又由于开源系统有大量的使用人群，能不断发现新的漏洞和优化思路，专业团队能对开源系统进行不断地优化，所以在一般性的功能质量上，远远大于一个普通的中小型团队重新开发的版本。简言之，开源系统的一般性功能首先是不仅质量高、漏洞少，而且节省了开发团队大量的时间。其次是个性化，竞争的加大、用户的激增，企业、用户对于商城界面以及功能都拥有更多的需求，对于不同功能的实现，开源可以使程序员在代码基础上进行二次开发，表现出个性化的新功能。

软件编程。PHP 是一种适用于 Web 的脚本语言。国内比较出名的一些开源系统，如网店的 ecshop、hishop 等，信息发布系统的 dececms，论坛的 discuz!、phpwind，博客的 WordPress，一般都采用 PHP + MySQL 的搭配组合，使搭建一个网站像安装一个通用的商业软件一样容易。

电子商务安全技术

1. 掌握电子商务安全技术概念；
2. 掌握防火墙技术的原理和功能；
3. 掌握信息安全与加密技术原理；
4. 掌握电子商务安全认证技术原理；
5. 掌握电子商务安全规划。

5.1 电子商务安全技术概述

5.1.1 电子商务的安全问题

电子商务的安全问题主要是在开放的网络环境中如何保证信息传递中的完整性、可靠性、真实性以及预防未经授权的非法入侵者。而解决这些问题主要在于技术以及采用和实施这些技术的经济可行性。这些问题是电子商务安全考虑和研究的主要问题。简单说，一是技术上的安全性，二是安全技术的实用可行性。大量的事实表明，安全是电子商务的关键问题。安全得不到保障，即使使用 Internet 再方便，电子商务也无法得到广大用户的认可。

参与电子商务的各方不需要面对面来进行商务活动，信息流和资金流都可以通过 Internet 来传输。而 Internet 是一个向全球用户开放的巨大网络，其技术上的缺陷和用户使用中的不良习惯，使电子商务中的信息流和资金流在通过 Internet 传输时，存在着许多安全隐患，这就是电子商务的安全问题。

1. 中断系统——破坏系统的有效性

网络故障、操作错误、应用程序错误、硬件故障、系统软件错误及计算机病毒都能导致系统不能正常工作，因而要对由此所产生的潜在威胁加以控制和预防，以保证贸易数据在确定的时刻、确定的地点是有效的。

2. 窃听信息——破坏系统的机密性

电子商务作为贸易的一种手段，其信息直接代表着个人、企业或国家的商业机密。传统的纸面贸易都是通过邮寄封装的信件或通过可靠的通信渠道发送商业报文来达到保守机密的目的。电子商务是建立在一个较为开放的网络环境上的，维护商业机密是电子商务全面推广应用的重要保障。因此，要预防通过搭线和电磁泄漏等手段造成信息泄露，或对业务流量进行分析从而获取有价值的商业情报等一切损害系统机密性的行为。

3. 篡改信息——破坏系统的完整性

电子商务简化了贸易过程，减少了人为的干预，同时也带来维护贸易各方商业信息的完整、统一的问题。由于数据输入时的意外差错或欺诈行为，可能导致贸易各方信息的差异。此外，数据传输过程中信息的丢失、重复或信息传送的次序差异也会导致贸易各方信息的不同。贸易各方信息的完整性将影响到贸易各方的交易和经营策略，保持贸易各方信息的完整性是电子商务应用的基础。因此，要预防对信息的随意生成、修改和删除，同时要防止数据传送过程中信息的丢失和重复，并保证信息传送次序的统一。

4. 伪造信息——破坏系统的可靠性、真实性

电子商务可能直接关系到贸易双方的商业交易，如何确定要进行交易的贸易方正是进行交易所期望的贸易方这一问题，则是保证电子商务顺利进行的关键。在传统的纸面贸易中，贸易双方通过在交易合同、契约、贸易单据等书面文件上手写签名或印章来鉴别贸易伙伴，确定合同、契约、单据的可靠性并预防抵赖行为的发生，也就是人们常说的"白纸黑字"。在无纸化的电子商务方式下，通过手写签名和印章进行贸易方的鉴别不可能实现。因此，要在交易信息的传输过程中为参与交易的个人、企业或国家提供可靠的标识。

5. 一个网络的用户未经授权访问了另一个网络

目前许多企业的内部网（Intranet）通常与 Internet 互连在一起，如果没有经过企业的许可，外面的用户不能够进入企业网进行访问。但是在安全措施不得力的情况下，有的未经授权的非法用户会想办法窜入企业内部网，这就是所谓"黑客"侵扰。有的"黑客"甚至会登录企业内部的核心服务器，给企业的信息系统安全造成极大的危害。为了防止"黑客"的入侵，目前技术上一般采用设置防火墙的办法，在企业内部网和 Internet 之间设置一道"有孔的墙"，只有那些经过授权的合法用户才能进入企业内部网络。

6. 计算机病毒

计算机技术发展到今天，新的计算机病毒层出不穷。Internet 的出现更是刺激了计算机病毒的传播。而且计算机病毒的危害性越来越严重。电子商务是一种依赖于计算机和计算机网络的新的商务模式，危害计算机和计算机网络的计算机病毒自然对电子商务造成了很大的危害。

5.1.2 电子商务安全保障体系

在分析电子商务系统的安全技术的基础上构建电子商务系统的策略模型。

图 5-1 所示是电子商务系统的安全技术实施框架。框架分为五层，即网络服务层、加密

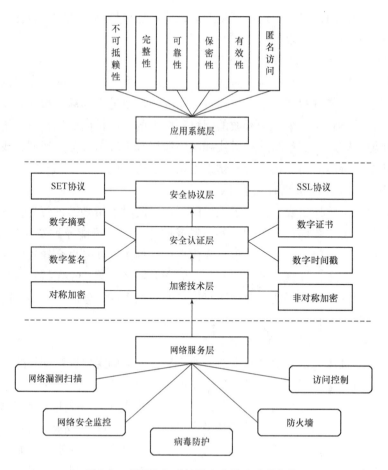

图 5-1 电子商务系统的安全技术实施框架

技术层、安全认证层、安全协议层、应用系统层。下层为上层提供技术支持，是上层的基础，上层是下层的扩展和递进，各层通过控制技术的递进形成一个整体。这是从技术角度构建的电子商务系统的安全框架。

电子商务的安全的实质是信息安全。信息安全的属性包括保密性、完整性、可用性、可靠性、不可否认性和可控性。信息安全保障体系包括五个方面：监察安全、管理安全、技术安全、立法安全、认知安全。就技术安全而言，包含密码学技术、信息隐藏技术、安全协议技术、安全体系技术、信息对抗技术、网络安全与安全产品。

电子商务安全问题的核心和关键是电子交易的安全性。因此，基于信息安全与技术安全的电子商务安全保障体系提供的电子商务安全需求主要有以下五类。

1. 身份的可认证性

身份的可认证性是指交易双方在进行交易前应能鉴别和确认对方的身份。在传统的交易中，交易双方往往是面对面进行活动的，这样很容易确认对方的身份。即使开始不熟悉、不能确信对方，也可以通过对方的签名、印章、证书等一系列有形的身份凭证来鉴别身份。另外，在传统的交易中如果是采用电话进行通信，也可以通过声音信号来识别对方身份。然而，参与网上交易的双方往往素不相识甚至远隔万里，并且在整个交易过程中可能不见一面。因此，如果不采取任何新的保护措施，则更容易引起假冒、诈骗等违法活动。例如，在进行网上购物时，对于客户来说，如何确信计算机屏幕上显示的页面就是大家所说的那个有名的网上商店，而不是居心不良的黑客冒充的呢？同样，对于商家来说，怎样才能相信正在选购商品的客户不是一个骗子，而是一个当发生意外事件时能够承担责任的客户呢？

因此，电子交易的首要安全需求就是要保证身份的可认证性。这就意味着在双方进行交易前，首先要能确认对方的身份，要求交易双方的身份不能被假冒或伪装。

2. 信息的保密性

信息的保密性是指对交换的信息进行加密保护，使其在传输过程或存储过程中不被他人识别。在传统的贸易中，一般都是通过面对面的信息交换，或者通过邮寄封装的信件、可靠的通信渠道发送商业报文，达到保守商业机密的目的。而电子商务是建立在一个开放的网络环境下，当交易双方通过 Internet 交换信息时，因为 Internet 是一个开放的公用互联网络，如果不采取适当的保密措施，其他人就有可能知道通信内容。另外，存储在网络的文件信息如果不加密，也有可能被黑客窃取。上述种种情况都有可能造成敏感商业信息的泄露，导致商业上的巨大损失。例如，如果客户的信用卡的账号和用户名被人知悉，就可能被盗用；如果企业的订货和付款的信息被竞争对手获悉，就可能丧失商机。

因此，电子商务另一个重要的安全需求就是信息的保密性。这意味着一定要对敏感重要的商业信息进行加密，即使别人截获或窃取了数据，也无法识别信息的真实内容，这样就可以使商业机密信息难以被泄露。

3. 信息的完整性

信息的完整性是指确保信息在传输过程中的一致性，并且不被未经授权者所篡改，也称不可修改性。上面所讨论的信息保密性，是针对网络面临的被动攻击一类威胁而提出的安全需求，但它不能避免针对网络所采用的主动攻击一类的威胁。所谓被动攻击，就是不修改任何交易信息，但通过截获、窃取、观察、监听、分析数据流和数据流式获得有价值的情报。而主动攻击就是篡改交易信息，破坏信息的完整性和有效性，以达到非法的目的。例如，在电子贸易中，乙给甲发了如下一份报文："请给丁汇 100 元钱。乙。"报文在报发过程中经过了丙之手，丙就把"丁"改为"丙"。这样甲收到的报文就成了"请给丙汇 100 元钱。乙"，结果是丙而不是丁得到了 100 元钱。当乙得知丁未收到钱时就去问甲，甲出示有乙签名的报文，乙发现报文被篡改了。

因此，保证信息的完整性也是电子商务活动中的一个重要的安全需求。这意味着交易各方能够验证收到的信息是否完整，即信息是否被人篡改过，或者在数据传输过程中是否出现信息丢失、重复等差错。

4. 不可抵赖性

交易的不可抵赖性是指交易双方在网上交易过程的每个环节都不可否认其所发送和收到的交易信息，又称不可否认性。由于商情千变万化，交易合同一旦达成就不能抵赖。但在无纸化的电子交易中，不可能再通过传统的手写签名和印章来预防抵赖行为的发生。因此，必须采用新的技术，防止电子商务中的抵赖行为，否则就会引起商业纠纷，使电子商务无法顺利进行。例如，在电子商务活动中订购计算机，订货时计算机价格较低，但收到订单后计算机价格上涨了，假如供应商能否认收到订单的事实，采购商就会蒙受损失；同样，如果收到订单后计算机价格下跌了，假如订货方能否认先前发出订货单的事实，供应商就会蒙受损失。

因此，保证交易过程中的不可抵赖性也是电子商务安全需求中的一个重要方面。这意味着在电子交易通信过程的各个环节都必须是不可否认的，即交易一旦达成，发送方不能否认他发送的信息，接收方则不能否认他所收到的信息。

5. 不可伪造性

在商务活动中，交易的文件是不可被修改的，如上例所举的订购计算机一案，如果供应商在收到订单后发现计算机价格大幅上涨了，假如能改动文件内容，将订购数 100 台改为 10 台，则可大幅受益，采购商会因此蒙受巨大损失。在传统的贸易中，可以通过合同字迹的技术鉴定等措施来防止交易过程中出现的伪造行为，但在电子交易中，由于没有书面的合同，因而无法采用字迹的技术鉴定等传统手段来裁决是否发生了伪造行为。

因此，保证交易过程中的不可伪造性也是电子商务安全需求中的一个方面。这意味着，电子交易文件也要能做到不可修改，以保障交易的严肃和公正。

5.1.3 常用电子商务安全技术

电子商务中的安全技术主要有以下几种：

1. 数据加密技术

对数据进行加密是电子商务系统最基本的信息安全防范措施。其原理是利用加密算法将信息明文转换成按一定加密规则生成的密文后进行传输，从而保证数据的保密性。使用数据加密技术可以解决信息本身的保密性要求。数据加密技术可分为对称密钥加密和非对称密钥加密。

（1）对称密钥加密（Secret Key Encryption）。对称密钥加密也称秘密/专用密钥加密，即发送和接收数据的双方必须使用相同的密钥对明文进行加密和解密运算。它的优点是加密、解密速度快，适合对大量数据进行加密，能够保证数据的机密性和完整性；缺点是当用户数量大时，分配和管理密钥就相当困难。目前常用的对称加密算法有美国国家标准局的 DES 算法、瑞士联邦理工学院的 IDEA 算法等。

（2）非对称密钥加密（Public Key Encryption）。非对称密钥加密也称公开密钥加密，它主要指每个人都有一对唯一对应的密钥：公开密钥（简称公钥）和私人密钥（简称私钥）。公钥对外公开，私钥由个人秘密保存，用其中一把密钥来加密，就只能用另一把密钥来解密。非对称密钥加密算法的优点是易于分配和管理，缺点是算法复杂，加密速度慢。一般用公钥来进行加密，用私钥来进行签名；同时私钥用来解密，公钥用来验证签名。算法的加密强度主要取决于选定的密钥长度。目前常用的非对称加密算法有麻省理工学院的 RSA 算法、美国国家标准和技术协会的 SHA 算法等。

（3）复合加密技术。由于上述两种加密技术各有长短，目前比较普遍的做法是将两种技术进行集成。

2. 数字签名技术

数字签名是通过特定密码运算生成一系列符号及代码组成电子密码进行签名，来代替书写签名或印章。对于这种电子式的签名还可进行技术验证，其验证的准确度是一般手工签名和图章的验证所无法比拟的。数字签名技术可以保证信息传送的完整性和不可抵赖性。

3. 认证机构和数字证书

所谓 CA 认证机构，就是采用 PKI（Public Key Infrastructure）公开密钥基础架构技术，利用数字证书、非对称和对称加密算法、数字签名、数字信封等加密技术，建立起安全程度极高的加解密和身份认证系统，确保电子交易有效、安全地进行，从而使信息除发送方和接收方外，不被其他方知悉（保密性）；保证传输过程中不被篡改（完整性和一致性）；发送方确信接收方不是假冒的；发送方不能否认自己的发送行为（不可抵赖性）。电子商务安全性的解决大大地推动了电子商务的发展。在电子交易中，无论是数字时间戳服务还是数字证书的发放，都不是靠交易双方自己完成的，而需要由一个具有权威性和公正性的第三方来完成。CA 认证机构作为权威的、可信赖的、公正的第三方机构，提供网络身份认证服务，专门负责发放并管理所有参与网上交易的实体所需的数字证书。

4. 安全认证协议

目前电子商务中经常使用的有安全套接层 SSL（Secure Sockets Layer）协议和安全电子交易 SET（Secure Electronic Transaction）协议两种安全认证协议。

（1）安全套接层（SSL）协议。SSL 协议是 Netscape 公司在网络传输层之上提供的一种基于 RSA 和保密密钥的用于浏览器和 Web 服务器之间的安全连接技术。SSL 协议是一个保证任何安装了安全套接层的客户和服务器间事务安全的协议，该协议向基于 TCP/IP 的客户/服务器应用程序提供了客户端和服务器的鉴别、数据完整性及信息机密性等安全措施，目的是为用户提供 Internet 和企业内联网的安全通信服务。SSL 协议在应用层收发数据前，协商加密算法，连接密钥并认证通信双方，从而为应用层提供了安全的传输通道；在该通道上可透明加载任何高层应用协议（如 HTTP、FTP、Telnet 等），以保证应用层数据传输的安全性。SSL 协议握手流程由两个阶段组成：服务器认证和用户认证。SSL 协议采用了公开密钥和专有密钥两种加密：在建立连接过程中采用公开密钥；在会话过程中使用专有密钥。加密的类型和强度则在两端之间建立连接的过程中判断决定，保证了客户和服务器间事务的安全性。

（2）安全电子交易（SET）协议。SET 协议是针对开放网络上安全、有效的银行卡交易，由维萨（Visa）公司和万事达（Mastercard）公司联合研制，为 Internet 上卡支付交易提供高层的安全和反欺诈保证。由于它得到了 HP、Microsoft 等很多大公司的支持，已成为事实上的工业标准，目前已获得 IETF 标准的认可。这是一个为 Internet 上进行在线交易而设立的开放的、以电子货币为基础的电子付款规范。SET 协议在保留对客户信用卡认证的前提下，又增加了对商家身份的认证，这对于需要支付货币的交易来说是至关重要的。SET 协议将建立一种能在 Internet 上安全使用银行卡购物的标准。安全电子交易规范是一种为基于信用卡而进行的电子交易提供安全措施的规则，SET 协议保证了电子交易的机密性、数据完整性、身份的合法性和防抵赖性，且 SET 协议采用了双重签名来保证各参与方信息的相互隔离，使商家只能看到持卡人的订购数据，而银行只能取得持卡人的信用卡信息。所以它是一种能广泛应用于 Internet 上的安全电子付款协议，它能够将信用卡的使用场所从目前的商店扩展到消费者家里，扩展到消费者个人计算机中。

5. 其他安全技术

电子商务安全中，常用的安全技术方法还有网络中采用防火墙技术、虚拟专用网

（VPN）技术、防病毒保护等。如果单纯依靠某个单项电子商务安全技术是不够的，必须与其他安全措施综合使用，为用户提供更为可靠的电子商务安全基石。

电子商务的安全是一个复杂系统工程，仅从技术角度防范是远远不够的，还必须完善电子商务方面的立法，以规范飞速发展的电子商务现实中存在的各类问题，从而引导和促进我国电子商务快速、健康发展。

5.2　防火墙技术

5.2.1　防火墙概述

作为近年来新兴的保护计算机网络安全技术性措施，防火墙（Fire Wall）是一种隔离控制技术，在某个机构的网络和不安全的网络（如 Internet）之间设置屏障，阻止对信息资源的非法访问，也可以使用防火墙阻止专利信息从企业的网络上被非法输出。防火墙是一种被动防卫技术，由于它假设了网络的边界和服务，对内部的非法访问难以有效控制，因此，防火墙最适合于相对独立的与外部网络互连途径有限、网络服务种类相对集中的单一网络（图 5-2）。

在逻辑上，防火墙是一个分离器、一个限制器，也是一个分析器，能有效地监控内部网和 Internet 之间的任何活动，从而保证内部网络的安全。防火墙是在内部网与外部网之间实施安全防范的系统，可被认为一种访问控制机制。其基于两种准则进行设计：

（1）一切未被允许的就是禁止的。基于该准则，防火墙应封锁所有信息流，然后对希望提供的服务逐项开放。这种方法可以创造十分安全的环境，但用户使用的方便性、服务范围受到限制。

（2）一切未被禁止的就是允许的。基于该准则，防火墙转发所有信息流，然后逐项屏蔽有害的服务。这种方法构成了更为灵活的应用环境，可为用户提供更多的服务。但在日益增多的网络服务面前，网管人员的疲于奔命可能很难提供可靠的安全防护。

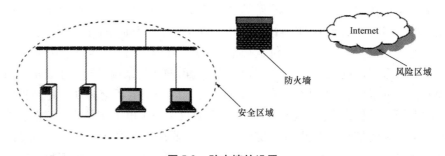

图 5-2　防火墙的设置

1. 防火墙的结构

防火墙的结构主要包括安全操作系统、过滤器、网关、域名服务和电子邮件处理五个部分，如图 5-3 所示。

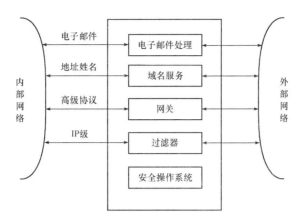

图 5-3　防火墙的结构

其中过滤器执行防火墙管理机构制的是一组策略规则，根据策略规则检验各个数据组，决定是否放行。这些规则按照 IP 地址、端口号以及各类应用等参数来确定。防火墙本身必须建立在安全操作系统所提供的安全环境中，安全操作系统可以保护防火墙的代码和文件免遭入侵者攻击。这些防火墙的代码只允许在给定主机系统上运行，这种限制可以减少非法穿越防火墙的可能性。

2. 防火墙的功能

防火墙是企业网安全问题的流行方案，即把公共数据和服务置于防火墙外，使其对防火墙内部资源的访问受到限制。一般说来，防火墙是不能防病毒的，尽管有不少的防火墙产品声称具有这个功能。防火墙技术的另外一个弱点在于数据在防火墙之间的更新是一个难题，如果延迟太大将无法支持实时服务请求。此外，防火墙采用滤波技术，滤波通常使网络的性能降低 50% 以上，如果为了改善网络性能而购置高速路由器，又会大大提高经济预算。

作为一种网络安全技术，防火墙具有简单实用的特点，并且透明度高，可以在不修改原有网络应用系统的情况下达到一定的安全要求。但是如果防火墙系统被攻破，则被保护的网络处于无保护状态。如果一个企业希望在 Internet 上开展商业活动，与众多的客户进行通信，则防火墙不能满足要求。

防火墙能增强机构内部网络的安全性。防火墙系统决定了哪些内部服务可以被外界访问；外界的哪些人可以访问内部的服务以及哪些外部服务可以被内部人员访问。防火墙必须只允许授权的数据通过，而且防火墙本身也必须能够免于渗透。

一个良好的防火墙系统应该具有如下功能：

（1）实施网间访问控制，强化安全策略。能够按照一定的安全策略，对两个或多个网络之间的数据包和链接方式进行检查，并按照策略规则决定对网络之间的通信采取何种动作，如通过、丢弃、转发等。

（2）有效地记录互联网上的活动。因为所有进出内部网络的信息都必须通过防火墙，所以防火墙非常适合收集各种网络信息。这样既提供了监视与安全有关的事件场所，如可以在防火墙上实现审计和报警等功能，还可以方便地实现一些与安全无关的网络管理功能，如记录互联网使用日志和流量管理等。

（3）隔离网段，限制安全问题扩散。防火墙能够隔开网络中的某个网段，这样既可以防止外部网络的一些不良行为影响内部网络的正常工作，又可以阻止内部网络的安全灾难蔓延到外部网络。

（4）防火墙本身应不受攻击的影响。防火墙本身有一定的抗攻击能力，因为防火墙是实施安全策略的检查站，一旦防火墙失效，则内外网间依靠防火墙提供的安全性和连通性就会受到影响。

（5）综合运用各种安全措施，使用先进的信息安全技术。如采用现代密码技术、一次性口令系统、反欺骗技术等，一方面可增强防火墙系统自身的抗攻击能力，另一方面还提高防火墙系统实施安全策略的检查能力。人机界面良好，用户配置方便，易管理。

3. 防火墙的局限性

防火墙只是网络安全政策和策略中的一个组成部分，其也有自己的局限性。它能保护网络系统的可用性和系统安全，但由于无法理解数据内容，不能提供数据安全。由于防火墙要执行安全检查，必然导致传输延迟、对用户不透明，可能带来传输延迟、瓶颈和单点失效等问题。防火墙能够有效地防范通过它的信息传输，但对不通过的信息传输无能为力。当使用端到端加密时，其作用会受到很大限制。这时防火墙系统只能检查数据包的包头，不能检查已被加密的数据包中的数据，其安全监控能力会大打折扣。

（1）防火墙过于依赖拓扑结构。防火墙系统必须设置在网络间的唯一通道处，当网络的拓扑结构发生变化时，防火墙的配置也必须发生改变。

（2）防火墙不能防范病毒。即使防火墙具有先进的能够检查数据包中数据信息的过滤系统，由于客户端系统支持的操作系统和应用程序不同，加上病毒的多样性和隐蔽性，采用防火墙扫描所有的数据包来查找病毒是不现实的。

（3）防火墙是一种静态防御技术。它对网络已知威胁、已知恶意攻击者的防护作用比较突出，但是难以适应日益多变的互联网安全环境。

5.2.2 防火墙的基本类型

防火墙从实现方式上分为硬件防火墙和软件防火墙两类。通常意义上的硬防火墙为硬件防火墙，它通过硬件和软件的结合来达到隔离内、外部网络的目的，价格较贵，但效果较好，一般小型企业和个人很难实现。软件防火墙是纯软件的方式，价格很便宜，但这类防火墙只能通过一定的规则来达到限制一些非法用户访问内部网的目的。

防火墙是加强 Internet 和 Intranet 之间安全防范的、由硬件设备和软件系统组成的、在外部网和内部网之间的界面上构成的保护层。防火墙可以确定哪些内部服务允许外部访问，哪些外部服务可以由内部人员访问，可以用来控制网络内外的信息交流，提供接入控制和审查跟踪。为了发挥防火墙的作用，来自和发往 Internet 的所有信息必须经由防火墙出入，防火墙禁止 Internet 中未经授权的用户入侵，由它保护的计算机系统，只允许授权信息通过，自身则不能被渗透。

真正意义上的防火墙有两类：一类称为标准防火墙，另一类称为双家网关。标准防火墙系统包括一个 UNIX 工作站，该工作站的两端各按一个路由器进行缓冲。其中一个路由器的接口是外部世界，即公用网；而另一个则连接内部网。标准防火墙使用专门的软件，并要求较高的管理水平，在信息传输上有一定的延迟。而双家网关则是对标准防火墙的扩充，双家网关又称堡垒主机或应用层网关，它是一个单个的系统，但能同时完成标准防火墙的所有功能。其优点是能运行更复杂的应用，同时防止在互联网和内部系统之间建立任何直接的连接，可以确保数据包不能直接从外部网络到达内部网络。

随着防火墙技术的进步，在双家网关的基础上又演化出两种防火墙配置：一种是隐蔽主机网关；另一种是隐蔽智能网关（隐蔽子网）。隐蔽主机网关是当前一种常见的防火墙配置。这种配置一方面将路由器进行隐蔽，另一方面在互联网和内部网之间安装堡垒主机。堡垒主机装在内部网上，通过路由器的配置，使该堡垒主机成为内部网与互联网进行通信的唯一系统。目前技术最为复杂而且安全级别最高的防火墙当属隐蔽智能网关。所谓隐蔽智能网关，就是将网关隐藏在公共系统之后，它是互联网用户唯一能见到的系统。所有互联网功能则是经过这个隐藏在公共系统之上的保护软件来进行的。一般来说，这种防火墙是最不容易被破坏的。

从实现原理上分，防火墙的技术包括四大类：网络级防火墙（也叫包过滤型防火墙）、应用级网关、电路级网关和规则检查防火墙。它们之间各有所长，具体使用哪一种或是否混合使用，要看具体需要。

（1）网络级防火墙。一般是基于源地址和目的地址、应用或协议以及每个 IP 包的端口来做出通过与否的判断。一个路由器便是一个"传统"的网络级防火墙，大多数的路由器都能通过检查这些信息来决定是否将所收到的包转发，但它不能判断出一个 IP 包来自何方，去向何处。防火墙检查每一条规则直至发现包中的信息与某规则相符。如果没有一条规则能符合，防火墙就会使用默认规则，一般情况下，默认规则就是要求防火墙丢弃该包。其次，通过定义基于 TCP 或 UDP 数据包的端口号，防火墙能够判断是否允许建立特定的连接，如 Telnet、FTP 连接。

（2）应用级网关。应用级网关能够检查进出的数据包，通过网关复制传递数据，防止在受信任服务器和客户机与不受信任的主机间直接建立联系。应用级网关能够理解应用层上的协议，能够做复杂一些的访问控制，并做精细的注册和稽核。它针对特别的网络应用服务协议即数据过滤协议，并且能够对数据包分析并形成相关的报告。应用网关对某些易于登录和控制所有输出输入的通信环境给予严格的控制，以防有价值的程序和数据被窃取。在实际工作中，应用网关一般由专用工作站系统来完成。但每一种协议需要相应的代理软件，使用时工作量大，效率不如网络级防火墙。

应用级网关有较好的访问控制，是目前最安全的防火墙技术，但实现困难，而且有的应用级网关缺乏"透明度"。在实际使用中，用户在受信任的网络上通过防火墙访问 Internet 时，经常会发现存在延迟并且必须进行多次登录才能访问 Internet 或 Intranet。

（3）电路级网关。电路级网关用来监控受信任的客户机或服务器与不受信任的主机间的 TCP 握手信息，这样来决定该会话（Session）是否合法，电路级网关是在 OSI 模型中会话层上来过滤数据包，这样比包过滤型防火墙要高二层。电路级网关还提供一个重要的安全功能：代理服务器（Proxy Server）。代理服务器是设置在 Internet 防火墙网关的专用应用级代码。这种代理服务准许网管员允许或拒绝特定的应用程序或一个应用的特定功能。包过滤技术和应用网关是通过特定的逻辑判断来决定是否允许特定的数据包通过，一旦判断条件满足，防火墙内部网络的结构和运行状态便暴露在外来用户面前，这就引入了代理服务的概念，即防火墙内外计算机系统应用层的链接由两个终止于代理服务的链接来实现，成功地实现了防火墙内外计算机系统的隔离。同时，代理服务还可用于实施较强的数据流监控、过滤、记录和报告等功能。代理服务技术主要通过专用计算机硬件（如工作站）来承担。

（4）规则检查防火墙。该防火墙结合了包过滤型防火墙、电路级网关和应用级网关的特点。同包过滤型防火墙一样，规则检查防火墙能够在 OSI 网络层上通过 IP 地址和端口号，过滤进出的数据包。它也像电路级网关一样，能够检查 SYN 和 ACK 标记和序列数字是否逻辑有序。当然，它也可以在 OSI 应用层上检查数据包的内容，查看这些内容是否符合企业网络的安全规则。

规则检查防火墙虽然集成前三者的特点，但不同于一个应用级网关的是，它并不打破客户机/服务器模式来分析应用层的数据，允许受信任的客户机和不受信任的主机建立直接连接。规则检查防火墙不依靠与应用层有关的代理，而是依靠某种算法来识别进出的应用层数据，这些算法通过已知合法数据包的模式来比较进出数据包，相比应用级代理，它对数据包的过滤更有效。

5.3 信息安全与加密技术

5.3.1 网络入侵检测

入侵检测，顾名思义，就是对入侵行为的发觉。入侵检测技术是通过从计算机网络和系统的若干关键点收集信息并对其进行分析，从中发现网络或系统中是否有违反安全策略的行为或遭到入侵的迹象，并依据既定的策略采取一定措施的技术。入侵检测技术包括三部分内容：信息收集、信息分析和响应。

网络入侵检测是指对潜在的有预谋的未经授权的访问信息、操作信息以及致使系统不可靠、不稳定或者无法使用的企图的检测和监视。它是对安全保护的一种积极主动的防御策略，它从计算机网络系统中的若干关键点收集信息，并进行相应的分析，以检查网络中是否有违反安全策略的行为和遭到袭击的迹象。入侵检测被认为防火墙之后的第二道安全闸门，在不影响网路性能的前提下对网络进行监测，从而提供对内外部攻击和误操作的实时保护。

近年来，入侵检测技术成为安全研究领域的热点，其主要原因是防火墙和操作系统加固技术等传统安全技术都是静态安全防御技术，不能提供足够的安全性。入侵检测是防火墙的合理补充。入侵检测能够收集有关入侵技术的信息，这些信息可以用来加强防御措施。

入侵检测模型如图 5-4 所示。

1. 入侵检测原理

根据入侵检测模型，入侵检测系统的原理可以分为以下两种：

（1）异常检测原理。该原理根据系统或者用户的非正常行为和使用计算机资源的非正常情况来检测入侵行为。异常检测原理根据假设攻击和正常活动的差异来识别攻击。首先收

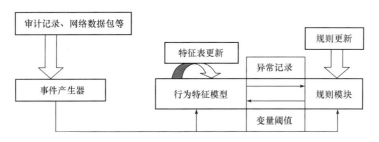

图 5-4　入侵检测模型

集一段正常操作的活动记录，然后建立代表用户、主机或网络连接的正常行为轮廓，再收集事件数据，同时使用一些不同的方法来决定所检测到的事件活动是否正常。

基于异常检测原理的入侵检测方法和技术主要有：①统计异常检测方法；②特征选择异常检测方法；③基于贝叶斯推理异常检测方法；④基于贝叶斯网络异常检测方法；⑤基于模式预测异常检测方法。其中比较成熟的方法是统计异常检测方法和特征选择异常检测方法，这两种方法目前已有由此而开发成的软件产品面市，而其他方法都还停留在理论研究阶段。

异常检测原理的优点：无须获取攻击特征，能检测未知攻击或已知攻击的变种，且能适应用户或系统等行为的变化。

异常检测原理的缺点：一般根据经验知识选取或不断调整阈值以满足系统要求，阈值难以设定；异常不一定由攻击引起，系统易将用户或系统的特殊行为（如出错处理等）判定为入侵，同时系统的检测准确性受阈值的影响，在阈值选取不当时，会产生较多的检测错误，造成检测错误率高；攻击者可逐渐修改用户或系统行为的轮廓模型，因而检测系统易被攻击者训练；无法识别攻击的类型，因而难以采取适当的措施阻止攻击的继续。

（2）误用检测原理。误用检测，也称为基于知识或签名的入侵检测。误用检测 IDS 根据已知攻击的知识建立攻击特征库，通过用户或系统行为与特征库中各种攻击模式的比较确定是否发生入侵。常用的误用检测方法和技术主要有：①基于专家系统检测方法；②基于状态转移分析检测方法；③基于条件的概率误用检测方法；④基于键盘监控误用检测方法；⑤基于模型误用检测方法。

误用检测技术的关键问题是攻击签名的正确表示。误用检测是根据攻击签名来判断入侵的，如何用特定的模式语言来表示这种攻击行为，是该方法的关键所在。尤其是攻击签名必须能够准确地表示入侵行为及其所有可能的变种，同时又不会把非入侵行为包含进来。由于大部分的入侵行为是利用系统的漏洞和应用程序的缺陷进行攻击的，通过分析攻击过程的特征、条件、排列以及事件间的关系，就可具体描述入侵行为的迹象。

2. 入侵检测方法

（1）基于概率统计的检测。该方法是在异常入侵检测中最常用的技术，对用户行为建立模型并根据该模型，当发现可疑行为时进行跟踪，监视和记录该用户的行为。其优越性在于理论成熟。其缺点是匹配用户行为困难，易造成误报、错报或漏报；定义入侵阈值较难。

（2）基于神经网络的检测。该技术的基本思想是用一系列信息单元训练神经单元，在给定一定的输入后，即可预测输出。它是对基于概率统计的检测的改进，主要克服了传统的统计分析技术的一些问题。

（3）基于专家系统的检测。所谓专家系统，就是基于一套由专家经验事先定义的规则的推理系统。在具体实践中主要面临的问题是：全面性问题，即很难从各种入侵手段中抽象出全面的规则化知识；效率问题，即需要处理的数据量过大，且在大型系统上很难获得实时连续的审计数据。

（4）基于模型推理的攻击检测。

（5）基于免疫的检测。基于免疫的检测技术是运用自然的免疫系统的某些特性到网络安全系统中，使整个系统具有适应性、自我调节性、可扩展性。

3. 入侵检测系统

一个入侵检测系统至少包含事件提取、入侵分析、入侵响应和远程管理四部分功能。其功能结构如图 5-5 所示。

目前入侵检测系统从数据来源看，主要有三类结构：基于网络入侵检测系统（NIDS），该系统的数据来源于网络上的数据流，能够截获网络中的数据包，提取其特征并与库中已知的攻击签名相比较，以达到检测目的。其优点在于侦测速度快、隐蔽性好，不易受到攻击，资源消耗少；其缺点是误报率较高。基于主机的入侵检测系统（HIDS），该系统的数据来源于主机系统，通常是系统日志和审计记录。HIDS 通过对系统日志和审计记录的不断监控和分析来发现攻击后的误操作。其优点在于针对不同的操作系统捕获应用层入侵，误报少；其缺点是依赖于主机及其审计子系统，实时性差。分布式入侵检测系统（DIDS），该系统采用上述两种数据来源，能够同时分析来自主机系统审计日志和网络数据流的入侵检测系统，一般为分布式结构，由多个部件组成，克服了上述两种系统的不足。

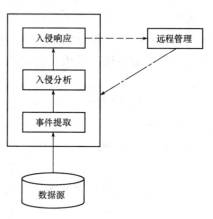

图 5-5　入侵检测系统功能结构

4. 入侵检测技术的发展方向

在入侵检测技术发展的同时，入侵技术也在更新，一些黑客组织已经将如何绕过入侵检测系统或攻击入侵检测系统作为研究重点。交换技术的发展和借助加密信道的数据通信，使通过共享网段进行侦听的网络数据采集方法十分不足，而大通信量对数据分析也提出了新的要求。

（1）分布式入侵检测与通用入侵检测架构。传统的入侵检测系统局限于单一的主机或网络架构，对异构系统及大规模的网络检测明显不足，不同的入侵检测系统之间不能协同工作。为了解决这一问题，需要发展分布式入侵检测与通用入侵检测架构。如果每台主机上的入侵检测系统能通过网络相互配合，就能够获得更加有效的防卫效果。

（2）协作式入侵检测。协作式入侵检测指把基于主机的入侵检测系统与基于网络的入侵检测系统相互协调、补充和配合。协作式入侵检测包括不同入侵检测产品之间的协作，如与防病毒软件和防火墙之间的协作。协作式入侵检测可以是不同供应商的入侵检测产品之间的共同协作，也可以是不同组织机构之间的入侵检测方面的协作。这些协作有利于构成系统间相互联动的组合入侵检测防御系统。

（3）应用层入侵检测。许多入侵的语义只有在应用层才能理解，而目前的入侵检测系统仅能检测如 Web 之类的通用协议，而不能处理如 Lotus Notes、数据库系统等其他的应用系统。

目前的入侵检测系统要求网络上所传输的数据是明文数据，对加密的数据分组则无能为力。入侵检测系统和防火墙可以提高网络的安全性，但并不意味着安全问题的解决，而是引起了入侵与反入侵的新一轮攻防竞赛。入侵者在不断地推出躲避或者越过防火墙的软件，入侵检测系统的开发人员则不断地在自己的产品中加入对这些基础系统的检测，不断发展和变化防御入侵的手段。

5.3.2　虚拟专用网技术

1. 虚拟专用网（VPN）概述

虚拟专用网（VPN）技术是一种在公用互联网络上构造企业专用网络的技术。通过 VPN 技术，可以实现企业不同网络的组件和资源之间的相互连接，它能够利用 Internet 或其他公共互联网络的基础设施为用户创建隧道，并提供与专用网络一样的安全和功能保障。虚拟专用网络允许远程通信方、销售人员或企业分支机构使用 Internet 等公共互联网络的路由基础设计，以安全的方式与位于企业内部网内的服务器建立连接。VPN 对用户端透明，用户好像使用一条专用路线在客户计算机和企业服务器之间建立点对点连接，进行数据的传输。

虚拟专用网络技术支持企业通过 Internet 等公共互联网络与分支机构或其他公司建立连接，进行安全通信。这种跨越 Internet 建立的 VPN 连接在逻辑上等同于两地之间使用专用广域网建立的连接。VPN 利用公共网络基础设施为企业各部门提供安全的网络互联服务，它能够使运行在 VPN 之上的商业应用享有几乎和专用网络同样的安全性、可靠性、优先级别和管理性。

2. 实现虚拟专用网（VPN）的关键技术

VPN 网络可以利用 IP 网络、帧中继网络和 ATM 网络建设。VPN 具体实现是采用隧道技术，将企业内的数据封装在隧道中进行传输。隧道协议可分为第二层隧道协议 PPTP、L2 F、L2 TP 和第三层隧道协议 GRE、Ipsec。利用 VPN 技术可以建设用于 Internet 交易的专用网络，它可以在两个系统之间建立安全的信道（或隧道），用于电子数据交换（EDI）。在 VPN 中通信的双方彼此都较熟悉，这意味着可以使用复杂的专用加密和认证技术，只要通信的双方默认即可，没有必要为所有的 VPN 进行统一的加密和认证。现有的或正在开发的数据隧道系统可以进一步增加 VPN 的安全性，因而能够保证数据的保密性和可用性。

3. 虚拟专用网（VPN）的应用

对于企业来说，虚拟专用网（VPN）提供了安全可靠的互联网访问通道，为企业进一步发展提供了可靠的技术保障，而且虚拟专用网（VPN）能提供专用线路类型服务，是方便快捷的企业私有网络。企业甚至可以不必建立自己的广域网维护系统，而将这一繁重的任务交由专业的 ISP 或 NSP 来完成。

由于虚拟专用网（VPN）的出现，企业可以从以下几方面获益：①实现网络安全；②简化网络设计和管理，降低成本；③容易扩展、适应性强，可随意与合作伙伴连网；④完全控制主动权；⑤支持新兴应用。由此可见，虚拟专用网（VPN）是企业内部网络设计、信息管理、流通的必然趋势。在满足基本应用要求后，有以下三类用户比较适合采用虚拟专用网（VPN）：①位置众多，特别是单个用户和远程办公室站点多的用户，例如企业用户、远程教育用户；②用户或站点分布范围广，彼此之间的距离远，遍布全球各地，需通过长途，甚至是国际长途手段联系的用户；③带宽和时延要求相对适中，对线路保密性和可用性有一定要求的用户。

以下四种情况可能并不适合采用虚拟专用网（VPN）：①非常重视传输数据的安全性；②不管价格多少，性能都放在第一位；③采用不常见的协议，不能在 IP 隧道中传送应用；④大多数通信是实时通信的应用，如语音和视频，但这种情况可以使用公共交换电话网（PSTN）解决方案与 VPN 配合使用。

5.3.3 密码技术

1. 密码技术概述

为保证数据和交易的安全、防止欺骗，确认交易双方的真实身份，电子商务必须采用加密技术。加密技术是电子商务采取的主要安全技术手段。采用加密技术可以满足信息保密性的安全需求，避免敏感信息泄露的威胁。通常信息加密的途径是通过密码技术实现的，密码技术是保护信息的保密性、完整性、可用性的有力手段，它可以在一种潜在不安全的环境中保证通信及存储数据的安全，密码技术还可以有效地用于报文认证、数字签名等，以防止种种电子欺骗。可以说，加密技术是认证技术及其他许多安全技术的基础，也是信息安全的核心技术。

密码技术包括密码设计、密码分析、密钥管理、验证技术等内容。密码设计的基本思想是伪装信息，使局外人不能理解信息的真正含义，而局内人却能够理解伪装信息的本来含义。其中，密码设计的中心内容就是数据加密和解密的方法。所谓加密，简单地说，就是使用数学的方法将原始信息（明文）重新组织与变换成只有授权用户才能解读的密码形式（密文），而解密就是将密文重新恢复成明文。

密码的出现可以追溯到远古时代，密码学也和其他学科一样随着社会的发展而发展，先后经历了手工阶段、机械阶段、电子阶段，而现在则进入了计算机和网络时代。目前，密码学已发展成一门系统的技术科学，是集数学、计算机科学、电子与通信等诸多学科于一身的交叉学科。根据不同的标准，密码体制的分类方法很多，其中常用的主要有对称密码体制（也叫作单钥密码体制、秘密密钥密码体制、对称密钥密码体制）和非对称密码体制（也叫作双钥密码体制、公开密钥密码体制、非对称密钥密码体制）。欲加密的数据称为明文，明文经过某种加密算法作用后转换成密文，明文转换为密文的这一过程称为加密，将密文经解密算法作用后形成明文输出的这一过程称为解密。加密算法中使用的参数称为密钥。密钥长度越长，密钥的空间就越大，遍历密钥空间所花的时间就越多，破译的可能性就越小。

2. 对称密钥系统

对称密钥系统又称单钥密钥系统或私钥密钥系统。对称密钥系统是指在对信息的加密和解密过程中使用相同的密钥。也就是说，一把钥匙开一把锁，专用密钥就是将加密密钥和解密密钥作为一把密钥。对称加密、解密过程如图 5-6 所示。

对称密钥系统的安全性依赖于以下两个因素：第一，加密算法必须是足够强的，仅仅基于密文本身去解密信息在实践上是不可能的；第二，加密方法的安全性依赖于密钥的秘密性，而不是算法的秘密性。

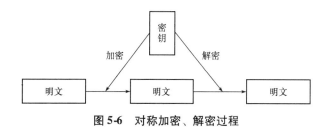

图 5-6　对称加密、解密过程

对称加密算法的缺点是密钥难以共享，需要的密钥太多，对称加密系统最大的问题是密钥的分发和管理非常复杂、代价高昂。比如对于具有 n 个用户的网络，需要 $n(n-1)/2$ 个密钥，在用户群不是很大的情况下，对称加密系统是有效的。一方面，对于大型网络，当用户群很大、分布很广时，密钥的分配和保存就成了大问题。另一方面的问题是如何将密钥传给要保密的用户。对称加密是基于共同保守秘密来实现的。采用对称加密技术的贸易双方必须保证采用的是相同的密钥，保证彼此密钥的交换是安全可靠的，同时还要设定防止密钥泄露或更改密钥的程序。这样，对称密钥的管理和分发工作演变成一件具有潜在危险的、烦琐的过程。对称加密算法的另一个缺点是不能实现数字签名。

3. 非对称密钥系统

针对对称密钥系统的缺点，在 1976 年提出了非对称密钥加密法，又称双钥密钥系统或公钥密钥系统。非对称密钥加密法是指在对信息的加密和解密过程中使用不同的密钥。每个用户保留两个不同的密钥：一个是公钥 PK，一个是私钥 IK。如果甲要给乙发送一个明文，甲用乙的公钥将明文加密成密文后发出，乙收到甲发送的密文后用乙的私钥将其解密，别人即使中途截取了密文也无法解密。非对称加密、解密过程如图 5-7 所示。

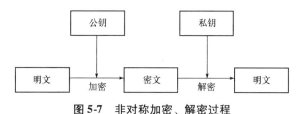

图 5-7　非对称加密、解密过程

非对称加密法的优点是密钥较少、灵活、易实现。在一个有 n 个贸易方参与的系统内，采用非对称密钥加密法密钥总数需要 $2n$ 个，采用对称密钥加密法密钥总数则需要 $n(n-1)/2$ 个。其缺点是要得到较好的加密效果，必须使用较长的密钥，从而加重系统负担和减缓系统吞吐速度。因此，非对称密钥加密法不适合对数据量较大的报文进行加密。非对称密钥系统主要用于数字签名和密钥分配。

5.4　电子交易的安全认证技术

在电子商务中，由于参与的各方往往是素未谋面的，身份认证成了必须解决的问题，即在电子商务中，必须解决不可抵赖性问题。

5.4.1 身份认证技术概述

1. 身份认证技术

身份认证技术是在计算机网络中确认操作者身份的过程而产生的有效解决方法。计算机网络世界中一切信息包括用户的身份信息都是用一组特定的数据来表示的，计算机只能识别用户的数字身份，所有对用户的授权也是针对用户数字身份的授权。如何保证以数字身份进行操作的操作者就是这个数字身份的合法拥有者，也就是说，保证操作者的物理身份与数字身份相对应。身份认证技术就是为了解决这个问题，作为防护网络资产的第一道关口，身份认证有着举足轻重的作用。

从是否使用硬件，身份认证技术可以分为软件认证和硬件认证。从认证需要验证的条件来看，身份认证技术还可以分为单因子认证和双因子认证。仅通过一个条件来验证一个人身份的技术称为单因子认证。密码认证、指纹认证就是单因子认证。由于只使用一种条件判断用户的身份，单因子认证相对容易被仿冒。双因子认证通过组合两种不同条件来证明一个人的身份，比如通过密码和芯片组合，用户可以通过 IC 记录验证身份信息，成功以后才通过服务器验证密码。双因子认证的安全性有了明显提高。

2. 身份认证方法

（1）静态密码。用户的密码是由用户自己设定的，在网络登录时输入正确的密码，计算机就认为操作者就是合法用户。实际上，由于许多用户为了防止忘记密码，经常采用诸如生日、电话号码等容易被猜测的字符串作为密码，或者把密码抄在纸上放在一个自认为安全的地方，这样很容易造成密码泄露。如果密码是静态的数据，在验证过程中需要在计算机内存，以及传输过程可能会被木马程序或网络截获。因此，静态密码机制无论是使用还是部署都非常简单，但从安全性上讲，用户名/密码方式是一种不安全的身份认证方式。它利用 what you know 方法。

（2）智能卡。一种内置集成电路的芯片，芯片中存有与用户身份相关的数据，智能卡由专门的厂商通过专门的设备生产，是不可复制的硬件。智能卡由合法用户随身携带，登录时必须将智能卡插入专用的读卡器读取其中的信息，以验证用户的身份。

智能卡认证是通过智能卡硬件不可复制来保证用户身份不会被仿冒。然而，由于每次从智能卡中读取的数据是静态的，通过内存扫描或网络监听等技术还是很容易截取到用户的身份验证信息，因此还是存在安全隐患。它利用 what you have 方法。

（3）短信密码。短信密码以手机短信形式请求包含 6 位随机数的动态密码，身份认证系统以短信形式发送随机的 6 位密码到客户的手机上。客户在登录或者交易认证时输入此动态密码，从而确保系统身份认证的安全性。它利用 what you have 方法。具有以下优点：①安全性，由于手机与客户绑定比较紧密，短信密码生成与使用场景是物理隔绝的，因此密码在通路上被截取概率降至最低；②普及性，只要会接收短信即可使用，大大降低短信密码技术的使用门槛，学习成本几乎为零，市场接受度上不会存在阻力；③易收费，由于移动互联网用户天然养成了付费的习惯，这和 PC 时代互联网是截然不同的理念，而且收费通道非常发达，如果是网银、第三方支付、电子商务，可将短信密码作为一项增值业务，每月通过 SP 收费不会有阻力，因此也可增加收益；④易维护，由于短信网关技术非常成熟，大大降低了短信密码系统上马的复杂度和风险，短信密码业务后期客服成本低，稳定的系统在提升安全的同时也营造良好的口碑效应，这也是目前银行大量采纳这项技术很重要的原因。

（4）动态口令牌。目前最为安全的身份认证方式，动态口令牌也是一种动态密码。动态口令牌是客户手持用来生成动态密码的终端，主流的是基于时间同步方式，每 60 秒变换一次动态口令，口令一次有效，产生 6 位动态数字进行一次一密的方式认证。由于使用非常便捷，85% 以上的世界 500 强企业运用它保护登录安全，广泛应用在 VPN、网上银行、电子政务、电子商务等领域。

（5）密钥。基于 USBKey 的身份认证方式是近几年发展起来的一种方便、安全的身份认证技术。它采用软硬件相结合、一次一密的强双因子认证模式，很好地解决了安全性与易用性之间的矛盾。USBKey 是一种 USB 接口的硬件设备，它内置单片机或智能卡芯片，可以存储用户的密钥或数字证书，利用 USBKey 内置的密码算法实现对用户身份的认证。基于 USBKey 身份认证系统主要有两种应用模式：一是基于冲击/响应的认证模式；二是基于 PKI 体系的认证模式，目前运用在电子政务、网上银行中。

（6）生物特征识别技术。生物特征分为身体特征和行为特征两类。身体特征包括声纹（d-ear）、指纹、掌型、视网膜、虹膜、人体气味、脸型、手的血管和 DNA 等；行为特征包括签名、语音、行走步态等。目前部分学者将视网膜识别、虹膜识别和指纹识别等归为高级生物识别技术，将掌型识别、脸型识别、语音识别和签名识别等归为次级生物识别技术，将血管纹理识别、人体气味识别、DNA 识别等归为"深奥的"生物识别技术。指纹识别技术目前应用广泛的领域有门禁系统、微型支付等。

5.4.2 安全认证技术概述

安全认证技术也是为了满足电子商务系统的安全性要求而采取的一种常用的必需的安全技术。安全认证的主要作用是进行信息认证。信息认证的目的有两个：①确认信息发送者的身份；②验证信息的完整性，即确认信息在传送或存储过程中未被篡改过。安全认证技术主要有数字摘要（Digital Digest）、数字信封（Digital Envelop）、数字签名（Digital Signature）、数字时间戳（Digital Time-Stamp，DTS）、数字证书（Digital Certificate、Digital ID）等。

1. 数字摘要

数字摘要是采用单向 Hash 函数对文件中若干重要元素进行某种变换运算得到固定长度的摘要码（数字指纹），并在传输信息时将之加入文件一同送给接收方，接收方收到文件后，用相同的方法进行变换运算，若得到的结果与发送来的摘要码相同，则可断定文件未被篡改，反之亦然。加密方法也称安全 Hash 编码法（Secure Hash Algorithm，SHA）或 MDS（Standards for Message Digest），由 Ron Rivest 设计。该编码法采用单向 Hash 函数将需加密的明文摘要成一串 128 bit 的密文，这一串密文称为数字指纹（Finger Print），它有固定的长度，且不同的明文摘要成密文，其结果总是不同的，而同样的明文其摘要必定一致。这样，这串摘要便可成为验证明文是否是"真身"的"指纹"了。这种方法可以与加密技术结合起来使用，数字签名就是上述两法结合使用的实例。

2. 数字信封

数字信封是用加密技术来保证只有规定的特定收信人才能阅读信的内容。在数字信封中，信息发送方采用对称密钥来加密信息，然后将此对称密钥用接收方的公开密钥来加密（这部分称为数字信封）之后，将它和信息一起发送给接收方，接收方先用相应的私有密钥打开数字信封，得到对称密钥，然后使用对称密钥解开信息。这种技术的安全性相当高。

3. 数字签名

日常生活中，通过对某一文档进行签名来保证文档的真实有效性，可以对签字方进行约束，防止其抵赖行为，并把文档与签名同时发送以作为日后查证的依据。在网络环境中，可以用电子数字签名作为模拟，从而为电子商务提供不可否认服务。

数字签名是指使用密码算法对待发的数据（报文、票证等）进行加密处理，生成一段信息，附着在原文上一起发送，这段信息类似现实中的签名或印章，接收方对其进行验证，判断原文真伪，提供数据完整性保护和抗否认功能。具体过程是：先用 Hash 算法将原文压缩为数据摘要，然后用公开密钥算法对摘要进行加密和解密（原文任何变化都会使数据摘要改变）。数字签名还有另外一个过程：用公开密钥（非对称算法）而不用 Hash 单向散列函数。其过程是：首先将原文用私钥加密，得到数字签名，然后将原文和数字签名一起发向接收方，接收方用发送方的公钥解密，再与原文比较。只要比较 $X' = X$，可确定三件事：消息 X 确实由 A 方发出（即真实性）；签发 Y 确实由 A 方发出（即不可否认性）；B 方收到的信息是完整的（即完整性）。这两种数字签名的主要区别在于，前者是一种对压缩信息的签名，适用于长文件信息；后者是一种对整个消息的签名，适用于短文件信息。

把 Hash 函数和公钥算法结合起来，可以在提供数据完整性的同时保证数据的真实性。完整性保证传输的数据没有被修改，真实性则保证是由确定的合法者产生的 Hash，不是由其他人假冒。而把这两种机制结合起来就可以产生数字签名（Digital Signature），其原理为：

（1）被发送文件用安全 Hash 编码法（SHA）编码加密产生 128 bit 的数字摘要。

（2）发送方用自己的私用密钥对摘要再加密，这就形成了数字签名。

（3）将原文和加密的摘要同时传给对方。

（4）对方用发送方的公共密钥对摘要解密，同时对收到的文件用 SHA 编码加密产生又一摘要。

（5）将解密后的摘要和收到的文件与接收方重新加密产生的摘要相互对比。如两者一致，则说明传送过程中信息没有被破坏或篡改过。否则不然。

数字签名是通过 Hash 函数与公开密钥算法来实现的，其工作过程如图 5-8 所示。

如果第三方冒充发送方发送了一个文件，因为接收方在对数字签名进行解密时使用的是发送方的公开密钥，只要第三方不知道发送方的私用密钥，解密出来的数字摘要与计算机计算出来的新摘要必然是不同的。这就提供了一个安全的确认发送方身份的方法。

一个签名体制一般包含两个组成部分：签名算法和验证算法。签名算法或签名密钥是秘密的，只由签名人掌握。验证算法应当是公开的，便于他人进行验证。

数字签名相对于手写签名在安全性方面具有如下好处：数字签名不仅与签名者的私有密钥有关，而且与报文的内容有关，因此不能将签名者对一份报文的签名复制到另一份报文上，同时也能防止篡改报文的内容。

4. 数字时间戳

数字时间戳（DTS）服务是网络安全服务项目，由专门的机构提供。时间戳（Time -

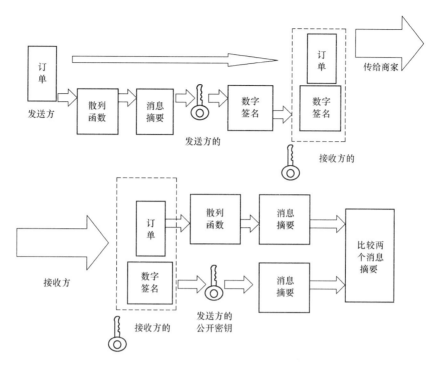

图 5-8　用非对称加密实现数字签名

stamp）是一个经加密后形成的凭证文档，包括三个部分：①需加时间戳的文件的摘要；②DTS 收到文件的日期和时间；③DTS 的数字签名。

　　交易文件中，时间是十分重要的信息。在书面合同中，文件签署的日期和签名均是十分重要的，是防止文件被伪造和篡改的关键性内容。而在电子交易中，同样需对交易文件的日期和时间信息采取安全措施，而数字时间戳服务（Digital Time-stamp Service，DTS）就能提供电子文件发表时间的安全保护。

　　时间戳产生的过程为：用户首先将需要加时间戳的文件用 Hash 编码加密形成摘要，然后将该摘要发送到 DTS，DTS 在加入了收到文件摘要的日期和时间信息后再对该文件加密（数字签名），然后发送回用户。由 Bellcore 创造的 DTS 采用如下的过程：加密时将摘要信息归并到二叉树的数据结构；再将二叉树的根值发表在报纸上，这样可以更有效地为文件发表时间提供佐证。注意，书面签署文件的时间是由签署人自己写上的，而数字时间戳则不然，它是由认证单位 DTS 加的，以 DTS 收到文件的时间为依据。因此，时间戳也可作为科学家的科学发明文献的时间认证。

　　5. 数字证书

　　在交易支付过程中，参与各方必须利用认证中心签发的数字证书来证明各自的身份。所谓数字证书，就是用电子手段来证实一个用户的身份及用户对网络资源的访问权限。在网上电子交易中，如果双方出示了各自的数字证书，并用它来进行交易操作，那么双方都可不必为对方身份的真伪担心。

　　数字证书就是网络通信中标志各通信方身份信息的一系列数据，其作用类似于现实生活中的身份证。它是由一个权威机构发行的，人们可以在交往中用它来识别对方的身份。

数字证书必须具有唯一性和可靠性。为了达到这一目的，需要采用很多技术来实现。通常，数字证书采用公钥体制，即利用一对互相匹配的密钥进行加密、解密。每个用户自己设定一把特定的仅为本人所有的私钥，用它进行解密和签名；同时设定一把公钥并由本人公开，为一组用户所共享，用于加密和验证签名。当发送一份保密文件时，发送方使用接收方的公钥对数据加密，而接收方则使用自己的私钥解密，这样信息就可以安全无误地到达目的地了。通过数字签名的手段保证加密过程是一个不可逆过程，即只有用私有密钥才能解密。

数字证书是用来唯一确认安全电子商务交易双方身份的工具。由于它由证书管理中心做了数字签名，因此，任何第三方都无法修改证书的内容。任何信用卡持有人只有申请到相应的数字证书，才能参加安全电子商务的网上交易。数字证书的内部格式是由 CCITTX. 509 国际标准所规定的，它必须包含以下几点：①证书的版本号；②数字证书的序列号；③证书拥有者的姓名；④证书拥有者的公开密钥；⑤公开密钥的有效期；⑥签名算法；⑦办理数字证书的单位；⑧办理数字证书单位的数字签名。在电子商务中，数字证书一般有四种类型：客户证书、商家证书、网关证书及 CA 系统证书。

5.4.3　安全认证机构

电子商务授权机构（Certificate Authority，CA）也称为电子商务认证中心。在电子交易中，无论是数字时间戳服务还是数字证书的发放，都不是靠交易双方完成的，而需要由一个具有权威性和公正性的第三方来完成。CA 就是承担网上安全电子交易认证服务，能签发数字证书，并能确认用户身份的服务机构。认证中心通常是企业性的服务机构，其主要任务是受理数字证书的申请、签发及对数字证书的管理。

CA 是认证机构的国际通称，主要对数字证书进行管理，负责证书的申请、审批、发放、归档、撤销、更新和废止等管理。CA 的作用是检查证书持有者身份的合法性，并签发证书（在证书上签字），以防证书被伪造或篡改。CA 是由权威的、公正的第三方提供交易双方身份认证的机构，在电子商务体系中起着举足轻重的作用。

在做交易时，向对方提交一个由 CA 签发的包含个人身份的证书，使对方相信自己的身份。顾客向 CA 申请证书时，可提交自己的驾驶执照、身份证或护照，经验证后，发放证书，证书包含了顾客的名字和公钥，以此作为网上证明自己身份的依据。认证机构的核心职能是发放和管理用户的数字证书。认证机构在整个电子商务环境中处于至关重要的位置，它是整个信任链的起点。认证机构是开展电子商务的基础，如果认证机构不安全或发放的证书不具权威性，网上电子交易就根本无从谈起。认证机构发放的证书一般有持卡人证书、支付网关证书、商家证书、银行证书、发卡机构证书。

CA 有四大职能：证书发放、证书更新、证书撤销和证书验证。下面具体阐述各职能要完成的工作。

（1）证书发放。对于 SET 的用户，可以有多种方法向申请者发放证书，可以发放给最终用户签名的或加密的证书，向持卡人只能发放签名的证书，向商户和支付网关可以发放签名并加密的证书。

（2）证书更新。持卡人证书、商户和支付网关证书应定期更新，更新过程与证书发放过程是一样的。

（3）证书撤销。证书撤销可以有许多理由，如私有密钥被泄露，身份信息的更新或终止使用等。对持卡人而言，需要确认其账户信息不会发往一个未被授权的支付网关。因此，被撤销的支付网关证书须包含在撤销清单中并散发给持卡人。由于持卡人不会将任何敏感的支付信息发给商家，所以持卡人只需商户证书的有效性。对商户而言，需要检查持卡人不在撤销清单中，并与发卡行验证信息的合法性；同样，支付网关需要检查商户证书不在撤销清单中，并与收单行验证信息的合法性。

（4）证书验证。SET 证书是通过信任分级体系来验证的，每一种证书与签发它的单位相联系，沿着该信任树直接到一个认可信赖的组织，就可以确定证书的有效性，信任树"根"的公用密钥对所有 SET 软件来说都是已知的，因而可以按次序检验每一个证书。

5.4.4　安全协议

1. SSL 协议

SSL（Secure Socket Layer，安全槽层）协议是由 Netscape 公司研究制定的安全协议，该协议向基于 TCP/IP 的客户机/服务器应用程序提供了客户端和服务器的鉴别、数据完整性及信息机密性等安全措施。该协议通过在应用程序进行数据交换前交换 SSL 初始握手信息来实现有关安全特性的审查。在 SSL 握手信息中采用 DES、MDS 等加密技术来实现机密性和数据完整性，该协议已成为事实上的工业标准。

由于 SSL 当初并不是为支持电子商务而设计的，所以在电子商务系统的应用中还存在很多弊端。例如，它是一个面向连接的协议，在涉及多方的电子交易中，只能提供交易中客户机与服务器间的双方认证，而电子商务往往是用户、网站、银行三方协作完成，SSL 协议并不能协调各方的安全传输和信任关系。另外，购货时用户要输入通信地址，这样将可能使用户收到大量垃圾信件。

2. SET 协议

SET（Secure Electronic Transaction）协议是针对开放网络上安全、有效的银行卡交易，是由 Visa 和 Mastercard 联合研制的一个能保证通过开放网络（包括 Internet）进行安全资金支付的技术标准。该协议于 1997 年 5 月正式通过，主要由 6 个文件组成，主要包括 SET 业务描述、SET 程序员指南和 SET 协议描述。SET1.0 版已经公布并可应用于任何银行支付服务。

SET 协议采用公开密码体制（PK）和 X509 电子证书标准，通过相应软件、电子证书、数字签名和加密技术能在电子交易环节上提供更大的信任度、更完善的交换信息、更高的安全性和较少的可欺诈性。在最初的 SET 协议规范中，提供了一个非常复杂的安全协议，其公钥密码部分采用了 RSA。SET1.0 版本出台后，众多的团体和个人也尝试着对该版本进行多方面的改进，采用了许多新技术，如 ECC，使整个运营体系的安全性得到显著提高的同时，网络的交易性能和速度也获得了显著的提升。

在我国，一些较早开始研究电子商务的银行和外贸系统所进行的有关电子商务的试验中选择了 SET 作为其协议。虽然 SET 是专门为电子商务而设计的协议，在很多方面都优于 SSL 协议，但它仍然不能解决电子商务所遇到的全部问题，SET 协议有待进一步研究改进。

5.5　网络安全

电子商务安全问题的核心和关键是电子交易的安全性。因此，基于信息安全与技术安全的电子商务安全保障体系提供的电子商务安全需求主要有以下五类：身份的可认证性；信息的保密性；信息的完整性；不可抵赖性；不可伪造性。

电子商务中的安全性技术主要有以下几种：数据加密技术；数字签名技术；认证机构和数字证书；安全认证协议；其他安全技术。电子商务安全中，常用的方法还有防火墙技术、虚拟专用网（VPN）技术、防病毒保护等。

作为近年来新兴的保护计算机网络安全技术性措施，防火墙是一种隔离控制技术，在某个机构的网络和不安全的网络（如 Internet）之间设置屏障，阻止对信息资源的非法访问，也可以使用防火墙阻止专利信息从企业的网络上被非法输出。防火墙是一种被动防卫技术，由于它假设了网络的边界和服务，对内部的非法访问难以有效地控制，因此，防火墙最适合相对独立的、与外部网络互连途径有限、网络服务种类相对集中的单一网络。

网络入侵检测是指对潜在的有预谋的未经授权的访问信息、操作信息以及致使系统不可靠、不稳定或者无法使用的企图的检测和监视。它是对安全保护的一种积极主动的防御策略，它从计算机网络系统中的若干关键点收集信息，并进行相应的分析，以检查网络中是否有违反安全策略的行为和遭到袭击的迹象。入侵检测被认为防火墙之后的第二道安全闸门，在不影响网路性能的前提下对网络进行监测，从而提供对内外部攻击和误操作的实时保护。

虚拟专用网（VPN）技术是一种在公用互联网络上构造企业专用网络的技术。通过 VPN 技术，可以实现企业不同网络的组件和资源之间的相互连接，它能够利用 Internet 或其他公共互联网络的基础设施为用户创建隧道，并提供与专用网络一样的安全和功能保障。虚拟专用网络允许远程通信方、销售人员或企业分支机构使用 Internet 等公共互联网络的路由基础设计，以安全的方式与位于企业内部网内的服务器建立连接。VPN 对用户端透明，用户好像使用一条专用路线在客户计算机和企业服务器之间建立点对点连接，进行数据的传输。

安全认证技术主要有数字摘要（Digital Digest）、数字信封（Digital Envelop）、数字签名（Digital Signature）、数字时间戳（Digital Time‐Stamp）、数字证书（Digital Certificate、Digital ID）等。

电子商务授权机构（Certificate Authority，CA）也称为电子商务认证中心。在电子交易中，无论是数字时间戳服务还是数字证书的发放，都不是靠交易的双方完成的，而需要由一个具有权威性和公正性的第三方来完成。CA 就是承担网上安全电子交易认证服务，能签发数字证书，并能确认用户身份的服务机构。认证中心通常是企业性的服务机构，主要任务是受理数字证书的申请、签发及对数字证书的管理。

第6章

电子商务与新技术应用

★学习目标

1. 熟悉虚拟专用网络 VPN 的原理；
2. 熟悉无线射频与自动识别技术的定义、特点、分类；
3. 掌握移动电子商务技术架构和实际应用。

6.1 虚拟专用网络 VPN

VPN 即虚拟专用网络，其功能是在公用网络上建立专用网络，进行加密通信。它在企业网络中有广泛应用。VPN 网关通过对数据包的加密和数据包目标地址的转换实现远程访问。VPN 有多种分类方式，主要是按协议进行分类。VPN 可通过服务器、硬件、软件等多种方式实现。

VPN 属于远程访问技术，简单地说，就是利用公用网络架设专用网络。例如某公司员工出差到外地，他想访问企业内网的服务器资源，这种访问就属于远程访问。在传统的企业网络配置中，要进行远程访问，传统方法是租用 DDN（数字数据网）专线或帧中继，这样的通信方案必然导致高昂的网络通信和维护费用。对于移动用户（移动办公人员）与远端个人用户而言，一般会通过拨号线路（Internet）进入企业的局域网，但这样必然带来安全上的隐患。

让外地员工访问到内网资源，利用 VPN 的解决方法就是在内网中架设一台 VPN 服务器。外地员工在当地连上互联网后，通过互联网连接 VPN 服务器，然后通过 VPN 服务器进入企业内网。为了保证数据安全，VPN 服务器和客户机之间的通信数据都进行了加密处理。有了数据加密，就可以认为数据是在一条专用的数据链路上进行安全传输，就如同专门架设了一个专用网络一样，但实际上 VPN 使用的是互联网上的公用链路，因此 VPN 被称为虚拟专用网络，其实质就是利用加密技术在公用网络上封装出一个数据通信隧道。有了 VPN 技术，用户无论是在外地出差还是在家中办公，只要能上互联网就能利用 VPN 访问内网资源，这就是 VPN 在企业中应用得如此广泛的原因。

6.1.1　VPN 的工作原理

通常情况下，VPN 网关采取双网卡结构，外网卡使用公网 IP 接入 Internet。网络一（假定为公用网络 Internet）的终端 A 访问网络二（假定为公司内网）的终端 B，其发出的访问数据包的目标地址为终端 B 的内部 IP 地址。网络一的 VPN 网关在接收到终端 A 发出的访问数据包时对其目标地址进行检查，如果目标地址属于网络二的地址，则将该数据包进行封装，封装的方式根据所采用的 VPN 技术不同而不同，同时 VPN 网关会构造一个新 VPN 数据包，并将封装后的原数据包作为 VPN 数据包的负载，VPN 数据包的目标地址为网络二的 VPN 网关的外部地址。网络一的 VPN 网关将 VPN 数据包发送到 Internet，由于 VPN 数据包的目标地址是网络二的 VPN 网关的外部地址，所以该数据包将被 Internet 中的路由正确地发送到网络二的 VPN 网关。

网络二的 VPN 网关对接收到的数据包进行检查，如果发现该数据包是从网络一的 VPN 网关发出的，即可判定该数据包为 VPN 数据包，并对该数据包进行解包处理。解包的过程主要是先将 VPN 数据包的包头剥离，再将数据包反向处理还原成原始的数据包。网络二的 VPN 网关将还原后的原始数据包发送至目标终端 B，由于原始数据包的目标地址是终端 B 的 IP，所以该数据包能够被正确地发送到终端 B。在终端 B 看来，它收到的数据包就和从终端 A 直接发过来的一样。从终端 B 返回终端 A 的数据包的处理过程和上述过程一样，这样两个网络内的终端就可以相互通信了。

通过上述说明可以发现，在 VPN 网关对数据包进行处理时，有两个参数对于 VPN 通信十分重要：原始数据包的目标地址（VPN 目标地址）和远程 VPN 网关地址。根据 VPN 目标地址，VPN 网关能够判断对哪些数据包进行 VPN 处理，对于不需要处理的数据包，通常情况下可直接转发到上级路由；远程 VPN 网关地址则指定了处理后的 VPN 数据包发送的目标地址，即 VPN 隧道的另一端 VPN 网关地址。由于网络通信是双向的，在进行 VPN 通信时，隧道两端的 VPN 网关都必须知道 VPN 目标地址和与此对应的远端 VPN 网关地址。

VPN 可以根据不同的划分标准进行分类。

1. 按 VPN 的协议分类

VPN 的隧道协议主要有三种：PPTP、L2TP 和 IPSec，其中 PPTP 和 L2TP 协议工作在 OSI 模型的第二层，又称为第二层隧道协议；IPSec 是第三层隧道协议。

2. 按 VPN 的应用分类

（1）Access VPN（远程接入 VPN）：客户端到网关，使用公用网络作为骨干网在设备之间传输 VPN 数据流量。

（2）Intranet VPN（内联网 VPN）：网关到网关，通过公司的网络架构连接来自同公司的资源。

（3）Extranet VPN（外联网 VPN）：与合作伙伴企业网构成 Extranet，将一个公司与另一个公司的资源进行连接。

3. 按所用设备的类型进行分类

网络设备提供商针对不同客户的需求，开发出不同的 VPN 网络设备，主要为路由器、交换机和防火墙。

（1）路由器式 VPN：部署较容易，只需在路由器上添加 VPN 服务即可。

（2）交换机式 VPN：主要应用于连接用户较少的 VPN 网络。

（3）防火墙式 VPN：最常见的一种 VPN 的实现方式，许多厂商都提供这种配置类型。

4. 按实现原理划分

（1）重叠 VPN：需要用户自己建立端节点之间的 VPN 链路，主要包括 GBE、L2TP、IP-Sec 等众多技术。

（2）对等 VPN：由网络运营商在主干网上完成 VPN 通道的建立，如 MPLS 技术。

6.1.2　VPN 的实现方式与常用技术

1. 实现方式

VPN 的实现有很多种方法，常用的有以下四种：

（1）VPN 服务器：在大型局域网中，可以通过在网络中心搭建 VPN 服务器的方法实现 VPN。

（2）软件 VPN：可以通过专用的软件实现 VPN。

（3）硬件 VPN：可以通过专用的硬件实现 VPN。

（4）集成 VPN：某些硬件设备，如路由器、防火墙等，都含有 VPN 功能，但是一般拥有 VPN 功能的硬件设备比没有这一功能的要贵。

2. 常用 VPN 技术

（1）MPLS VPN 是一种基于 MPLS 技术的 IPVPN，是在网络路由和交换设备上应用 MPLS（Multiprotocol Label Switching，多协议标记交换）技术，简化核心路由器的路由选择方式，利用结合传统路由技术的标记交换实现的 IP 虚拟专用网络（IPVPN）。MPLS 的优势在于将二层交换和三层路由技术结合起来，在解决 VPN、服务分类和流量工程这些 IP 网络的重大问题时具有优异的表现。因此，MPLS VPN 在解决企业互连、提供各种新业务方面也越来越被运营商看好，成为 IP 网络运营商提供增值业务的重要手段。MPLS VPN 又可分为二层 MPLS VPN（即 MPLS L2VPN）和三层 MPLS VPN（即 MPLS L3VPN）。

（2）SSL VPN 是以 HTTPS（Secure HTTP，安全的 HTTP，即支持 SSL 的 HTTP 协议）为基础的 VPN 技术，工作在传输层和应用层之间。SSL VPN 充分利用了 SSL 协议提供的基于证书的身份认证、数据加密和消息完整性验证机制，可以为应用层之间的通信建立安全连接。SSL VPN 广泛应用于基于 Web 的远程安全接入，为用户远程访问公司内部网络提供了安全保障。

（3）IPSec VPN 是基于 IPSec 协议的 VPN 技术，由 IPSec 协议提供隧道安全保障。IPSec 是一种由 IETF 设计的端到端的确保基于 IP 通信数据安全性的机制。它为 Internet 上传输的数据提供了高质量的、可互操作的、基于密码学的安全保障。

3. 常见问题

（1）错误 691，提示"由于域上的用户名和/或密码无效而拒绝访问"。一般的原因是

VPN 连接时输入的账户和/或密码不正确，或是没有使用 VPN 服务的权限。一个 VPN 账号默认仅限一台计算机使用，需检查用户名有无重复登录。若是在使用途中发生掉线，不要马上再次连接，耐心等待几分钟；若还是提示错误，联系网络管理员。

（2）错误 691，提示"端口已断开连接"。市面上有一小部分的路由器对 VPN 支持不好，从而引起错误 691、只能连接几台机器、经常掉线等多种问题，有时候还会出现错误 800。其原因是路由器采用 NAT 方式，不能让 VPN 协议穿透。如果计算机中开启了系统防火墙，可以先关闭后再重试。如果偶尔出现，重拨几次，或者重新启动计算机及路由器后重试。如果是通过局域网或者路由器上网的用户，请网络管理员在服务器或者路由器上打开 UDP 端口 1701～1704。如果路由器中不能设置，可以尝试将计算机直接连到外网，用单机拨号方式连接互联网，再重试 VPN 拨号。部分网络如校园网、广电网、长城宽带、宽带通，容易出现 691 错误，需要与网络接入部门联系。安装了简化版的操作系统容易缺少相关组件，可以下载安装错误 691 注册表文件。

（3）错误 721，提示"远程计算机没反应"。这种情况可能是网络延迟造成的，可以尝试多连几次，如果还是不行，可以尝试以下解决方法：单击"开始"按钮，然后单击"运行"按钮。在"运行"框中，输入 regedit. exe，然后单击"确定"按钮。在注册表编辑器中，找到以下子项：HKEY_ LOCAL_ MACHINE/SYSTEM/CurrentControlSet/Control/Class/｛4 D36 E972 - E325 - 11 CE - BFC1 - 08002 bE10318｝/ < 000 x >，其中 < 000 x > 是 WAN 微型端口（PPTP）驱动程序的网络适配器。在"编辑"菜单上，单击"新建"按钮，然后单击"DWORD 值"按钮。输入 Validate Address，然后按 Enter 键。该值的默认设置为"1"（打开），可以通过设置为"0"将其关闭。退出注册表编辑器，重新启动计算机。

（4）错误 742/741，提示"远程服务器不支持加密"。选择 VPN 连接，右击"属性"按钮，单击"安全"命令。在数据加密项选择"没有加密也可以连接"（Windows 7 下单击网络共享中心—更改适配器—单击 VPN 连接图标—查看属性—安全数据加密—选择"没有加密也可以连接"）。

（5）错误 800，提示"不能建立 VPN 连接，VPN 服务器不能到达"。如果计算机中开启了系统防火墙，可以先关闭后再重试。如果是安装路由器的用户，建议重启路由器。部分网络如校园网、广电网、长城宽带、宽带通，容易出现 800 错误，需要与网络接入部门联系。在桌面右击"我的电脑"或"计算机"，选择"管理"命令，在"服务和应用程序"选项下选择"服务"命令，找到"IPsec Policy Agent"服务，检查有没有禁用该服务。如果为禁用状态则改为自动状态，启动该服务。

（6）错误 619，提示"不能建立到远程计算机的连接"。如果打开了防火墙（包括系统自带的），关闭防火墙，或者设置防火墙允许 UDP 端口 1701。使用路由器上网的，不使用路由器，或者映射 UDP 端口 1701。如果无以上两种现象，但还是出现错误 619，关闭所有正在使用网络的软件，重新启动计算机，然后重新进行连接。

（7）连上国外 VPN 后打开国内网页速度很慢。因为连接上了 VPN 的国外线路，本地网络出口已经变更为国家带宽出口，因此在连接 VPN 的状态下访问国内网页的速度是比较慢的，可简单理解成：因为线路的传输需要从国内到国外，再从国外返回国内。而如果是访问国外网页的话，此时线路方式从国内直接传输到国外是相对较快的。

（8）移动终端连接不上。若当前网络是 3G 网络，3G 网络通常都不稳定，不保证每次都可以连接上。如果正在办公室使用公司的无线网络但连不上 VPN 或发生无法响应 PPTP 服务器错误，应详细咨询相关人员所处的网络宽带服务商是否支持 VPN，其次看所处的网络路由器是否禁止了 VPN 端口。计算机上可以连接 VPN，但手机就不行，此时确认计算机中的 VPN 是否处于"正在连接"的状态，如果是，可先断开计算机中的 VPN，再次连接手机试试。请注意一个账号不能同时登录在两个设备中。

（9）错误 789，提示"连接尝试失败，因为安全层在初始化与远程计算机协商时遇到一个处理错误"。处理方法如下：

①单击"开始"按钮，单击"运行"按钮，输入"regedit"，然后单击"确定"按钮；

②找到下面的注册表子项，然后单击：HKEY_ LOCAL_ MACHINE \ System \ Current-ControlSet \ Services \ Rasman \ Parameters；

③在"编辑"菜单上，单击"新建" – > "DWORD 值"命令；

④在"名称"框中，输入"ProhibitIpSec"；

⑤在"数值数据"框中，输入"1"，然后单击"确定"按钮；

⑥退出注册表编辑器，然后重新启动计算机。

6.1.3　VPN 的优缺点

VPN 网络给用户所带来的好处主要表现在以下几个方面。

1. 节约成本

节约成本是 VPN 网络技术最为重要的一个优势，也是它胜过传统的专线网络的关键所在。据行业调查公司的研究报告显示，拥有 VPN 的企业相比采用传统租用专线的远程接入服务器或 Modem 池和拨号线路的企业能够节省 30% 到 70% 的开销。开销的降低发生在四个领域中。

（1）移动通信费用的节省。这主要是针对有许多职工需要移动办公的企业而言的，出差在外地的移动用户只需要接入本地的 ISP 就可以与公司内部的网络进行互连，大大减少了长途通信费。企业可以从他们的移动办公用户的电话费用上看到立竿见影的好处。

（2）专线费用的节省。采用 VPN 的费用比租用专线要低 40% ~ 60%，而无论是在性能、可管理性和可控性方面两者都没有太大的差别。通过向虚拟专线中加入语音或多媒体流量，企业还可以进一步获得成本的节约。这一点对于过去有过租用像 DDN 之类的专线的企业用户会有更深刻的感受，租用 DDN 一个小小的 64 K 线路就得每月花费几千甚至上万元费用，采用 VPN 后不仅这方面的费用会大大减少（通常不能全免，因为在企业与 NSP 之间这一段还得租用 NSP 的专用线路，但已是相当短了），而且可能会在带宽上有更大的优势，因为现在的 VPN 技术可以支持宽带技术了。

（3）设备投资的节省。VPN 允许将一个单一的广域网接口用作多种用途，包括从分支机构的互连到合作伙伴通过外联网（Extranet）的接入。因此，原先需要流经不同设备的流量可以统一地流经同一设备。由此带来的好处便是企业不再像原先那样需要大量的广域网接口，也不必再像以前那样频繁地进行周期性的硬件升级，这样企业就可大大减少固定设备的投资，这对于小型企业来说非常重要。此外，VPN 还使企业得以继续对其关键业务型的旧有系统进行有效利用，从而达到保护软硬件投资的目的。

（4）支持费用的节省。通过减少 Modem 池的数量，企业自身支持费用可以被降至最低。原先用来对远程用户进行支持的、经常超负荷工作的企业支持热线（通常还需由专人负责）被 NSP 帮助桌面系统所取代。而且，由于 NSP 帮助桌面系统可以完全实现从总部中心端进行管理，因此 VPN 可以极大地降低远程网络的安装和配置成本。

VPN 在降低费用方面主要表现为：远程用户可以只通过向当地的 ISP 申请账户登录互联网，以互联网作为隧道与远程企业内部专用网络相连。采用这种拨号方式的远程用户则不需要采用长途拨号，企业总部也可只支付 ISP 本地网络使用费，就会大幅度降低长途通信费用，据专业分析机构调查显示，与传统的拨号方式相比，采用 VPN 可以节约通信成本 50% ~ 80%。与租用专线方式相比，VPN 更具有明显的费用优势，一般 VPN 每条连接的费用成本只相当于租用专线的 40% ~ 60%。VPN 还允许一个单一的 WAN 接口服务多种用途，因此用户端只需要极少的 WAN 接口和设备。此外，由于 VPN 是可以完全管理，并且能够从中央网站进行基于策略的控制，因此可以大幅度地减少在安装配置远端网络接口所需设备上的开销。另外，由于 VPN 独立于初始的协议，这就使得远端的接入用户可以继续使用传统的设备，保护了用户在现有硬件和软件系统上的投资。

2. 增强的安全性

目前 VPN 主要采用四项技术来保证数据通信安全，这四项技术分别是隧道技术（Tunneling）、加解密技术（Encryption and Decryption）、密钥管理技术（Key Management）、身份认证技术（Authentication）。在用户身份验证安全技术方面，VPN 是通过使用点到点协议（PPP）用户级身份验证的方法来进行验证，这些验证方法包括：密码身份验证协议（PAP）、质询握手身份验证协议（CHAP）、Shiva 密码身份验证协议（SPAP）、Microsoft 质询握手身份验证协议（MS - CHAP）和可选的可扩展身份验证协议（EAP）。

在数据加密和密钥管理方面，VPN 采用微软的点对点加密算法（MPPE）和网际协议安全（IPSec）机制对数据进行加密，并采用公、私密钥对的方法对密钥进行管理。MPPE 使 Windows 95、98 和 NT 4.0 终端可以从全球任何地方进行安全的通信。MPPE 加密确保了数据的安全传输，并具有最小的公共密钥开销。以上的身份验证和加密手段由远程 VPN 服务器强制执行。对于采用拨号方式建立 VPN 连接的情况，VPN 连接可以实现双重数据加密，使网络数据传输更安全。此外，对于敏感的数据，可以使用 VPN 连接并通过 VPN 服务器将高度敏感的数据服务器进行物理分隔，只有 Intranet 上拥有适当权限的用户才能通过远程访问建立与 VPN 服务器的 VPN 连接，并且可以访问敏感部门网络中受到保护的资源。

3. 网络协议支持

VPN 支持最常用的网络协议，这样基于 IP、IPX 和 NetBEUI 协议网络中的客户机都可以很容易地使用 VPN。这意味着通过 VPN 连接可以远程运行依赖于特殊网络协议的应用程序。新的 VPN 技术可以全面支持如 AppleTalk、DECNet、SNA 等几乎所有的局域网协议，应用更加全面。

4. 容易扩展

如果企业想扩大 VPN 的容量和覆盖范围，需做的事情很少，而且能及时实现，因为这些工作都可以交由专业的 NSP 来负责，从而可以保证工程的质量，更可以省去一大堆麻烦。企业只需与新的 NSP 签约，建立账户，或者与原有的 NSP 重签合约，扩大服务范围。VPN 路由器还能对工作站自动进行配置。

5. 可随意与合作伙伴连网

在过去，如果企业想与合作伙伴连网，双方的信息技术部门就必须协商如何在双方之间建立租用线路或帧中继线路，相当麻烦，不便于企业自身的发展，也就是说租用的专线在灵活性方面非常不够。有了 VPN 之后，这种协商毫无必要，真正达到了要连就连，要断就断，可以实现灵活自如的扩展和延伸。

6. 完全控制主动权

借助 VPN，企业可以利用 ISP 的设施和服务，同时又完全掌握着自己网络的控制权。比如，企业可以把拨号访问交给 ISP 去做，由自己负责用户的查验、访问权、网络地址、安全性和网络变化管理等重要工作。

7. 安全的 IP 地址

因为 VPN 是加密的，VPN 数据包在互联网中传输时，互联网上的用户只看到公用的 IP 地址，看不到数据包内包含的专有网络地址，因此远程专用网络上指定的地址是受到保护的。IP 地址的不安全性也是早期 VPN 没有被充分重视的根本原因之一。

8. 支持新兴应用

许多专用网络对不少新兴应用准备不足，如那些要求高带宽的多媒体和协作交互式应用。VPN 则可以支持各种高级的应用，如 IP 语音、IP 传真，还有各种协议，如 RSIP、IPv6、MPLS、SNMPv3 等，而且随着网络接入技术的发展，新型的 VPN 技术可以支持诸如 ADSL、Cable Modem 之类的宽带技术。

VPN 的缺点如下：

（1）企业不能直接控制基于互联网的 VPN 的可靠性和性能。企业必须依靠提供 VPN 的互联网服务提供商保证服务的运行。这个因素使企业与互联网服务提供商签署一个保证各种性能指标的服务级协议非常重要。

（2）企业创建和部署 VPN 线路并不容易。这种技术需要高水平地理解网络和安全问题，需要认真地规划和配置。因此，选择互联网服务提供商负责运行 VPN 的大多数事项是一个好主意。

（3）不同厂商的 VPN 产品和解决方案总是不兼容的，这是因为许多厂商不愿意或者不能遵守 VPN 技术标准。因此，混合使用不同厂商的产品可能会出现技术问题，而使用一家供应商的设备可能会提高成本。

（4）当使用无线设备时，VPN 有安全风险，在接入点之间漫游特别容易出问题。当用户在接入点之间漫游的时候，任何使用高级加密技术的解决方案都可能被攻破。

随着电子商务和国际互联网跨境电商的发展，由于中国防火墙长城（GFW）的存在，在进行正常的跨境电商业务时，在必须访问的一些网页中，个人使用第三方的商业 VPN 也是一个不错的选择。

6.2　射频识别技术

射频识别（Radio Frequency Identification，RFID）技术，又称无线射频识别技术，是一种通信技术，是 20 世纪 90 年代兴起的一种非接触式的自动识别技术。射频识别技术是在阅读器和射频卡之间进行非接触双向数据传输，以达到目标识别和数据交换的目的。与传统的条形码、磁卡及 IC 卡相比，射频卡具有非接触、阅读速度快、无磨损、不受环境影响、寿命长、便于使用的特点，并且具有防冲突功能，能同时处理多张卡片。

6.2.1　射频识别技术原理

目前，生产射频识别技术产品的很多公司都采用自己的标准，国际上还没有统一的标准。可供射频卡使用的几种射频技术标准有 ISO 10536、ISO 14443、ISO 15693 和 ISO 18000。应用最多的是 ISO 14443 和 ISO 15693，这两个标准都由物理特性、射频功率和信号接口、初始化和反碰撞及传输协议四部分组成。

阅读器通过发射天线发送一定频率的射频信号，当射频卡进入发射天线工作区域时产生感应电流，射频卡获得能量被激活；射频卡将自身编码等信息通过内置发送天线发送出去；系统接收天线接收到从射频卡发送来的载波信号，经天线调节器传送到阅读器，阅读器对接收的信号进行解调和解码后送到后台主系统进行相关处理；主系统根据逻辑运算判断该卡的合法性，针对不同的设定做出相应的处理和控制，发出指令信号控制执行机构动作。

RFID 技术的基本工作原理并不复杂，标签进入磁场后，接收解读器发出的射频信号，凭借感应电流所获得的能量发送出存储在芯片中的产品信息（Passive Tag，无源标签或被动标签），或者主动发送某一频率的信号（Active Tag，有源标签或主动标签）；解读器读取信息并解码后，送至中央信息系统进行有关数据处理。

一套完整的 RFID 系统，是由阅读器（Reader）与电子标签也就是所谓的应答器（Transponder）及应用软件系统三部分组成，其工作原理是 Reader 发射一特定频率的无线电波能量给 Transponder，用以驱动 Transponder 电路将内部的数据送出，此时 Reader 便依序接收解读数据，送给应用程序做相应的处理。

以卡片阅读器与电子标签之间的通信及能量感应方式来看，RFID 大致上可以分成感应耦合（Inductive Coupling）及后向散射耦合（Backscatter Coupling）两种，一般低频的 RFID 大都采用第一种方式，而较高频大多采用第二种方式。

根据使用的结构和技术不同，阅读器可以是读或读/写装置，是 RFID 系统信息控制和处理中心。阅读器通常由耦合模块、收发模块、控制模块和接口单元组成。阅读器和应答器之间一般采用半双工通信方式进行信息交换，同时阅读器通过耦合给无源应答器提供能量和时序。在实际应用中，可进一步通过 Ethernet 或 WLAN 等实现对物体识别信息的采集、处理及远程传送等管理功能。应答器是 RFID 系统的信息载体，目前应答器大多是由耦合元件（线圈、微带天线等）和微芯片组成无源单元。

1948 年哈里·斯托克曼发表的"利用反射功率的通信"奠定了 RFID 技术的理论基础。在 20 世纪中，无线电技术的理论与应用研究是科学技术发展最重要的成就之一。RFID 技术的发展可划分如下：

1941—1950 年：雷达的改进和应用催生了 RFID 技术，1948 年奠定了 RFID 技术的理论基础。

1951—1960 年：早期 RFID 技术的探索阶段，主要处于实验室研究。

1961—1970 年：RFID 技术的理论得到了发展，开始了一些应用尝试。

1971—1980 年：RFID 技术与产品研发处于一个大发展时期，各种 RFID 技术测试得到加速，出现了一些最早的 RFID 应用。

1981—1990 年：RFID 技术及产品进入商业应用阶段，各种规模应用开始出现。

1991—2000 年：RFID 技术标准化问题日趋得到重视，RFID 产品得到广泛采用，并逐渐成为人们生活中的一部分。

2001 年至今：RFID 技术标准化问题日趋为人们所重视，RFID 产品种类更加丰富，有源电子标签和无源电子标签均得到发展，电子标签成本不断降低，规模应用行业扩大。

RFID 技术的理论逐渐得到丰富和完善。单芯片电子标签、多电子标签识读、无线可读可写、无源电子标签的远距离识别、适应高速移动物体的 RFID 技术正在成为现实。

6.2.2　射频卡分类与技术应用

1. 射频卡分类

（1）按供电方式，射频卡分为有源卡和无源卡。有源是指卡内有电池提供电源，其作用距离较远，但寿命有限、体积较大、成本高，且不适合在恶劣环境下工作；无源卡内无电池，它利用波束供电技术将接收到的射频能量转化为直流电源为卡内电路供电，其作用距离相对有源卡较短，但寿命长，且对工作环境要求不高。

（2）按载波频率，射频卡分为低频射频卡、中频射频卡和高频射频卡。低频射频卡主要有 125 kHz 和 134.2 kHz 两种，中频射频卡主要为 13.56 MHz，高频射频卡主要为 433 MHz、915 MHz、2.45 GHz、5.8 GHz 等。低频系统主要用于短距离、低成本的应用中，如多数的门禁控制、校园卡、动物监管、货物跟踪等；中频系统用于门禁控制和需传送大量数据的应用系统；高频系统应用于需要较长的读写距离和高读写速度的场合，其天线波束方向较窄且价格较高，在火车监控、高速公路收费等系统中应用。

（3）按调制方式，射频卡可分为主动式和被动式。主动式射频卡利用自身的射频能量主动地发送数据给读写器；被动式射频卡使用调制散射方式发射数据，它必须利用读写器的载波来调制自己的信号，该类技术适合用在门禁或交通应用中，因为读写器可以确保只激活一定范围之内的射频卡。在有障碍物的情况下，用调制散射方式，读写器的能量必须来去穿过障碍物两次，而主动式射频卡发射的信号仅穿过障碍物一次，因此主动式射频卡主要用于有障碍物的应用中，距离更远（可达 30 米）。

（4）按作用距离，射频卡分为密耦合卡（作用距离小于 1 厘米）、近耦合卡（作用距离小于 15 厘米）、疏耦合卡（作用距离约 1 米）和远距离卡（作用距离从 1 米到 10 米，甚至更远）。

（5）按芯片种类，射频卡分为只读卡、读写卡和 CPU 卡。

2. 技术应用

（1）产品性能。因大部分产品频率覆盖 868 MHz 到 915 MHz，对系统中对应的读写设备要求可以降低，对频率偏差的敏感度降低。

（2）产品符合 EPC CLASS1 GEN2 及 ISO 18000 - 6C。

（3）专业服务。针对性地利用世界先进的产品经验，具体化地对常用产品做专门的考虑。

（4）适应领域。适应领域有物流和供应管理、生产制造和装配、航空行李处理、邮件和快运包裹处理、文档追踪、图书馆管理、动物身份标识、运动计时、门禁控制、电子门票、道路自动收费。从大型远距离 UHF 标签到细小的 UHF 标签，可以为客户做定制化生产，满足各种要求。

3. 优势分析

与传统条形码识别技术相比，RFID 技术有以下优势：

（1）快速扫描。条形码一次只能有一个条形码受到扫描；RFID 辨识器可同时辨识读取数个 RFID 标签。

（2）体积小型化、形状多样化。RFID 在读取上并不受尺寸大小与形状限制，无须为了读取精确度而配合纸张的固定尺寸和印刷品质。此外，RFID 标签更可往小型化与多样形态发展，以应用于不同产品。

（3）抗污染能力和耐久性。传统条形码的载体是纸张，因此容易受到污染，但 RFID 对水、油和化学药品等物质具有很强抵抗性。此外，由于条形码是附于塑料袋或外包装纸箱上，所以特别容易受到折损；RFID 卷标是将数据存在芯片中，因此可以免受污损。

（4）可重复使用。现今的条形码印刷上去之后就无法更改，RFID 标签则可以重复地新增、修改、删除 RFID 卷标内储存的数据，方便信息的更新。

（5）穿透性和无屏障阅读。在被覆盖的情况下，RFID 能够穿透纸张、木材和塑料等非金属或非透明的材质，并能够进行穿透性通信，而条形码扫描机必须在近距离而且没有物体阻挡的情况下，才可以辨读条形码。

（6）数据的记忆容量大。一维条形码的容量是 50 Bytes，二维条形码最大容量可储存 3 000 字符，RFID 的最大容量则有数兆 Bytes。随着记忆载体的发展，RFID 的数据容量也有不断扩大的趋势。未来物品所需携带的资料量会越来越大，对 RFID 卷标所能扩充容量的需求也相应增加。

（7）安全性。由于 RFID 承载的是电子式信息，其数据内容可经由密码保护，使其内容不易被伪造及变造。

近年来，RFID 因其所具备的远距离读取、高储存量等特性而备受瞩目。它不仅可以帮助一个企业大幅提高货物、信息管理的效率，还可以让销售企业和制造企业互联，从而更加准确地接收反馈信息，控制需求信息，优化整个供应链。

4. 产业链分析

在 RFID 系统中，会涉及众多的行业和部门。对于 RFID 电子标签，里面的电路和天线设计是核心技术，也是利润最大的产业。由于起步比较晚，我国在电子标签方面技术比较薄弱，主要被国外所垄断，例如 TI 和 Philips 等公司。但是我国经过这些年的技术积累和攻关，已经成功研发出了 HF 电子标签，而且占据的市场份额也越来越大。

电子标签的封装是制作电子标签的一个必需环节，因为提供电子标签的厂家如 Philips

等公司，只是提供裸芯片，因此封装电子标签，并且根据不同的应用场合封装成不同的形状，就形成了一个规模较大的电子封装行业。RFID 读写器在 RFID 系统中起着举足轻重的作用，其质量的优劣，直接影响到系统性能。RFID 读写器的设计与制造，需要相关电子芯片和电路设计加工等行业的支持，如基于 Philips 的 MFRC500 读写芯片设计的 HF 读写器。

随着 RFID 应用场合的不断扩大与延伸，以及软件技术的发展，RFID 应用系统也越来越多样化，功能也越来越强大。通过软硬件的技术支持，RFID 应用系统集成商可以根据用户的要求以及不同的应用场合，提出最适合的解决方案，从而合理地共享资源，协同合作，共同推动 RFID 产业的发展。

值得一提的是，RFID 中间件的发展越来越引人注目。对于各 RFID 读写器生产厂家的产品，一般都彼此不兼容，各有各的一套技术规范，因此也限制了 RFID 的大规模应用。RFID 中间件扮演 RFID 标签和应用程序之间的中介角色，可以独立于各厂家的 RFID 读写器。RFID 中间件又称 RFID 管理软件，它可以使 RFID 项目的开发速度加快，系统投入使用的时间缩短。RFID 中间件可以消除不同来源 RFID 标签的差别，把它们的数据进行整合，对建立灵活的、配置可变的 RFID 系统十分有利。RFID 中间件也包括用于监视和维护 RFID 系统的工具。RFID 中间件的另一个重要功能是及早过滤无效的 RFID 数据，正确使用中间件架构可以有效保护 RFID 网络的投资。

RFID 应用系统已经深入很多行业，随着国家对 RFID 系统的重视，同时也为了保证 RFID 产业在我国能健康发展，目前国家已在考虑建立 RFID 测试中心以及认证机构。对于行业标准，目前仍然使用国际通用的标准，如 ISO 系列标准等。随着应用的深入以及自主技术的不断发展，我国也会相继推出适合我们自己的标准。

6.2.3　射频识别技术与物联网技术的关系

物联网就是物物相连的互联网。其有两层意思：第一，物联网的核心和基础仍然是互联网，是在互联网基础上延伸和扩展的网络；第二，其用户端延伸和扩展到了任何物品与物品之间的信息交换和通信。

物联网的核心和基础是互联网，互联网发展到现在不能说非常完美，但完全可以说非常成熟。从这个意义上讲，物联网缺少的只是物与互联网之间的连接与信息交换的环节，这个环节也正是物联网发展的短板。

目前能够实现物与互联网"连接"功能的技术，包含红外技术、地磁感应技术、射频识别技术、条码识别技术、无线通信技术等，可以将物以信息形式连接到互联网中。而所有这些技术中，射频识别技术相较于其他识别技术，在准确率、感应距离、信息量等方面具有非常明显的优势。

射频识别技术是一种通信技术，可通过无线电信号识别特定目标并读写相关数据，而无须识别系统与特定目标之间建立机械或光学接触。射频一般是微波，频率是 $1 \sim 100$ GHz，适用于短距离识别通信。目前 RFID 技术应用很广，如图书馆图书管理、门禁系统、食品安全溯源等。

从概念上来讲，RFID 类似于条码扫描。对于条码技术而言，它是将已编码的条形码附着于目标物并使用专用的扫描读写器利用光信号将信息由条形磁传送到扫描读写器；而

RFID 则使用专用的 RFID 读写器及专门的可附着于目标物的 RFID 标签，利用频率信号将信息由 RFID 标签传送至 RFID 读写器。很显然，RFID 技术是条码技术的升级版，在感应距离、便捷性、信息丰富程度上均有较大突破。

当然，产品功能升级一般面临着成本提升，不过随着现代科技及工业的发展，RFID 产品自身的功能会越来越丰富，而价格则会越来越趋于合理，这点可以参考手机、计算机等电子产品的发展史。

从结构上讲，简单的 RFID 是一种无线系统，只有两个基本器件，由一个询问器和很多应答器组成，用于控制、检测和跟踪物体。

最初在技术领域，应答器是指能够传输信息、回复信息的电子模块，近些年，由于射频技术发展迅猛，应答器有了新的说法和含义，又被称为智能标签或射频标签。RFID 电子标签的阅读器通过天线与 RFID 电子标签进行无线通信，可以实现对标签识别码和内存数据的读出或写入操作。RFID 技术可识别高速运动物体并可同时识别多个标签，操作快捷方便。

可以想象，未来贴有 RFID 电子标签的"物"，可以结合 3G、4G 的网络环境精准定位并实时传递信息。RFID 标签可以解决短距离尤其是室内物体的定位，弥补 GPS 等定位系统只能适用于室外大范围的不足。GPS 定位、手机定位再加上 RFID 短距离定位手段与无线通信手段一起可以实现"物"位置的全程跟踪与监视，甚至感知"物"本身的状况并采取相应措施。当然，结合目前的科技及制造水平，这种功能的实现还有待 RFID 技术的飞速发展。

在未来，RFID 技术的飞速发展对于物联网领域的进步具有重要的意义，然而目前 RFID 技术的发展及应用仍远未达到理想的标准。RFID 技术在很大程度上仅仅比条形码扫描高级一些，现在的无源 RFID 标签可以根据用户的需要扩充到数十 K，虽然比目前数据容量最大的二维条形码（PDF417，最多存储 2 725 个数字）多出千万倍，但离理想中的物联网应用需求仍有较大距离。

实现物联网的技术有很多，但是目前来看 RFID 技术是相当关键的，RFID 技术应用范围非常广泛，如电子不停车收费管理（ETC）、物流与供应链管理、集装箱管理、车辆管理、人员管理、图书管理、生产管理、金融押运管理、资产管理、钢铁行业、烟草行业、国家公共安全、证件防伪、食品安全、动物管理等。这些应用中有物联网的范畴，也有其他行业的需求。

物联网目前发展缓慢虽然有技术方面的原因，如 RFID 技术还不能完全满足需要，但是其最根本原因应当是物联网本身需求不足，缺乏动力。物联网概念的提出已经有很长一段时间了，其概念也一再被炒作、扩大，但是基于现实需求，物联网显然没有智慧交通、智慧城市等概念落地得好，以至于很多企业随便生产出一款产品就可以冠之"物联网"的名号。物联网概念本身不是具体的需求，具体的需求应该来自具体的行业与项目，如车联网、集装箱联网、资产联网甚至书联网、人联网、动物联网等。而这些具体的分支联网，目前仍不能感受到非常急迫的需求，其联网程度也远不足以称为一个小型的"物联网"。

除需求之外，限制物联网发展的因素还有产品技术落后、管理平台研发缓慢、物联网带来的大数据压力等软硬件及技术问题。这些问题不仅困扰着物联网的发展，也困扰着 IT、安防等行业的发展。所以，在某种程度上，物联网的发展与社会、经济、科技、工业的发展大环境也是息息相关的。当 IT、安防等行业解决了相关的技术及产品问题之时，也是物联网有所突破之日。

总体来看，物联网与射频识别（RFID）技术关系紧密，RFID 技术是物联网发展的关键部分，但 RFID 技术的应用却不仅仅在物联网领域。物联网发展的制约因素除了 RFID 技术之外，还有很多其他同样关键的因素。但是 RFID 技术的飞速发展无疑对物联网领域的进步具有重要的意义。在物联网的发展方面，不应只炒作概念，应该注重挖掘现实需求，以点带面、以小带大地发展。

6.3　移动电子商务

移动电子商务（M–Commerce），由电子商务（E–Commerce）的概念衍生出来，电子商务以 PC 为主要界面，是有线的电子商务；而移动电子商务，则是通过手机、PDA（个人数字助理）这些可以装在口袋里的终端与人们谋面，无论何时、何地都可以开始。有人预言，移动商务将决定 21 世纪新企业的风貌，也将改变生活与旧商业的"地形地貌"。移动电子商务就是利用手机、PDA 及掌上电脑等无线终端进行的 B2B、B2C、C2C 或 O2O 的电子商务。它将互联网、移动通信技术、短距离通信技术及其他信息处理技术完美地结合，使人们可以在任何时间、任何地点进行各种商贸活动，实现随时随地、线上线下的购物与交易、在线电子支付以及各种商务活动、金融活动和相关的综合服务活动等。

6.3.1　移动电子商务的发展历程

与传统通过计算机（台式 PC、笔记本电脑）平台开展的电子商务相比，移动电子商务拥有更为广泛的用户基础，因此具有广阔的市场前景。

随着移动通信技术和计算机的发展，移动电子商务的发展已经历了三代。第一代移动商务系统是以短信为基础的访问技术，这种技术存在许多严重的缺陷，其中最严重的缺陷是实时性较差，查询请求不会立即得到回答。此外，短信信息长度的限制也使得一些查询无法得到一个完整的答案。这些令用户无法忍受的严重缺陷也导致了一些早期使用基于短信的移动商务系统的部门纷纷要求升级和改造现有的系统。

第二代移动商务系统采用基于 WAP 技术的方式，手机主要通过浏览器的方式来访问 WAP 网页，以实现信息的查询，部分地解决了第一代移动访问技术的缺陷。第二代移动访问技术的缺陷主要表现在 WAP 网页访问的交互能力极差，因此极大地限制了移动电子商务系统的灵活性和方便性。此外，WAP 网页访问的安全问题对于安全性要求极为严格的政务系统来说也是一个严重的问题。这些问题也使得第二代技术难以满足用户的要求。

第三代移动商务系统采用了基于 SOA 架构的 Webservice、智能移动终端和移动 VPN 技术相结合的第三代移动访问和处理技术，使得系统的安全性和交互能力有了极大的提高。第三代移动商务系统同时融合了 3G 移动技术、智能移动终端、VPN、数据库同步、身份认证及 Webservice 等多种移动通信、信息处理和计算机网络的最新前沿技术，以专用网络和无线通信技术为依托，为电子商务人员提供了一种安全、快速的现代化移动商务办公机制。

6.3.2 移动电子商务的特点

电子商务正在发展，B2B 在各行各业比较流行，有些网站都是以主打免费 B2B 做口碑宣传。商家在移动电子商务中要注意运营策略。互联网数据分析专家郭文豪就移动电子商务的运营策略做了如下分析：

（1）一直在线。一个重要事实是，移动设备用户长年在线对移动电子商务的应用程序具有重要影响。电商网站多渠道营销引领单笔交易的日子已离人们而去。移动电商应用采用的方法是具有变革性的，而非无态的被动反应和交易。市场推广一般是通过单独的渠道进行的，如邮件或离线机制，现今的移动应用程序需时刻保持在线。他们不依懒于用户的直接行动来提供优惠和价值服务，更多的是根据用户间接活动，如登录或访问一个网址。

（2）高度整合。网页和移动解决方案的一个里程碑是两者具有无缝链接的能力。服务型的构架允许不同的应用程序从未像过去那样相互交流。现代移动电商应用的关键是整合各种资源为客户提供价值。像社会网络那样整合前端，或者在后端提供优惠、进行促销等，都不尽如人意，但这对移动电商应用程序的成功起到关键作用。如今，是时间让玩家关注手机App 之外能为他们提供更多价值的合作伙伴和其他整合了。

（3）社会化。社会化一直被认为是手机硬件的杀手级 App。现代电子商务应用程序被写入移动设备应整合具有营销和促销活动特性的社会化媒体，允许用户以成立小组或评论等方式进行分享与协作。这是一个开放性的领域，通过创造性的方式使消费者和他们的网络系统参与进来，包括那些基于位置、人口统计和行为的自组织网络（Adhoc Networks）。

（4）游戏化。虽然游戏化是在简单的徽章游戏和分数比试进化中开始萌芽，但它能发挥电子商务产品的巨大潜力。游戏化与电商是高度相关的，因为它甚至可以被传统电商网站广泛使用。它与提高手机用户忠诚度有着密切关系，用户会因为那些极具吸引的目标而冲动购买。如果"玩"得好，游戏化可以在暴富者和业务之间创造出赢家，这是一个重要的区别。

（5）语境意识。也许手机比起个人计算机和桌面浏览器最持久的优势是它具有在用户操作过程中提供语境的能力。不管是通过用户登录跟踪他们的位置，还是根据用户的喜好递送动态和自定义菜单，或是简单地将用户行为与相对流行的产品相混合，在用户使用移动电子商务应用程序时，对消费者语境的理解和采取的行动，是其成功的一个关键因素。

（6）多样终端。这是移动设备繁衍发展的开始，即各式各样的设备在不同平台运行。以最直观的方式呈现产品和电商交易，这是成功的移动电商应用程序的一个重要的差异化特性。

移动界面的定义必须与本地使用和网页技术相关。根据用户设备大小，专注于优先产品，拥有正确的后端信息构架，使不同设备呈现最佳产品信息。这些因素不仅对移动设备具有独特意义，同时对移动电子商务应用也非常重要。

移动设备的 "consumerware" 变革是由终端的网页服务、云计算和服务型构架所支撑的。移动电子商务应用需将它们与移动设备的固有功能相结合，从而提供完全不同的用户体验。

在网络安全威胁日益严重的今天，移动商务系统的安全是一个不容忽视的重要问题。实现移动电子商务最重要的一个问题就是如何保证政府和企业网络与信息的安全。由于移动商务要经过运营商的移动网络，这就有可能发生信息泄密或遭到黑客攻击的问题。所以移动商务应用必须首先解决好移动接入的安全问题。移动商务的安全主要包括移动接入安全和移动商务系统的安全。

（7）安全应用。数码星辰为移动应用的安全提供防火墙＋隔离网闸＋VPN＋CA认证＋病毒防护的解决方案，在数据完整性、信息保密性、网络安全性以及信息处理的每一个步骤均做了周密的设计，既可以保证移动商务应用的移动接入安全，又可以保护移动商务系统本身的信息安全和设备安全。

推（Push）业务主要用于公共信息发布，应用领域包括时事新闻、天气预报、股票行情、彩票中奖公布、交通路况信息、招聘信息和广告等。拉（Pull）业务主要用于信息的个人定制接收，应用领域包括服务账单、电话号码、旅游信息、航班信息、影院节目安排、列车时刻表、行业产品信息等。

交互式（Interactive）业务包括电子购物、博彩、游戏、证券交易、在线竞拍等。

6.3.3　移动电子商务的服务应用

移动电子商务主要提供以下服务：

（1）银行业务。移动电子商务使用户能随时随地在网上安全地进行个人财务管理，进一步完善互联网银行体系。用户可以使用其移动终端核查其账户、支付账单、进行转账以及接收付款通知等。

（2）交易。移动电子商务具有即时性，因此非常适用于股票等交易应用。移动设备可用于接收实时财务新闻和信息，也可确认订单并安全地在线管理股票交易。

（3）订票。通过互联网预订机票、车票或入场券已经发展成为移动电子商务的一项主要业务，其规模还在继续扩大。互联网便于核查票证的有无，并进行购票和确认。移动电子商务使用户能在票价优惠或航班取消时立即得到通知，也可支付票费或在旅行途中临时更改航班或车次。借助移动设备，用户可以浏览电影剪辑、阅读评论，然后订购邻近电影院的电影票。

（4）购物。借助移动电子商务，用户能够通过其移动通信设备进行网上购物。即兴购物会是一大增长点，如订购鲜花、礼物、食品或快餐等。传统购物也可通过移动电子商务得到改进。例如，用户可以使用"无线电子钱包"等具有安全支付功能的移动设备，在商店里或自动售货机上进行购物。随着智能手机的普及，通过移动通信设备进行购物越来越普及，让顾客体会到购物更随意、更方便。如今比较流行的手机购物软件如"手机淘宝""手机京东"等，实现了手机下单、手机支付，不用担心没有PC就会错过的限时抢购等促销活动，尽享购物便利。

（5）娱乐。移动电子商务将带来一系列娱乐服务。用户不仅可以从他们的移动设备上收听音乐，还可以订购、下载或支付特定的曲目，并且可以在网上与朋友们玩交互式游戏以及游戏付费，还可以进行快速、安全的博彩。

（6）无线医疗。医疗产业的显著特点是每一秒钟对病人都非常关键，这一行业十分适合于移动电子商务的开展。在紧急情况下，救护车可以作为进行治疗的场所，而借助无线技术，救护车可以在移动的情况下同医疗中心和病人家属建立快速、动态、实时的数据交换，这对紧急情况来说至关重要。在无线医疗的商业模式中，病人、医生、保险公司都可以获益，也愿意为这项服务付费。这种服务是在时间紧迫的情形下，向专业医疗人员提供关键的医疗信息。由于医疗市场的空间非常巨大，并且提供这种服务的公司为社会创造了价值，同时，这项服务又非常容易扩展到全国乃至世界，在这整个流程中，存在巨大的商机。

（7）移动 MASP。一些行业需要经常派遣工程师或工人到现场作业。在这些行业中，移动 MASP 将会有巨大的应用空间。MASP 整合定位服务技术、短信息服务、WAP 技术以及 Call Center 技术，为用户提供及时的服务，提高用户的工作效率。

（8）移动互联网的实现技术。随着移动互联网的迅速发展，电子商务也进入了各种移动终端设备中。互联网、移动通信技术和其他技术的完美结合创造了移动电子商务。实现移动电子商务的技术（协议）如下：无线应用协议（WAP）、通用分组无线业务（GPRS）、移动 IP 技术、"蓝牙"（Bluetooth）技术、移动定位系统技术、第四代（4G）移动通信系统。

移动电子商务作为一种新型的电子商务方式，利用了移动无线网络的优点，是对传统电子商务有益的补充。尽管移动电子商务的开展还存在安全与带宽等很多问题，但是相比传统的电子商务方式，其具有诸多优势，得到了世界各国普遍重视，发展和普及速度很快。

6.3.4 移动电子商务与传统商务的区别

移动电子商务与传统商务的区别如下：

（1）二者的运作过程不同。传统商务的交易过程中的实务操作由交易前的准备、交易协商、合同与执行、支付与清算等环节组成。其中交易前的准备就是交易双方都了解有关产品或服务的供需信息后，开始进入具体的交易协商过程，交易协商实际上是交易双方进行口头协商或书面单据的传递过程。书面单据包括询价单、订购合同、发货单、运输单、发票、验收单等。合同与执行过程，在传统商务活动中，交易协商过程经常是通过口头协议来完成的，但在协商后，交易双方必须以书面形式签订具有法律效应的商贸合同，以确定磋商的结果和监督执行，并在产生纠纷时通过合同由相应机构进行仲裁。最后是支付过程，传统电子商务活动一般有支票和现金两种支付方式，支票方式多用于企业的交易过程。

移动电子商务的运作过程虽然也有交易前的准备、交易的协商、合同的签订与执行以及资金的支付等环节，但是交易具体使用的运作方法是完全不同的。在移动电子商务模式中，交易前的准备、交易的供需信息一般都是通过网络来获取的，这样双方信息的沟通具有快速和高效率的特点；交易的协商环节，移动电子商务中双方的协商过程是将书面单据变成电子单据并且实现在网络上的传递；合同的签订与执行环节，移动电子商务环境下的网络协议和电子商务应用系统的功能保证了交易双方所有的交易协商文件的正确性和可靠性，并且在第三方授权的情况下具有法律效应，可以作为在执行过程产生纠纷的仲裁依据；资金的支付环节，移动电子商务中交易的资金支付一般采取网上支付的方式。

（2）传统商务中，制造商是商务中心，而在移动电子商务环境下，销售商则是商务的主体。在传统商务下，制造商负责组织市场的调研、新产品的开发和研制，最后也是由制造商负责组织产品的销售。可以说，一切活动都离不开制造商。但是在移动电子商务环境下则是由销售商负责销售环节，包括产品网站建立与管理、网页内容设计与更新、网上销售的所有业务及售后服务的设计、组织与管理等，制造商不再起主导作用。

（3）移动电子商务与传统商务的商品流转机制不同。传统商务下的商品流转是一种"间接"的流转机制。制造企业所生产出来的商品大部分都经过了一系列的中间商才能到达最终用户手中。这种流转机制无形中给商品流通增加了许多无谓环节，也增加了相应的流通、运输、存储费用，加上各个中间商都要获取自己的利润，这样就造成商品的出厂价与零售价有很大的价差。对此，一些制造企业就采取了直销方法（把商品直接送到商场上柜销售）。这种流转方式，使商品的价格得到了下降，深受消费者的欢迎。但是，这种方式并不能给生产企业带来更大的利润，因为直销方式要求制造厂商有许多销售人员经常奔波在各个市场之间。移动电子商务的出现使得每一种商品都能够建立最直接的流转渠道，制造厂商可把商品直接送达用户那里，还能从用户那里得到最有价值的需求信息，实现无阻碍的信息交流。

（4）移动电子商务与传统商务所涉及的地域范围和商品范围是不同的。传统商务所涉及的地域范围和商品范围是有限的，而随着互联网的推广与普及，特别是各类专业网站的出现，移动电子商务所涉及的地理范围和时间则是无限的，是超越时空的。

6.3.5　移动电子商务的发展

互联网发展速度之快，令人叹为观止。什么是移动电子商务？它与传统电子商务相比又有什么可取之处？人们知道，电子商务是指不需要见面就可以进行的商贸活动。而移动电子商务与它的区别仅仅是商贸活动进行的方式不一样。传统的电子商务通过 PC 进行沟通，而移动电子商务，顾名思义，就体现在"移动"二字上，它的主要传播途径是手机、掌上电脑等手持移动终端。与传统的电子商务相比，移动电子商务更上一层楼，更加广泛，方式更加开放，商机更大，推广方式更加灵活。

1. 企业应用将成为热点

做互联网行业的都深有体会，面向 B 用户（企业用户）的服务和应用是可以快速赚钱的业务，但一般来说成长性不会特别大，不会呈几何级数增长；而面向 C 用户（个人用户）的服务和应用则正好相反，虽然不能很快赚到钱，但只要业务对路，再加上点运气，则很有可能做成大生意。

同理，移动电子商务的快速发展，必须基于企业应用的成熟。企业应用的稳定性强、消费力大，这些特点个人用户无法与之相比。而移动电子商务的业务范畴中，有许多业务类型可以让企业用户在提高收入和工作效率上得到很大帮助。企业应用的快速发展，将会成为推动移动电子商务的最主要力量之一。

2. 获取信息成为主要应用

互联网公司的通常做法是在主营业务的周围布置一系列的辅助应用，以获取更多的流量，或者为主营业务带去更多的机会。

在移动电子商务中，虽然主要目的是交易，但是实际上在业务使用过程当中，信息的获取对于带动交易的发生或是间接引起交易有非常大的作用，比如，用户可以利用手机，通过信息、邮件、标签读取等方式，获取股票行情、天气、旅行路线、电影、航班、音乐、游戏等各种内容业务的信息，而在这些信息的引导下，有助于诱导客户进行电子商务的交易活动。因此，获取信息将成为各大移动电子商务服务商初期考虑的重点。

3. 安全问题仍是机会

由于移动电子商务依赖于安全性较差的无线通信网络，因此安全性是移动电子商务中需要重点考虑的因素。与基于 PC 终端的电子商务相比，移动电子商务终端运算能力和存储容量更加不足，如何保证电子交易过程的安全，成了大家最为关心的问题。在这样的大环境下，有关安全性的标准制定和相应法律的出台将成为趋势。同时，相关的供应商和服务商也会不断涌现。

4. 移动终端的机会

移动终端也是一个老生常谈的话题。移动电子商务中的信息获取、交易等问题都与终端密切相关。终端的发展机会在于，不仅带动了移动电子商务的新风尚，还对价值链上的各方合作及业务开展有着至关重要的影响。

随着终端技术的发展，终端的功能越来越多，而且考虑人性化设计的方面也越来越全面，比如显示屏比过去有了很大的进步，而一些涉及商品图片信息显示的网上交易，可以更加接近传统 PC 互联网的界面显示。智能终端也许将成为主流终端，如此一来，手机便升级成为小型 PC，虽然两者不会完全一致，但是手机可以实现的功能越来越多，对于一些移动电子商务业务的进行，也更加便利。以后终端产品融合趋势会越加明显，很难清楚地界定这个机器是手机还是电子书，这取决于消费者的需求方向。

5. 与无线广告捆绑前进

移动电子商务与无线广告在过去的发展过程中有些割裂，其实二者是相辅相成的，任何一方的发展，都离不开另外一方的发展。二者的完美结合，就是无线营销的康庄大道。

6. 终端决定购物行为

2016 年中国网络购物市场交易规模为 4.7 万亿元，其中移动网络购物在整体网络购物交易规模中占比达到 68.2%，比 2015 年增长 22.8 个百分点，移动端已超过 PC 端成为网购市场更主要的消费场景；与此同时，2016 年中国网络购物市场 TOP10 企业移动端用户增速远超 PC 端，App 端用户增速达 27.1%，PC 端用户仅增长 9.6%。艾瑞分析认为，用户消费习惯的转移、各企业持续发力移动端是移动端不断渗透的主要原因。

7. 虚拟电子钱包正流行

数据显示，2016 年移动支付用户具有较高的使用频率，有 22.3% 的用户每天使用移动支付，每周都使用移动支付的用户占比为 59.8%。有 79.6% 的用户是因为操作简单、方便而选择移动支付；因为无须带现金或银行卡使用移动支付的用户占比为 47.5%；排名第三位的是优惠促销活动，占比为 30.7%。其中，安全隐患与付费失败是移动支付用户最担心的问题，其次是限额低、商户不支持、上网流量费高和支付环节操作复杂。在用户看来，安全性问题和应用范围最需要改善，分别占比 52.4% 和 46%。用户最常用的条码支付场景为超市或便利店，占比为 47.7%；其次是餐饮店，占比为 23.0%；自动售卖机及电影院的占比分别为 17.1% 和 16.9%。此外，过半用户表示他们使用或接受条码付款。

8. 移动优惠券和条形码

尽管虚拟电子钱包受欢迎，但更多的智能手机和平板电脑用户希望通过手机查看更多的产品信息（55%～57%），或者使用移动优惠券（53%～54%），几乎有一半的智能手机和平板电脑用户说他们会扫描商品条形码以获得更多的产品信息，通过比价和选择服务，使他们找到一个适合自己的渠道和价格去购买喜欢的产品或服务。

9. 对移动电商发展有帮助的新技术

科技的发展催生出了一些新的技术，物联网、LBS、二维码等新技术的出现将有助于移动电子商务的发展。

10. 靠移动图像识别技术拍照购物

想象一下：走在大街上，看到了某位潮人穿了一双超棒的鞋子。拍下一张照片，接着，用手机找到了一家网站，便可以给自己也买上一双。这项技术基本上已经实现了商用，淘宝、百度等公司都已经推出了商用化的识图搜索。

移动电子商务发展的制约因素如下：

（1）用户认知度的制约。

（2）技术发展的制约。

（3）安全性的制约。

（4）资费的制约。

（5）业务丰富性的制约。

未来移动电子商务发展的好坏，很重要的影响因素就是"二维码"和"O2O"模式。"二维码"为移动电子商务的发展提供了接口和路径。二维码的出现之所以能够成为线上、线下融合的一个关键入口点，一是因为智能手机已经普及，二是因为 3G、4G、Wi-Fi 等无线宽带已经让人们永远在线。

O2O 模式（Offline–to–Online）将会是移动电子商务的关键，很多电商巨头都在推行二维码扫描之类的工具，其目的只有一个，那就是把线下跟线上更好地整合，比如腾讯、阿里巴巴、中国银联等，都在大力推行移动支付。人们只要拿手机等移动工具对着商品的二维码或者其他标志扫描，就可以实现在手机上的即时付款。有理由相信，未来中国的移动电子商务的快速发展，会让人们的生活越来越美好。

中国电子商务研究中心分析师莫岱青表示，近年来我国移动电子商务迅速发展的原因有：①手机用户数量和用手机上网用户数量攀升；②智能手机及平板电脑的普及；③上网速度加快，无线宽带资费下调；④传统电商的沉淀，为移动电子商务的发展奠定基础。

随着时代与技术的进步，人们对移动性和信息的需求急速上升，移动互联网已经渗透到人们生活、工作的各个领域。随着 5G 时代的到来，移动电子商务成为各个产业链竞相争抢的"大蛋糕"。因其可以为用户随时随地提供所需的服务、应用、信息和娱乐，同时满足用户及商家从众、安全、社交及自我实现的需求，而深受用户的欢迎。

根据中国互联网络信息中心（CNNIC）发布的《第 39 次中国互联网络发展状况统计报告》显示，截至 2016 年 12 月，中国网民规模达 7.31 亿，其中手机网民规模达 6.95 亿。这说明目前移动设备越来越成为主要的上网工具。数据显示，2016 年 1 月，国内移动电商用户规模为 4.12 亿，相比 2015 年的 3.27 亿增长了 25%。其中，受"双十一"促销拉动，2015 年 11 月，中国移动电商用户规模一度突破 5 亿，达到了 5.05 亿。2016 年第二季度，中国移动网购市场交易规模达 8 771.4 亿元，同比增长 104.5%。2016 年第二季度，移动网购增速虽然较 2015 年同期 155.2% 有大幅放缓，但移动网购市场仍保持着较高速度增长，移动端交易规模在网上零售的占比达到 72.3%，这不仅得益于移动购物便利性突出，同时也与第二季度电商平台大力度的"年中促销""渠道下沉"战略的有效实施有关。从市场份额看，移动网购市场格局依然保持稳定，手机淘宝 + 天猫市场份额达 85.8%，手机京东市场份额为 10.2%，手机唯品会市场份额为 2.4%。随着移动互联网的发展，手机用户的普及，移动端已是 2016 年最主要的网购渠道。移动网购向商家提供了更多触达客户、提升转化的机会，对未来网上零售市场格局的影响将越来越大。

6.4 图像识别技术

图像识别是指图形刺激作用于感觉器官，图像距离的改变或图像在感觉器官上作用位置的改变，都会造成图像在视网膜上的大小和形状的改变。人的图像识别能力是很强的。人们辨认经验过的某一图形的过程，称为图像再认。在图像识别中，既要有当时进入感官的信息，也要有记忆中存储的信息。在这种情况下，人们仍然可以认出他们过去知觉过的图像，甚至可以不受感觉通道的限制。只有通过存储的信息与当前的信息进行比较的加工过程，才能实现对图像的再认。

6.4.1 图像识别技术的原理

图像识别技术可能是以图像的主要特征为基础的。每个图像都有它的特征，如字母 A 有个尖，P 有个圈，而 Y 的中心有个锐角等。对图像识别时眼动的研究表明，视线总是集中在图像的主要特征上，也就是集中在图像轮廓曲度最大或轮廓方向突然改变的地方，这些地方的信息量最大。此外，眼睛的扫描路线总是依次从一个特征转到另一个特征上。由此可见，在图像识别过程中，知觉机制必须排除输入的多余信息，抽出关键的信息。同时，在大脑里必定有一个负责整合信息的机制，它能把分阶段获得的信息整理成一个完整的知觉映象。

在人类图像识别系统中，对复杂图像的识别往往要通过不同层次的信息加工才能实现。对于熟悉的图形，由于掌握了它的主要特征，就会把它当作一个单元来识别，而不再注意它的细节。这种由孤立的单元材料组成的整体单位称为组块，每一个组块是同时被感知的。在文字材料的识别中，人们不仅可以把一个汉字的笔画或偏旁等单元组成一个组块，而且能把经常在一起出现的字或词组成组块单位来加以识别。

图像识别技术是人工智能的一个重要领域。为了编制模拟人类图像识别活动的计算机程序，人们提出了不同的图像识别模型，如模板匹配模型。这种模型认为，识别某个图像，必须在过去的经验中有这个图像的记忆模式，又称为模板。当前的刺激如果能与大脑中的模板相匹配，这个图像也就被识别了。例如有一个字母 A，如果在大脑中有个 A 模板，字母 A 的大小、方位、形状都与这个 A 模板完全一致，字母 A 就被识别了。图像识别中的模式识别（Pattern Recognition），是一种从大量信息和数据出发，在专家经验和已有认识的基础上，利用计算机和数学推理的方法对形状、模式、曲线、数字、字符格式和图形自动完成识别、评价的过程。模式识别包括两个阶段，即学习阶段和实现阶段，前者是对样本进行特征选择，寻找分类的规律，后者是根据分类规律对未知样本集进行分类和识别。这个模式识别的模板匹配模型简单明了，也容易得到实际应用。但这种模型强调图像必须与脑中的模板完全符合才能加以识别，而事实上人不仅能识别与脑中的模板完全一致的图像，也能识别与模板不完全一致的图像。例如，人们不仅能识别某一个具体的字母 A，也能识别印刷体、手写体、方向不正、大小不同的各种字母 A。同时，人能识别的图像是大量的，如果所识别的每一个图像在大脑中都有一个相应的模板，这是不可能的。

为了解决模板匹配模型存在的问题，格式塔心理学家又提出了一个原型匹配模型。这种模型认为，在长时记忆中存储的并不是所要识别的无数个模板，而是图像的某些"相似性"。从图像中抽象出来的"相似性"就可作为原型，用来检验所要识别的图像。如果能找到一个相似的原型，这个图像也就被识别了。从神经和记忆探寻的过程上来看，这种模型比模板匹配模型更适宜，还能说明对一些不规则的，但某些方面与原型相似的图像的识别。但是，这种模型没有说明人是怎样对相似的刺激进行辨别和加工的，它也难以在计算机程序中得到实现。因此又有人提出了一个更复杂的模型，即"泛魔"识别模型。

该图像识别过程具体如下：

（1）信息的获取。指通过传感器，将光或声音等信息转化为电信息。信息可以是二维的，如文字、图像等；可以是一维的波形，如声波、心电图、脑电图；也可以是物理量与逻辑值。

（2）预处理。包括 A/D，二值化，图像的平滑、变换、增强、恢复、滤波等，主要指图像处理。

（3）特征抽取和选择。在模式识别中，需要进行特征的抽取和选择，例如，一幅 64 × 64 的图像可以得到 4 096 个数据，这种在测量空间的原始数据通过变换获得在特征空间最能反映分类本质的特征，就是特征提取和选择的过程。

（4）分类器设计。分类器设计的主要功能是通过训练确定判决规则，使按此类判决规则分类时错误率最低。

（5）分类决策。在特征空间中对被识别对象进行分类。

6.4.2　图像识别技术的使用领域

图像识别是立体视觉、运动分析、数据融合等实用技术的基础，在导航、地图与地形配准、自然资源分析、天气预报、环境监测、生理病变研究等许多领域具有重要的应用价值。

（1）遥感图像识别。航空遥感和卫星遥感图像通常用图像识别技术进行加工以便提取有用的信息。该技术目前主要用于地形地质探查，森林、水利、海洋、农业等资源调查，灾害预测，环境污染监测，气象卫星云图处理以及地面军事目标识别等。

（2）通信领域的应用。包括图像传输、电视电话、电视会议等。

（3）军事、公安刑侦等领域的应用。图像识别技术在军事、公安刑侦方面的应用很广泛，例如军事目标的侦察、制导和警戒系统；自动灭火器的控制及反伪装；公安部门的现场照片、指纹、手迹、印章、人像等的处理和辨识；历史文字和图片档案的修复和管理等。

（4）生物医学图像识别。图像识别在现代医学中的应用非常广泛，它具有直观、无创伤、安全方便等特点。在临床诊断和病理研究中广泛借助图像识别技术，如 CT（Computed

Tomography）技术等。

（5）机器视觉领域的应用。作为智能机器人的重要感觉器官，机器视觉主要进行 3D 图像的理解和识别，该技术也是目前研究的热门课题之一。机器视觉的应用领域也十分广泛，例如用于军事侦察、危险环境的自主机器人，邮政、医院和家庭服务的智能机器人。此外，机器视觉还可用于工业生产中的工件识别和定位，太空机器人的自动操作等。

6.4.3　图像识别技术的现状和未来

移动互联网、智能手机以及社交网络的发展带来了海量图片信息，根据 BI 2016 年 5 月的文章，Instagram 每天图片上传量约为 6 000 万张；2017 年 2 月 WhatsApp 每天的图片发送量为 5 亿张；国内的微信朋友圈也是以图片分享为驱动。不受地域和语言限制的图片逐渐取代了烦琐而微妙的文字，成为传词达意的主要媒介。图片成为互联网信息交流主要媒介的原因主要在于两点：第一，从用户读取信息的习惯来看，相比于文字，图片能够为用户提供更加生动、容易理解、有趣及更具艺术感的信息；第二，从图片来源来看，智能手机为人们带来方便的拍摄和截屏手段，帮助人们更快地用图片来采集和记录信息。

但伴随着图片成为互联网的主要信息载体，难题随之出现。当信息由文字记载时，人们可以通过关键词搜索轻易找到所需内容并进行任意编辑，而当信息是由图片记载时，人们却无法对图片中的内容进行检索，从而影响了人们从图片中找到关键内容的效率。图片给人们带来了快捷的信息记录和分享方式，却降低了人们的信息检索效率。在这个环境下，计算机的图像识别技术就显得尤为重要。

图像识别是计算机对图像进行处理、分析和理解，以识别各种不同模式的目标和对象的技术。识别过程包括图像预处理、图像分割、特征提取和判断匹配。简单来说，图像识别就是计算机如何像人一样读懂图片的内容。借助图像识别技术，人们不仅可以通过图片搜索更快地获取信息，还可以产生一种新的与外部世界交互的方式，甚至会让外部世界更加智能地运行。李彦宏在 2011 年提到"全新的读图时代已经来临"，现在随着图像识别技术的不断进步，越来越多的科技公司开始涉及图像识别领域，这标志着读图时代正式到来，并且将引领人们进入更加智能的未来。

1. 图像识别的初级阶段——娱乐化、工具化

在这个阶段，用户主要是借助图像识别技术来满足某些娱乐化需求。例如，百度魔图的"大咖配"功能可以帮助用户找到与其长相最匹配的明星，百度的图片搜索可以找到相似的图片；Facebook 研发了根据相片进行人脸匹配的 DeepFace；雅虎收购的图像识别公司 IQ Engine 开发的 Glow 可以通过图像识别自动生成照片的标签，以帮助用户管理手机上的照片。

这个阶段还有一个非常重要的细分领域——OCR（Optical Character Recognition，光学字符识别），是指光学设备检查纸上打印的字符，通过检测暗、亮的模式确定其形状，然后用字符识别方法将形状翻译成计算机文字的过程，就是计算机对文字的阅读。语言和文字是人们获取信息最基本、最重要的途径。在比特世界，人们可以借助互联网和计算机轻松地获取和处理文字。一旦文字以图片的形式表现出来，就为人们获取和处理文字平添了很多麻烦。这一方面表现为数字世界中由于特定原因被存储成图片格式的文字；另一方面是人们在现实生活中看到的所有物理形态的文字。所以人们需要借助 OCR 技术将这些文字和信息提取出

来。在这方面，国内产品包括百度的涂书笔记和百度翻译等；而 Google 借助经过 DistBelief 训练的大型分布式神经网络，对于 Google 街景图库的上千万门牌号的识别率超过 90%，每天可识别百万门牌号。

在这个阶段，图像识别技术仅作为人们的辅助工具存在，为人们自身的人类视觉提供了强有力的辅助和增强，带给人们一种全新的与外部世界进行交互的方式。人们可以通过搜索找到图片中的关键信息；可以随手拍下一件陌生物体而迅速找到与之相关的各类信息；可以将潜在搭讪对象拍下以提前去她的社交网络了解一番；也可以将人脸识别作为主要的身份认证方式……这些应用虽然看起来很普通，但当图像识别技术渗透到人们行为习惯的方方面面时，人们就相当于把一部分视力外包给了机器，就像人们已经把部分记忆外包给了搜索引擎一样。

这将极大改善人们与外部世界的交互方式，此前人们利用科技工具探寻外部世界的流程是这样的：人眼捕捉目标信息—大脑将信息进行分析—转化成机器可以理解的关键词—与机器交互获得结果。而当图像识别技术赋予了机器"眼睛"之后，这个过程就可以简化为：人眼借助机器捕捉目标信息、机器和互联网直接对信息进行分析并返回结果。图像识别使摄像头成为解密信息的钥匙，人们仅需把摄像头对准某一未知事物，就能得到预想的答案。就像百度 IDL 的余凯所说，摄像头成为连接人和世界信息的重要入口之一。

2. 图像识别的高级阶段——拥有视觉的机器

目前的图像识别技术是作为一个工具来帮助人们与外部世界进行交互，只为人们自身的视觉提供了一个辅助作用，所有的行动还需人们自己完成。而当机器真正具有了视觉之后，它们完全有可能代替人们去完成这些行动。目前的图像识别应用就像是盲人的导盲犬，在盲人行动时为其指引方向；而未来的图像识别技术将会同其他人工智能技术融合在一起成为盲人的全职管家，不需要盲人进行任何行动，而是由这个管家帮助其完成所有事情。举个例子，如果图像识别是一个工具，就如同人们在驾驶汽车时佩戴 Google 眼镜，它将外部信息进行分析后传递给人们，人们再依据这些信息作出行驶决策；而如果将图像识别利用在机器视觉和人工智能上，这就如同 Google 的无人驾驶汽车，机器不仅可以对外部信息进行获取和分析，还全权负责所有的行驶活动，让人们得到完全解放。

在人工智能中，感知是通过解释传感器的响应而为机器提供它们所处的世界的信息，其中它们与人类共有的感知形态包括视觉、听觉和触觉，而视觉最为重要，因为视觉是一切行动的基础。在一次论坛上百度 IDL 的余凯问大家，觉得哪种感觉最重要？没有人能很快作答。后来余凯换了个提问方式，如果要放弃一种感觉，最不愿意放弃的是哪一种？这时大家都回答视觉。Chris Frith 在《心智的构建》中提到，人们对世界的感知不是直接的，而是依赖于"无意识推理"，也就是说，在人们能感知物体之前，大脑必须依据到达感官的信息来推断这个物体可能是什么，这构成了人类最重要的预判和处理突发事件的能力。而视觉是这个过程中最及时和准确的信息获取渠道，人类感觉信息中的 80% 都是视觉信息。机器视觉之于人工智能的意义就是视觉之于人类的意义，而决定着机器视觉的就是图像识别技术。

更重要的是，在某些应用场景，机器视觉比人类的生理视觉更具优势，它更加准确、客观和稳定。人类视觉有着天然的局限，人们看起来能立刻且毫不费力地感知世界，而且似乎也能详细生动地感知整个视觉场景，但这只是一个错觉，只有投射到眼球中心的视觉场景的中间部分，人们才能详细而色彩鲜明地看清楚。偏离中间大约 10°的位置，神经细胞更加分散。也就是说，在人类视觉世界的边缘是无色、模糊的。因此，人们才会存在"变化盲视"，即在当多样事物发生时，仅仅关注其中一样，而忽视了其他事物的发生，而且不知道它们的发生。而机器在这方面就有着更多的优势，它们能够发现和记录视力所及范围内发生的所有事情。拿应用最广的视频监控来说，传统监控需要有人在电视墙前时刻保持高度警惕，然后再通过自己对视频的判断得出结论，但往往会因为人的疲劳、视觉局限和注意力分散等原因影响监控效果。有了成熟的图像识别技术之后，再加以人工智能的支持，计算机就可以自行对视频进行分析和判断，发现异常情况直接报警，带来了更高的效率和准确度。在反恐领域，借助机器的人脸识别技术也要远远优于人的主观判断。

许多科技巨头也开始在图像识别和人工智能领域布局，Facebook 签下的人工智能专家 Yann LeCun，其最重大的成就就是在图像识别领域，其提出的 LeNet 为代表的卷积神经网络，在应用到各种不同的图像识别任务时都取得了不错效果，被认为是通用图像识别系统的代表之一；Google 借助模拟神经网络"DistBelief"，通过对数百万份 YouTube 视频的学习自行掌握了猫的关键特征，这是机器在没有人帮助的情况下自己读懂了猫的概念。图像识别技术，连接着机器和这个对它们而言一无所知的世界，帮助它越发了解这个世界，并最终代替人们完成更多的任务。

商业智能与决策支持

1. 掌握商务智能的原理与实际应用；
2. 了解决策支持系统组成、构造、原理；
3. 掌握大数据挖掘理论原理、方法技巧、工具应用。

7.1 商业智能概述

商业智能的概念普通认为最早在 1996 年由加特纳集团（Gartner Group）提出。加特纳集团将商业智能定义为：商业智能描述了一系列的概念和方法，通过应用基于事实的支持系统来辅助商业决策的制定。商业智能技术提供使企业迅速分析数据的技术和方法，包括收集、管理和分析数据，将这些数据转化为有用的信息，然后分发到企业各处。商业智能又名商务智能，英文为 Business Intelligence，简写为 BI。

提到"商业智能"这个词，事实上 IBM 的研究员 Hans Peter Luhn 早在 1958 年就用到了这一概念。他将"智能"定义为"对事物相互关系的一种理解能力，并依靠这种能力去指导决策，以达到预期的目标"。

在 1989 年，Howard Dresner 将商业智能描述为"使用基于事实的决策支持系统，来改善业务决策的一套理论与方法"。

商业智能通常被理解为将企业中现有的数据转化为知识，帮助企业做出明智的业务经营决策的工具。这里所谈的数据包括来自企业业务系统的订单、库存、交易账目、客户和供应商等来自企业所处行业和竞争对手的数据以及来自企业所处的其他外部环境中的各种数据。而商业智能能够辅助的业务经营决策，既可以是操作层的，也可以是战术层和战略层的。为了将数据转化为知识，需要利用数据仓库、联机分析处理（OLAP）和数据挖掘等技术。因此，从技术层面上讲，商业智能不是什么新技术，它只是数据仓库、OLAP 和数据挖掘等技术的综合运用。

可以认为，商业智能是对商业信息的收集、管理和分析过程，目的是使企业的各级决策者获得知识或洞察力（Insight），促使他们做出对企业更有利的决策。商业智能的实现涉及软件、硬件、咨询服务及应用，其基本体系结构包括数据仓库、联机分析处理和数据挖掘三个部分。

因此，把商业智能看成一种解决方案应该比较恰当。商业智能的关键是从许多来自不同企业运作系统的数据中提取出有用的数据并进行清理，以保证数据的正确性，然后经过抽取（Extraction）、转换（Transformation）和装载（Load），即 ETL 过程，合并到一个企业级的数据仓库里，从而得到企业数据的一个全局视图，在此基础上利用合适的查询和分析工具、数据挖掘工具（大数据魔镜）、OLAP 工具等对其进行分析和处理（这时信息变为辅助决策的知识），最后将知识呈现给管理者，为管理者的决策过程提供支持。

提供商业智能解决方案的著名 IT 厂商包括微软、IBM、Oracle、SAP、Informatica、Microstrategy、SAS、Royalsoft 等。

商业智能为下列软件工具的集合终端用户查询和报告工具，专门用来支持初级用户的原始数据访问，不包括适用于专业人士的成品报告生成工具。

（1）OLAP 工具。提供多维数据管理环境，其典型的应用是对商业问题建模与商业数据分析。OLAP 也被称为多维分析。

（2）数据挖掘（Data Mining）软件。使用诸如神经网络、规则归纳等技术，发现数据之间的关系，做出基于数据的推断。

（3）数据仓库（Data Warehouse）和数据集市（Data Mart）产品。包括数据转换、管理和存取等方面的预配置软件，通常还包括一些业务模型，如财务分析模型。

商业智能还可以理解为用现代数据仓库技术、线上分析处理技术、数据挖掘和数据展现技术进行数据分析以实现商业价值。

商业智能作为一个工具，是用来处理企业中现有数据，并将其转换成知识、分析和结论，辅助决策者做出正确且明智的决定。它是帮助企业更好地利用数据提高决策质量的技术，包含数据仓库、分析型系统等。

1. 数据质量

对于增强数据资产准确度和价值而言，将数据质量规则与活动（探查、清洗和监测）和主数据管理（MDM）流程相集成显得十分关键。在启动任何 MDM 项目之前，需要了解源数据的内容、质量和结构。对数据源进行的数据探查使数据管理员和数据仓库管理员能够在数据进入 MDM 系统之前，快速发现和分析跨所有数据源的所有数据异常。此流程可极大加快从 MDM 实施中获取价值。

由于数据清洗增强了数据的准确度，带来了数据完整性，并从源头增进了数据的可信度，因此数据清洗改善了 MDM 系统中的数据一致性。一旦源数据进入 MDM 系统，它将接受数据质量处理，其中包括验证、更正和标准化。MDM 系统存储了在数据清洗前后的整个历史记录，开发人员不必再跟踪数据仓库中的数据沿袭。

最后，数据质量度量标准使数据仓库管理员能够更好地监控参考数据的质量，并确保可以长期持续使用高质量的数据。

因此，从技术角度看，实施 MDM 和 Informatica Data Quality，作为数据仓库中主数据的确定来源，可以从提取、转换和加载（ETL）流程中简化数据集成。此方法可极大地减少与数据仓库有关的整个开发和维护工作。通过建立数据质量度量标准和定义数据质量目标，数据仓库管理员和数据管理员能够更好地监控参考数据的质量，并确保随着时间的推移能够跨企业持续使用高质量的数据。MDM 简化了对数据仓库维度更新的处理，因为用于确定更改内容的所有逻辑均封装在 MDM 系统中。

此外，MDM 系统可以卸除大多数数据仓库的历史记录跟踪负担，使数据仓库仅管理需要为进行聚合而应跟踪的变更。此系统可带来更小的数据仓库维度以及对负荷和查询性能的重大改进。运用 MDM 和 Informatica Data Quality 将最终降低数据集成的工作量，提高从商业智能和报表推导的洞察分析的质量，确保能够从为商业智能增效的数据仓库方案中获得预期的价值和投资回报。

2. 数据质量水平与商业智能的关系

当无法通过商业智能系统和报告系统提供准确的数据时，业务总体上都会受到影响。以下是为创建报表的商业智能系统提供不可靠数据所造成的一些后果：①业务负责人，不准确的管理报告导致决策不够明智；②合规主管，合规性法案要求公司能为其财务和合规报表提供一定的透明度和可审计性；③业务分析师，如果业务分析师花费过多时间在多个商业智能系统间手动搜索和整理信息以更新和修正报表，则业务分析师的生产率会受到影响，直接影响成本和盈利能力。

这些业务问题的根源在于没有关于客户、产品、渠道合作伙伴和供应商的唯一真实版本。由于在处理每个业务流程的不同系统间收集、存储和管理这些数据（亦称为参考数据或主数据），因此，需要正确地解析重叠和冲突的参考数据，以获得唯一真实版本，从而带来宝贵而可操作的洞察力。许多组织拥有数十或数百数据库，并且在这些数据库中有维护相同核心参考对象的数十个（有时为数百个）不同的应用程序，而这些核心参考对象还具有重叠的属性。

商业智能系统的用途是以中立的视角报告取自多个系统的现有数据。商业智能系统可以为维度分析进行一些累积工作，但是设计或配备商业智能系统并非为了创建唯一的真实版本。在取自应用程序孤岛的客户或产品数据中存在的不一致会对数据仓库中运行的分析可靠性产生消极的影响。总而言之，企业的商业智能只会与企业的数据质量水平相当。

3. 数据质量与五种形式的商业智能

商业智能已经发展成为多种形式，旨在满足企业不断增长的要求和任务关键型活动日益增长的水平。这些形式都有自己的一套数据质量要求。

（1）记分卡和仪表板。记分卡和仪表板正被广泛采用，越来越多的用户利用它们获取财务、业务和绩效监控的鸟瞰图。通过可视化的图形、图标和计量表等传输机制，帮助决策者跟踪性能指标并向员工通知相关趋势和可能需要的决策。提供集成视图所需的数据元素通常跨越多个部门和学科，需要绝对最新才能有效。

数据质量会影响记分卡和仪表板用户，因此这些用户必须能够：

①使用仪表板中计量表和刻度盘上的完整数据，并迅速采取措施。

②获取集成视图并使用标准化数据进行协作。

③利用具有一致数据的正式记分卡方法。

④向下钻取以查看组或个人级别绩效的准确数据。

⑤找到能够生成明显趋势且重复数据最少的业务流程。

⑥推导关联性并通过验证的数据执行交叉影响分析。

（2）企业报告。为所有级别的个人提供来自企业资源规划（ERP）、客户关系管理（CRM）、合作伙伴关系管理（PRM）、发票和账单系统，以及整个企业内其他源系统的各种运营报告和其他业务报告。这些报告分布广泛，而薪酬和其他激励计划通常与报告的结果有关。

数据质量会影响组织报告，因为组织必须：

①浏览多个报告，将它们显示到从不同来源聚合数据的多个表单中。

②选择各种参数并通过标准化数据为用户定制报告。

③利用各种性能指标的协调数据呈现多个表格和图表。

④使业务用户能够利用高精准数据创建自己的报告，无需 IT 部门参与。

⑤通过清洗和匹配的数据减少合规性管理的人工检查和审计。

⑥利用完整财务数据直接从商业智能报告开具发票和账单。

（3）OLAP 分析。OLAP 使用户能够即时以交互方式对相关数据子集进行"切片和切块"。同时，OLAP 的功能如向上钻取、向下钻取、任意挖掘（跨业务维度）、透视、排序、筛选以及翻阅，可用于提供关于绩效的基本详细信息。最为重要的是，它能够回答任何业务问题。这意味着调查深入到单个或多个数据仓库中可用的最原子级别的详细信息。

数据质量会影响 OLAP 分析，因为用户和组织需要：

①通过对目标数据的完全访问在所有维度中任意钻取以进行深入调查。

②通过设置好格式的一致数据将 OLAP 轻松应用于任何维度子集。

③利用一致的基本数据对象最大限度地减少冲突报告，确保交互性。

④利用多个维度的正确数据执行用户驱动的适时分析。

⑤提供更新的同步数据来处理事务级数据分析。

（4）高级和预测分析。高级和预测分析使富有经验的用户能够充分调查和发现特定业务绩效背后的详细信息并使用该信息预测远期效果。此方法可能涉及高级统计分析和数据挖掘功能。为了推动积极决策和改进对潜在商业威胁的姿态，预测分析可能包括假设测试、客户流失预测、供应和需求预测以及客户评分。预测建模可用于预测各种业务活动及相关效果。

数据质量会影响高级和预测分析，因为用户会寻求：

①为可定制报告创建跨越任何数据元素的报告过滤标准。

②为标准化数据格式搜索模式和预测洞察力以促进积极决策。

③通过一致数据获得信心，找出相互依存的趋势和预期成果。

④对准确数据采用多变量复原和其他技术，以实现更好的预测。

⑤在无数据重复的前提下定制数据分组，最大限度地减少冲突。

⑥使用经认证的数据检验假设并使用统计、财务和数字函数。

（5）通知警报。使用电子邮件、浏览器、网络服务器和打印机、PDA 或门户网站时，通过通知和警报在广泛的用户触点间主动共享信息。通过及时交付目标信息，关键相关人士和决策者可以识别潜在的机会领域并发现要采取措施的问题领域。这种"一线"BI 传输机制使组织能够保持协调一致，与业务风险和机会并进，同时事件仍将保持新鲜和有意义以保证响应。

在此领域，数据质量会影响组织，因为组织会努力：

①从任何和所有数据源向最广泛的用户接触点发布警报。

②确保标准化及非冲突数据集上各种订阅类型的高吞吐量。

③使用户能够打开附件或单击链接，同时呈现一致、集成的数据。

④通过预先评定并核准的数据质量来降低发布错误警报和通知的风险。

⑤允许在多个事件数据符合特定阈值时实时触发警报。

⑥利用经验证的数据进行内容个性化和组关联。

4. 功能综述

很多厂商活跃在商业智能领域。事实上，能够满足用户需要的 BI 产品和方案必须建立在稳定、整合的平台之上，该平台需要提供用户管理、安全性控制、连接数据源以及访问、分析和共享信息的功能。BI 平台的标准化也非常重要，因为这关系到与企业多种应用系统的兼容问题，解决不了兼容问题，BI 系统就不能发挥出应有效果。这里通过对一个实验室的 BI 系统模型（将其称为 D 系统）进行功能解剖来介绍 BI 系统。D 系统是一个面向终端使用者，直接访问业务数据，能够使管理者从各个角度出发分析利用商业数据，及时地掌握组织的运营现状，做出科学的经营决策的系统。D 系统可实现从简单的标准报表浏览到高级的数据分析，满足组织内部人员的需求。D 系统涵盖了常规意义上商业智能系统的功能，主要构架包括以下几个方面。

（1）读取数据。D 系统可读取多种格式（如 Excel、Access、以 Tab 分割的 txt 和固定长度的 txt 等）的文件，同时可读取关系型数据库（对应 ODBC）中的数据。在读取文本和数据的基础上，D 系统还可以完成：①连接文本，把 2 个 CSV 文件中的共同项目作为键（Key），将所需的数据合并到一个文件，这样可以像操作数据库一样方便，但无须用户编程即可实现。②设置项目，作为数据的项目类型，除按钮（Button）（文字项目）、数值项目以外，还可以设置日期表示形式的日期数据项目、多媒体项目和不需要生成按钮但在列表显示中能够浏览的参照项目。③期间设置，日期项目数据可以根据年度或季度等组合后生成新的期间项目。同样，时间项目数据可以根据上午、下午或时间带等组合后生成新的时间项目。④对于数值项目，可以任意设置等级，生成与之相对应的按钮。例如，可以生成与年龄项目中的 20 岁年龄段、30 岁年龄段的等级相对应的按钮。

（2）分析功能。关联/限定关联分析主要用于发现不同事件之间的关联性，即一个事件发生的同时，另一个事件也经常发生。关联分析的重点在于快速发现那些有实用价值的关联发生的事件。其主要依据是，事件发生的概率和条件概率应该符合一定的统计意义。D 系统把这种关联的分析设计成按钮的形式，有/无关联、同时/相反的关联。对于结构化的数据，以客户的购买习惯数据为例，利用 D 系统的关联分析，可以发现客户的关联购买需要。例如，一个开设储蓄账户的客户很可能同时进行债券交易和股票交易。利用这种知识可以采取积极的营销策略，扩展客户购买的产品范围，吸引更多的客户。

（3）显示数值比例/指示显示顺序。D 系统可使数值项目的数据之间的比例关系通过按钮的大小来呈现，并显示其构成比，还可以改变数值项目数据的排列顺序等。选择按钮后，动态显示不断发生变化。这样能够获得直观的数据比较效果，并能够凸显差异，便于深入分析现象背后的本质。

（4）监视功能。预先设置条件，使符合条件的按钮显示报警（红）、注意（黄）信号，使问题所在一目了然。比如，上季度营业额少于 100 万元的店警告（黄色标出），少于 50 万元的报警（红色标出）。执行后，D 系统就把以店名命名的按钮用相应的颜色表示出来。

（5）按钮增值功能。可将多个按钮组合，形成新的按钮。比如：把［4 月］、［5 月］、［6 月］三个按钮组合后得到新的按钮［第二季度］。

（6）记录选择功能。从大量数据中选择按钮，取出必要的数据。挑出来的数据可重新构成同样的操作环境。这样用户可以把精力集中在所关心的数据上。

（7）多媒体情报表示功能。由数码相机拍摄的照片或影像文件、通过扫描仪输入的图形等多媒体文件、文字处理或者电子表格软件做成的报告书、HTML 等标准形式保存的文件等，可以通过按钮进行查找。

（8）分割按钮功能。在分割特定按钮类的情况下，只需切换被分割的个别按钮，便可连接不断实行已登录过的定型处理。

（9）程序调用功能。把通过按钮查找抽取出的数据，传给其他的软件或用户原有的程序，并执行这些程序。

（10）查找按钮名称功能。通过按钮名称查找按钮，可以指定精确和模糊两种查找方法。另外，其他的按钮类也可以对查找结果相关的数据进行限定。

（11）丰富画面

①列表画面。可以用 and/or 改变查找条件，可以进行统计/排序。统计对象只针对数值项目，统计方法分三种：合计、件数、平均，而且可以按照 12 种方式改变数值的显示格式。

②视图画面。提供切换视角和变换视图功能，通过变换与设置条件相应的数值（单元格）的颜色表示强调。依次变换视角可进行多方面的数据分析。视图的统计对象只针对数值项目，统计方法有合计、平均、构成比（纵向、横向）、累计（纵向、横向）、加权平均、最大、最小、最新和绝对值等 12 种。

③数值项目切换。通过按钮类的阶层化（行和列最多可分别设置 8 层），由整体到局部，一边分层向下挖掘，一边分析数据，可以更加明确问题所在。

④图表画面。D 系统使用自己开发的图形库，提供柱形图、折线图、饼图、面积图、柱形 + 折线五大类 35 种。在图表画面上，也可以像在阶层视图一样，自由地对层次进行挖掘和返回等操作。

（12）数据输出。打印统计列表和图表画面等，可将统计分析好的数据输出给其他的应用程序使用，或者以 HTML 格式保存。

（13）定型处理。所需要的输出被显示出来时，进行定型登录，可以自动生成定型处理按钮。以后只需要按此按钮，即使很复杂的操作，也可以将所要的列表、视图和图表显示出来。

（14）架构。企业要实现业务信息智慧洞察的目标，必须使用适当的技术架构平台来支持业务数据分析系统。该平台不仅要为各种用户（无论其身处何地）提供分析和协作功能，还要充分利用现有基础结构，并维持低成本。它必须是可扩展的并具有高性能，以满足任意组织的发展需求。

适当的架构可以为系统成功铺平道路，并最终带领组织取得成功。开放的商业智能架构应该能同时满足 IT 和业务用户的需求。

对 IT 用户而言，商业智能软件需要满足如下条件才能向用户交付更高价值，具体包括：能轻松地与组织的基础架构集成；支持当前的技术和标准；能根据不断发展的需求方便地进行调整；整合组织中的所有数据；能随着用户需求的发展不断进行扩展；可靠地执行；能在不增加预算和人力资源的情况下加以管理。

对于业务用户，商业智能软件必须与用户的众多角色、技能集和需求相匹配；为用户提供多种不同格式的信息，包括常规报表、特别查询、记分卡、仪表板等；易于使用，以使业务用户愿意采用并信任其提供的信息。

企业级商业智能架构具有几项共同特征和价值。这些需求是将在组织内部广泛部署的商业智能系统的基础。所有这些特质都将通过底层架构来体现。IBM Cognos 商业智能平台以面向服务的开放式架构为基础设计和构建，与那些只会把来自 Web 服务的多个架构中的旧式"客户机—服务器"组件简单打包的商业智能解决方案不同，它能够在三个不同的层面上交付所有的商业智能功能：演示层，可处理 Web 环境中的所有用户交互；应用层，包含用于执行所有 BI 处理的专用服务；数据层，可用于访问各种数据源。

5. 相关应用与业务分析

通过了解各种受众以及相关利益方的独特分析需求，可以发挥商业智能解决方案的全部潜能。企业所需的分析功能应该能够访问几乎所有企业数据源，而不受平台限制；同时可以为所有用户提供便于理解的详细信息视图，而不受用户角色或所在位置的影响。这些解决方案应具有创新的工具，以帮助这些不同的业务用户组轻松地通过台式机或移动设备分析信息。

企业需要广泛的分析功能，但不同的分析工具、信息壁垒、多种平台，以及过度依赖于电子表格，让企业难以准确地分析信息。企业使用的分析解决方案必须能够满足所有业务用户的需求，从一线员工到部门主管，一直到高级分析员。这些用户希望能够自己分析数据，而无须等待部门提供所请求的信息，从而做出更出色、更智慧的业务决策。

需要说明的是，业务分析并非放之四海而皆准。用户需求可能会有很大的不同。通过了解不同类型的分析需求，并将其与组织中的特定角色相联系，企业可以从中受益。

6. 决策管理

决策管理是用来优化并自动化业务决策的一种卓有成效的方法。它通过预测分析让组织能够在制定决策以前有所行动，以便预测哪些行动在未来最有可能获得成功。从广义角度来看，主要存在三种组织决策类型，即战略型、业务型和战术型。

其中，战略决策通常为组织设定长远方向。其制定者是 C 级主管人员、副总裁、业务经理。业务决策通常包括策略或流程的制定。它们专注于在战术级别上执行特定项目或目标，其制定者为业务经理、系统经理和业务分析师。战术决策通常是将策略、流程或规则应用到具体事例的"前线"行动。这些类型的决策适用于自动化，使结果更具一致性和可预测性。其制定者包括消费者服务代表、财务服务代表、分支经理、销售人员，以及网站推荐引擎等自动化系统。

决策管理使改进成为可能。它使用决策流程框架和分析来优化并自动化决策、优化成果，并解决特定的业务问题。决策管理通常专注于大批量决策，并使用基于规则和基于分析模型的应用程序实现决策。因此，虽然决策管理相对较新，但是它受到已经证实技术的支撑。

了解了组织中的决策类型和可用的决策管理选择后，就可以着手建立决策管理基础架构了。业务经理首先应该在影响他们决策的范围内定义其业务挑战。然后通过为特定业务问题开发的以决策为中心的应用程序，利用决策管理优化目标决策。这些应用程序展现了业务人员熟悉的相关信息，并在影响问题的决策范围内加入了预测分析。

7. 应用范围

商业智能系统可辅助建立信息中心，如产生各种工作报表和分析报表，用作以下分析：

（1）销售分析。销售分析主要分析各项销售指标，如毛利、毛利率、交叉比、销进比、盈利能力、周转率、同比、环比等。而分析维又可从管理架构、类别品牌、日期、时段等角度观察，这些分析维又采用多级钻取，从而获得相当透彻的分析思路；同时根据海量数据产生预测信息、报警信息等分析数据；还可根据各种销售指标产生新的透视表。

（2）商品分析。商品分析的主要数据来自销售数据和商品基础数据，从而产生以分析结构为主线的分析思路。主要分析数据有商品的类别结构、品牌结构、价格结构、毛利结构、结算方式结构、产地结构等，从而产生商品广度、商品深度、商品淘汰率、商品引进率、商品置换率、商业智能、畅销商品、滞销商品、季节商品等多种指标。通过 D 系统对这些指标的分析来指导企业商品结构的调整，加强所营商品的竞争能力和合理配置。

（3）人员分析。人员分析通过 D 系统对公司的人员指标进行分析，特别是对销售人员指标（销售指标为主，毛利指标为辅）和采购人员指标（销售额、毛利、供应商更换、购销商品数、代销商品数、资金占用、资金周转等）的分析，以达到考核员工业绩，提高员工积极性，并为人力资源的合理利用提供科学依据。其主要分析的主题有，员工的人员构成、销售人员的人均销售额、对于销售的个人销售业绩、各管理架构的人均销售额、毛利贡献、采购人员分管商品的进货多少、购销代销的比例、引进的商品销量如何等。

8. 实施步骤

实施商业智能系统是一项复杂的系统工程，整个项目涉及企业管理、运作管理、信息系统、数据仓库、数据挖掘、统计分析等众多门类的知识。因此用户除了要选择合适的商业智能软件工具外，还必须按照正确的实施方法才能保证项目成功。商业智能项目的实施步骤可分为：

（1）需求分析。需求分析是商业智能实施的第一步，在其他活动开展之前必须明确地定义企业对商业智能的期望和需求，包括需要分析的主题，各主题可能查看的角度（维度）；需要发现企业哪些方面的规律，用户的需求必须明确。

（2）数据仓库建模。通过对企业需求的分析，建立企业数据仓库的逻辑模型和物理模型，并规划好系统的应用架构，将企业各类数据按照分析主题进行组织和归类。

（3）数据抽取。数据仓库建立后必须将数据从业务系统中抽取到数据仓库中，在抽取的过程中还必须将数据进行转换、清洗，以适应分析的需要。

（4）建立商业智能分析报表。商业智能分析报表需要专业人员按照用户制订的格式进行开发，用户也可自行开发（开发方式简单、快捷）。

（5）用户培训和数据模拟测试。对于开发—使用分离型的商业智能系统，最终用户的使用是相当简单的，只需要点击操作就可针对特定的商业问题进行分析。

（6）系统改进和完善。任何系统的实施都必须是不断完善的，商业智能系统更是如此，在用户使用一段时间后可能会提出更多、更具体的要求，这时需要再按照上述步骤对系统进行重构或完善。

9. 企业效益

商业智能帮助企业的管理层进行快速、准确的决策，迅速地发现企业中的问题，提示管理人员加以解决。但商业智能软件系统不能代替管理人员进行决策，不能自动处理企业运行过程中遇到的问题，因此商业智能系统并不能为企业带来直接的经济效益。但必须看到，商业智能为企业带来的是一种经过科学武装的管理思维，给整个企业带来的是决策的快速性和准确性，发现问题的及时性，以及发现那些对手未发现的潜在的知识和规律，而这些信息是企业产生经济效益的基础，不能快速、准确地制定决策方针等于将市场送给对手，不能及时发现业务中的潜在信息等于浪费自己的资源。例如，通过对销售数据的分析可发现各类客户的特征和喜欢购买商品之间的联系，这样就可进行更有针对性的、精确的促销活动或向客户提供更具有个性的服务等，这都会为企业带来直接的经济效益。

制造业是商业智能的重要市场，Manufacturing Insights（IDC 公司附属公司）的报告显示，2004 年亚太区（不含日本）制造业 IT 市场规模为 137 亿美元，预计该市场将以 11.4% 的年复合增长率平稳增长，到 2008 年市场规模将达 210 亿美元。2004 年底，亚太区（不含日本）制造业 IT 支出共 137 亿美元，其中离散制造占 78.6%，流程制造占 21.4%。由于市场全球化和自由化带来了更加激烈的竞争和复杂性，亚太区（不含日本）的许多制造商继续对 IT 进行投资，以提高运营效率，更好地控制不断增长的业务成本。随着越来越多的制造商在华建立了生产基地，降低成本并占领巨大的国内市场，这些制造商需要对主要的 IT 基础架构、应用和服务进行投资以使其运营能够健康平稳地发展，并获得领先优势。这将继续促进中国和海外制造商的制造业 IT 投资。在对基础架构投入大量资金的同时，在中国和印度这样的新兴大型市场的许多制造商将继续对企业资源管理（ERM）和商务智能（BI）解决方案进行投资，从而为更好的内部协作和决策制定提供基础平台。

IDC 的报告显示，2004 年亚太区（不含日本）商务智能（BI）工具软件市场规模为 2.332 亿美元，预计该市场将以 12.3% 的年复合增长率迅猛增长，到 2009 年市场规模将达 4.173 亿美元，增长预计主要源于中国和印度日益发展的经济。这两国近几年更加健康的经济环境和不断增多的应用系统部署为未来 5 年 BI 工具的采用打下了基础。有关专家指出，随着互联网的普及，在决策支持系统基础上发展商业智能已成为必然。随着基于互联网的各种信息系统在企业中的应用，企业将收集越来越多的关于客户、产品及销售情况在内的各种信息，这些信息能帮助企业更好地预测和把握未来。所以，电子商务的发展也推动了商业智能的进一步应用。

从行业发展来看，商业智能作为业务驱动的决策支持系统，其发展是以较为完善企业的信息系统和稳定的业务系统为基础的。商业智能未来的应用与行业内信息化的基础状况密切相关，以制造型企业为主，其次是流通企业，这两个领域将是商业智能不可忽视的新市场。随着信息化水平的提高，商业智能产品将会与 ERP 和 CRM 等管理软件进一步融合，很多 ERP 厂商都把商业智能嵌入相应的 ERP 系统内，比如 SAP 的 ERP 就嵌套了 BO 公司的商业智能产品，AD 也与和勤软件进行了类似的合作。

当然，商业智能如 ERP 一样，实施中存在着一定的风险。企业首先要认清自身的需求情况，在选择合作伙伴的同时也要进行充分的了解。各主流厂商都有各自的优势，比如 SAS 的数据挖掘、Hyperion 的预算与报表合并、BO 的数据分析与报告等。而商业智能产品的发展趋势必将是整合平台基础上的集成化应用。如何切实了解自身需求、选择具有优势的厂商产品，将是企业实施商业智能成功的关键。

10. 发展前景

与 DSS、EIS 系统相比，商业智能具有更美好的发展前景。近些年来，商业智能市场持续增长。IDC 预测，到 2005 年，BI 市场将达到 118 亿美元，平均年增长率为 27%。随着企业 CRM、ERP、SCM 等应用系统的引入，企业不停留在事务处理过程而注重有效利用企业的数据为准确和更快的决策提供支持的需求越来越强烈，由此带动的对商业智能的需求将是巨大的。

商业智能的发展趋势可以归纳为以下几点：

（1）功能上具有可配置性、灵活性、可变化性。BI 系统的范围从为部门的特定用户服务扩展到为整个企业所有用户服务。同时，由于企业用户在职权、需求上的差异，BI 系统提供广泛的、具有针对性的功能。从简单的数据获取，到利用 Web 和局域网、广域网进行丰富的交互、决策信息和知识的分析和使用。

（2）解决方案更开放、可扩展、可按用户定制，在保证核心技术的同时，提供客户化的界面。针对不同企业的独特的需求，BI 系统在提供核心技术的同时，使系统又具个性化特性，即在原有方案基础上加入自己的代码和解决方案，增强客户化的接口和扩展特性；可为企业提供基于商业智能平台的定制工具，使系统具有更大的灵活性和使用范围。

（3）从单独的商业智能向嵌入式商业智能发展。这是商业智能应用的一大趋势，即在企业现有的如财务、人力、销售等系统中嵌入商业智能组件，使普遍意义上的事务处理系统具有商业智能的特性。考虑 BI 系统的某个组件而不是整个 BI 系统并非一件简单的事，比如将 OLAP 技术应用到某一个应用系统，一个相对完整的商业智能开发过程，如企业问题分析、方案设计、原型系统开发、系统应用等过程是不可缺少的。

（4）从传统功能向增强型功能转变。增强型的商业智能功能是相对于早期的用 SQL 工具实现查询的商业智能功能。目前应用中的 BI 系统除实现传统的 BI 系统功能之外，大多数已实现了数据分析层的功能。而数据挖掘、企业建模是 BI 系统应该加强的应用，以更好地提高系统性能。

（5）市场增长强势不减。BI 软件市场在最近几年得到了迅速增长。根据 Gartner 最新预测，随着需求的增长，2017 年全球商业智能（BI）和分析软件解决方案市场规模将达到 183 亿美元，比 2016 年增长 7.3%，而在 2020 年，这一市场规模将突破 228 亿美元。在这个市场中，终端用户查询、报告和 OLAP 工具占绝对主流，达到 65%。用户希望从他们的企业资源规划（ERP）、客户关系管理（CRM）、供应链管理（SCM）和遗留系统中发掘他们的数据资产，因此对 BI 软件的需求正在不断增加。这些需求推广，说明企业正逐渐摆脱单纯依赖于软件来处理日常事务，而是明确要利用软件来帮助自己，依据企业数据做出更好、更快的决策。此外，对分析应用需求的增加将持续刺激对商业智能软件的需求。这些软件主要用来进行复杂的预测，得出相对直接的执行报告，另外也包括以多维分析工具为基础的客户分类应用。

（6）商业智能解决方案走向完整。正当国内企业级用户对基于世界先进商业智能技术的本地化解决方案的需求日益高涨与迫切时，IBM（中国）公司在北京发布大型 IBM 商业智能解决方案，来自海内外技术专家的精彩演示，淋漓尽致地展示了 IBM 商业智能解决方案的先进技术、强大功能和完善的服务支持，为基于新一代 IBM 数据仓库与智能挖掘的商业智能应用方案在国内的广阔应用前景绘出了精彩蓝图。

作为第一个进入中国市场的完整的、本地化的商业智能解决方案，IBM 商业智能解决方案的推出标志着国内用户利用商业智能技术开展电子商务的时机更加成熟，国内企业因此能够借助世界最先进的信息技术，更好地了解客户，更有效地开展客户关系管理，进而获得更有利的竞争优势。

所谓商业智能（Business Intelligent），就是将企业中的现有数据转化为知识的过程。企业在开展业务的同时，获得了大量数据，来自国外的统计结果表明，全球企业的信息量平均每 1.5 年翻一番，而仅仅利用了全部信息数据的 7%。随着知识经济时代的来临，记录客户与市场数据的信息和信息利用能力已经成为决定企业生死存亡的关键因素，越来越多的国内外企业已经根据信息流和数据分析技术进行企业重整，传统的数据记录方式无疑被更先进的商业智能技术所代替。据美国 Palo Alto 管理集团预测，到 2001 年，全球商业智能市场将达到 700 亿美元。在商业智能解决方案的帮助下，企业级用户可以通过充分挖掘现有的数据资源，捕获信息、分析信息、沟通信息，发现许多过去缺乏认识或未被认识的数据关系，帮助企业管理者做出更好的商业决策，如开拓什么市场、吸引哪些客户、促销何种产品等。商业智能还能够通过财务分析、风险管理、欺诈分析、销售分析等过程帮助企业降低运营成本，进而获得更高的经营效益。

经过几年的积累，大部分中大型的企事业单位已经建立了比较完善的 CRM、ERP、OA 等基础信息化系统。这些系统的统一特点都是：通过业务人员或者用户的操作，最终对数据库进行增加、修改、删除等操作。上述系统可统一称为 OLTP（Online Transaction Process，在线事务处理），指的就是系统运行了一段时间以后，必然帮助企事业单位收集大量的历史数据。但是，在数据库中分散、独立存在的大量数据对于业务人员来说，只是一些无法看懂的"天书"，业务人员所需要的是信息，是他们能够看懂、理解并从中受益的抽象信息。此时，如何把数据转化为信息，使得业务人员（包括管理者）能够充分掌握、利用这些信息，并且辅助决策，就是商业智能主要解决的问题。

如何把数据库中存在的数据转变为业务人员需要的信息？大部分的答案是报表系统。简单说，报表系统已经可以称作 BI 了，它是 BI 的低端实现。

国外的企业，大部分已经进入了中端 BI，称为数据分析。有一些企业已经开始进入高端 BI，称为数据挖掘。而中国的企业，大部分还停留在报表阶段。

传统的报表系统技术上已经相当成熟，大家熟悉的 Excel、水晶报表、FineReport、Reporting Service 等都已经被广泛使用。但是，随着数据的增多，需求的提高，传统报表系统面临的挑战也越来越多。

①数据太多，信息太少。密密麻麻的表格堆砌了大量数据，到底有多少业务人员仔细看过每一个数据？到底这些数据代表了什么信息、什么趋势？级别越高的领导，越需要简明的信息。一个企业的董事长可能只需要一句话：企业的情况是好、中还是差。

②难以交互分析、了解各种组合。定制好的报表过于死板。例如，企业可以在一张表中列出不同地区、不同产品的销量，另一张表中列出不同地区、不同年龄段顾客的销量。但是，这两张表无法回答诸如"华北地区中青年顾客购买数码相机类型产品的情况"等问题。业务问题经常需要多个角度的交互分析。

③难以挖掘出潜在的规则。报表系统列出的往往是表面上的数据信息，但是海量数据深处潜在含有哪些规则呢？什么客户对企业价值最大，产品之间相互关联的程度如何？越是深层的规则，对于决策支持的价值越大，但是也越难挖掘出来。

④难以追溯历史，数据形成孤岛。业务系统很多，数据存在于不同地方。太旧的数据（例如以前的数据）往往被业务系统备份出去，导致宏观分析、长期历史分析难度很大。

因此，随着时代的发展，传统报表系统已经不能满足日益增长的业务需求了，企业期待着新的技术。数据分析和数据挖掘的时代正在来临。值得注意的是，数据分析和数据挖掘系统的目的是带给企业更多的决策支持价值，并不是取代数据报表。报表系统依然有其不可取代的优势，并且将会长期与数据分析、挖掘系统一起并存下去。

如果说 OLTP 侧重于对数据库进行增加、修改、删除等日常事务操作，OLAP（Online Analytics Process，在线分析系统）则侧重于针对宏观问题，全面分析数据，获得有价值的信息。为了达到 OLAP 的目的，传统的关系型数据库已经不够了，需要一种新的技术，这就是多维数据库。

多维数据库的概念并不复杂。例如，想描述 2003 年 4 月可乐在北部地区销售额 10 万元时，牵扯到几个角度：时间、产品、地区，这些称为维度。至于销售额，称为度量值。当然，还有成本、利润等。

除了时间、产品和地区，还可以有很多维度，例如客户的性别、职业、销售部门、促销方式等。实际上，使用中的多维数据库可能是一个 8 维或者 15 维的立方体。

虽然结构上 15 维的立方体很复杂，但是概念上非常简单。

数据分析系统的总体架构分为四个部分：源系统、数据仓库、多维数据库、客户端。①源系统，包括现有的所有 OLTP 系统，搭建 BI 系统并不需要更改现有系统；②数据仓库，数据大集中，通过数据抽取，把数据从源系统源源不断地抽取出来，可能每天一次，或者每 3 个小时一次，当然是自动的。数据仓库依然建立在关系型数据库上，往往符合称为"星型结构"的模型；③多维数据库，数据仓库的数据经过多维建模，形成了立方体结构；每一个立方体描述了一个业务主题，如销售、库存或者财务；④客户端，好的客户端软件可以把多维立方体中的信息丰富多彩地展现给用户。

在实际的案例中，我们利用 Oracle 9i 搭建了数据仓库，Microsoft Analysis Service 2000 搭建了多维数据库，ProClarity 6.0 作为客户端分析软件。分解树好像一个组织图。分解树在回答以下问题时很有效：在指定的产品组内，哪种产品有最高的销售额；在特定的产品种类内，各种产品间的销售额分布如何；哪个销售人员完成了最高百分比的销售额。

数据挖掘看穿人们的需求。广义上说，任何从数据库中挖掘信息的过程都称为数据挖掘。从这点看来，数据挖掘就是 BI。但从技术术语上说，数据挖掘（Data Mining）特指的是：源数据经过清洗和转换等成为适合于挖掘的数据集。数据挖掘在这种具有固定形式的数据集上完成知识的提炼，最后以合适的知识模式用于进一步分析决策工作。从这种狭义的观点上，可以定义：数据挖掘是从特定形式的数据集中提炼知识的过程。数据挖掘往往针对特定的数据、特定的问题，选择一种或者多种挖掘算法，找到数据下面隐藏的规律，这些规律往往被用来预测、支持决策。

美国的超市有这样的系统：当人们采购了一车商品结账时，售货员小姐扫描完产品后，计算机上会显示出一些信息，然后售货员会友好地问：我们有一种一次性纸杯正在促销，位于 F6 货架上，您要购买吗？这句话决不是一般的促销。因为计算机系统早就算好了，如果购物车中有餐巾纸、大瓶可乐和沙拉，则 86% 的可能性还要买一次性纸杯。结果是，人们说，"啊，谢谢你，我刚才一直没找到纸杯"。这不是什么神奇的科学算命，而是利用数据挖掘中的关联规则算法实现的系统。

每天，新的销售数据会进入挖掘模型，与过去 N 天的历史数据一起被挖掘模型处理，得到当前最有价值的关联规则。同样的算法，分析网上书店的销售业绩，计算机可以发现产品之间的关联以及关联的强弱。

数据报表、数据分析、数据挖掘是 BI 的三个层面。未来几年的趋势是：越来越多的企业在数据报表的基础上，会进入数据分析与数据挖掘的领域。商业智能所带来的决策支持功能，会给企业带来越来越明显的效益。

11. 软件厂商

目前国内市场主要的商业智能软件厂商有：国云数据（大数据魔镜）、IBMCognos、Informatica、Power－BI、Oracle（甲骨文）、SAP Business Objects、Arcplan（阿普兰）、Microstrategy（微策略）、SAS、Sybase、Analyzer、Smartbi（思迈特）、金蝶、用友华表、久其、帆软 FineBI 商业智能软件、思达商业智能平台 Style Intelligence、微软、和勤、上海泽信（医院 BI）、毕盛商业智能（BizSmartBI）、QlikView、润乾、GrapeCity、永洪科技等。其中，与选软件网合作在线试用的厂商有：新中大、金算盘、奥威智动、科脉、一汽启明、浪潮、百胜、大掌柜等。

（1）IBM。IBM 提供了全面的商业智能解决方案，包括前端工具、在线分析处理工具、数据挖掘工具、企业数据仓库、数据仓库管理器和数据预处理工具等。结合行业用户的业务需要，IBM 还向用户提供面向政府、电力、金融、电信、石油、医疗行业的商业智能解决方案。

IBM Cognos 商业智能解决方案基于已经验证的技术平台而构建，旨在针对最广泛的部署进行无缝升级和经济有效的扩展，能满足各类型用户的不同信息需求。Cognos10 扩展了传统商业智能的功能领域，通过规划、场景建模、实时监控和预测性分析提供革命性的用户体验。该软件已将报表、分析、积分卡和仪表板汇集在一起，并支持用户在微软 Office 等桌面应用程序中分发商业智能数据，以及向移动智能终端（如 iPhone、iPad、安卓手机、Black

Berry 等）交付相关信息。

（2）微软。微软商业智能工具能帮助分析业务流程，找出需要改进之处，并迅速根据条件的更改做出调整。Microsoft Dynamics CRM 能够提供可视化工具和报告，帮助人们根据所了解的情况采取行动。在整个企业和供应链范围内采集信息，并在集中统一的位置进行编辑；使用直观易用的仪表板实时查看重要的绩效指标；将 CRM 功能映射到特定模型上，如精益生产和准时制（JIT）库存策略；将 Microsoft Dynamics CRM 解决方案与 ERP、车间控制、存货、财务及销售订单处理等用户现有的系统进行整合；提供关于客户报价、订单以及服务查询的实时更新。

（3）阿普兰。Arcplan（阿普兰）是世界领先的纯第三方专业商业智能分析软件提供商。Arcplan 是分析型报表和信息编辑技术开创者；以业界最好的前端展现和集成的分析，最突出的仪表盘驾驶舱、地图钻取分析，以面向对象的最方便简捷的"信息编辑器"著称，是全球最为专业的纯第三方 BI 软件平台。

最新一期 BISurvey 再次将全球针对 SAPBW 与 CognosTM1 的最佳第三方 BI 前端展现工具称号授予 Arcplan。用户商业目标成功率上，Arcplan 名列榜首。Arcplan 同时凭借其所拥有的对于众多数据源的 API 接口广受好评。

（4）微策略。Microstrategy（微策略）一直被 Gartner Magic Quadrant 评鉴列为领先的前五大 BI 工具和服务厂商，主要在以下各方面获得客户高度的肯定：①企业级 BI。适合企业级的 BI 运用，基于数据仓库理论的概念而设计，拥有很高的运行效能，能支持大的客户数据量。美国最大的数据仓库公司也选择 MSTR 作为其战略伙伴，可见其处理大数据量的能力。②年度最佳移动 BI。支持移动终端如 iPad 和 iPhone，可以让客户灵活地设计自己需要的仪表盘，轻松做好管理驾驶舱的项目，是这个领域的最佳 BI 厂家。③重视用户的体验。能保证开发人员的效率和生产力，主要是因为参数化的报表开发范例和面向对象的开发环境。④开放独立的平台。全部产品自行研发，有机成长，持续从客户体验角度做改善，兼顾整合性、易用性、灵活性和弹性的特点。⑤最强的多维分析。强大的 OLAP 分析能力，拥有世界最强最快的 OLAP 分析引擎，能与自行开发的 Dashboard 产品完美整合使用。⑥OEM 支持。完整的 SDK 支持，提供超过 4 000 个 API 接口，许多 ISV 或 SI 在项目中，以 MSTR 作为中间件，为应用作最佳的组合和搭配。⑦良好的产品售后服务和技术支持能力。

（5）北京德昂。北京德昂是一家跨海峡两岸，在北京、上海、厦门和台北设有公司的专业商业智能解决方案提供商，公司提供从商业智能项目的前期咨询、商业智能系统的规划、工具的评估和选择、报表和仪表盘需求的梳理和规划、数据仓库和集市的设计和实施、报表和分析系统的设计、实施和上线的整体实施服务。德昂公司在能源、保险、证券、零售、地产和企业客户中率先实施移动商业智能解决方案，并且可以提供下列类似主题的完整解决方案：集团决策支持系统或者管理决策驾驶舱、财务部门的财务数据中心、制造业的采购 BI、石油石化行业的移动决策支持系统、运营管理决策支持系统、零售行业的市场营销和奖金自动化系统等。

德昂是全球领先的商业智能平台 Microstrategy 和 Pervasive 在中国的分销代理；并结合 Sapbpc，IBM Data Modeler、Infromatica 等工具产品，打包成完整的商业智能解决方案；同时，针对 Microstrategy 产品提供完整的架构设计、建模服务、效能调优、报表和仪表盘开发、产品支持、二次开发支持和维保服务。除了直接面向最终客户，德昂也一直专注于建立一个良好的 BI 支持服务平台，协助国内各行各业的集成商（SI）和软件开发商（ISV）在项目或其应用产品中使用 BI 工具，以便提升其产品和解决方案的价值。

12. 发展趋势

（1）自助分析服务依然是优先的 BI 工具以及特殊的报表工具。自助分析将依然是一种趋势。在过去的几年中，大型企业的 IT 部门看好即将到来的商业需求，将不会支持手动。工作人员经常要求信息以一种即时和随机应变的方式来更有效地支持商业决策。在这种情况下，BI 厂商需要保持平衡的自助服务功能，来允许信息工作者构建和发布他们自己的 BI 应用程序，同时允许 IT 部门来控制完整的使用平台。

（2）企业将会继续使用多个 BI 工具代替单一的平台。世界领先级的 Forrester 咨询公司也提到，每个企业不会致力于一个或是所有的 BI 工具。将会朝更加灵活的框架发展，这里的灵活是使用很多的 BI 工具，而不是使用一个固定的使用平台。更加重要的是，很多的企业意识到整个和几种现有的 BI 工具已经不再是一个全球化的解决方案。

（3）无处不在的移动平台的传播不再是一个创新，要求和必须满足任何类型的 BI 工具或是平台，除了自助服务和个性化的 BI。移动客户端的速度将会快速增长，同时网页商业标准准备用 HTML5 技术堆栈来支配现有的移动本地化应用程序框架。iPad、iPhone、Android 以及各种各样的全球化消费化将会使得企业所有的平台，使得这个标准变成更加复杂的任务。根据 Forrester 的研究报告，24% 的企业已经在试点项目上使用了移动 BI 应用程序，37% 已经考虑在未来采用。所有的 BI 工具需要支持可用的移动平台来保持竞争力，因为人们不会放弃 iPad 对于来自 PC 风格的简单工作方式，尤其是在操作和执行层面上。

7.2 OLAP 工具

联机分析处理（OLAP）的概念最早是由关系数据库之父 E. F. Codd 于 1993 年提出的，他同时提出了关于 OLAP 的准则。OLAP 的提出引起了很大的反响，OLAP 作为一类产品同联机事务处理（OLTP）明显区分开来。

当今的数据处理大致可以分成两大类：联机事务处理（On - Line Transaction Processing，OLTP）、联机分析处理（On - Line Analytical Processing，OLAP）。OLTP 是传统的关系型数据库的主要应用，主要是基本的、日常的事务处理，如银行交易。OLAP 是数据仓库系统的主要应用，支持复杂的分析操作，侧重决策支持，并且提供直观易懂的查询结果。

OLAP 是使分析人员、管理人员或执行人员能够从多角度对信息进行快速、一致、交互地存取，从而获得对数据的更深入了解的一类软件技术。OLAP 的目标是满足决策支持或者满足在多维环境下特定的查询和报表需求，它的技术核心是"维"这个概念。

"维"是人们观察客观世界的角度，是一种高层次的类型划分。"维"一般包含着层次关系，这种层次关系有时会相当复杂。通过把一个实体的多项重要的属性定义为多个维（Dimension），使用户能对不同维上的数据进行比较。因此 OLAP 也可以说是多维数据分析工具的集合。

OLAP 的基本多维分析操作有钻取（Roll – up 和 Drill – down）、切片（Slice）和切块（Dice），以及旋转（Pivot）等。钻取是改变维的层次，变换分析的粒度。它包括向上钻取（Rollup）和向下钻取（Drill – down）。rollup 是在某一维上将低层次的细节数据概括到高层次的汇总数据，或者减少维数。而 Drill – down 则相反，它从汇总数据深入细节数据进行观察或增加新维。切片和切块是在一部分维上选定值后，关心度量数据在剩余维上的分布。如果剩余的维只有两个，则是切片；如果有三个，则是切块。

旋转是变换维的方向，即在表格中重新安排维的放置（如行列互换）。

（1）OLAP 有多种实现方法，根据存储数据的方式不同可以分为 ROLAP、MOLAP、HO-LAP。ROLAP 表示基于关系数据库的 OLAP 实现（Relational OLAP）。以关系数据库为核心，以关系型结构进行多维数据的表示和存储。ROLAP 将多维数据库的多维结构划分为两类表：一类是事实表，用来存储数据和维关键字；另一类是维表，即对每个维至少使用一个表来存放维的层次、成员类别等维的描述信息。维表和事实表通过主关键字和外关键字联系在一起，形成了"星型模式"。对于层次复杂的维，为避免冗余数据占用过大的存储空间，可以使用多个表来描述，这种星型模式的扩展称为"雪花模式"。

（2）MOLAP 表示基于多维数据组织的 OLAP 实现（Multidimensional OLAP）。以多维数据组织方式为核心，也就是说，MOLAP 使用多维数组存储数据。多维数据在存储中将形成"立方块（Cube）"的结构，在 MOLAP 中对"立方块"的"旋转""切块""切片"是产生多维数据报表的主要技术。

（3）HOLAP 表示基于混合数据组织的 OLAP 实现（Hybrid OLAP）。如低层是关系型的，高层是多维矩阵型的，这种方式具有更好的灵活性。还有其他的一些实现 OLAP 的方法，如提供一个专用的 SQL Server，对某些存储模式（如星型、雪片型）提供对 SQL 查询的特殊支持。

OLAP 工具是针对特定问题的联机数据访问与分析。它通过多维的方式对数据进行分析、查询和报表。维是人们观察数据的特定角度。例如，一个企业在考虑产品的销售情况时，通常从时间、地区和产品的不同角度来深入观察产品的销售情况。这里的时间、地区和产品就是维。而这些维的不同组合和所考察的度量指标构成的多维数组则是 OLAP 分析的基础，可形式化表示为（维1，维2，……，维 n，度量指标），如（地区、时间、产品、销售额）。多维分析是指对以多维形式组织起来的数据采取切片（Slice）、切块（Dice）、钻取（Drill – down 和 Roll – up）、旋转（Pivot）等各种分析动作，以求剖析数据，使用户能从多个角度、多侧面地观察数据库中的数据，从而深入理解包含在数据中的信息。

根据综合性数据的组织方式的不同，目前常见的 OLAP 主要有基于多维数据库的 MO-LAP 及基于关系数据库的 ROLAP 两种。MOLAP 是以多维的方式组织和存储数据，ROLAP 则利用现有的关系数据库技术来模拟多维数据。在数据仓库应用中，OLAP 应用一般是数据仓库应用的前端工具，同时 OLAP 工具还可以同数据挖掘工具、统计分析工具配合使用，增强决策分析功能。

7.3　决策支持系统

决策支持系统（Decision Support System，DSS），是以管理科学、运筹学、控制论和行为科学为基础，以计算机技术、仿真技术和信息技术为手段，针对半结构化的决策问题，支持决策活动的具有智能作用的人机系统。该系统能够为决策者提供所需的数据、信息和背景资料，帮助明确决策目标和进行问题的识别，建立或修改决策模型，提供各种备选方案，并且对各种方案进行评价和优选，通过人机交互功能进行分析、比较和判断，为正确的决策提供必要的支持。它通过与决策者的一系列人机对话过程，为决策者提供各种可靠方案，检验决策者的要求和设想，从而达到支持决策的目的。

决策支持系统一般由交互语言系统、问题系统以及数据库、模型库、方法库、知识库管理系统组成。在某些具体的决策支持系统中，也可以没有单独的知识库及其管理系统，但模型库和方法库通常则是必需的。由于应用领域和研究方法不同，导致决策支持系统的结构有多种形式。

决策支持系统强调的是对管理决策的支持，而不是决策的自动化，它所支持的决策可以是任何管理层次上的，如战略级、战术级或执行级的决策。

1. 发展历史

自从 20 世纪 70 年代决策支持系统概念被提出以来，决策支持系统已经得到很大的发展。

1980 年 Sprague 提出了决策支持系统三部件结构（对话部件、数据部件、模型部件），明确了决策支持系统的基本组成，极大地推动了决策支持系统的发展。

20 世纪 80 年代末 90 年代初，决策支持系统开始与专家系统（Expert System，ES）相结合，形成智能决策支持系统（Intelligent Decision Support System，IDSS）。智能决策支持系统充分发挥了专家系统以知识推理形式解决定性分析问题的特点，又发挥了决策支持系统以模型计算为核心的解决定量分析问题的特点，充分做到了定性分析和定量分析的有机结合，使得解决问题的能力和范围得到了一个大的发展。智能决策支持系统是决策支持系统发展的一个新阶段。20 世纪 90 年代中期出现了数据仓库（Data Warehouse，DW）、联机分析处理（On – Line Analysis Processing，OLAP）和数据挖掘（Data Mining，DM）新技术，DW + OLAP + DM 逐渐形成新决策支持系统的概念，为此，将智能决策支持系统称为传统决策支持系统。新决策支持系统的特点是从数据中获取辅助决策信息和知识，完全不同于传统决策支持系统用模型和知识辅助决策。传统决策支持系统和新决策支持系统是两种不同的辅助决策方式，两者不能相互代替，更应该是互相结合。

把数据仓库、联机分析处理、数据挖掘、模型库、数据库、知识库结合起来形成的决策支持系统，即将传统决策支持系统和新决策支持系统结合起来的决策支持系统是更高级形式的决策支持系统，称为综合决策支持系统（Synthetic Decision Support System，SDSS）。综合决策支持系统发挥了传统决策支持系统和新决策支持系统的辅助决策优势，实现更有效的辅助决策。综合决策支持系统是今后的发展方向。

由于 Internet 的普及，网络环境的决策支持系统将以新的结构形式出现。决策支持系统的决策资源，如数据资源、模型资源、知识资源，将作为共享资源，以服务器的形式在网络上提供并发共享服务，为决策支持系统开辟一条新路。网络环境的决策支持系统是决策支持系统的发展方向。

知识经济时代的管理——知识管理（Knowledge Management，KM）与新一代 Internet 技术——网格计算，都与决策支持系统有一定的关系。知识管理系统强调知识共享，网格计算强调资源共享。决策支持系统是利用共享的决策资源（数据、模型、知识）辅助解决各类决策问题，基于数据仓库的新决策支持系统是知识管理的应用技术基础。在网络环境下的综合决策支持系统将建立在网格计算的基础上，充分利用网格上的共享决策资源，达到随需应变的决策支持。

2. 决策支持系统的特征及组成

（1）主要针对管理人员经常面临的结构化程度不高、说明不够充分的问题。

（2）把模型或分析技术与传统的数据存取及检索技术结合起来。

（3）易于为非计算机专业人员以交互会话的方式使用。

（4）强调对环境及用户决策方法改变的灵活性和适应性。

（5）支持但不是代替高层管理者制定决策。

系统只是支持用户而不是代替其判断。因此，系统并不提供所谓"最优"的解，而是给出一类满意解，让用户自行决断。同时，系统并不要求用户给出一个预先定义好的决策过程。

系统所支持的主要对象是半结构化和非结构化的决策（即不能完全用数学模型、数学公式来求解）。它的一部分分析可由计算机自动进行，但需要用户的监视和及时参与。

采用人机对话的有效形式解决问题，充分利用人的丰富经验，计算机的高速处理及存贮量大的特点，各取所长，有利于问题的解决。

决策支持系统的组成有：模型库及其管理系统；交互式计算机硬件及软件；数据库及其管理系统；图形及其高级显示装置；对用户友好的建模语言。

用户通过交互语言系统把问题的描述和要求输入决策支持系统。交互语言系统对此进行识别和解释。问题处理系统通过知识库系统和数据库系统收集与该问题的有关的各种数据、信息和知识，据此对该问题进行识别、判定问题的性质和求解过程；通过模型库系统集成构造解题所需的规则模型或数学模型，对该模型进行分析鉴定；在方法库中识别进行模型求解所需算法并进行模型求解，对所得结果进行分析评价。最后通过语言系统对结果进行解释，输出具有实际含义、用户可以理解的形式。

（1）网络/系统基础架构。由基本软、硬件系统构成，如交换机、路由器、主机设备、操作系统、数据管理系统等，该基础架构为所有的高级管理系统提供服务的同时，还实现基本的信息服务功能。

（2）业务管理系统。正在运行的应用，如各种基于关系数据库的事务性应用、办公自动化管理应用等，实现政府日常的业务处理，这些系统所处理的数据是数据仓库的数据源。数据源的类型包括关系数据库、办公数据、平面文件等。

（3）数据仓库管理系统。实现数据分析、统计、查询、信息挖掘、辅助决策支持等功能。数据仓库管理系统由关系数据库管理系统作为支撑系统，其管理的数据源自对业务数据的抽取，数据抽取的方法包括数据复制、数据抽取网关等。

3. 决策支持系统的数据交换模式

（1）数据仓库管理系统与数据网关程序之间交换。

（2）数据仓库管理系统与业务数据库管理系统之间交换。

（3）数据仓库管理系统直接提取数据（如平面文件数据、办公数据）。数据仓库由面向不同主题的数据集市构成。

（4）联机分析系统。实现分析、统计、查询、信息挖掘、趋势分析、辅助决策支持等功能。

（5）中间件、Web 及应用服务系统。实现三层结构的应用逻辑部分。

（6）数据仓库客户端应用。实现三层结构的应用表示逻辑，提供数据仓库系统的用户接口服务。客户端应用可以通过中间件、应用服务器及 Web 访问数据仓库应用，也可以直接通过 OLAP 服务实现。

（7）网络/系统管理。实现完整的网络及系统管理，管理的范围涉及系统的各个层次。如安全管理；备份、存储、恢复管理；开发管理；数据管理；监控管理等。

4. 决策分类

（1）群决策支持系统（GDSS）。群决策支持系统可提供三个级别的决策支持：

第一层次的 GDSS 旨在减少群体决策中决策者之间的通信，沟通信息，消除交流的障碍，如及时显示各种意见的大屏幕，投票表决和汇总设备，无记名的意见和偏爱的输入，成员间的电子信息交流等。其目的是通过改进成员间的信息交流来改进决策过程，通常所说的"电子会议系统"就属于这一类。

第二层次的 GDSS 提供善于认识过程和系统动态的结构技术，决策分析建模和分析判断方法的选择技术。这类系统中的决策者往往面对面地工作，共享信息资源，共同制订行动计划。

第三层次的 GDSS 的主要特征是将上述两个层次的技术结合起来，用计算机来启发、指导群体的通信方式，包括专家咨询和会议中规则的智能安排。

（2）分布式决策支持系统（DDSS）。DDSS 是由多个物理分离的信息处理特点构成的计算机网络，网络的每个节点至少含有一个决策支持系统或具有若干辅助决策的功能。与一般的决策支持系统相比，DDSS 有以下一些特征：DDSS 是一类专门设计的系统，能支持处于不同节点的多层次的决策，提供个人支持、群体支持和组织支持；不仅能从一个节点向其他节点提供决策，还能提供对结果的说明和解释，有良好的资源共享；能为节点间提供交流机制和手段，支持人机交互、机机交互和人与人交互；具有处理节点间可能发生的冲突的能力，能协调各节点的操作，既有严格的内部协议，又是开放性的，允许系统或节点方便地扩展，同时系统内的节点作为平等成员而不形成递阶结构，每个节点享有自治权。

（3）智能决策支持系统（IDSS）。智能决策支持系统是决策支持系统（DSS）与人工智能（AI）相结合的产物，其设计思想着重研究把 AI 的知识推理技术和 DSS 的基本功能模块有机地结合起来。有的 DSS 已融进了启发式搜索技术，这就是人工智能方法在 DSS 中的初步实现。将人工智能技术引入决策支持系统主要有两方面原因：第一，人工智能因可以处理定性的、近似的或不精确的知识而引入 DSS 中；第二，DSS 的一个共同特征是交互性强，这就要求使用更方便，并在接口水平和在进行的推理上更为"透明"。人工智能在接口水平，尤其是对话功能上对此可以作出有益的贡献，如自然语言的研究使用使 DSS 能用更接近于用户的语言来实现接口功能。

（4）智能—交互—集成化决策支持系统（3 IDSS）。随着 DSS 应用范围的不断扩大，应用层次的逐渐提高，DSS 已进入区域性经济社会发展战略研究、大型企业生产经营决策等领域的决策活动中来，这些决策活动不仅涉及经济活动各个方面、经营管理的各个层次，而且各种因素互相关联，决策环境更加错综复杂。对于省、市、县等发展战略规划方面的应用领域，决策活动还受政治、社会、文化、心理等因素不同程度的影响，且可供使用的信息又不够完善、精确，这些都给 DSS 系统的建设造成了很大的困难。在这种情况下，一种新型的、面向决策者、面向决策过程的综合性决策支持系统产生了，即智能—交互—集成化决策支持系统（Intelligent, Interactive and Integrated DSS, 3 IDSS）。

5. 决策支持系统的优点

（1）集成化。在这种情况下，采用单一的以信息为基础的系统，或以数学模型为基础的系统，或以知识、规则为基础的系统，都难以满足上述这些领域的决策活动的要求。这就需要在面向问题的前提下，将系统分析、运筹学方法、计算机技术、知识工程、人工智能等有机地结合起来，发挥各自的优势，实现决策支持过程的集成化。

（2）交互性。决策支持系统的核心内容是人机交互。为了帮助决策者处理半结构化和非结构化的问题，认定目标和环境约束，进一步明确问题，产生决策方案和对决策方案进行综合评价，系统应具备更强的人机交互能力，形成交互式系统（Interactive systems）。

（3）智能化。决策支持系统在处理难以定量分析的问题时，需要使用知识工程、人工智能方法和工具，这就是决策支持系统的智能化（Intelligent）。

6. 决策层

（1）基础数据及事务处理层。事务处理层是应用软件中最基础的层次，也是最为庞大和烦琐的一层，所采集的信息是大量的业务基础数据，如宏观经济、农业信息数据库，人口统计数据库、政策法规库、企业产品库。

另外，还包括对各类数据进行分析、统计、查询等事务处理的应用系统，如月度、季度、年度等宏观经济监测系统、预警分析系统，宏观经济跟踪、预测、预警系统等。

在决策支持系统中需要对该层的信息系统进行分类、加工和整理，形成决策支持系统中的元数据。

（2）统计分析管理监控层。根据由业务基础数据经过抽取或加工后所形成的信息，对其业务范围内的业务情况进行信息查询、信息分析、监督管理和检查的职能。

在经过抽取和整理的元数据的基础之上，建立各种统计、分析模型，如计量经济模型、多方程时间序列统计模型、神经网络及投入产出模型等。通过模型的定义和开发，利用构成的经济模型，对经济系统中各方面给出全面深入的各种分析结果，包括因素分析、预测和政策模拟。其中要求系统能自动调用和集成不同类型的分析工具，如回归分析和投入产出的自动结合。

（3）辅助决策层。根据统计分析管理监控层的各种分析模型，进行多维的、更为复杂的综合分析和计算，从中发现各种趋势（如人口增长趋势、宏观经济趋势预测等），发现异常情况，得到重要细节，找出内在规律，为各级领导的决策业务提供切实有效的帮助。

每一个业务系统都包含针对其相应业务（如人口、宏观经济、农业、外商投资、政策法规、企业产品等）的辅助决策子系统。

7.4　大数据挖掘

数据挖掘（Datamining）又称为资料探勘、数据采矿。它是数据库知识发现（Knowledge – Discoveryin Databases，KDD）中的一个步骤。数据挖掘一般是指从大量的数据中通过算法搜索隐藏于其中信息的过程。数据挖掘通常与计算机科学有关，并通过统计、在线分析处理、情报检索、机器学习、专家系统（依靠过去的经验法则）和模式识别等诸多方法来实现上述目标。

需要是发明之母。近年来，数据挖掘引起了信息产业界的极大关注，其主要原因是存在大量数据，可以广泛使用，并且迫切需要将这些数据转换成有用的信息和知识。获取的信息和知识可以广泛用于各种应用，包括商务管理、生产控制、市场分析、工程设计和科学探索等。

数据挖掘利用了以下一些领域的思想：①来自统计学的抽样、估计和假设检验；②人工智能、模式识别和机器学习的搜索算法、建模技术和学习理论。数据挖掘也迅速地接纳了来自其他领域的思想，这些领域包括最优化、进化计算、信息论、信号处理、可视化和信息检索。一些其他领域也起到重要的支撑作用，特别是需要数据库系统提供有效的存储、索引和查询处理支持。源于高性能（并行）计算的技术在处理海量数据集方面常常是重要的。分布式技术也能帮助处理海量数据，并且当数据不能集中到一起处理时更是至关重要。

1. 数据挖掘的发展阶段

第一阶段：电子邮件阶段。这个阶段可以认为从 20 世纪 70 年代开始，平均的通信量以每年几倍的速度增长。

第二阶段：信息发布阶段。从 1995 年起，以 Web 技术为代表的信息发布系统，爆炸式地成长起来，成为目前 Internet 的主要应用。

第三阶段：EC（Electronic Commerce），即电子商务阶段。EC 在美国也才刚刚开始，之所以把 EC 列为一个划时代的东西，是因为 Internet 的最终主要商业用途，就是电子商务。反过来也可以说，若干年后的商业信息，主要通过 Internet 传递。Internet 即将成为这个商业信息社会的神经系统。1997 年年底在加拿大温哥华举行的第五次亚太经合组织非正式首脑会议（APEC）上，美国总统克林顿提出敦促各国共同促进电子商务发展的议案，引起了全球首脑的关注，IBM、HP 和 Sun 等国际著名的信息技术厂商已经宣布 1998 年为电子商务元年。

第四阶段：全程电子商务阶段。随着 SaaS（Software as a Service）软件服务模式的出现，软件纷纷登录互联网，延长了电子商务链条，形成了当下最新的"全程电子商务"概念模式，也因此形成了一门独立的学科——数据挖掘与客户关系管理硕士。

2. 数据挖掘的分析方法

（1）分类。首先从数据中选出已经分好类的训练集，在该训练集上运用数据挖掘分类的技术，建立分类模型，对于没有分类的数据进行分类。

（2）估计（Estimation）。估计与分类类似，不同之处在于，分类描述的是离散型变量的输出，而估值处理连续值的输出；分类的类别是确定数目的，估值的量是不确定的。例如根据购买模式，估计一个家庭的孩子个数；根据购买模式，估计一个家庭的收入；估计 realestate 的价值。一般来说，估值可以作为分类的前一步工作。给定一些输入数据，通过估值，得到未知的连续变量的值，然后根据预先设定的阈值，进行分类。例如，银行对家庭贷款业务，运用估值，给各个客户记分（Score 0～1），然后根据阈值，将贷款级别分类。

（3）预测（Prediction）。通常预测是通过分类或估值起作用的，也就是说，通过分类或估值得出模型，该模型用于对未知变量的预言。从这种意义上说，预言其实没有必要分为一个单独的类。预言的目的是对未来未知变量的预测，这种预测是需要时间来验证的，即必须经过一定时间后，才知道预言准确性是多少。

（4）相关性分组或关联规则（Affinity grouping or association rules）。决定哪些事情将一起发生。例如超市中客户在购买 A 的同时，经常会购买 B，即 A⇒B（关联规则）；客户在购买 A 后，隔一段时间，会购买 B（序列分析）。

（5）聚类（Clustering）。聚类是对记录分组，把相似的记录在一个聚集里。聚类和分类的区别是聚集不依赖于预先定义好的类，不需要训练集。例如一些特定症状的聚集可能预示了一个特定的疾病；租 VCD 类型不相似的客户聚集，可能暗示成员属于不同的亚文化群。

聚集通常作为数据挖掘的第一步。例如，"哪一种类的促销对客户响应最好？"对于这一类问题，首先对整个客户做聚集，将客户分组在各自的聚集里，然后针对每个不同的聚集回答问题，可能效果更好。

（6）描述和可视化（Description and Visualization）。描述和可视化是对数据挖掘结果的表示方式。一般只是指数据可视化工具，是报表工具和商业智能分析产品（BI）的统称。譬如通过 Yonghong Z - Suite 等工具进行数据的展现、分析、钻取，将数据挖掘的分析结果更形象、深刻地展现出来。

根据以往的经验，数据挖掘遵循着一些规律：①目标律，业务目标是所有数据解决方案的源头；②知识律，业务知识是数据挖掘过程每一步的核心；③准备律，数据预处理比数据挖掘其他任何一个过程都重要；④试验律（NFL 律，No Free Lunch），对于数据挖掘者来说，天下没有免费的午餐，一个正确的模型只有通过试验（experiment）才能被发现；⑤模式律（大卫律），数据中总含有模式；⑥洞察律，数据挖掘增大对业务的认知；⑦预测律，预测提高了信息泛化能力；⑧价值律，数据挖掘的结果的价值不取决于模型的稳定性或预测的准确性；⑨变化律，所有的模式因业务变化而变化。

3. 关联规则

（1）规则定义。在描述有关关联规则的一些细节之前，先来看一个有趣的故事：尿布与啤酒。

在一家超市里，有一个有趣的现象：尿布和啤酒赫然摆在一起出售。这个奇怪的举措却使尿布和啤酒的销量双双增加了。这不是一个笑话，而是发生在美国沃尔玛连锁店超市的真实案例，并一直为商家所津津乐道。沃尔玛拥有世界上最大的数据仓库系统，为了能够准确了解顾客在其门店的购买习惯，沃尔玛对其顾客的购物行为进行购物篮分析，想知道顾客经常一起购买的商品有哪些。沃尔玛数据仓库里集中了其各门店的详细原始交易数据。在这些原始交易数据的基础上，沃尔玛利用数据挖掘方法对这些数据进行分析和挖掘。一个意外的发现是：跟尿布一起购买最多的商品竟是啤酒！经过大量实际调查和分析，揭示了隐藏在尿布与啤酒背后的美国人的一种行为模式：在美国，一些年轻的父亲下班后经常要到超市去买婴儿尿布，而他们中有 30% ~ 40% 的人同时也为自己买一些啤酒。产生这一现象的原因是：美国的太太们常叮嘱她们的丈夫下班后为小孩买尿布，而丈夫们在买尿布后又随手带回了他们喜欢的啤酒。

按常规思维，尿布与啤酒风马牛不相及，若不是借助数据挖掘技术对大量交易数据进行挖掘分析，沃尔玛是不可能发现数据内在这一有价值的规律的。

数据关联是数据库中存在的一类重要的可被发现的知识。若两个或多个变量的取值之间存在某种规律性，就称为关联。关联可分为简单关联、时序关联、因果关联。关联分析的目的是找出数据库中隐藏的关联网。有时人们并不知道数据库中数据的关联函数，即使知道也是不确定的，因此关联分析生成的规则带有可信度。关联规则挖掘发现大量数据中项集之间有趣的关联或相关联系。Agrawal 等于 1993 年首先提出了挖掘顾客交易数据库中项集间的关联规则问题，以后诸多的研究人员对关联规则的挖掘问题进行了大量的研究。他们的工作包括对原有的算法进行优化，如引入随机采样、并行的思想等，以提高算法挖掘规则的效率；对关联规则的应用进行推广。关联规则挖掘在数据挖掘中是一个重要的课题，最近几年已被业界广泛研究。

（2）过程。关联规则挖掘过程主要包含两个阶段：第一阶段必须先从资料集合中找出所有的高频项目组（Frequent Itemsets），第二阶段再由这些高频项目组中产生关联规则（Association Rules）。

关联规则挖掘的第一阶段必须从原始资料集合中，找出所有高频项目组（Large Itemsets）。高频的意思是指某一项目组出现的频率相对于所有记录而言，必须达到某一水平。一项目组出现的频率称为支持度（Support），以一个包含 A 与 B 两个项目的 2 - itemset 为例，可以经由公式 Support（A - > B）= P（A∪B）求得包含 {A, B} 项目组的支持度，若支持度大于或等于所设定的最小支持度（Minimum Support）门槛值时，则 {A, B} 称为高频项目组。一个满足最小支持度的 k - itemset，则称为高频 k - 项目组（Frequent k - itemset），一般表示为 Large k 或 Frequent k。算法并从 Large k 的项目组中再产生 Large k + 1，直到无法再找到更长的高频项目组为止。

关联规则挖掘的第二阶段是要产生关联规则（Association Rules）。从高频项目组产生关联规则，是利用前一步骤的高频 k - 项目组来产生规则，在最小信赖度（Minimum Confidence）的条件门槛下，若一规则所求得的信赖度满足最小信赖度，称此规则为关联规则。例如，经由高频 k - 项目组 {A, B} 所产生的规则 AB，其信赖度可经由公式 Support（A - > B）= P（A∪B）求得，若信赖度大于或等于最小信赖度，则称 AB 为关联规则。

就沃尔玛案例而言，使用关联规则挖掘技术，对交易资料库中的记录进行资料挖掘，首先必须设定最小支持度与最小信赖度两个门槛值，在此假设最小支持度 min_ support = 5% 且最小信赖度 min_ confidence = 70%。因此符合该超市需求的关联规则将必须同时满足以上两个条件。若经过挖掘过程所找到的关联规则"尿布，啤酒"满足下列条件，将可接受

"尿布，啤酒"的关联规则。用公式可以描述 Support（尿布，啤酒）≥5% 且 Confidence（尿布，啤酒）≥70%。其中，Support（尿布，啤酒）≥5% 于此应用范例中的意义为：在所有的交易记录资料中，至少有 5% 的交易呈现尿布与啤酒这两项商品被同时购买的交易行为。Confidence（尿布，啤酒）≥70% 于此应用范例中的意义为：在所有包含尿布的交易记录资料中，至少有 70% 的交易会同时购买啤酒。因此，今后若有某消费者出现购买尿布的行为，超市将可推荐该消费者同时购买啤酒。这个商品推荐行为则是根据"尿布，啤酒"关联规则，因为就该超市过去的交易记录而言，支持了"大部分购买尿布的交易，会同时购买啤酒"的消费行为。

从上面的介绍还可以看出，关联规则挖掘通常比较适用于记录中的指标取离散值的情况。如果原始数据库中的指标值是取连续的数据，则在关联规则挖掘之前应该进行适当的数据离散化（实际上就是将某个区间的值对应于某个值），数据的离散化是数据挖掘前的重要环节，离散化的过程是否合理将直接影响关联规则的挖掘结果。

按照不同情况，关联规则可以进行如下分类：

（1）基于规则中处理的变量的类别，关联规则可以分为布尔型和数值型。布尔型关联规则处理的值都是离散的、种类化的，它显示了这些变量之间的关系；数值型关联规则可以和多维关联或多层关联规则结合起来，对数值型字段进行处理，将其进行动态的分割，或者直接对原始的数据进行处理，当然数值型关联规则中也可以包含种类变量。例如，性别 = "女"⇒职业 = "秘书"，是布尔型关联规则；性别 = "女"⇒avg（收入）= 2 300，涉及的收入是数值类型，所以是一个数值型关联规则。

（2）基于规则中数据的抽象层次，关联规则可以分为单层关联规则和多层关联规则。在单层关联规则中，所有的变量都没有考虑到现实的数据是具有多个不同的层次的；在多层关联规则中，对数据的多层性已经进行了充分的考虑。例如，IBM 台式机⇒Sony 打印机，是一个细节数据上的单层关联规则；台式机⇒Sony 打印机，是一个较高层次和细节层次之间的多层关联规则。

（3）基于规则中涉及的数据的维数，关联规则可以分为单维关联规则和多维关联规则。在单维关联规则中，只涉及数据的一个维，如用户购买的物品；在多维关联规则中，要处理的数据将会涉及多个维。换句话说，单维关联规则是处理单个属性中的一些关系；多维关联规则是处理各个属性之间的某些关系。例如，啤酒⇒尿布这条规则只涉及用户购买的物品；性别 = "女"⇒职业 = "秘书"，这条规则就涉及两个字段的信息，是两个维上的一条关联规则。

4. 数据挖掘的算法

（1）Apriori 算法。使用候选项集找频繁项集。Apriori 算法是一种最有影响的挖掘布尔关联规则频繁项集的算法。其核心是基于两阶段频集思想的递推算法。该关联规则在分类上属于单维、单层、布尔关联规则。在这里，所有支持度大于最小支持度的项集称为频繁项集，简称频集。

该算法的基本思想是：首先找出所有的频集，这些项集出现的频繁性至少和预定义的最小支持度一样。然后由频集产生强关联规则，这些规则必须满足最小支持度和最小可信度。然后使用第 1 步找到的频集产生期望的规则，产生只包含集合的项的所有规则，其中每一条规则的右部只有一项，这里采用的是中规则的定义。一旦这些规则被生成，那么只有那些大于用户给定的最小可信度的规则才被留下来。为了生成所有频集，使用了递推的方法。

可能产生大量的候选集以及可能需要重复扫描数据库，是 Apriori 算法的两大缺点。

（2）基于划分的算法。Savasere 等设计了一个基于划分的算法。这个算法先把数据库从逻辑上分成几个互不相交的块，每次单独考虑一个分块并对它生成所有的频集，然后把产生的频集合并，用来生成所有可能的频集，最后计算这些项集的支持度。这里分块的大小选择要使每个分块可以被放入主存，每个阶段只需被扫描一次。而算法的正确性是由每一个可能的频集至少在某一个分块中是频集保证的。该算法是可以高度并行的，可以把每一分块分别分配给某一个处理器生成频集。产生频集的每一个循环结束后，处理器之间进行通信来产生全局的候选项集。通常这里的通信过程是算法执行时间的主要瓶颈；另一方面，每个独立的处理器生成频集的时间也是一个瓶颈。

（3）FP - 树频集算法。针对 Apriori 算法的固有缺陷，J. Han 等提出了不产生候选挖掘频繁项集的方法——FP - 树频集算法。采用分而治之的策略，在经过第一遍扫描之后，把数据库中的频集压缩进一棵频繁模式树（FP - tree），同时依然保留其中的关联信息，随后再将 FP - tree 分化成一些条件库，每个库和一个长度为1的频集相关，再对这些条件库分别进行挖掘。当原始数据量很大的时候，也可以结合划分的方法，使一个 FP - tree 可以放入主存中。试验表明，FP - growth 对不同长度的规则都有很好的适应性，同时在效率上较之 Apriori 算法有巨大的提高。

就目前而言，关联规则挖掘技术已经被广泛应用在西方金融行业企业中，它可以成功预测银行客户需求。一旦获得了这些信息，银行就可以改善自身营销。现在银行天天都在开发新的沟通客户的方法。各银行在自己的 ATM 上就捆绑了顾客可能感兴趣的本行产品信息，供使用本行 ATM 的用户了解。如果数据库中显示，某个高信用限额的客户更换了地址，这个客户很有可能新近购买了一栋更大的住宅，因此会有可能需要更高的信用限额、更高端的新信用卡，或者需要一个住房改善贷款，这些产品都可以通过信用卡账单邮寄给客户。当客户打电话咨询的时候，数据库可以有力地帮助电话销售代表。销售代表的计算机屏幕上可以显示出客户的特点，也可以显示出顾客会对什么产品感兴趣。

同时，一些知名的电子商务站点也从强大的关联规则挖掘中受益。这些电子购物网站使用关联规则中规则进行挖掘，然后设置用户有意要一起购买的捆绑包。也有一些购物网站使用它们设置相应的交叉销售，也就是购买某种商品的顾客会看到相关的另外一种商品的广告。

但是目前在我国，"数据海量，信息缺乏"是商业银行在数据大集中之后普遍所面对的尴尬。目前金融业实施的大多数数据库只能实现数据的录入、查询、统计等较低层次的功能，却无法发现数据中存在的各种有用的信息，譬如对这些数据进行分析，发现其数据模式及特征，然后可能发现某个客户、消费群体或组织的金融和商业兴趣，并可观察金融市场的变化趋势。可以说，关联规则挖掘的技术在我国的研究与应用并不是很广泛、深入。

近年来，电信业从单纯的语音服务演变为提供多种服务的综合信息服务商。随着网络技术和电信业务的发展，电信市场竞争也日趋激烈，电信业务的发展提出了对数据挖掘技术的迫切需求，以便帮助理解商业行为，识别电信模式，捕捉盗用行为，更好地利用资源，提高服务质量并增强自身的竞争力。下面运用一些简单的实例说明如何在电信行业使用数据挖掘技术。可以使用上面提到的 K 均值、EM 等聚类算法，针对运营商积累的大量用户消费数据建立客户分群模型，通过客户分群模型对客户进行细分，找出有相同特征的目标客户群，然后有针对性地进行营销。而且聚类算法也可以实现离群点检测，即在对用户消费数据进行聚类的过程中，发现一些用户的异常消费行为，据此判断这些用户是否存在欺诈行为，决定是否采取防范措施。可以使用上面提到的 C4.5、SVM 和贝叶斯等分类算法，针对用户的行为数据，对用户进行信用等级评定，对于信用等级好的客户可以给予某些优惠服务等，而信用等级差的用户则不能享受促销等优惠。可以使用与预测相关的算法，对电信客户的网络使用和客户投诉数据进行建模，建立预测模型，预测大客户离网风险，采取激励和挽留措施防止客户流失。可以使用相关分析找出选择了多个套餐的客户在套餐组合中的潜在规律，哪些套餐容易被客户同时选取，例如，选择了流量套餐的客户中大部分选择了彩铃业务，然后基于相关性的法则，对选择流量但是没有选择彩铃的客户进行交叉营销，向他们推销彩铃业务。

由于许多应用问题往往比超市购买问题更复杂，大量研究从不同的角度对关联规则做了扩展，将更多的因素集成到关联规则挖掘方法中，以此丰富关联规则的应用领域，拓宽支持管理决策的范围。如考虑属性之间的类别层次关系、时态关系、多表挖掘等。近年来围绕关联规则的研究主要集中于两个方面，即扩展经典关联规则能够解决问题的范围，改善经典关联规则挖掘算法效率和规则兴趣性。

5. 数据挖掘和 OLAP 的区别

一个经常提及的问题是，数据挖掘和 OLAP 到底有何不同？下面将会解释，它们是完全不同的工具，基于的技术也大相径庭。

OLAP 是决策支持领域的一部分。传统的查询和报表工具告诉人们数据库中都有什么（what happened），OLAP 则更进一步告诉人们下一步会怎么样（What next）和如果采取这样的措施又会怎么样（What if）。用户首先建立一个假设，然后用 OLAP 检索数据库来验证这个假设是否正确。比如，一个分析师想找到什么原因导致了贷款拖欠，他可能先做一个初始的假定，认为低收入的人信用度也低，然后用 OLAP 来验证这个假设。如果这个假设没有被证实，他可能去察看那些高负债的账户，如果还不行，他也许要把收入和负债一起考虑，一直进行下去，直到找到他想要的结果或放弃。

也就是说，OLAP 分析师是建立一系列的假设，然后通过 OLAP 来证实或推翻这些假设来最终得到自己的结论。OLAP 分析过程在本质上是一个演绎推理的过程。但是如果分析的变量达到几十或上百个，那么再用 OLAP 手动分析验证这些假设将是一件非常困难和痛苦的事情。

数据挖掘与 OLAP 不同的地方是，数据挖掘不是用于验证某个假定的模式（模型）的正确性，而是在数据库中自己寻找模型，在本质上是一个归纳的过程。比如，一个用数据挖掘工具的分析师想找到引起贷款拖欠的风险因素。数据挖掘工具可能帮他找到高负债和低收入是引起这个问题的因素，甚至还可能发现一些分析师从来没有想过或试过的其他因素，比如年龄。

数据挖掘和 OLAP 具有一定的互补性。在利用数据挖掘出来的结论采取行动之前，你也许要验证一下如果采取这样的行动会给公司带来什么影响，OLAP 工具就能回答这些问题。

在知识发现的早期阶段，OLAP 工具还有其他一些用途。可以帮你探索数据，找到哪些是对一个问题比较重要的变量，发现异常数据和互相影响的变量。这都能帮你更好地理解数据，加快知识发现的过程。

数据挖掘利用了人工智能（AI）和统计分析的进步所带来的好处。这两门学科都致力于模式发现和预测。

数据挖掘不是为了替代传统的统计分析技术。相反，它是统计分析方法学的延伸和扩展。大多数的统计分析技术都基于完善的数学理论和高超的技巧，预测的准确度还是令人满意的，但对使用者的要求很高。而随着计算机计算能力的不断增强，人们有可能利用计算机强大的计算能力通过相对简单和固定的方法完成同样的功能。

一些新兴的技术同样在知识发现领域取得了很好的效果，如神经元网络和决策树，在足够多的数据和计算能力下，它们几乎不用人的关照自动就能完成许多有价值的功能。

数据挖掘就是利用了统计和人工智能技术的应用程序，它把这些高深复杂的技术封装起来，使人们不用自己掌握这些技术也能完成同样的功能，并且更专注于自己所要解决的问题。

6. 相关影响

使数据挖掘这件事情成为可能的关键一点是计算机性价比的巨大进步。在过去的几年里磁盘存储器的价格几乎降低了 99%，这在很大程度上改变了企业界对数据收集和存储的态度。如果每兆的价格是 10 元，那存放 1 TB 的价格是 10 000 000 元，但当每兆的价格降为 1 角时，存储同样的数据只有 100 000 元。

计算机计算能力价格的降低同样非常显著。每一代芯片的诞生都会把 CPU 的计算能力提高一大步。内存 RAM 也同样降价迅速，几年之内每兆内存的价格由几百块钱降到现在只要几块钱。通常 PC 都有 64 M 内存，工作站达到了 256 M，拥有数 G 内存的服务器已经不是什么新鲜事了。

在单个 CPU 计算能力大幅提升的同时，基于多个 CPU 的并行系统也取得了很大的进步。目前几乎所有的服务器都支持多个 CPU，这些 SMP 服务器簇甚至能让成百上千个 CPU 同时工作。

基于并行系统的数据库管理系统也给数据挖掘技术的应用带来了便利。如果有一个庞大而复杂的数据挖掘问题要求通过访问数据库取得数据，效率最高的办法就是利用一个本地的并行数据库。

所有这些都为数据挖掘的实施扫清了道路，随着时间的延续，相信这条道路会越来越平坦。

7. 数据挖掘的常见问题

问题 1：Data Mining 和统计分析有什么不同？

硬要去区分 Data Mining 和 Statistics 的差异其实是不太大。一般将之定义为 Data Mining 技术的 CART、CHAID 或模糊计算等理论方法，也都是由统计学者根据统计理论所发展衍生，换一个角度看，Data Mining 有相当大的比重由高等统计学中的多变量分析所支撑。但是为什么 Data Mining 的出现会引发各领域的广泛注意呢？主要原因在相较于传统统计分析而言，Data Mining 有下列几项特性：①处理大量实际数据更强势，且无须太专业的统计背景使用 Data Mining 的工具；②数据分析趋势为从大型数据库抓取所需数据并使用专属计算机分析软件，Data Mining 的工具更符合企业需求；③纯就理论的基础点来看，Data Mining 和统计分析有应用上的差别，毕竟 Data Mining 的目的是方便企业终端用户使用而非给统计学家检测用的。

问题 2：数据仓库和数据挖掘的关系是什么？

若将 Data Warehousing（数据仓库）比喻作矿坑，Data Mining 就是深入矿坑采矿的工作。毕竟 Data Mining 不是一种无中生有的魔术，也不是点石成金的炼金术，若没有丰富完整的数据，是很难期待 Data Mining 能挖掘出什么有意义的信息的。

要将庞大的数据转换成有用的信息，必须先有效率地收集信息。随着科技的进步，功能完善的数据库系统就成了最好的收集数据的工具。数据仓库，简单地说，就是收集来自其他系统的有用数据，存放在一整合的储存区内。所以它其实就是一个经过处理整合，且容量特别大的关系型数据库，用以储存决策支持系统（Decision Support System）所需的数据，供决策支持或数据分析使用。从信息技术的角度来看，数据仓库的目标是在组织中，在正确的时间，将正确的数据交给正确的人。

许多人对于 Data Warehousing 和 Data Mining 时常混淆，不知如何分辨。其实，数据仓库是数据库技术的一个新主题，利用计算机系统帮助人们操作、计算和思考，让作业方式改变，决策方式也跟着改变。

数据仓库本身是一个非常大的数据库，它储存着由组织作业数据库中整合而来的数据，特别是指事务处理系统 OLTP（On-Line Transaction Processing）所得来的数据。将这些整合过的数据置放于数据仓库中，而公司的决策者则利用这些数据作决策；但是，这个转换及整合数据的过程是建立一个数据仓库最大的挑战。因为将作业中的数据转换成有用的策略性信息是整个数据仓库的重点。综上所述，数据仓库应该具有这些数据：整合性数据（Integrated Data）、详细和汇总性的数据（Detailed and Summarized Data）、历史数据、解释数据的数据。从数据仓库挖掘出对决策有用的信息与知识是建立数据仓库与使用 Data Mining 的最大目的，两者的本质与过程是两回事。换句话说，数据仓库应先行建立完成，Data Mining 才能有效率的进行，因为数据仓库本身所含数据是干净（不会有错误的数据掺杂其中）、完备，且经过整合的。因此两者关系或许可解读为 Data Mining 是从巨大数据仓库中找出有用信息的一种过程与技术。

大部分情况下，数据挖掘都要先把数据从数据仓库中拿到数据挖掘库或数据集市中。从数据仓库中直接得到进行数据挖掘的数据有许多好处。数据仓库的数据清理和数据挖掘的数据清理差不多，如果数据在导入数据仓库时已经清理过，很可能在做数据挖掘时就没必要再清理一次了，而且所有的数据不一致的问题都已经解决了。

数据挖掘库可能是数据仓库的一个逻辑上的子集，而不一定非得是物理上单独的数据库。但如果数据仓库的计算资源已经很紧张，那最好还是建立一个单独的数据挖掘库。

当然，为了数据挖掘也不必非得建立一个数据仓库，数据仓库不是必需的。建立一个巨大的数据仓库，把各个不同源的数据统一在一起，解决所有的数据冲突问题，然后把所有的数据导到一个数据仓库内，是一项巨大的工程，可能要用几年的时间花上百万元才能完成。只是为了数据挖掘，可以把一个或几个事务数据库导到一个只读的数据库中，就把它当作数据集市，然后在它上面进行数据挖掘。

　　问题 3：OLAP 能不能代替 Data Mining？

　　所谓 OLAP，意指由数据库所连接的在线分析处理程序。有些人会说："我已经有 OLAP 的工具了，所以我不需要 Data Mining。"事实上，两者是截然不同的，主要差异在于 Data Mining 用于产生假设，OLAP 则用于查证假设。简单来说，OLAP 是由使用者所主导，使用者先有一些假设，然后利用 OLAP 来查证假设是否成立；Data Mining 则是用来帮助使用者产生假设。所以在使用 OLAP 或其他 Query 的工具时，使用者是自己在做探索（Exploration），但 Data Mining 是用工具在帮助做探索。

　　例如，一位市场分析师在为超市规划货品架柜摆设时，可能会先假设婴儿尿布和婴儿奶粉会是常被一起购买的产品，接着便可利用 OLAP 的工具去验证此假设是否为真，成立的证据有多明显；但 Data Mining 则不然，执行 Data Mining 的人将庞大的结账数据整理后，并不需要假设或期待可能的结果，通过 Data Mining 技术可找出存在于数据中的潜在规则，于是可能得到如尿布和啤酒常被同时购买的意外发现，这是 OLAP 所做不到的。

　　Data Mining 常能挖掘出超越归纳范围的关系，但 OLAP 仅能利用人工查询及可视化的报表来确认某些关系，所以 Data Mining 此种自动找出甚至未被怀疑过的数据模型与关系的特性，事实上已超越了人们经验、教育、想象力的限制，OLAP 可以和 Data Mining 互补，但这项特性是 Data Mining 无法被 OLAP 取代的。

　　问题 4：完整的 Data Mining 包含哪些步骤？

　　（1）数据挖掘环境。数据挖掘是指一个完整的过程，该过程从大型数据库中挖掘先前未知的、有效的、可实用的信息，并使用这些信息作出决策或丰富知识。

　　（2）数据挖掘过程图。描述数据挖掘的基本过程和主要步骤。

　　（3）数据挖掘过程工作量。在数据挖掘中被研究的业务对象是整个过程的基础，它驱动了整个数据挖掘过程，也是检验最后结果和指引分析人员完成数据挖掘的依据和顾问。各步骤是按一定顺序完成的，当然整个过程中还会存在步骤间的反馈。数据挖掘的过程并不是自动的，绝大多数的工作需要人工完成。

　　（4）数据挖掘过程简介。过程中各步骤的大体内容如下：

　　①确定业务对象。清晰地定义出业务问题，认清数据挖掘的目的是数据挖掘的重要一步。挖掘的最后结构是不可预测的，但要探索的问题应是有预见的，为了数据挖掘而数据挖掘则带有盲目性，是不会成功的。

　　②数据准备。数据的选择，搜索所有与业务对象有关的内部和外部数据信息，并从中选择出适用于数据挖掘应用的数据。数据的预处理，研究数据的质量，为进一步的分析作准备，并确定将要进行的挖掘操作的类型。数据的转换，将数据转换成一个分析模型，这个分析模型是针对挖掘算法建立的，建立一个真正适合挖掘算法的分析模型是数据挖掘成功的关键。

　　③数据挖掘。对所得到的经过转换的数据进行挖掘，除了完善从选择合适的挖掘算法外，其余一切工作都能自动完成。

　　④结果分析。解释并评估结果，其使用的分析方法一般应视数据挖掘操作而定，通常会用到可视化技术。

　　⑤知识的同化。将分析所得到的知识集成到业务信息系统的组织结构中。

（5）数据挖掘需要的人员。数据挖掘过程的分步实现，不同的步骤需要有不同专长的人员，他们大体可以分为三类：①业务分析人员，要求精通业务，能够解释业务对象，并根据各业务对象确定出用于数据定义和挖掘算法的业务需求；②数据分析人员，精通数据分析技术，并对统计学有较熟练的掌握，有能力把业务需求转化为数据挖掘的各步操作，并为每步操作选择合适的技术；③数据管理人员，精通数据管理技术，并从数据库或数据仓库中收集数据。由上可见，数据挖掘是一个多种专家合作的过程，也是一个在资金上和技术上高投入的过程。这一过程要反复进行，在反复过程中，不断地趋近事物的本质，不断地优化问题的解决方案。

问题5：Data Mining 运用了哪些理论与技术？

Data Mining 是近年来数据库应用技术中相当热门的议题，看似神奇、听来时髦，实际上也不是什么新事物，因其用于预测模型、数据分割、连接分析（Link Analysis）、偏差侦测（Deviation Detection）等，美国早在第二次世界大战前就已运用在人口普查及军事等方面。

随着信息科技超乎想象的进展，许多新的计算机分析工具问世，例如关系型数据库、模糊计算理论、基因算法则以及类神经网络等，使从数据中发掘宝藏成为一种系统性且可实行的程序。

一般而言，Data Mining 的理论技术可分为传统技术与改良技术两支。传统技术以统计分析为代表，统计学内所含序列统计、概率论、回归分析、类别数据分析等都属于传统数据挖掘技术，尤其 Data Mining 对象多为变量繁多且样本数庞大的数据，是以高等统计学里所含括之多变量分析中用来精简变量的因素分析（Factor Analysis）、用来分类的判别分析（Discriminant Analysis），以及用来区隔群体的分群分析（Cluster Analysis）等，在 Data Mining 过程中特别常用。

在改良技术方面，应用较普遍的有决策树理论（Decision Trees）、类神经网络（Neural Network）以及规则归纳法（Rules Induction）等。决策树是一种用树枝状展现数据受各变量的影响情形之预测模型，根据对目标变量产生效应的不同而建构分类的规则，一般多运用在对客户数据的分析上，例如针对有回函与未回函的邮寄对象找出影响其分类结果的变量组合，常用分类方法为 CART（Classification and Regression Trees）及 CHAID（Chi – Square Automatic Interaction Detector）两种。

类神经网络是一种仿真人脑思考结构的数据分析模式，由输入的变量与数值中自我学习并根据学习经验所得的知识不断调整参数，以期建构数据的型样（Patterns）。类神经网络为非线性的设计，与传统回归分析相比，优点是在进行分析时无须限定模式，特别当数据变量间存有交互效应时可自动侦测出；缺点则在于其分析过程为一黑盒子，常无法以可读之模型格式展现，每阶段的加权与转换也不明确，故类神经网络多利用于数据属于高度非线性且带有相当程度的变量交感效应。

规则归纳法是知识发掘的领域中最常用的格式，这是一种由一连串的"如果……则……（If/Then）"逻辑规则对数据进行细分的技术，在实际运用时如何界定规则为有效是最大的问题，通常需先将数据中发生数太少的项目剔除，以免产生无意义的逻辑规则。

问题6：Data Mining 包含哪些主要功能？

Data Mining 实际应用功能可分为三大类六分项来说明：Classification 和 Clustering 属于分类区隔类；Regression 和 Time – Series Forecasting 属于推算预测类；Association 和 Sequence Discovery 属于序列规则类。

Classification 根据一些变量的数值做计算，再依照结果进行分类。计算的结果最后会被分为几个少数的离散数值，例如将一组数据分为"可能会响应"或"可能不会响应"两类。Classification 常被用来处理如前所述的邮寄对象筛选的问题。用一些根据历史经验已经分类好的数据来研究它们的特征，然后根据这些特征对其他未经分类或新的数据做预测。这些用来寻找特征的已分类数据可能是来自现有的客户数据，或是将一个完整数据库做部分取样，再经由实际的运作来测试。如利用一个大型邮寄对象数据库的部分取样来建立一个 Classification Model，再利用这个 Model 来对数据库的其他数据或新的数据做分类预测。

Clustering 用于将数据分群，其目的在于将群间的差异找出来，同时将群内成员的相似性找出来。Clustering 与 Classification 不同的是，在分析前并不知道会以何种方式或根据来分类。所以必须配合专业领域知识来解读这些分群的意义。

Regression 是使用一系列的现有数值来预测一个连续数值的可能值。若将范围扩大也可利用 Logistic Regression 来预测类别变量，特别在广泛运用现代分析技术如类神经网络或决策树理论等分析工具，推估预测的模式已不止于传统线性的局限，在预测的功能上大大增加了选择工具的弹性与应用范围的广度。

Time – Series Forecasting 与 Regression 功能类似，只是它是用现有的数值来预测未来的数值。两者最大差异在于 Time – Series Forecasting 所分析的数值都与时间有关。Time – Series Forecasting 的工具可以处理有关时间的一些特性，如时间的周期性、阶层性、季节性以及其他的一些特别因素（如过去与未来的关联性）。

Association 是要找出在某一事件或数据中会同时出现的东西。举例而言，如果 A 是某一事件的一种选择，则 B 出现在该事件中的概率有多大。例如，如果顾客买了火腿和柳橙汁，那么这个顾客同时买牛奶的概率是 85%。

Sequence Discovery 与 Association 关系很密切，所不同的是，Sequence Discovery 中事件的相关是以时间因素来作区隔。例如，如果 A 股票在某一天上涨 12%，而且当天股市加权指数下降，则 B 股票在两天之内上涨的概率是 68%。

问题 7：Data Mining 在各领域的应用情形如何？

Data Mining 在各领域的应用非常广泛，只要产业拥有具分析价值与需求的数据仓储或数据库，皆可利用 Mining 工具进行有目的的挖掘分析。一般较常见的应用案例多发生在零售业、直效行销界、制造业、财务金融保险、通信业以及医疗服务等。

于销售数据中发掘顾客的消费习性，并可借由交易记录找出顾客偏好的产品组合，其他包括找出流失顾客的特征与推出新产品的时机点等，都是零售业常见的实例；直效行销强调的分众概念与数据库行销方式在导入 Data Mining 技术后，使直效行销的发展性更为强大，例如利用 Data Mining 分析顾客群的消费行为与交易记录，结合基本数据，并依其对品牌价值等级的高低来区隔顾客，进而达到差异化行销的目的；制造业对 Data Mining 的需求多运用在品质控管方面，由制造过程中找出影响产品品质最重要的因素，以期提高作业流程的效率。

近年来电话公司、信用卡公司、保险公司以及股票交易商对于诈欺行为的侦测（Fraud Detection）都很有兴趣，这些行业每年因为诈欺行为而造成的损失都非常可观，Data Mining 可以从一些信用不良的客户数据中找出相似特征并预测可能的欺诈交易，达到减少损失的目的。财务金融业可以利用 Data Mining 来分析市场动向，并预测个别公司的营运以及股价走向。Data Mining 的另一个独特的用法是在医疗业，用来预测手术、用药、诊断或流程控制的效率。

问题 8：Web Mining 和数据挖掘有什么不同？

如果将 Web 视为 CRM 的一个新的 Channel，则 Web Mining 便可单纯看作 Data Mining 应用在网络数据的泛称。

该如何测量一个网站是否成功？哪些内容、优惠、广告是人气最旺的？主要访客是哪些人？什么原因吸引他们前来？如何从堆积如山的由网络所得到的数据中找出让网站运作更有效率的操作因素？以上种种皆属 Web Mining 分析的范畴。Web Mining 不仅只限于一般较为人所知的 logfile 分析，除了计算网页浏览率以及访客人次外，凡网络上的零售、财务服务、通信服务、政府机关、医疗咨询、远距教学等，只要由网络连接的数据库够大够完整，所有 Off - Line 可进行的分析，Web Mining 都可以做，甚或更可整合 Off - Line 及 On - Line 的数据库，实施更大规模的模型预测与推估，毕竟凭借网际网络的便利性与渗透力再配合网络行为的可追踪性与高互动特质，一对一行销的理念是最有机会在网络世界里完全落实的。

整体而言，Web Mining 具有以下特性：①数据收集容易且不引人注意，所谓凡走过必留下痕迹，当访客进入网站后的一切浏览行为与历程都是可以立即被记录的；②以交互式个人化服务为终极目标，除了因应不同访客呈现专属设计的网页之外，不同的访客也会有不同的服务；③可整合外部来源数据让分析功能发挥得更深更广，除了 logfile、cookies、会员填表数据、线上调查数据、线上交易数据等由网络直接取得的资源外，结合实体世界累积时间更久、范围更广的资源，将使分析的结果更准确、更深入。

利用 Data Mining 技术建立更深入的访客数据剖析，并借以架构精准的预测模式，以期呈现真正智能型、个人化的网络服务，是 Web Mining 努力的方向。

问题 9：数据挖掘在 CRM 中扮演的角色是什么？

CRM（Customer Relationship Management）是近来引起热烈讨论与高度关切的议题，尤其在直效行销的崛起与网络的快速发展带动下，跟不上 CRM 的脚步如同跟不上时代。事实上，CRM 并不算新发明，奥美直效行销推动十数年的 CO（Customer Ownership）就是现在大家谈的 CRM——客户关系管理。

Data Mining 应用在 CRM 的主要方式可对应于 Gap Analysis 的三个部分：

针对 Acquisition Gap，可利用 Customer Profiling 找出客户的一些共同的特征，希望能借此深入了解客户，借由 Cluster Analysis 对客户进行分群后，再通过 Pattern Analysis 预测哪些人可能成为客户，以帮助行销人员找到正确的行销对象，进而降低成本，也提高行销的成功率。

针对 Sales Gap，可利用 Basket Analysis 了解客户的产品消费模式，找出哪些产品客户最容易一起购买，或是利用 Sequence Discovery 预测客户在买了某一样产品之后，在多久之内会买另一样产品等。利用 Data Mining 可以更有效地决定产品组合、产品推荐、进货量或库存量，甚或是在店里要如何摆设货品等，同时也可以用来评估促销活动的成效。

针对 Retention Gap，可以在原客户后来却转成竞争对手的客户群中，分析其特征，再根据分析结果到现有客户数据中找出可能转向的客户，然后设计一些方法预防客户流失；更有系统的做法是借由 Neural Network，根据客户的消费行为与交易记录，对客户忠诚度进行 Scoring 的排序，如此则可区隔流失率的等级，进而配合不同的策略。

CRM 不是设一个客服专线就算了，更不只是把一堆客户基本数据输入计算机就行了，完整的 CRM 运作机制在相关的硬软件系统能健全支持之前，有太多的数据准备工作与分析需要推动。企业通过 Data Mining 可以分别针对策略、目标定位、操作效能与测量评估等四个方面的相关问题，有效率地从市场与顾客所收集累积的大量数据中挖掘出对消费者而言最关键、最重要的答案，并借以建立真正由客户需求点出发的客户关系管理。

与数据挖掘有关的还有隐私问题，例如，一个雇主可以通过访问医疗记录来筛选出那些有糖尿病或者严重心脏病的人，从而意图削减保险支出。然而，这种做法会导致伦理和法律问题。

对于政府和商业数据的挖掘，可能会涉及国家安全或者商业机密之类的问题。这对于保密也是一个不小的挑战。

数据挖掘有很多合法的用途，例如可以在患者群的数据库中查出某药物和其副作用的关系。这种关系可能在 1 000 人中也不会出现一例，但药物学相关的项目就可以运用此方法减少对药物有不良反应的病人数量，还有可能挽救生命；这当中还是存在数据库可能被滥用的问题。

数据挖掘用其他方法不可能实现的方法来发现信息，但必须规范它的应用，应当在适当的说明下使用。如果数据是收集自特定的个人，就会出现一些涉及保密、法律和伦理的问题。这不仅是道德问题，更是一个法律问题。

参 考 文 献

[1] 夏飞，王丽娜，田丽斯，等．供应链管理与电子商务协同化［J］．辽宁工业大学学报（社会科学版），2011（6）．

[2] 吴靳．电子商务对企业财务管理的影响［J］．会计之友（中旬刊），2009（3）．

[3] 刘红军．电子商务技术基础［M］.2版．北京：机械工业出版社，2011.

[4] 卢湘鸿，李吉梅．电子商务技术基础［M］.2版．北京：清华大学出版社，2016.

[5] 赵晓津．计算机安全技术在电子商务中的应用探讨［J］．硅谷，2014（4）．

[6] 雷殷睿．网络安全技术在电子商务中的融合［J］．计算机光盘软件与应用，2014（4）．

[7] 余佩颖．微信电子商务模式探讨［J］．软件，2013（10）．

[8] 邵泽云，曹建英．数字签名技术在电子商务中的应用研究［J］．农业网络信息，2014（3）．

[9] 齐赫．基于物联网技术下的电子商务发展策略研究［J］．计算机光盘软件与应用，2014（5）．

[10] 汪顺．计算机技术用于电子商务的研究［J］．电子技术与软件工程，2014（5）．

[11] 李珣．移动支付：进击的微信 PK 无力应对的支付宝［J］．记者观察，2014（4）．

[12] 吕廷杰．移动电子商务［M］．北京：电子工业出版社，2011.